HISTOIRE GÉNÉRALE
DE L'ANTISÉMITISME

Du même auteur

Un personnage sans couronne, roman, Plon, 1955.
Les Princes, roman, Plon, 1957.
Le Chien de Francfort, roman, Plon, 1961.
L'Alimentation-suicide, Fayard, 1973.
La Fin de la vie privée, Calmann-Lévy, 1978.
Bouillon de culture, Robert Laffont, 1986.
(En collaboration avec Bruno Lussato)
Les Grandes Découvertes de la science, Bordas, 1987.
Les Grandes Inventions de l'humanité jusqu'en 1850, Bordas, 1988.
Requiem pour Superman, Robert Laffont, 1988.
L'Homme qui devint Dieu :
   1. Le Récit, Robert Laffont, 1988.
   2. Les Sources, Robert Laffont, 1989.
   3. L'Incendiaire, Robert Laffont, 1991.
   4. Jésus de Srinagar, Robert Laffont, 1995.
Les Grandes Inventions du monde moderne, Bordas, 1989.
La Messe de saint Picasso, Robert Laffont, 1989.
Matthias et le diable, roman, Robert Laffont, 1990.
Le Chant des poissons-lunes, roman, Robert Laffont, 1992.
Histoire générale du diable, Robert Laffont, 1993.
Ma vie amoureuse et criminelle avec Martin Heidegger, roman, Robert Laffont, 1994.
29 jours avant la fin du monde, roman, Robert Laffont, 1995.
Coup de gueule contre les gens qui se disent de droite et quelques autres qui se croient de gauche, Ramsay, 1995.
Tycho l'Admirable, roman, Julliard, 1996.
La Fortune d'Alexandrie, roman, Lattès, 1996.
Histoire générale de Dieu, Robert Laffont, 1997.
Moïse I. Le Prince sans couronne, Lattès, 1998.
Moïse II. Le Prophète fondateur, Lattès, 1998.
David, roi, Lattès, 1999.
Balzac, une conscience insurgée, Édition° 1, 1999.

Gerald Messadié

HISTOIRE GÉNÉRALE DE L'ANTISÉMITISME

JC Lattès

© 1999, éditions Jean-Claude Lattès.

Avant-propos

Il y a plus de deux mille ans que les juifs sont persécutés et nul, pas même leurs persécuteurs, ne sait pourquoi. Ni les chrétiens, qui au terme de dix-sept siècles d'exactions ont renoncé au prétexte de « peuple déicide », et innocentant les juifs d'un meurtre, s'accusent ainsi eux-mêmes, rétrospectivement, de centaines de milliers de meurtres gratuits et prétendent s'en disculper en quelques paragraphes. Ni les nazis et leurs détestables héritiers, dont les discours racistes n'invoquaient et n'invoquent encore comme motif à la haine du juif que le concept, scientifiquement inepte, de « pureté de la race » ; car il n'y a pas de race allemande, l'Allemagne a subi comme tous les pays du monde des invasions répétées au cours des siècles, et la science a d'ailleurs démontré qu'une race « pure » aurait lamentablement dégénéré, par suite de l'appauvrissement de son pool génétique. Il n'y a qu'une race humaine une et indivisible. Une « race pure » serait une race de crétins et peut-être les tenants du concept en question auraient-ils raison de soutenir qu'ils sont de « race pure »... Personne n'a pu apporter le commencement d'une explication à la haine fondamentale, viscérale, du juif.

Les textes antisémites du XXe siècle, étonnamment nombreux mais heureusement engloutis dans la honte, apparaissent à première lecture comme un défi à la vérité historique, puis comme un accablant dossier de pièces à conviction du caractère pathologique de leurs auteurs.

Tout lecteur possédant des rudiments de psychologie a vite fait d'y repérer les traits dominants du délire logique, celui qui prétend nier l'évidence par le raisonnement, en l'occurrence la réinterprétation historique. La rhétorique n'y est qu'un travestissement de la paranoïa.

Les faits et documents sur la persécution des juifs sont surabondants. On n'en trouvera jamais un seul qui permette de nier la réalité plus de deux fois millénaire de l'antisémitisme. On a beaucoup dénoncé le négationnisme ou révisionnisme, on n'en a pas assez relevé la stupéfiante frivolité. L'antisémitisme existe depuis près de deux mille ans, il a été la cause de millions de morts, et l'on voudrait que ses représentants les plus virulents, les nazis, soient justement ceux qui n'auraient fait aucun mal aux juifs ! L'inanité de la thèse justifierait à elle seule un haussement d'épaules.

Le phénomène antisémite, qui est donc proprement pathologique, semblerait n'intéresser que ceux qu'il concerne — les juifs —, puis les historiens et tous ceux pour qui le combat incessant contre l'absurde est une exigence vitale. Telle n'est pas ma conviction : il concerne aussi, fût-ce à son insu, tout être humain civilisé et soucieux de le rester. C'est, en effet, sa nature même, l'image qu'il se fait de lui, la confiance qu'il s'accorde à lui-même et à son prochain, sa foi dans la possibilité de vivre une existence différente de celle d'une bactérie ou d'un fauve qui sont en cause. Penser qu'on puisse receler en soi un Hitler qui sommeille est une idée qui peut pousser au désespoir. Hitler, Himmler et bien d'autres étaient au départ de mornes bourgeois mous qu'on n'eût pas distingués des autres passagers dans un wagon de métro. Ils se trouvèrent passivement saisis par un nationalisme identitaire rabique, aggravé d'une idéologie confuse, spécifique de l'époque, qui était le nihilisme allemand. Car on n'a pas, à mon avis, assez mis en lumière l'effroyable passivité des nazis : on les prend souvent pour des protagonistes fous, alors qu'ils ne furent que des pantins saisis par des fantasmes et la négation même de l'intellect. Penser qu'un voisin de métro aujourd'hui puisse être un nouvel Hitler ou un nouvel Himmler suffit à ôter le sommeil.

L'antisémitisme, gréco-romain, chrétien ou moderne est un des nombreux aspects de l'absurde, que la philosophie s'emploie à repousser depuis qu'elle est née. Or, toute personne qui se penche sur les sévices infligés aux juifs depuis quelque deux mille trois cents ans et particulièrement dans les camps de la mort allemands, au XXe siècle, ne peut manquer d'être horrifiée jusqu'au déséquilibre par leur absurdité inhumaine. L'image lancinante d'un Primo Levi, pourtant survivant des camps, mais qui se suicida parce qu'il ne pouvait en supporter le souvenir, cette image-là revient invinciblement à l'esprit.

Le pis est que ce déséquilibre risque lui-même d'entraîner des conséquences pathologiques. Non seulement l'aspiration à des valeurs éthiques immanentes risque d'y sombrer, comme l'ont relevé nombre de philosophes de la fin du XXe siècle, mais encore un monstre imprévu risque-t-il d'émerger du naufrage : l'intime conviction de l'immanence du mal, ce mal auquel le christianisme voulut donner le nom de Satan et qu'il prétendit conjurer en tuant, justement, des juifs. En effet, une folie meurtrière qui a duré quelque vingt siècles et qui a culminé dans les camps de la mort remet en question toutes les théologies et toutes les philosophies. Croire à l'immanence du mal, c'est le perpétuer. C'est renoncer à la liberté humaine, le crime majeur des religions qui croient en Satan. Et c'est en fin de compte donner raison aux nazis. Je le redis ici d'emblée, ceux qui croient dans l'existence de Satan sont des assassins en puissance.

Pour nous en tenir à l'histoire contemporaine, l'infamie meurtrière du goulag stalinien peut apparaître, aux yeux d'un monde qui se veut libre et lucide, comme la conséquence atroce de la folie politique, un de ces « accidents » historiques dans lesquels il faudrait donc ranger aussi les camps de la mort nazis. Mais l'analogie est trompeuse autant qu'hypocrite : même irrémédiablement blessés dans la durée de leur vie humaine, les rescapés du goulag peuvent se reprendre à espérer ; l'exemple d'un Soljenitsyne en témoigne. Les quelque deux millions d'assassinats forcenés commis de sang-froid par les Khmers rouges ressortissent à un délire logique politique exacerbé en folie meurtrière, mais l'horreur bestiale des Pol Pot, Ieng Sary, Khieu Samphan et autres Ta Mok s'éloigne, et des Cambodgiens qui eussent jadis été voués à leurs balles, couteaux et baïonnettes peuvent recommencer à vivre et pleurer leurs morts. Les massacres réciproques des Hutu et des Tutsi peuvent être masqués, du moins par des témoins ignorants, hypocrites et éloignés, sous des oripeaux de rivalités tribales, mais demain, peut-être des Rwandais de l'une et l'autre ethnie pourront-ils se croiser sans songer au meurtre. Les camps de la mort, eux, tuaient leurs occupants simplement parce qu'ils étaient nés juifs.

L'antisémitisme a la peau dure. Pour certains, le juif serait « dangereux » à cause de son absence de « nationalité profonde ». Passons sur la contradiction historique qui voudrait que les juifs aient été coupables de leurs propres expulsions alors qu'ils ont, justement, su vivre ailleurs que sur leur terre natale. Le point principal est celui-ci : qui dit « nationalité » dit « nation », et la troisième partie de ces pages démontre, je l'espère, l'horreur criminelle de ce concept, quand il est utilisé comme licence de tuer l'étranger, ainsi qu'on l'a vu au cours des deux guerres mondiales. Pour d'autres, il paraîtrait justifié par son ancienneté : il devrait donc, selon la sagesse des nations, avoir un fondement. Ce serait le fait même d'être né, une fois de plus, qui serait le crime imputé au juif. La tradition ne ferait alors que renforcer l'énigme et le défi qu'est l'antisémitisme.

C'est ce défi que ces pages se proposent de relever.

Il existe de très nombreuses et excellentes études de l'antisémitisme. Elles me paraissent néanmoins mener vers des extrêmes : soit vers un constat de l'horreur, qui ne fait qu'assombrir l'énigme, soit vers l'explication à thèse, forcément partielle, donc excessive, et qui tend à brouiller les perspectives plutôt qu'à les éclairer. Les clés restent introuvables. Une fois de plus, l'excès est l'antichambre du cachot intellectuel.

Deux des ouvrages récents qui ont connu un succès public pourront servir d'exemples. Ils illustrent l'un et l'autre le péril qu'on encourt à ne pas considérer l'antisémitisme sous l'angle de l'histoire à long terme : celui de le rendre incompréhensible. Le premier est l'ensemble d'essais de premier ordre publié sous la direction de Léon Poliakov, *Histoire de l'antisémitisme* [1]. L'autre, *Hitler's Willing Executioners : Ordinary Germans and the Holocaust*, de l'Américain Daniel Goldhagen [2]. L'un est une recension factuelle et rigoureuse des manifestations de l'antisémitisme, l'autre une tentative d'interprétation.

L'abondance de témoignages sur la diffusion, la permanence et la virulence de l'antisémitisme à notre époque qu'on trouve dans le magistral ouvrage dirigé par Poliakov participe d'une vision désespérément tragique de l'histoire. Tant d'horreurs obnubilent l'esprit et le laissent dans une incrédulité nauséeuse.

De plus, Poliakov tend implicitement à désigner le christianisme comme unique ou principal responsable de l'antisémitisme, ce qui est faux : les juifs ont été persécutés avant la conversion de Constantin le Grand au christianisme, au IIIe siècle, et ils l'ont été, un siècle avant les camps de la mort, par des courants étrangers au christianisme. Car les persécutions postérieures au délire chrétien ne devaient rien à la foi. Elles étaient inspirées par le fantasme identitaire, générateur de celui de nation, évoqué plus haut.

L'ouvrage de Goldhagen présente, lui, la particularité d'attribuer une cause unique à l'antisémitisme, qui serait le psychisme allemand et lui seul. Ce dernier serait le seul responsable de l'antisémitisme et des camps et aurait poussé l'ensemble de la nation allemande à collaborer avec une fureur démentielle à l'extermination des juifs. L'outrance du propos a suscité, de la part d'auteurs juifs non moins autorisés que Goldhagen [3], des réfutations qui se sont envenimées jusqu'à provoquer des polémiques sur Internet.

Or, l'antisémitisme a précédé de plusieurs siècles la naissance de l'Allemagne. La France du XIe siècle et l'Espagne du XVe siècle ont été des enfers pour les juifs. Le mot *ghetto* est vénitien et le mot *pogrom* est russe. À regret, je dois constater que Goldhagen n'a rien expliqué.

En dépit de thèses antinomiques, Poliakov et Goldhagen aboutissent donc à représenter l'antisémitisme comme un phénomène incompréhensible. Pour le premier, il serait moderne et unique ; pour le second, l'expression moderne d'un sentiment spécifiquement allemand. D'autres auteurs du XXe siècle, notamment Jules Isaac (*Jésus et Israël*, 1948, et *Genèse de l'antisémitisme*, 1956), Marcel Simon (*Histoire de l'antisémitisme*, 1955), Rosemary Ruether (*Faith and Fratricide : The Theological Roots of Antisemitism*, Minneapolis, 1974), tendent, eux, à expliquer l'antisémitisme sous un angle essentiellement religieux.

Il est évidemment tentant, presque irrésistible, d'expliquer un phénomène par une cause unique. C'est aussi le meilleur moyen de verser dans le dogmatisme. D'autres auteurs, qui n'ont pas connu le même retentissement que Poliakov et Goldhagen, ont voulu expliquer l'antisémitisme par la psychanalyse, l'économie, le fascisme, le capitalisme ou le socialisme, bref par des facteurs spécifiques, tous essentiellement modernes. Presque tous ont apporté au débat des pièces utiles et même précieuses ; aucun, à mon avis, n'a résolu l'énigme de causes différentes qui produisent les mêmes effets. Comment expliquer, par exemple, que la droite religieuse et la gauche athée aient toutes deux, au XIXe siècle, communié dans l'antisémitisme ? Aucun de ces auteurs n'a donc offert de remède à la souffrance qu'un non-juif tel que moi peut ressentir à la description des atrocités infligées aux juifs pendant plus de deux millénaires. Sans parler de la souffrance du juif lui-même.

Il est bien connu que « les théories, c'est ce que pensent les autres », mais le fait demeure que c'est en fonction de leur taux d'efficacité qu'elles obtiennent l'adhésion de l'opinion. Celles qui sont évoquées plus haut ne satisfont guère le besoin de comprendre. Je ne peux ainsi admettre la théorie selon laquelle la jalousie du jeune collégien Adolf Hitler à l'égard d'un condisciple juif et riche nommé Ludwig Wittgenstein — oui, le grand Wittgenstein, la coïncidence est frappante — puisse expliquer, fût-ce partiellement, l'antisémitisme de Hitler, pas plus que je ne puis admettre que le totalitarisme de droite ou de gauche suffise à expliquer Auschwitz : l'Italie fasciste n'a jamais construit de chambres à gaz. L'économie fut certes un facteur crucial dans le développement du nazisme : la crise de 1929 contribua beaucoup à son essor. Mais l'Angleterre, qui en subit les conséquences aussi durement que l'Allemagne, ne construisit pas non plus de chambres à gaz, bien qu'elle comptât, elle aussi, son fardeau d'antisémites.

Je ne puis non plus admettre qu'à l'époque contemporaine le christianisme ni le « silence » tant exploité d'un Pie XII « expliquent » la Shoah, fût-ce partiellement (c'est aussi l'une des thèses d'un Goldhagen). Les faits démontrent que les nazis étaient anticatholiques, que les catholiques ont été persécutés par les nazis, que beaucoup d'entre eux ont rejoint les juifs dans les camps parce qu'ils étaient catholiques, que l'Église catholique le savait et qu'elle a réagi autant qu'elle le pouvait au nazisme. Pie XII, en pleine nuit noire de la Seconde Guerre mondiale, a bien dénoncé le nazisme, publiquement [4]. Le christianisme a certainement persécuté le judaïsme et les juifs de manière infâme, cela est exposé dans ces pages, sans complaisance. Mais il n'est pas le moteur de la Shoah. Et ainsi de suite.

Or, comprendre est nécessaire et même vital : cela permet d'espérer. J'ai cherché une clé et ne l'ai pas trouvée dans les ouvrages pourtant abondants et savants sur la question. La raison me paraît en être, justement, que les explications proposées sont globales. Or, toute explication globale est fatalement réductionniste, c'est-à-dire fausse à plus ou moins longue échéance. De fait, il n'y a pas un seul antisémitisme, mais plusieurs, et c'est l'objet de ces pages. Postuler que l'antisémitisme aurait une cause unique reviendrait à mécaniser le phénomène, à lui prêter l'inéluctabilité d'une loi mystérieuse et, en fin de compte, à nier l'unicité de la Shoah. Les mêmes effets ne sont pas toujours dus aux mêmes causes. L'antisémitisme gréco-romain est intrinsèquement différent de l'antijudaïsme chrétien. Lequel, à son tour, est fondamentalement différent de l'antisémitisme nationaliste.

Quelles étaient leurs causes ? J'eusse souhaité une synthèse qui les citât et les analysât. Pour cela, il fallait replacer les juifs dans le contexte historique des époques où ils furent persécutés. Il fallait se garder d'oublier les périodes et les territoires, tout aussi révélateurs, dans lesquels ces persécutions avaient faibli, voire cessé, comme dans l'empire islamique ou l'Asie. Il fallait encore examiner leur démographie, étonnamment variable, leurs modes de vie, leurs rapports avec les potentats et les grands courants politiques, religieux et idéologiques, bref l'humeur des différentes époques. En un mot, essayer dans le même regard d'embrasser la forêt et les arbres, le décor et l'action, le moule et l'objet. N'ayant pas trouvé cet ouvrage, j'ai donc résolu de l'écrire, avec une urgence d'autant plus grande que je ne suis pas juif.

Quel lien unit donc les trois antisémitismes de l'histoire ? Si on le résumait au sentiment identitaire, on n'offrirait là qu'un squelette de clé. Il n'y eut pas, en effet, de conscience identitaire au sens moderne dans le monde gréco-romain, du moins pas jusqu'au choc avec le judaïsme. Le magistral apport du judaïsme à un monde encombré de statues, d'amulettes et de fables fut d'arracher pour la première fois dans l'histoire la divinité à l'imaginaire humain : pour la première fois, la puissance suprême de l'univers ne pouvait ni être conçue, ni être décrite, ni être nommée. Or, pour des propos lointainement apparentés, deux grands philosophes grecs, Anaxagore et Protagore, avaient été taxés d'impiété et bannis d'Athènes au ve siècle. La Cité, grecque puis romaine, était si étroitement attachée à la représentation divine qu'une encoche à une statue de dieu était considérée comme impiété (et que dire d'un scandale tel que la mutilation des Hermès, qui secoua Athènes !). Le judaïsme offensait donc la Cité par son refus de l'Image, c'est-à-dire de tout le système religieux antique. Le statut civil et fiscal spécial des juifs dans l'Empire romain acheva d'envenimer l'hostilité jusqu'à faire verser le sang.

L'antijudaïsme chrétien dérivait, lui, de la dissension fondamentale sur le rôle du Messie. Pour les juifs, le concept de « Fils de Dieu », essentiel au christianisme, équivalait à un blasphème, d'où l'indignation des juifs des villes méditerranéennes où Paul apôtre allait prêcher la foi nouvelle (et le caractère schismatique des courants chrétiens qui refusèrent eux aussi la filiation divine). Les juifs n'en démordirent pas, et une fois investis du pouvoir temporel, au début du ive siècle, les chrétiens les taxèrent à leur tour d'impiété, sans égard pour leur dette fondamentale envers le judaïsme, le concept du Dieu unique. Romain ou orthodoxe, mais surtout romain, l'antijudaïsme vira alors à l'antisémitisme.

L'antisémitisme nationaliste proprement dit, troisième période historique du phénomène, était en germe dans le concept d'État-nation, formulé par la Révolution française. Il fut réprimé quelque temps, sous couleur d'émancipation des juifs, puis il éclata avec une force toujours plus grande au travers de l'Europe, tout au long du XIXᵉ siècle, puis au XXᵉ jusqu'à la Shoah. Celui-là n'avait plus de fondements religieux, plus rien que des prétextes qui volèrent en éclats avec le nazisme. En réalité, férus de nationalisme patriotique, désormais tenu pour indissociable de la morale, les États-nations rejetèrent les juifs, qui ne participaient pas au christianisme majoritaire, donc à la culture identitaire nationale, et qui étaient décidément trop cosmopolites, aux yeux de l'opinion, pour être des citoyens loyaux.

Dans les trois époques, le souffle qui attisa la cruauté fut bien le sentiment identitaire. Impérialiste, religieux, puis nationaliste, ce n'était toutefois pas le même, mais sous ses trois formes il se heurtait au même rocher, le judaïsme. D'autres religions qui avaient quelque temps résisté à l'assaut du glaive ou de la croix, y sombrèrent. Ainsi, personne ne pratique plus la religion des Grecs, des Incas ou des Babyloniens. L'honneur et le courage des juifs furent de résister à une tempête cyclonique qui dura vingt-trois siècles. D'où les persécutions.

Les faits sont surabondants, je l'ai dit plus haut. Tellement qu'ils risquent d'égarer l'esprit. Beaucoup d'entre eux ne sont connus que de spécialistes et sont pourtant indispensables à la compréhension du phénomène en cause. D'où mon ambition de présenter au lecteur ordinaire une histoire raisonnée de l'antisémitisme : c'est la seule façon d'offrir à chacun les clés d'une synthèse. Ce n'est pas de faits nouveaux qu'on a besoin : c'est de ces clés. J'espère les avoir clairement dégagées de la gangue des faits.

Sur le déclin de ce siècle, le chef du christianisme a exhorté les chrétiens, et sans doute les autres, à une « purification de la mémoire ». Comment ne pas se rallier à l'exhortation, mais comment aussi ne pas tressaillir à un mot aussi chargé de résonances sinistres que « purification » ? Et ne pas songer qu'une simple exhortation, et surtout aussi tardive, ne peut suffire à cette « purification » ? Seule l'histoire peut apaiser les esprits, me semble-t-il.

Sans doute est-il opportun de prévenir le lecteur que les pages qui suivent constituent bien une histoire au sens d'enquête, et non pas la démonstration d'une thèse. Elles sont une histoire de l'antisémitisme et non de la Shoah. Elles sont aussi l'histoire d'une attitude mentale et non du peuple juif, d'où l'abondance nécessaire des descriptions périphériques. Comme l'écrivait justement l'historienne Suzanne Citron, faire de l'histoire, c'est travailler sur des mythes. En l'occurrence, il s'agit ici de débusquer les mythes attachés au judaïsme.

L'usage du mot « antisémitisme » appelait quelques réserves. Le terme a été forgé en 1879 par une publication juive d'Allemagne, l'*Allgemeine Zeitung des Judenthums*, pour caractériser les activités antijuives du pamphlétaire Wilhelm Marr. Il est étymologiquement erroné, comme on sait, puisque les juifs ne sont pas les seuls Sémites, mais enfin l'usage l'a imposé et c'est en tant qu'antijudaïsme qu'il est désormais perçu. Or, s'il me semble devoir s'appliquer aux persécutions des juifs par les Romains, qui caractérisèrent bien une hostilité politique et culturelle générale à l'ensemble des juifs à partir d'une certaine époque, il me paraît en revanche inadapté aux persécutions des juifs par les chrétiens dans les premiers siècles de notre ère, qui se définissent mieux par de l'antijudaïsme. En précisant que l'antijudaïsme chrétien se transforma progressivement en antisémitisme au sens actuel de ce mot. Ce n'est qu'à partir du moment — le XVIIIe siècle — où la persécution des juifs prétendit se fonder aussi sur des motifs « raciaux », donc inéluctables et ineffaçables, que le terme d'« antisémitisme » revêtit sa coloration la plus infâme.

Paris, juillet 1999

Bibliographie et notes critiques

1. Le Seuil, 3 vol., *L'Âge de la foi, L'Âge de la science*, 1991, *1945-1993*, 1994. Les auteurs sont Philo Bregstein, Christian Delacampagne, Robert Greenberg, Evelyne Koenig, Klaus von Münchhausen, Laurent Murawiec, Rudolf Pfisterer, Lucienne Saada, Meïr Wainträter, Rivka Yadlin, Paul Zawadski et Léon Poliakov lui-même, qui a dirigé l'ouvrage.

2. *Les Bourreaux zélés de Hitler* : *les Allemands ordinaires et l'Holocauste*, Le Seuil, 1997.

3. Norman G. Finkelstein et Ruth Bettina Birn, *A Nation on Trial : The Goldhagen Thesis and Historical Truth* (An Owl Book, Henry Holt and Company, New York, 1998).

4. Ce point est analysé en détail au chapitre 3 de la partie III de cet ouvrage.

I.

L'ANTISÉMITISME PRÉ-CHRÉTIEN

1.

Des origines à l'Exode : l'invention du Dieu unique et immanent

L'ÉNIGME D'ABRAHAM — ANCIENNETÉ DE LA DIASPORA — LES JUIFS, ÉTERNELS EXPLORATEURS DU MONDE PHYSIQUE ET INTELLECTUEL — MOÏSE ET L'AVÈNEMENT DU DIEU INTÉRIEUR — BIENVEILLANCE DES PERSES À L'ÉGARD DES JUIFS — LE RETOUR DES JUIFS EN ÉGYPTE APRÈS L'EXODE — L'INCIDENT DU TEMPLE D'ÉLÉPHANTINE

L'antisémitisme est le plus communément situé à l'ère chrétienne, mais il existe des flambées, souvent violentes, d'antisémitisme pré-chrétien. Fréquemment négligé, celui-ci n'est pas un épiphénomène secondaire, enfoui sous la poussière des siècles et à peine revêtu de signification, mais un phénomène fondateur ; il crée, en effet, des empreintes durables, que d'autres époques reprendront à d'autres fins, comme on construit des bâtiments nouveaux avec des pierres anciennes. D'où la nécessité de l'examiner.

Pourquoi Tèrakh, père d'Abraham, quitta-t-il l'Ur des Chaldéens, il y a quelque trente-huit siècles, pour aller vers le nord-ouest, en Canaan ? Ni la Bible, ni l'histoire ne le disent. On peut douter que ce soit pour y trouver une autre religion : d'Ur à Harran, première étape des plus célèbres émigrants de l'histoire, c'est le même couple divin qui règne, Sin, le dieu-lune, dont le croissant deviendra quelque vingt siècles plus tard l'emblème de l'Islam, et son épouse Ningal, la Grande Dame. L'hypothèse d'une persécution dont Tèrakh aurait été victime est exclue : Yahweh n'est pas encore apparu à son fils Abraham et ce n'est donc pas parce qu'il aurait adoré un dieu étranger qu'Abraham s'exile. De plus, lui et son clan ne semblent pas avoir été incommodés par le culte de Sin qu'on célébrait à Harran : ils y sont restés longtemps, puisque Tèrakh y mourut à l'âge supposé de deux cent cinq ans [1].

Le patriarche Tèrakh et son clan appartiennent à ces populations tantôt nomades, tantôt semi-nomades, Hanéens, Sutéens, Benjaminites [2] et Habirous ou Apirous, presque certainement les Hébreux, qui circulent en bandes redoutables, tantôt se livrant au pillage — et c'est alors qu'ils sont spécifiquement nomades — et tantôt pasteurs et louant leurs services aux rois de la région — et c'est alors qu'ils sont semi-nomades [3].

Selon le Pentateuque, Abraham est âgé de soixante-quinze ans lorsque Yahweh lui donne l'ordre de quitter Harran [4]. Il va à sept cents kilomètres de là, jusqu'au chêne de Moreh, « à Sichem en Canaan », où habitent les Cananéens. Il se trouve alors dans un site sacré, sous les montagnes déjà saintes du Guerizim et de l'Ebal ; le chêne de Moreh, l'« arbre aux oracles » ou *élon moreh*, est d'ailleurs un arbre sacré, donc voué à d'autres dieux que celui qui deviendra le Dieu juif, et il est cité plusieurs fois dans la Genèse [5]. Sichem est un centre politique et religieux. Le maître-dieu qu'on y adore est le *Baal Bérit* ou Seigneur de l'Alliance, au nom prémonitoire, qui sera toujours présent dans la région cinq siècles plus tard, du temps de Josué. On y adore aussi Astarté, déesse de la fertilité et de l'amour, qui possède deux emblèmes, la colombe et la lune, qui sera symbolisée par des cornes de taureau.

Mais le dieu qui, à Sichem, se manifeste à Abraham lui adresse un message particulier : il lui dit que Canaan appartiendra un jour à ses descendants. C'est donc un dieu de la guerre, car c'est seulement au prix du sang qu'un pays peut être arraché à des humains. On ne sait rien de la réaction des Cananéens lorsque Abraham bâtit un autel à ce dieu qu'ils ne connaissaient pas. Aucune mention n'est faite d'une persécution de la part des Cananéens ; sans doute ceux-ci voyaient-ils dans ce dieu une autre forme de leur divinité, Baal, mot qui signifie tout simplement « Seigneur », et pouvant revêtir plusieurs formes. Sans doute aussi ignoraient-ils la teneur du message divin, qui ne leur était guère favorable. En tout cas, leur réaction ne fut pas hostile, puisque Abraham construisit un autre autel, entre Béthel et Aï. Mais tout comme il s'était arrêté au chêne de Moreh, il s'arrête également au chêne de Mamré, au nord d'Hébron, la ville qui sera plus tard sa dernière demeure.

L'événement que représente la manifestation de ce Dieu inconnu est enfoui dans la gangue des matrices culturelles. On n'en mesure pas l'entière portée, même au XXe siècle : elle est incommensurable. La plupart des exégètes, historiens, théologiens en discernent clairement les aspects secondaires, mais guère l'essence. Les « Oui, mais » font florès. Abraham aurait ainsi « inventé » le monothéisme ; certes, mais un pharaon, Akhenaton, allait le réinventer quelque quatre siècles plus tard [6], fût-ce sous une forme dévoyée, et par leurs chemins propres, les philosophes grecs allaient également y parvenir quelque six à sept siècles plus tard. Le monothéisme n'est pas exclusif aux juifs. Le monothéisme juif est incomplet sans la rédemption introduite par Jésus. Et ainsi de suite.

Or, la spécificité du judaïsme, inouïe au sens étymologique, est que le Dieu juif est le premier de l'histoire qui n'ait pas de nom, pas de visage, et qui soit essentiellement intériorisé : c'est le Dieu de la foi. L'intériorisation implique l'intellectualisation : ce Dieu doit être invoqué pour apparaître. Aucune image ne lui sert de support.

Nous ne connaissons Abraham que par le premier des cinq livres du Pentateuque. Son aventure aurait été transcrite quatre siècles plus tard de la main même de Moïse, donc au XIIIe siècle avant notre ère, et la tradition, d'ailleurs contestée par les exégètes modernes, voudrait que le texte du Pentateuque nous ait été transmis tel quel depuis lors. Mais le récit de Moïse ne nous dit pas comment Abraham a failli à la tradition qui est celle de tous les patriarches de son temps et selon laquelle on honore obligatoirement les dieux de ses pères. Ni comment il en est venu à être l'instrument de l'événement le plus tonitruant et le plus décisif de l'histoire des religions : l'avènement du Dieu intérieur.

Puis Abraham part pour l'Égypte. Extraordinaire errance que celle de cet homme, qui semble toujours poussé vers l'horizon. Pour la comprendre, il faut se replacer dans le contexte psychologique de l'époque : il y a alors près de sept millénaires que l'agriculture a été découverte et qu'on élève des animaux pour en tirer la viande, le lait, la peau ; il y a donc près de sept millénaires que des populations se sont sédentarisées, le plus souvent au bord de fleuves, car l'eau est essentielle à la vie des hommes, de leurs bêtes et des plantes qu'ils cultivent. Mais la Terre paraît alors immense et l'instinct de découverte est vif dans le cœur des humains. Il le restera pendant vingt-cinq siècles, jusqu'à Christophe Colomb (lui-même juif), et plus tard, puisqu'il enverra des hommes dans la Lune, sans aucun but immédiat, pour enrichir le savoir. Abraham est plus qu'un pionnier, il est l'un de ces hommes qu'on appellerait mystiques de nos jours, et ce n'est pas par hasard que la soif de l'ailleurs et l'écoute d'un dieu nouveau coïncident en lui.

L'impulsion centrifuge des Hébreux, pas encore juifs, leur fait attribuer à Dieu les paroles suivantes, dans la *Prophétie de Balaam* : « Vous êtes maintenant peu nombreux et la terre de Canaan suffira à vous accueillir, mais sachez que le monde habitable s'étend devant vous comme une demeure éternelle et la majorité d'entre vous vivra sur les îles et le continent [...] [7]. ».

Cette errance obstinée est un trait que tous les Hébreux et plus tard les juifs semblent partager avec Abraham. Elle contredit certaines interprétations contemporaines qui voudraient que le judaïsme soit inséparable du nationalisme [8]. Outre la dispersion, ou *diaspora*, des siècles qui précèdent le christianisme, la preuve en est que vingt siècles plus tard, après avoir perdu Jérusalem et leur autonomie territoriale, les juifs continuent de se disséminer dans le monde : au Moyen Âge, ils auront même gagné l'Asie.

Trente siècles plus tard, on en retrouvera d'ailleurs une représentation péjorative dans le mythe du Juif errant. La dispersion est constitutive des juifs, spirituellement autant que physiquement, et elle jouera un rôle déterminant dans l'histoire du peuple juif. La diaspora juive est un phénomène historique unique dans l'histoire des civilisations : au début de notre ère, on trouve des juifs à Panticapée en Crimée et sur le Bosphore, comme on en trouve à Méroé, sur le Haut-Nil, dans ce qui correspond au Soudan actuel. Ils sont présents à Elvire, au sud de l'Espagne, et à Cologne, de même qu'à Bérénice, en Cyrénaïque, l'actuelle Libye, et en face dans la Basse-Macédoine, l'Épire, l'Achaïe, dans tout ce qu'on nommait alors l'« Asie », la Galatie, la Cappadoce, la Bythinie, le Pont, c'est-à-dire l'actuelle Turquie. Au IVe siècle avant notre ère, il existait une colonie juive en Médie et peut-être aussi en trouvait-on au-delà [9]. En l'an 300, il y en aura même plus loin, dans le royaume d'Axoum, dans l'actuelle Éthiopie, et dans le royaume juif d'Himyar, à la pointe sud de la péninsule arabique, près d'Aden. Ils seront présents de Ting, sur la pointe actuelle du détroit de Gibraltar, à Carthage, et de l'autre côté de la Méditerranée. Ils ont alors gagné non seulement tout le bas de la péninsule italienne, Rome comprise, mais également Brixia, Ravenne, Aquileia, non loin de l'actuelle Trieste. Seuls les Phéniciens le leur disputent en mobilité.

Ils ne s'arrêteront jamais : au début du XIIIe siècle, on en trouvera au sud de Ceylan, sur la côte de Malabar, au sud-ouest de la péninsule indienne, au Yémen, en Angleterre, en Irlande... Partout, ils installent des commerces, fondent des entreprises, deviennent armateurs, marchands de perles ou de corail, filateurs, joailliers, grossistes, bâtisseurs, assureurs. Débarqués au XXe siècle à Ellis Island avec quelques ballots de vêtements, les chaussures détrempées et l'œil hanté par la crainte du rejet, on retrouvera aussi, quelques années plus tard, ces émigrants des ghettos de Galicie, de Lodz ou d'Odessa à la tête d'empires industriels, rois de Hollywood, c'est-à-dire des rêves mêmes de l'Occident, inventeurs d'une nouvelle forme de publicité, maîtres des cosmétiques ou encore génies du violon, du piano, chefs d'orchestre. Ce sont fondamentalement les mêmes qu'au temps d'Abraham, puis de Moïse.

Plus tard, bien plus tard, une fois que l'humanité se sera avisée qu'elle n'a que la Terre, rien que la Terre comme champ d'exploration, leur esprit d'investigation s'appliquera également à la représentation de ce monde. Le juif converti de Trèves Karl Marx décrira les rapports du capital et du travail en des termes jusqu'alors inconnus de la philosophie et changera l'histoire d'un siècle tout entier, à l'instar du prophète Samuel. Henri Bergson, autre juif converti, changera l'appréhension de l'esprit humain et le juif Albert Einstein réorganisera la compréhension même du cosmos. Tous enfants de la diaspora, de ces juifs partis de Canaan et qui avaient planté en terre de gentils la souche dont ces hommes représentaient les rameaux lointains.

L'Exode et la diaspora commencent donc avec Abraham.

Les juifs ont donné au monde une phalange d'explorateurs, à commencer par le plus célèbre d'entre eux, le marrane Colon, plus connu sous le nom de Christophe Colomb. Ils paraissent animés d'un besoin inassouvissable et spécifique d'espaces nouveaux, d'un mouvement centrifuge éternel, à cette différence près qu'on cherche en vain leur centre, qui n'est plus Jérusalem que de manière mystique, car Jérusalem n'est plus dans Jérusalem, ils le savent avec douleur et résignation. Cette agitation essentielle, cette inquiétude quasiment congénitale, est indispensable à la compréhension de l'histoire des juifs et de leurs tribulations. En effet, passé l'ère des grandes invasions indo-aryennes et indo-européennes, aucun peuple ne s'est disséminé sur des territoires aussi vastes. Les invasions indo-aryennes, puis celles des Celtes, Scythes, Parthes et autres sont militaires et visent la conquête d'un territoire et de ses richesses, alors que les juifs, eux, ne mènent aucune opération militaire hors de la Palestine. Les Parthéniens, ces Grecs dont Ulysse est le prototype et qui, au VIIIe siècle avant notre ère, vont établir les colonies de la Grande Grèce, sont aussi, à l'origine, des gens sans terres ; mais les cités qu'ils fondent à Alalia en Corse, à Cumes, à Métaponte, à Syracuse, en Phocée ou à Milet, sont de véritables États. Or, et si nombreux qu'ils aient été, les juifs n'ont jamais fondé une seule cité juive où que ce soit, bien qu'ils soient allés beaucoup plus loin que les Parthéniens. Leur diaspora est intrinsèquement pacifique. Ce qui la rend encore plus énigmatique.

L'émigration incessante des juifs depuis la plus haute antiquité n'implique aucunement qu'ils soient incapables de se sédentariser, ou qu'ils y répugnent : au IIIe siècle avant notre ère, par exemple, leurs établissements en Hyrcanie, au sud de la mer Caspienne, en Cyrénaïque, en

Lydie ou le long des routes commerciales de l'actuel Hedjaz[10], comptent des familles installées depuis plusieurs générations. Il serait donc erroné d'interpréter la diaspora comme l'expression d'une instabilité fondamentale, « caractérielle ». Les juifs peuvent très bien s'installer sur des terres. Seulement, ces terres sont des escales sur la planète que Dieu leur a donnée après leur avoir repris Canaan[11]. Les juifs transcendent États et cités : porteurs de ce Dieu intérieur que leur a donné Moïse, ils s'accommodent de tous les régimes et de tous les climats.

L'histoire pittoresque d'Abraham offre quelques indications sur cette migration quasi métaphysique. Que va-t-il faire en Égypte ? Il y est poussé par la famine qui règne ailleurs, sans doute aussi par la sécheresse. Les documents égyptiens sont remplis de ces gens « poussiéreux », car c'est le sens proposé pour « Habirou », qui demandent l'autorisation de faire paître leurs troupeaux dans les terres fertiles du Delta, quand le Négev est trop aride ou que d'autres pasteurs-pillards plus nombreux les en chassent. Abraham est admis dans le Delta comme bien d'autres pasteurs. Sa femme Sarah, qu'il fait passer pour sa sœur, retient l'œil du pharaon qui la prend pour concubine. Une interprétation malveillante de l'épisode, qui apparaîtra bien des siècles plus tard, voudra qu'Abraham se soit enrichi de la sorte, car lorsqu'il sera chassé par le monarque, soudain informé du subterfuge, il sera riche de vastes troupeaux, d'or et d'argent[12]. Mais rien n'établit de lien de causalité entre ceci et cela et Abraham a très bien pu s'enrichir de son propre fait.

En tout cas, un schéma s'esquisse déjà : comme tous les nomades et semi-nomades du Proche-Orient depuis le XXe ou le XIXe siècle avant notre ère, les Hébreux cherchent naturellement fortune, mais ils veulent aussi conserver une identité, et c'est celle que leur conférera leur foi, différente de celle de leurs voisins, et celle que scellera le Dieu intérieur de Moïse.

L'étape suivante est celle de la conquête de l'Égypte par les Hyksos vers le milieu du XVIIe siècle avant notre ère. Sémites originaires de la Haute-Mésopotamie, les Hyksos ou « rois pasteurs » vont occuper l'Égypte pendant cinq cent onze ans[13]. Ils seront détestés par les Égyptiens, qui allégueront plus tard qu'ils ont détruit leur panthéon, ce qui est exagéré [14], sinon faux. Les Hébreux les suivent, et qu'ils parlent la même langue que les Hyksos, et qu'ils se connaissent de longue date, ils s'installent dans la vallée du Nil où ils sont accueillis avec bienveillance par ces envahisseurs [15]. L'un des leurs, Joseph, passé maître dans l'art oriental d'interpréter les songes, sera d'ailleurs favori et grand vizir d'un pharaon hyksos de nom inconnu dont il a déchiffré deux songes énigmatiques. Au terme de cinq siècles d'occupation, une révolte éclate à Thèbes ; un Égyptien de souche, nommé Misphragmouthosis, enferme les rois bergers dans Avaris, capitale du Delta, et quelques années plus tard, les Hyksos sont chassés d'Égypte.

Leur exode mérite quelque attention, parce qu'il présente des similitudes frappantes avec celui qui suivit : quittant l'Égypte, au nombre de deux cent quarante mille, ils vont fonder Jérusalem. Dont s'emparera trois siècles plus tard le roi David...

Or, les Hébreux n'ont pas suivi les Hyksos. À tort semble-t-il, car demeurés dans le Delta du Nil, ils sont désormais considérés comme les alliés des anciens envahisseurs, donc comme prisonniers et enfin comme esclaves de la couronne, corvéables à merci. L'hostilité que leur témoignent les pharaons Séti Ier et son fils Ramsès II, telle qu'elle est attestée par le Pentateuque, est la première de l'histoire envers les juifs. Est-elle d'origine religieuse ? C'est douteux pour deux raisons.

La première est que les Hébreux n'ont pas causé de tort direct à la religion égyptienne, si ce n'est d'avoir été les alliés objectifs des occupants, qui ont sans doute chambardé le panthéon égyptien et introduit le dieu Seth, par exemple. Mais il faut préciser qu'à l'époque la religion n'a pas acquis la transcendance qu'elle revêtira plusieurs siècles plus tard : elle est avant tout l'expression d'une culture et d'un peuple.

La seconde raison, déterminante, est que la religion hébraïque n'est pas encore fondée. Les Dix Commandements ne seront délivrés à Moïse qu'au XIIIe siècle. Or, pendant les quatre siècles de présence des Hébreux en Égypte, ce qui demeurait de la tradition religieuse d'Abraham et de Jacob devait avoir absorbé un certain nombre d'éléments de la religion égyptienne elle-même. Bien plus tard, alors que cette religion avait été fondée et fixée par des rites, il était encore des juifs qui, en Palestine, vénéraient des dieux étrangers, ainsi qu'en témoignent les reproches véhéments du prophète Jérémie [16].

La persécution des Hébreux en Égypte, ou plus exactement le statut inférieur auquel ils ont été réduits, n'est donc pas de l'antisémitisme au sens ordinaire et moderne du mot. Ils ont souffert en Égypte pour des raisons politiques. Selon le Pentateuque, ce sont ces raisons qui émeuvent le Tout-Puissant : Il renouvelle par le truchement de Moïse la promesse de Canaan qu'Il a jadis faite à Abraham. Et Moïse, qui se trouve à ce moment-là à des milliers de kilomètres des juifs et de l'Égypte, non loin d'Écyon-Géber, dans le Sinaï, se soumet à la volonté du Tout-Puissant. Il organise le départ des juifs d'Égypte.

À sa mort, au moment où Josué franchit le Jourdain pour faire le siège de Jéricho, les fondements du judaïsme sont scellés. Le Dieu des juifs est le premier dieu entièrement métaphysique de l'histoire des religions. Il est l'Innommable, comme cela est évident dès sa première manifestation à Moïse, dans le buisson ardent : « Je suis Celui qui est. » Yahweh et Éloha ne sont pas des noms, comme une certaine culture contemporaine aussi bien qu'antique tend à le faire croire : ce ne sont que des attributs secondaires de Son insaisissable nature. Yahweh est une dérivation phonétique de la déclaration divine à Moïse : « *Ehyeh* », « Je suis », qui donnera la forme de la troisième personne du présent, « *Yiehyeh* », « Il est ». Et même le tétragramme YHWH ne se prononce pas. Éloha est un nom dérivé du sémitique El, qui désigne la divinité en général et qui signifie « puissance », *oha* signifiant peut-être « unique » [17]. Il est le Grand Innommé, cette voix intérieure qui expliquera la prolifération de prophètes chez les juifs.

De l'Exode, puis de la fondation du royaume d'Israël sous David, au Xe siècle avant notre ère, jusqu'à la conquête de la Palestine par les Perses et à son hellénisation sous l'égide des Ptolémées à partir de 305 avant notre ère, les juifs n'ont pas eu à souffrir de préjugés religieux de leurs voisins. Bien au contraire, les vainqueurs des Babyloniens, Cyrus et son successeur Darius, leur témoigneront de la sollicitude : non seulement ils concéderont aux prisonniers le droit de rentrer chez eux, mais encore, ils assumeront sur leurs propres deniers la reconstruction du Temple de Salomon. Darius a chargé Néhémie et Esdras de reconstituer une communauté juive dans la Judée achéménide et la Loi juive a été reconfirmée comme loi royale pour les juifs de Babylone. Vers la fin du IIIe siècle avant notre ère, le roi séleucide Antiochos III reconfirmera le droit des juifs de « vivre conformément à leurs lois ancestrales ».

Quel fut l'état d'esprit des déportés qui rentraient au pays, aussi bien que de ceux qui y étaient restés ? L'humiliation de la déportation avait nécessairement laissé des cicatrices profondes chez le peuple élu. Quelle faute avait-il donc commise pour subir cette épreuve ? Le Seigneur l'avait-Il donc abandonné ? Avait-Il repris la promesse de Canaan ? La foi d'Israël devint plus farouche.

Il faut enfin rappeler un point peu connu : les juifs n'avaient pas gardé un souvenir si odieux de l'Égypte qu'ils n'y soient pas revenus. Ce n'était donc pas non plus un pays qui les haïssait en tant que tels. Les documents araméens découverts dans l'île d'Éléphantine en 1901 et 1904 indiquent qu'il y avait là « une communauté juive qui quitta très vraisemblablement la Palestine et s'installa en Égypte au VIIe siècle av. J.-C., au temps de Psammétique Ier, et jusque vers le début du IVe siècle av. J.-C. »[18]. Communauté de mercenaires, dont on peut supposer qu'ils avaient quitté la Palestine parce qu'elle était alors sous la domination assyrienne[19] (mais il faut également préciser que les tribulations hébraïques de la déportation à Babylone sous Nabuchodonosor étaient des conséquences militaires et ne revêtaient pas un caractère religieux). Les juifs devaient même revenir en Égypte en 586 avant notre ère, après la prise de Jérusalem et le meurtre de Godolias, le gouverneur de Judée nommé par Nabuchodonosor, par un descendant de David, Yichmaël. Ils s'y retrouvèrent cette fois en illustre compagnie, puisqu'ils avaient entraîné avec eux le prophète Jérémie[20].

La présence des juifs en Égypte ne semble d'ailleurs pas avoir connu d'interruption prolongée : au milieu du IIIe siècle avant notre ère, des soldats juifs reçoivent du roi Ptolémée II Philadelphe des parcelles de terre, ou *clérouques*, près de diverses villes et villages du Fayoum : Crocodilopolis, capitale de cette province, Kerkéosiris,

Samarie-Kerkéséphis, Apias, Trikomia, Héphaïstias... Et de nouveau des légionnaires juifs se sont installés dans l'île d'Éléphantine [21].

Un monde sans nuages, donc : les juifs se soumettent, non sans rechigner, aux lois hellénistiques alors en vigueur dans la Vallée du Nil [22]. Fait remarquable : la Torah a été élevée au rang de loi civique grecque, *nomos politikos*, et régit les conflits entre juifs. Même hellénisés, parlant grec, les juifs d'Égypte demeurent donc plus ou moins fidèles à leur religion.

L'antisémitisme n'est donc pas une « fatalité historique ». Le point est essentiel, et je l'oppose à ceux, même juifs, qui voudraient qu'éternels étrangers, les juifs soient condamnés à l'ostracisme éternel.

Une manifestation d'agressivité spécifiquement religieuse — la première à l'égard de juifs — a bien été enregistrée en Égypte en 414 avant notre ère, sous le règne du roi Darius II, qui occupait alors le pays : les prêtres du dieu-bélier Khnoub détruisirent le sanctuaire juif de Yahweh (appelé Yaho). Le temple fut brûlé et les bassins d'or et d'argent volés par les prêtres égyptiens. Cette flambée de violences peut paraître incompréhensible, étant donné que les communautés juive et égyptienne avaient vécu jusqu'alors en bonne intelligence et comptaient de nombreux couples mixtes. Certains indices pourraient indiquer que les juifs auraient même pratiqué un certain syncrétisme des cultes, avec identification de Yaho au grand dieu des Araméens de Syène, Bét'el, en dépit des remontrances véhémentes de Jérémie quelque cent soixante-dix ans plus tôt [23].

Toutefois, il serait erroné d'interpréter cette échauffourée comme une manifestation d'antisémitisme au sens moderne de ce mot ; la cause en était que les juifs sacrifiaient des béliers, animaux sacrés, et que « les prêtres et les fidèles du dieu Khnoub [...] supportaient difficilement de voir sacrifier, dans le sanctuaire des juifs, en quelque sorte sous leurs yeux [...] les bêtes les plus saintes et les plus nobles de la race ovine [...] » [24]. Il n'y eut apparemment pas d'effusion de sang, et les prêtres égyptiens, férocement attachés à leurs rites comme tous les autres prêtres de tous les temps, avaient témoigné quelque huit siècles plus tôt de la même agressivité à l'égard de leurs propres collègues égyptiens, les prêtres du culte d'Aton. Trois ans plus tard, le sanctuaire juif d'Éléphantine fut reconstruit, les juifs ayant pris l'engagement de ne plus pratiquer d'holocaustes de béliers [25].

Le monde antique semblait donc tolérant. Les juifs étaient des humains comme les autres et ils avaient le droit de pratiquer la religion qui leur plaisait.

Quand cela s'est-il gâté ? Et pourquoi ?

Bibliographie et notes critiques

1. *Genèse*, XI, 32, source P. Le Pentateuque samaritain dit, lui, que Térakh mourut à cent quarante-cinq ans, ce qui est moins exagéré, mais guère plus plausible en termes modernes. Il faut savoir que la symbolique biblique n'accorde pas aux nombres la même valeur que l'arithmétique laïque.

2. Un désaccord existe entre biblistes et archéologues sur le fait que les Benjaminites aient pu exister à l'époque, puisque l'Ancien Testament en fait les descendants de Benjamin, fils de Jacob, donc arrière-petit-fils d'Abraham. L'évidence archéologique semble pourtant concluante : ces alliés des rois de Mari figurent dans les tablettes de Mari à l'époque du roi Iahdoûn-Lim, c'est-à-dire au XIXe siècle avant notre ère. Cf. André Parrot, *Abraham et son temps* (Delachaux & Niestlé, Neuchâtel, 1962).

3. *Nomads*, Encyclopaedia Britannica ; Georges Roux, *La Mésopotamie — Essai d'histoire politique, économique et culturelle* (Le Seuil, 1985) ; André Parrot, *Abraham et son temps, op. cit.*

4. *Gen.* XII, 1-4. La tradition juive fait remonter l'ordre divin avant l'arrivée à Harran. Logiquement, l'affaire n'est pas claire : en effet, si Tèrakh demeura longtemps à Harran, Abraham n'eût pas dû y rester du tout.

5. *Gen.* XXXV, 4 ; *Dt.* XI, 30 ; *Jos.* XXIV, 26 ; *Juges*, IX, 6.

6. Akhenaton, de son nom originel Aménophis IV, a régné de 1353 à 1335 avant notre ère. S'il faut supposer que, sous Séti Ier, qui commença son règne en 1293, et Ramsès II, les juifs étaient en Égypte depuis quatre siècles, selon le Livre de l'Exode, cela ramène leur arrivée au XVIIe siècle avant notre ère, soit en même temps que celle des envahisseurs hyksos. Ces derniers, sous la domination desquels le clan de Jacob s'installa en Égypte, sont, en effet, arrivés dans ce pays, le « pays de Gochen », en 1650 avant notre ère. Jacob étant le petit-fils d'Abraham, il faut reculer de trois générations, soit un siècle, l'époque où vécut son ancêtre. Ce qui revient à dire qu'Abraham vécut au XVIIIe siècle avant notre ère et que le monothéisme juif précède de quelque quatre siècles celui d'Akhenaton.

7. Cette prophétie, formulée différemment dans *Nombres*, XXIII, 7-10, est ici reprise d'après la transcription qu'en fait Josèphe dans les *Antiquités judaïques*, IV, 115-16, *op. cit*. On la retrouve dans les *Oracles sibyllins*, III, 271.

8. Dans son ouvrage sur le judaïsme, *Die religiöse Situation der Zeit, das Judentum* (Piper Verlag, Munich, 1991) le théologien Hans Küng écrit : « ... Ce que j'ai provisoirement défini comme le **centre constant** et la **fondation immanente** de la religion juive est confirmé : il est impossible de comprendre même les origines de la société israélite sans les deux facteurs de **Yahweh** et d'**Israël** (peuple et territoire)... » [caractères gras de l'auteur]. Il semblerait que Küng identifie le judaïsme au sionisme, interprétation radicale-

ment infirmée par l'histoire : il existe des juifs profondément attachés à leur religion qui sont pourtant non sionistes, voire antisionistes.

Et plus loin, Küng ajoute ces paroles singulières : « Nous pouvons voir là non seulement la structure universelle de "un Dieu, un roi, un pays", comme dans les autres religions sémitiques occidentales, mais aussi la structure "un Dieu, un peuple, un pays" ». L'existence de cette structure « un Dieu, un roi, un pays », présentée comme postulat, me semble appeler quelques lumières que l'auteur n'offre cependant pas. La notion de religions sémitiques « occidentales » (*West Semitische*) paraît aussi demander clarification et ce n'est pas, par exemple, ce que nous savons de la religion des Phéniciens qui pourrait confirmer la structure invoquée par Küng. Je confesse également que la formule « un Dieu, un peuple, un pays » évoque fâcheusement, et sans réels fondements historiques, l'antienne hitlérienne « *ein Reich, ein Land, ein Volk* ».

9. Le *Livre des Jubilés*, pseudépigraphe intertestamentaire, indique que Japhet, fils de Sem, s'installa en Médie (*Écrits intertestamentaires, op. cit.*, X, 35-36), là où, selon un autre écrit, avaient été déportées « neuf tribus et demie » (id., *Martyre d'Isaïe*, III, 2). Johnson (*A History of the Jews, op. cit.*) fait état de la découverte à Nippour, ville mède, de six cent cinquante tablettes gravées en cunéiforme et rédigées en 450 et 403 avant notre ère, comportant une longue liste de noms dont 8 % étaient juifs. Ézéchiel résida dans cette ville sacrée sur l'Euphrate. Il y eut donc, selon toute vraisemblance, une colonie juive qui s'installa dans cette ville de l'ancienne Sumer, sans doute après le retour d'Exil. Mais il existe plus à l'est, dans le Cachemire, de nombreux indices (dont l'énigmatique « Tombeau de Salomon ») de la présence de juifs à une époque indéterminée avant l'ère chrétienne.

10. Dans les déclarations que la *Genèse* prête à Dieu, on en trouve trois qui semblent contradictoires : après le Déluge, en effet, Il signifie à Noé que lui et ses descendants devront être féconds et se multiplier sur la Terre (IX, 7), puis à Abraham, Il déclare qu'Il lui donnera les territoires qui vont « du Nil à l'Euphrate » (XV, 18-21) ; enfin, Il déclare aux patriarches qu'Il leur donnera Canaan (XVII, 8).

11. Pour ces indications sur les établissements des juifs, cf. Nicholas de Lange, *Atlas of the Jewish World* (Phaidon Press, Ltd., Oxford, 1984).

12. *Gen.* XII, 9-XIII, 2.

13. *Hyksos*, Encyclopaedia Britannica. Cette indication semble concorder à peu près avec celles du Pentateuque, qui dit que les Hébreux étaient captifs en Égypte depuis quatre siècles au moment où Moïse apparaît. Celui-ci ayant organisé l'Exode sous Ramsès II, donc au XIIIe siècle avant notre ère (Cf. *Moïse*, de l'auteur, 2 vol., J.Cl. Lattès, 1998), il s'ensuivrait qu'ils seraient bien arrivés au XVIIIe siècle au « pays de Gochen ».

14. Les Hyksos semblent avoir respecté la religion et les coutumes politiques égyptiennes au moins dans les grandes lignes. Mais une preuve de l'aversion que les Égyptiens leur ont vouée est qu'ils ont donné, sous le Moyen Empire, le nom d'un pharaon Hyksos, Apopis, au grand serpent infernal qui menace le monde de chaos. En revanche, les Égyptiens ont, au Nouvel Empire, adopté un dieu d'origine hyksos, Seth, dont le Pharaon Séti Ier a même porté le nom.

15. *Gen.* XLVI, 6-7 ; XLVII, 5-6, 10-12 et 27. L'historien égyptien Manéthon, du IIIe siècle avant notre ère, identifiera d'ailleurs à tort les Hébreux aux Hyksos.

16. *Jér.* XLIV, 16-18.

17. « Élohim [pluriel d'Éloha ou Éloah] est le nom de Dieu le plus fréquemment utilisé dans la Bible » (*Dictionnaire encyclopédique du judaïsme*, Robert Laffont/Bouquins, 1996). Néanmoins, il peut désigner également une divinité païenne ou une déesse.

18. André Dupont-Sommer, *Les dieux et les hommes en l'île d'Éléphantine, près d'Assouan, au temps de l'empire des Perses* (Institut de France, Académie des inscriptions et belles-lettres, 1978) ; Pierre Grelot, *Documents araméens d'Égypte* (Éditions du Cerf, 1972).

19. C'était donc, le plus vraisemblablement, avant que le roi Josias reprenne le contrôle de la Judée, à la fin du VIIe siècle avant notre ère.

20. *Jér.* XLIII, 5-7.

21. Joseph Mélèze Modrjewski, *Les Juifs d'Égypte de Ramsès II à Hadrien* (Éditions Errance, 1991).

22. Papyrus Petrie III 21 g et Papyrus de Gourob 2, cités par J.M. Modrjewski, id.

23. *Jér.* XLIV. On relèvera qu'une déesse, Anat, figurait dans un groupe auquel appartenaient Yahô et Bét'el, et même le fils d'Anat et de Bét'el, Anat-Bét'el. Sur la forme Yahô du nom divin, point d'onomastique évidemment de grande importance, mais qui n'entre pas dans le cadre de ces pages, on voudra bien se référer aux *Documents araméens d'Égypte, op. cit.*, introduction, traduction, présentation de Pierre Grelot, professeur à l'Institut catholique de Paris.

24. A. Dupont-Sommer, *op. cit.*

25. Le temple d'Éléphantine semble avoir perduré, puisque la colonie juive locale demeura quand le pharaon Amyrtée II reprit aux Perses, en 404 avant notre ère, le contrôle d'une partie du pays, puis quand son successeur Néphéritès (XXIXe dynastie mendésienne) le reprit entièrement en 398. Néphéritès utilisa la garnison juive pour faire la police le long de la frontière nubienne. On ne sait ce que devint cette colonie juive, car on ne dispose pas de documents postérieurs à 398 avant notre ère.

2.

D'Alexandre au malentendu : les premières haines du monde

L'HELLÉNISATION DE LA MÉDITERRANÉE — HÉROÏSME DES MACCHABÉES ET IDENTIFICATION DE LA RELIGION À LA NATION — FOLIE ET DÉSASTRE DE LA ROYAUTÉ HASMONÉENNE — LES CINQUANTE MILLE MORTS DE LA GUERRE CIVILE DÉCLENCHÉE PAR ALEXANDRE JANNÉE — PREMIERS RAPPORTS SUR LA CRUAUTÉ DES JUIFS ENTRE EUX ET DÉGRADATION DE L'IMAGE DES JUIFS DANS LE MONDE HELLÉNISTIQUE — DOULEUR DE L'OCCUPATION ROMAINE — LES DÉBUTS DE LA RÉVOLTE : « ESSÉNIENS », SICAIRES ET ZÉLOTES — L'APOCALYPTISME JUIF — NAISSANCE DU MYTHE DE LA XÉNOPHOBIE JUIVE — LA BRISURE DU PEUPLE JUIF — DIODORE DE SICILE, APOLLONIUS MOLON, LYSIMAQUE, APION ET QUELQUES AUTRES ANTISÉMITES.

En 338 avant notre ère, un séisme historique de première grandeur secoue le monde. Dans la plaine de Chéronée un jeune prince blond monté sur un étalon noir met les vaillantes troupes de Thèbes en échec. À dix-huit ans, le Macédonien Alexandre commence sa carrière prodigieuse. Puis il conquiert le monde, ou du moins la plus grande partie du monde connu. L'éclat du héros éblouit non seulement les peuples, mais encore les consciences individuelles. Les juifs font partie de ceux auxquels il dispense ses bienfaits, mais par un paradoxe cruel, une partie de leurs malheurs ultérieurs procédera justement de ces bienfaits.

Quand, au cours de sa conquête de la Méditerranée orientale, Alexandre fait le siège de Tyr, en 332 avant notre ère, il s'assure l'allégeance du grand prêtre de Jérusalem, l'obtient, et, perpétuellement à court de fonds, demande aux juifs de l'argent qu'il obtient également. Ceux-ci sont, en effet, trop contents de pouvoir se débarrasser de la pesante tutelle des Perses qui occupent le pays. Selon Flavius Josèphe, l'historien juif romanisé qui écrit en 94, Alexandre engagera même des soldats juifs et samaritains dans sa garde, parce que leur valeur est notoire.

Une fois Jérusalem libérée, les Macédoniens respectent le statut des juifs tel qu'il était sous les Perses : ils leur concèdent une organisation propre, la *politeumata*, et maintiennent les juridictions particulières fondées sur la loi juive. Les juifs ont le droit de respecter le repos du sabbat, ils sont dispensés de rendre hommage aux dieux étrangers, ils peuvent soustraire le denier du Temple des impôts perçus par les autorités non juives, et ils sont exemptés du service militaire ; en revanche, ils n'ont pas la citoyenneté grecque, « réservée à une minorité, et la masse des juifs et des non-juifs n'appartenait pas à la *polis* (État ou société) grecque [1] ». Alexandre exige cependant une complète allégeance des juifs comme des autres : quand les Samaritains se sont emparés d'un gouverneur macédonien, Andromakhos ou Andromaque, à 55 kilomètres au nord de Jérusalem et qu'ils l'ont brûlé vif, ses assassins ont été saisis et suppliciés atrocement.

Donc, Alexandre se comporte comme le suzerain et protecteur des juifs.

Apparemment, l'Ancien Testament ne lui en sait pas gré : le *Livre des Macchabées*, tiré du *Livre des Annales* des grands prêtres et rédigé un siècle et demi plus tard environ, dit que « son cœur s'enfla d'orgueil [2] » à la suite de ses conquêtes et attaque violemment les rois séleucides, qui perpétuaient la domination macédonienne. Le *Livre de Daniel*, antérieur d'une trentaine d'années, l'appelle « Alexandre le Bouc [3] », allusion au surnom « l'homme à deux cornes », ou deux jets de lumière qui auraient couronné la tête d'Alexandre, comme celle de Moïse d'ailleurs.

Mais, en dépit de la réprobation de ces textes bibliques, la légende se forme aux environs du Ier siècle, écrit Paul Faure [4], « d'un Alexandre visitant Jérusalem après la prise de Gaza, honorant le grand prêtre Jaddua (Jaddée), se prosternant devant lui et offrant un sacrifice au souverain de l'univers, le Dieu unique des juifs ». Selon Flavius Josèphe, ce serait alors que les juifs auraient acquis leur statut fiscal privilégié. En effet, Alexandre aurait demandé aux chefs du peuple élu ce qui leur ferait le plus plaisir et ils auraient demandé d'être exemptés d'impôts une fois tous les sept ans, eux et les communautés juives de Babylone et de Médie [5]. Ce n'était pas une nouveauté, puisqu'ils bénéficiaient déjà de ce droit sous les Perses, et Alexandre ne pouvait faire moins que ces derniers : le droit fut donc accordé. Cadeau empoisonné ! On le vérifiera trois siècles et demi plus tard, à Alexandrie même.

En tout cas, Alexandre est devenu un héros populaire pour les juifs comme il le deviendra pour les musulmans. Ne les a-t-il pas encouragés à s'installer à Alexandrie et dans les autres villes impériales ? N'est-ce pas grâce à sa protection indirecte qu'ils ont traduit la Torah dans cette ville (en 270-250 avant notre ère) et répandu la connaissance du vrai Dieu ? N'ont-ils pas prospéré à Alexandrie, qui compte au Ier siècle de notre ère plus de juifs que Jérusalem, soit quelque trois cent mille ?

La diaspora a donc été favorisée par Alexandre : on trouve des juifs non seulement en Égypte, en Palestine et dans les environs, Phénicie, Syrie, Cœlé-Syrie, mais également en Asie Mineure, Pamphilie, Cilicie, Bithynie, Pont, ainsi qu'en Grèce, Thessalie, Béotie, Macédoine, Éolie, Attique, Argos, Corinthe, Péloponnèse et dans les îles d'Eubée, de Chypre, de Crète, et plus à l'est, en Transeuphratène, en Babylonie et dans les satrapies voisines, comme en atteste le texte de Philon d'Alexandrie, *Legatio ad Gaium*, rédigé après l'affaire du massacre de 38 à Alexandrie, qu'on verra plus loin. Philon ne dit-il pas avec emphase et fierté qu'il y a tant de juifs dans le monde qu'un seul continent ne peut suffire à les contenir ?

Les juifs se mettent donc à parler grec, comme tout le monde dans ces régions, car le grec est à la fois la langue œcuménique des peuples de la Méditerranée et la langue courante, *lingua franca*. En dépit de leur fidélité intacte à la foi juive, ils subissent eux aussi l'influence de la pensée grecque, notamment du stoïcisme et du platonisme. L'un des juifs alexandrins les plus érudits, Philon, écrit des traités philosophiques en grec. D'innombrables mots grecs passent dans la littérature rabbinique [6] et l'on voit des grands prêtres porter des noms grecs : Ménélas (172-162 avant notre ère), Aristobule (104-103 et 67-63), Alexandre évidemment, dans le cas d'Alexandre Jannée (103-76), Antigone. Même le nom de Jésus est la forme hellénisée de l'hébreu Josué (Joshuah).

C'est l'un des chapitres les plus obscurs de l'histoire juive que ces rapports avec la culture gréco-romaine. Les études qui leur ont été consacrées indiquent qu'à un moment qu'on peut situer entre le IIIe siècle avant notre ère et le Ier siècle de notre ère, la cohabitation entre les deux cultures entraîna une interpénétration assez profonde. Les Romains prendront ainsi l'habitude (vite et vigoureusement réprimée) de circoncire leurs esclaves et le grec avait pénétré non seulement la terminologie des communautés juives et le langage des textes rabbiniques, mais jusqu'au langage de la synagogue [7]. Ce ne sont là que des exemples ; il en est maints autres qui indiquent en tout cas une hellénisation poussée des classes sacerdotale et patricienne juives.

Les prédictions au passé sont aventureuses. Il existe toutefois assez d'éléments pour supposer que, si cette hellénisation s'était poursuivie, le judaïsme se fût fondu dans la sphère gréco-romaine et eût progressivement disparu, comme tant d'autres religions de l'Antiquité, telles que le mithraïsme. Toutefois, un élément social devait peser d'un poids particulier : l'hellénisation n'était le fait que des classes riches, et celles-ci étaient minoritaires et vulnérables.

Tout sembla pendant un temps aller pour le mieux. Bien qu'assujettis à des gouverneurs ptolémaïques, puis à des rois séleucides descendants des généraux d'Alexandre, les juifs gouvernaient quasiment Jérusalem et la Judée de façon autonome, en véritable théocratie, puisqu'ils étaient même autorisés à appliquer leurs lois aux non-juifs. Apparences trompeuses : les juifs des classes laborieuses n'avaient pas oublié qu'ils avaient constitué sous David, puis Salomon, un royaume indépendant et puissant. Pareil à une ligne de feu, un courant de réaction va, à partir du début du IIe siècle, peut-être à la fin du IIIe siècle avant notre ère, modifier l'harmonie générale apparente dans laquelle les juifs vivent avec leurs dominateurs. Il commence avec la sournoiserie d'un feu qui couve et grossira aux proportions d'un incendie formidable. Le judaïsme manquera d'y périr, en l'an 70 de notre ère, lors de la destruction de Jérusalem.

L'épisode est d'une extrême importance. C'est de ce courant que dérivent, en effet, les prémisses de l'antisémitisme dans le monde pré-chrétien.

La première étincelle est due à une grave erreur d'un roi séleucide, Antiochos IV (175-164 avant notre ère). Il dépose le grand prêtre Onias III et vend sa charge au frère de ce dernier, Jason (autre hellénisation de Josué), puis place Jérusalem sous la tutelle de soldats syriens. Jason abolit le système juif traditionnel et réorganise Jérusalem sur le modèle d'une ville grecque. Comble d'impudence, il renomme Jérusalem Antioche, et fait construire un gymnase au pied du mont du Temple. Or l'étincelle tombe sur un terrain prêt à l'embrasement, car de nombreux juifs pieux et traditionalistes s'avisent que le judaïsme officiel s'est altéré et desséché, sinon décomposé, sous l'influence de l'hellénisme. La preuve en est qu'une partie des prêtres de la nouvelle tendance, dite réformatrice, se désintéresse du service sacré et se livre même aux jeux de la palestre, qu'on pratique nu, et aussi que le trésor du Temple sert à financer des compétitions sportives et des représentations théâtrales [8]. De plus, la paysannerie de Palestine — les *amharetz* — qui, étant née le plus souvent de mariages mixtes, ne connaissait quasiment rien de la Loi mosaïque, mais qui en subissait cependant les rigueurs, se range auprès des réformateurs. Les traditionalistes se désignent comme la conscience de leur peuple et s'indignent.

Deux ans plus tard, Antiochos remplace Jason par Ménélas, encore plus plus pro-hellénique que son prédécesseur. Celui-ci abolit la loi mosaïque, devançant ainsi saint Paul de quelque deux siècles, et impose le culte des dieux grecs à l'intérieur du Temple [9]. La divinité, clament-ils, est universelle, et le Dieu d'Israël est le même que celui des Grecs. C'en est trop pour les traditionalistes, attachés à la lettre et à l'esprit du Pentateuque et qui interprètent la réforme universaliste comme le retour au culte de Baal.

Le signal de la révolte des traditionalistes est donné

par un prêtre, Matthias Hasmon, qui assassine un réformateur à Modin, non loin de Lydda. Ses cinq fils, menés par Judas, dit « Le Marteau », *maccabi* devenu en français Macchabée, organisent une guérilla contre les garnisons séleucides et tous les juifs partisans des réformateurs. De 166 à 164, ils chassent les Grecs des environs de Jérusalem et, en 164, purifient le Temple des vestiges grecs qui le souillaient et procèdent à une nouvelle consécration ; celle-ci est traditionnellement commémorée jusqu'à nos jours, c'est la fête de Hanoukkah. Deux ans plus tard, le nouveau roi séleucide Antiochus V rejette la faute du soulèvement sur le grand prêtre Ménélas, qu'il fait exécuter. Il entre en pourparlers avec la famille des Hasmonéens, qui règne sur Jérusalem et la plus grande partie de la Judée. Mais ceux-ci ont conscience de leur pouvoir naissant, alors que celui des Séleucides s'affaiblit ; en 161 avant notre ère, ils concluent un accord avec Rome qui leur assure le statut de famille régnante et reconnaît que la Judée est un État indépendant. Sans doute les Séleucides auraient-ils leur mot à dire sur ce point, mais ils ne souhaitent pas aggraver leurs conflits avec Rome et, en 142, ils reconnaissent à leur tour à la Judée le statut de nation indépendante, donc exempte d'impôts.

Simon Macchabée est à la fois ethnarque, c'est-à-dire roi, et grand prêtre ; il détient le double sceptre de Moïse et d'Aaron. L'indépendance de la Judée est suivie, en quelques décennies, de celle des provinces du nord, Galilée, Galaad et Samarie au nord — c'est-à-dire l'ancien Israël — et de Moab et de l'Idumée au sud. Lorsque le dernier roi des juifs, Alexandre Jannée, meurt en 76 avant notre ère, il lègue à ses héritiers un État qui est presque équivalent à celui que David avait constitué au Xe siècle.

Le chapitre de la royauté hasmonéenne, qui a duré environ un siècle et demi, est d'une importance considérable et souvent sous-estimée aussi bien par les historiens du judaïsme que par ceux de l'antisémitisme. En effet, il a forgé chez les juifs un sentiment de fierté légitime. Pour la première fois dans l'histoire des civilisations, il a également identifié la religion au concept de nation, puisque c'est la révolte religieuse qui a sauvé le peuple juif de l'humiliante sujétion aux Grecs. Il a, par la même occasion, développé chez lui une hostilité féroce à tout réformisme religieux, une fois pour toutes assimilé aux étrangers impies. Peut-être en a-t-il aussi fait des réactionnaires religieux : ils deviennent difficilement gouvernables, toujours prêts à soupçonner leurs propres chefs de trahison dès qu'ils croient discerner le moindre écart par rapport à la tradition.

Toujours est-il que les Hasmonéens ont été saisis par l'ivresse du pouvoir, celle que les Grecs appellent *hubris*, et que, loin de consolider les structures nationales si difficilement arrachées aux étrangers, ils les ont fragilisées : leur fanatisme les a poussés à de tels conflits et à de tels excès, qu'ils ont fini par y périr. Jean Hyrcan, troisième fils du dernier des Macchabées, Simon, se lance ainsi à la conquête de la Samarie, en réduit la capitale à un champ de ruines qu'il quadrille de canaux afin que le site soit inondé et qu'on ne puisse plus savoir où était la ville [10]. De même, il dévaste Scythopolis, une des villes de la Décapole grecque, et en massacre les populations sous le seul prétexte qu'elles parlent grec. Quand il conquiert l'Idumée, il passe par le fil de l'épée tous ceux qui ne veulent pas se convertir au judaïsme. C'est un tyran sanguinaire, mais qui, dit Flavius Josèphe, se croit investi du don de prophétie.

Le summum de la folie est atteint par son fils Alexandre Jannée : despote alcoolique et enclin à des accès de rage pathologique, il fait exécuter six mille juifs, parce qu'on l'a hué lors de la Fête des Tabernacles, *Soukkot*, la fête par excellence. Alors qu'il officiait au titre de grand prêtre, il avait, en effet, refusé d'accomplir le rite des libations d'eau, *Simhat bet ha-choévah*, qui accompagnent les prières pour la pluie. Alexandre Jannée est, en effet, un alcoolique jusqu'à l'hydrophobie et il mourra d'ailleurs d'une crise de *delirium tremens*. C'est ce même Alexandre Jannée qui, dans une autre crise de folie, sacrifie un porc sur les rouleaux de la Torah.

Pis : avant de rendre l'âme, Alexandre Jannée laisse s'engager une guerre civile dont Flavius Josèphe dit qu'elle dura six ans et fit cinquante mille morts [11].

L'étincelle allumée par Antiochos IV, puis les folies des derniers rois de la dynastie hasmonéenne ont déclenché un incendie dont la fumée obscurcit le ciel jusqu'alors serein de l'Orient. Les juifs se méfient désormais de l'hellénisme. De Jérusalem, cette méfiance gagne les colonies de la diaspora. Sans doute met-elle plusieurs décennies à s'y installer, mais elle le fait.

La méfiance des uns entraîne la méfiance des autres, d'autant que les rapports sur la cruauté des dirigeants juifs à l'égard des populations conquises se répandent au-delà des frontières, de même que les récits sur les massacres qu'ils ont perpétrés sur d'autres juifs. Et ce sont les juifs qui, les premiers, sont accusés de xénophobie : déjà quand, dans un ultime effort pour reconquérir les provinces perdues, le roi séleucide Antiochus VII Sidetes faisait le siège de Jérusalem en 134-35 avant notre ère, ses conseillers l'engagèrent à prendre la ville d'assaut et à exterminer « la nation des juifs, étant donné qu'elle seule parmi toutes les nations évite de traiter avec tout autre peuple et considère tous les hommes comme ses ennemis ». « Les ancêtres des juifs avaient été chassés d'Égypte parce que c'étaient des gens impies et détestés par les dieux », rapporte, au Ier siècle avant notre ère, Diodore de Sicile. Pour faire bonne mesure, l'historien écrit que les descendants des juifs d'Égypte « ont élevé leur haine de l'humanité au niveau d'une tradition »[12].

Certes, Diodore de Sicile apparaît à l'exégète moderne comme un antisémite de la plus pure eau, mais il n'est pas le premier. Un siècle plus tôt, Apollonius Molon, un auteur dont l'œuvre est perdue, mais que nous connaissons par les mentions qu'en fait Josèphe dans son traité *Contre Apion*, représente les juifs comme « des athées et des misanthropes »[13].

Les juifs projettent donc sur le monde hellénistique une image sulfureuse, parfois odieuse. Ils n'y sont sans doute pas entièrement étrangers. Après avoir perdu le royaume mythique de David, après avoir subi l'humiliation de la déportation à Babylone, ils se sont trouvés trahis par leurs propres rois, pourtant descendants des héroïques Macchabées. Humiliés et offensés, ils sont habités par la conviction qu'un monde aussi injuste ne peut pas perdurer et que Dieu va revenir dans un fracas immense restaurer Son peuple dans sa légitimité. En témoigne abondamment la plus grande part de la littérature intertestamentaire, rédigée dans les quatre à trois siècles avant notre ère. *Livres I* et *II d'Hénoch, Jubilés, Testaments des Douze*

Patriarches, Oracles Sibyllins et autres, tous ces écrits sont baignés d'accents apocalyptiques et emplis d'imprécations à l'égard des païens. « Malheur à toi, Gog et à tous les peuples successivement, ainsi qu'à toi, Magog ! » clament, par exemple, les *Oracles Sibyllins* [14]. L'effet sur les lecteurs méditerranéens non juifs est catastrophique.

En effet, plusieurs de ces textes, tels les *Oracles Sibyllins* ou plusieurs passages d'*Hénoch I* sont rédigés en grec et les populations méditerranéennes peuvent donc en prendre connaissance. Et quand ils le font, c'est avec épouvante. La version grecque de la *Septuaginte* les avait déjà rebutés, ces textes-là les horrifient. Voilà donc les juifs ! Ils conspirent à la perte du monde des gentils ! Or, ces lecteurs ignorent que ces textes sont produits par une frange du peuple juif vivant presque exclusivement en Palestine [15], et qu'on retrouvera plus loin dans ces pages ; ils ignorent que ce sont des exaltés que l'amertume a poussés vers un rejet véhément du monde extérieur et la dénonciation délirante de l'univers entier. Ils prennent la partie pour le tout.

Ainsi se forme le mythe d'une aversion des juifs pour le reste du monde, et les Grecs rejettent donc le judaïsme, avec lequel ils avaient fait jusque-là bon ménage (même Aristote semble avoir été bien disposé à leur égard [16]). Ce n'est pas le monothéisme même qui les heurte : la notion d'un dieu unique n'est pas étrangère à la pensée grecque. Je pense avoir indiqué en d'autres lieux [17] qu'elle est sous-jacente dans la philosophie grecque dès les présocratiques, c'est-à-dire avant le Ve siècle avant notre ère ; mais la notion d'un dieu exclusivement juif et qui conspirerait avec son peuple à l'extermination des autres, notion présente aussi bien dans l'Ancien Testament que dans les Écrits intertestamentaires, ne peut que rebuter Grecs et Romains, pour qui les dieux règnent sur la totalité des humains.

L'Empire romain commence d'ailleurs à surveiller cet État juif qui se montre décidément bien turbulent à l'intérieur autant qu'à l'extérieur. Les pays voisins, clients de Rome, s'inquiètent. Quand la veuve d'Alexandre Jannée, Salomé Alexandra, lui succède sur le trône en 76, elle tente de rétablir l'ordre avec une certaine sagesse. Mais à sa mort, en 67, les deux héritiers, Hyrcan, qui était grand prêtre, et Aristobule, se disputent le trône. Une nouvelle guerre civile éclate, cette fois entre leurs factions respectives. Hérode Antipater, tout-puissant ministre de Salomé Alexandra, appelle les Romains à la rescousse. Pompée, le général romain qui se trouve dans la région et qui mène une campagne victorieuse en Asie Mineure et en Syrie, accourt à la tête de ses troupes.

On peut imaginer la rage et la douleur des juifs assistant à l'entrée de Pompée et de son état-major à Jérusalem, puis dans le Temple et, sacrilège des sacrilèges, dans le Saint des saints, dont l'accès était jusqu'alors réservé au seul grand prêtre. Pis encore, les sanctions imposées par les Romains sont lourdes : Israël doit payer mille talents, somme énorme, il doit rendre aux Syriens les territoires qu'il lui a pris, l'ethnarchie ou royauté est conférée à un laïc et le grand prêtre se voit retirer tout pouvoir temporel. Les structures mêmes de la théocratie juive sont démantelées. Israël est tombé sous la tutelle romaine.

Mais il y a plus grave. Non seulement l'unité du peuple a été brisée, mais les compromissions et les abus du clergé royal et le désespoir ont créé dans la nation juive un courant contestataire qui honnit le clergé de Jérusalem, constitué de l'aristocratie des prêtres sadducéens, descendants de Sadoq et trop proches de la royauté. Ce courant arrache de fait la religion à ses structures séculières. Il comporte trois branches : d'abord, les Pharisiens, *Parushim*, c'est-à-dire les Séparatistes, qui sont apparus sous Alexandre Jannée. Dissociant le royaume céleste du royaume terrestre, ils dissociaient également la religion, qui ressortit au premier, du nationalisme, qui ressortit au second, ce qui leur valut l'hostilité du roi. Du moment où ils ne considéraient plus qu'il était le véritable grand prêtre des juifs, ils le condamnaient à la déchéance.

Venaient ensuite les Sicaires, qui estimaient, eux, que devant l'horreur de l'injustice en cours l'avènement du royaume céleste ne saurait tarder et qui allaient s'employer à le hâter par la violence et la provocation. De ce dernier courant devaient surgir, au début du Ier siècle, les Zélotes, véritables associations de terroristes qui attaquaient aussi bien les Romains que les juifs « collaborateurs » lors des fêtes. Ce n'est donc pas par pure malveillance que Josèphe les traite de « brigands ».

Enfin venait le courant composé de ceux qu'on appelle, par commodité de langage, les « Esséniens »[18], en fait les *Hassinin* ou les vertueux, des rigoristes ou intégristes qui avaient, depuis le temps où Jonathan Macchabée était grand prêtre (152-142 avant notre ère[19]), décidé de se retirer de la vie communautaire juive. Contrairement à ce que divers ouvrages ont laissé entendre depuis près d'un demi-siècle, les « Esséniens » n'étaient nullement cantonnés à Quoumrân, site riverain de la mer Morte et rendu célèbre par les manuscrits qu'on a trouvés dans les parages. Il existait des communautés d'« Esséniens », connus sous les noms d'Hémérobaptistes ou de Thérapeutes, dans bien d'autres sites, notamment aux portes des villes où l'on comptait de grandes colonies juives, comme sur les rives du lac Maréotis, près d'Alexandrie.

La distinction entre ces trois branches n'est sans doute pas aussi tranchée. Ainsi, Zélotes et Esséniens partagent une conviction profonde, qu'on peut appeler l'*apocalyptisme*. Pour eux, l'humiliation juive ne peut durer et le Seigneur y mettra bientôt fin dans le fracas universel, en dépêchant son Messie pour restaurer la royauté perdue. Car le mot Messie, *Massih*, dont le sens original s'est adultéré dans les interprétations chrétiennes, signifie « qui a reçu l'onction de roi et de grand prêtre », double onction que Jésus ne reçut jamais. Et si les Pharisiens continuent de participer à la vie communautaire, ils ne sont pas foncièrement hostiles à la violence. Ce que Jésus, qui est lui-même un Pharisien, leur reprochera dans ses invectives célèbres, ce n'est pas tant cette hostilité que leur réserve dialectique à l'égard de la violence.

C'est de ces trois courants, tantôt confondus et tantôt distincts, qu'émane la plus grande partie de la littérature intertestamentaire évoquée plus haut. Plusieurs auteurs contemporains prennent encore les « Esséniens » pour des contemplatifs très différents des Zélotes sanguinaires. Erreur déconcertante : le *Rouleau de la Guerre* retrouvé à Quoumrân témoigne, dès ses premières lignes, de la préparation à un conflit armé que déclencheront les « Fils de Lumière » eux-mêmes contre les « Fils des Ténèbres »[20]. « Les fils de la Lumière et la bande des Ténèbres se battront au nom de la puissance de Dieu, dans le vacarme d'une vaste multitude et les cris des hommes et des dieux [21], le jour de la calamité. » Ce sont déjà les accents de l'*Apocalypse* de Jean.

Cette frange du peuple juif a donc déclaré la guerre au reste du monde : guerre de libération nationaliste, elle s'enfle rapidement aux dimensions d'une rébellion cataclysmique et suicidaire qui devrait, selon les espoirs de ses combattants, ramener Dieu sur la Terre. « Esséniens » et Zélotes veulent donc forcer la main à Dieu. Ils précipiteront même Jérusalem dans la ruine en 70, lors de la plus effroyable guerre civile du monde méditerranéen antique. Ils ignorent qu'une religion fondée au nom du plus illustre des leurs, Jésus, va retourner cette guerre contre eux et cela pour de nombreux siècles. Elle a, en tout cas, brisé l'unité de son peuple : d'un côté la majorité des juifs, qui considère qu'il est possible de vivre en bons termes avec les étrangers, de l'autre une minorité d'activistes, mystiques exaltés ou terroristes, qui rejettent toute influence étrangère.

Les juifs souffrent désormais de l'image d'un peuple difficile et fanatique, comme l'indiquent Diodore de Sicile et Apollonius Molon, mais aussi Lysimaque et Apion, que nous connaissons tous deux par Flavius Josèphe [22]. Ces deux derniers méritent l'attention en raison de l'influence qu'ils ont exercée sur leur époque en tant qu'antisémites notoires.

Nous ne savons rien du Lysimaque en question : le nom est courant dans les milieux grecs et hellénistiques, et des écrits de celui-là rien n'est demeuré. Sans doute est-il contemporain de Josèphe ; c'était probablement un sophiste et un grammairien. Un fait est certain : la version qu'il donne de l'Exode est résolument antijuive ; il prétend notamment que Moïse aurait ordonné aux juifs de ne montrer de bienveillance à personne, ce qui est exactement le contraire de l'injonction de Moïse : « Ne rejetez pas l'étranger, car vous avez été vous-mêmes étrangers en Égypte. » Il qualifie les juifs de gens « impurs et impies » et prétend qu'ils sont hostiles à toute l'humanité. Son ignorance historique est complète, car il date d'après l'Exode la construction de Jérusalem. Tout ce qu'il faut en retenir est qu'il a existé et qu'il revêtait assez d'importance aux yeux de Flavius Josèphe pour mériter d'être réfuté.

Apion, lui, est mieux connu : c'est un Alexandrin d'origine égyptienne qui vécut au début du Ier siècle de notre ère et qui répandit un certain nombre de malveillances sur les juifs du type de celles qu'on trouvera dix-neuf siècles plus tard dans les fabrications infâmes de la police russe, connues sous le nom de Protocole des Sages de Sion. Après le départ des lépreux, des aveugles et des infirmes d'Égypte sous la conduite de Moïse, ceux-ci, affirme-t-il, souffrirent de bubons à l'aine, ce qui les obligea à prendre le repos dit du sabbat — et autres insanités mêlées d'approximations méprisables. C'est le même Apion qui, sans doute pour faire pièce à Philon, lequel entreprenait la même démarche en faveur des juifs, se rendit d'Alexandrie à Rome en l'an 38 pour se plaindre des juifs auprès de Caligula.

On retrouve ce genre de ragots — quel autre terme employer ? — chez le pamphlétaire gréco-égyptien Chaeremon, et les mêmes approximations chez l'auteur latin Pompeius Trogus (selon qui, par exemple, les juifs auraient été originaires de Damas, et Moïse l'un des dix fils du roi Israël...). Encore s'agissait-il là de basse littérature. Plus grave est le fait qu'elle ait trouvé des échos chez un auteur de la réputation de Tacite. Lui aussi offre sa version de l'Exode, et elle ne vaut guère mieux que celles de Lysimaque et d'Apion : la peste sévissant en Égypte, le pharaon Bocchoris se serait vu recommander par l'oracle d'Ammon d'expulser les juifs vers un autre pays, « car leur nation était odieuse aux dieux ». Parvenus dans leur nouveau pays, leur chef Moïse aurait introduit des pratiques religieuses allant à l'encontre de celles des autres mortels. Puis ils auraient érigé un sanctuaire pour y installer la statue d'un âne, en hommage à l'animal qui les avait guidés à travers le désert, et autres insanités rivales de celles d'Apion et qu'on retrouve chez Diodore de Sicile [23].

On a bien compris, au XXe siècle, que, styliste remarquable, Tacite est un mémorialiste et non un historien au sens moderne du mot — l'histoire est d'ailleurs un concept qui remonte au XVIIIe siècle. On a, par ailleurs, surpris Tacite en flagrant délit de mauvaise foi à propos de l'incendie de Rome, dont il a insidieusement et injustement rejeté la responsabilité sur Néron, créant ainsi un préjugé à l'égard de cet empereur qui souffrait déjà d'une assez mauvaise réputation pour qu'on n'en rajoutât pas. Or,

Néron n'était pour rien dans cet incendie. Tacite appartenait à la classe sénatoriale, pleine de mépris pour Néron, qu'elle tenait pour un histrion ; il ne s'est donc pas gêné pour falsifier les faits. Il les falsifie d'ailleurs quand bon lui semble : a-t-il vraiment cru que l'Exode avait eu lieu sous le règne de Bocchoris, pharaon saïte de la XXIVe dynastie, qui régna de 720 à 715 avant notre ère ? Si tel était le cas, cela prouverait qu'il ne s'était aucunement intéressé à l'histoire des juifs contre lesquels il déblatérait avec tant d'éloquence.

Deux faits demeurent. D'abord, les folies de la royauté hasmonéenne ont, depuis le IIe siècle avant notre ère, rendu les juifs méfiants à l'égard des Grecs, puis des Romains, et ceux-ci à leur tour ont considéré les juifs comme des gens inassimilables. Les penseurs du monde hellénistique, puis romain, ont engendré dans les classes dirigeantes un préjugé spécifiquement antisémite qui ne va cesser de s'accuser.

Ensuite, les efforts des juifs hellénisés, tels que Philon et Josèphe, pour jeter un pont entre les deux cultures sont voués à l'échec sans rémission. L'un, Philon, dans une tentative futile aussi bien qu'anachronique de révisionnisme culturel, avait expliqué que Moïse avait renouvelé la philosophie et la morale des Grecs [24] ; l'autre, Josèphe, avait tenté de dissocier les juifs patriciens de ceux qu'il appelait des « brigands » et des ennemis du peuple juif, mais il allait surtout s'attirer une réputation de traître.

Bibliographie et notes critiques

1. Nicholas de Lange, *Atlas of the Jewish World* (Phaidon Press Ltd., Oxford, 1984). Ce point est très important, car il infirme les allégations ultérieures de saint Paul selon lesquelles il était à la fois juif et citoyen romain.

2. *Macc*. I, 3.

3. *Dan*. II, 40.

4. Citation des travaux d'Arnaldo Momigliano. In *Alexandre* (Fayard, 1985).

5. *Antiquités judaïques*, XI, 326-339 (Loeb Classical Library).

6. Joachim Jeremias, *Jérusalem au temps de Jésus* (Cerf, 1965).

7. Margaret H. Williams, *The Jews among the Greeks & Romans — A Diasporan Sourcebook* (Duckworth, Londres, 1998).

8. La liste des noms des jeunes juifs qui faisaient partie de l'éphébie de Sardes, par exemple, nous est d'ailleurs parvenue. Fait remarquable : les mœurs grecques furent perpétuées jusqu'aux IIe et IIIe siècles de notre ère dans certaines grandes villes, bien après la chute de Jérusalem et l'affirmation du judaïsme traditionnel, preuve que l'hellénisation n'avait pas été un phénomène passager et superficiel. Cf. Martin Hengel, *Judaism and Hellenism* (Xpress Reprints, Londres, 1974) ; Margaret H. Williams, *The Jews among the Greeks & Romans — A Diasporan Sourcebook*, op. cit.

9. La responsabilité du décret d'abolition de la Loi mosaïque n'est pas établie avec certitude. Paul Johnson, dans *A History of the Jews* (Harper & Row, New York, 1982), tend avec raison à l'attribuer à Ménélas, car les rois séleucides n'avaient guère l'habitude d'intervenir directement dans les cultes locaux.

10. Flavius Josèphe, *Antiquités judaïques*, op. cit., XIII, 376. Si l'on fait le décompte des morts de la guerre que se livrèrent ses deux fils Hyrcan et Aristobule, on arrive à une centaine de milliers de victimes causées par les deux dernières générations des Hasmonéens. Or, ce chiffre est extravagant comme bien d'autres que cite Josèphe.

11. Id. I, 91-98.

12. Diodorus Siculus, *Bibliotheca Historica*, XXXIV-XXXV (Loeb Classical Library, 12 vol., trad. C.H. Oldfather, C.L. Sherman, C.B. Wells, Russel M. Geer et F.R. Walton, Harvard University Press, Cambridge, Mass., et William Heinemann, Londres).

13. Flavius Josèphe, *Contre Apion (Contra Apionem)*, trad. H. St. John Thackeray (Loeb Classical Library).

14. 512, in *Écrits intertestamentaires* (Gallimard/La Pléiade, 1987).

15. Il est indispensable de relever que les Écrits intertestamentaires et pseudépigraphes de l'Ancien Testament ont été rédigés en Palestine. Rien n'indique donc qu'ils reflètent fidèlement les sentiments des juifs des établissements de la Méditerranée romanisée, de Bérée, Pergame, Antioche ou Ecbatane. Ce sont, en effet, des écrits nationalistes, qui ne peuvent éveiller que de faibles échos chez les juifs établis à l'étranger depuis plusieurs générations.

16. Du moins si l'on en juge par le récit qu'il fit à Cléarque de Soli de sa rencontre en Asie Mineure avec un juif : « Cet homme [...] non seulement parlait grec, mais il avait l'âme d'un Grec. Durant mon séjour en Asie, il avait visité les mêmes lieux que moi et il vint à s'entretenir avec moi et d'autres lettrés afin de sonder nos connaissances. Mais ayant connu beaucoup de gens cultivés, c'était plutôt lui qui nous avait appris quelque chose d'original. » (Josèphe, *Contre Apion*, I 180-181, *op. cit.*).

17. Cf. *Les Monothéistes méconnus de la Grèce archaïque*, in *Histoire générale de Dieu*, de l'auteur (Robert Laffont, 1997). Il faut toutefois préciser que la philosophie grecque ne semble pas maîtriser la notion du monothéisme et, de toute façon, ne l'annonce jamais ouvertement, par crainte d'être taxée d'impiété à l'égard des autres dieux. Cette notion ne transparaissait pas plus dans la vie publique à l'époque hellénistique et sous la domination romaine qu'à l'époque classique : le crime d'impiété pouvait toujours exposer à la peine de mort.

18. J'ai déjà signalé, dans l'*Histoire générale de Dieu*, le caractère fictif du « modèle standard » d'un groupement qui se serait appelé spécifiquement « Esséniens ». En ce qui touche à l'étymologie du nom, on avance généralement qu'il dérive de l'hébreu *Hassidîm*, comme se désignaient eux-mêmes les adeptes de la secte de Quoumrân. *Hassidîm* aurait été transcrit en grec par *Essenioi*, origine du mot français « Esséniens ». Cette version n'est toutefois pas satisfaisante, car elle implique une improbable dérive phonétique du *d* et du *m* en *n*.

Il convient ici de rappeler que le nom *Essenioi* a été introduit par Josèphe dans les *Antiquités judaïques* pour désigner ce qui paraît être un courant des *minim*, sectes hétérodoxes telles que les *banayim*, parfois identifiés aux Hémérobaptistes ou *Tovélé chaharit*, les Maghârites, qui vivaient dans des grottes et qui semblent s'apparenter aux Thérapeutes, etc., toutes sectes qui comportent des traits similaires à ce que nous savons des « Esséniens ». Il est douteux que Josèphe, dans son aversion violente pour le courant hétérodoxe et révolutionnaire juif, ait approfondi la question. Étant sans racines grecques connues, son néologisme est probablement une transcription d'un mot soit hébreu, soit araméen, soit encore arabe. Or, le mot arabe *Hassinîn*, « Les Vertueux », pluriel de *Hassin*, me semble correspondre plus exactement aux « Esséniens », même si, comme l'objectent les linguistes, on conçoit mal qu'un auteur grec ait transcrit la consonne initiale *ha* par un *epsilon*.

19. Flavius Josèphe, *Antiquités judaïques*, *op. cit.*, XIII, 171.

20. *The War Scroll*, in Florentino Garcia Martinez, *The Dead Sea Scrolls Translated*, trad. Wilfred G.E. Watson, E.J. Brill, Leyde, New York, Cologne, 1994.

21. La mention des « cris des dieux » dans un texte monothéiste est évidemment surprenante ; sans doute se réfère-t-elle au combat d'un Dieu contre une nation polythéiste.

22. F. Josèphe, *Contre Apion*, op. cit. Les *Egyptiaques* d'Apion et de Lysimaque sont perdues.

23. Diodorus Siculus, *Bibliotheca Historica*, XXXIV-XXXV, Loeb Classical Library, 12 vol., Harvard University Press, Cambridge, Mass., et William Heinemann, Londres.

24. Cf. David Dawson, *Allegorical Readers and Cultural Revision in Ancient Alexandria*, University of California Press, Berkeley, Los Angeles, Oxford, 1992. Dawson expose clairement les efforts que Philon, par exemple, dans son *Exposition de la Loi*, pour rapprocher également les juifs des Grecs et des Romains, comme lorsqu'il leur explique que les vertus qu'ils pratiquent sont celles de la civilisation gréco-romaine. Sa situation de confluent de plusieurs cultures fit d'ailleurs d'Alexandrie un centre du syncrétisme, si l'on en juge également par les révisions allégoriques d'un Valentin (né à Phrébonis, près d'Alexandrie vers l'an 100 et installé à Rome entre 136 et 140), à partir de textes pré-évangéliques, de citations de l'Ancien testament, de mythes gnostiques et de dialogues platoniciens.

3.

L'enracinement de l'antisémitisme romain et les effets pervers de la Septuaginte

ARROGANCE ROMAINE ET ORGUEIL JUIF : UN CONFLIT POLITIQUE QUI DEVIENT CULTUREL — PREMIERS EFFETS PERVERS DE LA SEPTUAGINTE — QUERELLES ET SOTTISES SUR LE SABBAT, LA CIRCONCISION ET L'INTERDIT DU PORC — PREMIÈRE EXPULSION DE JUIFS DE ROME EN 139 AVANT NOTRE ÈRE — L'INEXISTENCE DE L'HUMANISME À ROME ET L'INCULTURE DES ROMAINS — LA DOUTEUSE AFFAIRE JUPITER SABAZIUS — AUTRES SOTTISES SUR L'EXODE ET MOÏSE — LA MALVEILLANCE SIGNIFICATIVE DE TACITE.

Qu'est-ce qui peut expliquer qu'en trois siècles environ la bienveillance d'Alexandre ait cédé le pas au ton nettement injurieux de certains auteurs grecs et latins, et même d'empereurs aussi modérés que Claude, à l'égard des juifs et de leur histoire ? La transition est alarmante, car c'est dans l'instauration de l'antisémitisme hellénistique, puis romain, que résident les germes de l'antisémitisme des siècles ultérieurs, même si les raisons s'en sont modifiées.

Plusieurs facteurs semblent s'être combinés. Le premier est indéniablement l'arrogance romaine. Ce sentiment de supériorité invincible est assis sur les armes : de la bataille d'Actium en 31 avant notre ère à l'an 116 de notre ère, dans une expansion foudroyante, stupéfiante, Rome gagne et occupe durablement la totalité de la Méditerranée et la plus grande partie de l'Occident connu : des frontières de l'Écosse à la Mauritanie, en passant par la France et l'Espagne, de l'Égypte au royaume du Bosphore, la Germanie, la Norique, la Cappadoce, et la Judée — le monde est romain ou va le devenir. Tous ces territoires permettent à Rome d'importer des esclaves et de la main-d'œuvre pour presque rien. Et, hors de la *Pax romana*, il n'y a que ténèbres extérieures, des peuples qui savent tout juste se servir du feu pour cuire leurs viandes : à l'est, les Grande et Petite Hordes des Yüeh-chih, les Parthes de ce qui deviendra l'Iran, les Surens de ce qui deviendra le Pakistan ; au nord, des Huns, jamais vus, des Finnois, mangeurs de renne cru, des Germains, Baltes, Slaves, Roxolans et assimilés, qui n'ont même pas de bains, n'ont jamais goûté aux vins de l'Apulie et ne comprendraient rien aux beautés de Virgile ni à la rhétorique de Cicéron. L'impérialisme romain n'est pas seulement politique, mais culturel.

Aux yeux des militaires romains, comme des sénateurs et du pouvoir impérial, les juifs ne paraissent pas différents des Numides, des Sarmates, des Galates ou autres populations exotiques. La religion juive leur est inconnue, et les grand commis de Rome ne se gênent pas pour confisquer purement et simplement l'argent destiné au culte. Ainsi, Flaccus, proconsul d'Asie en 62-61 avant notre ère, saisit chez les juifs d'Apamée, de Laodicée, d'Adramytte et de Pergame des sommes destinées au Temple de Jérusalem [1], suivant en cela l'exemple de Mithridate qui avait également fait confisquer sur l'île de Cos l'argent destiné au Temple [2]. *Quia nominor leo.*

L'arrogance romaine se heurte de front à l'orgueil juif. Les juifs sont vaincus, soit, mais glorieux : ils ont par deux fois possédé un royaume indépendant, au temps de David et de Salomon, puis au temps des rois hasmonéens. Leurs traditions sont bien plus anciennes que celles des Romains : leurs prophètes s'entretenaient avec le Seigneur alors que Romulus et Rémus en étaient réduits à téter une louve. Quant aux lois, la leur a été dictée par le Seigneur en personne et ne le cède en rien à celles que les légions porteuses d'aigles prétendent appliquer à l'univers au nom d'une république d'aventuriers, de soudards et de bavards, puis d'un empire qui ne vaut guère mieux. Et ne parlons pas de ces dieux et déesses romains qui, à l'instar de leurs homologues grecs, se montrent nus et se cocufient à qui mieux mieux.

L'orgueil juif, auquel un chef d'État démocratique, le général de Gaulle, se référera encore au XXe siècle, est doublé d'un irrédentisme politique, nationaliste et religieux qui ne peut qu'agacer Rome et les Romains. On l'a vu au chapitre précédent, les juifs de Palestine surtout n'arrêtent pas de se livrer à des guerres intestines, entretenant l'agitation dans la région. Leur image est devenue franchement négative depuis les derniers rois hasmonéens, le fou alcoolique Alexandre Jannée et ses deux fils sanguinaires, Hyrcan et Aristobule. Les juifs semblent ne pas comprendre que les Romains règnent en maîtres et sont déterminés à maintenir leur suzeraineté sur eux.

L'incompréhension s'avive du fait que, depuis le milieu du IIe siècle avant notre ère, les juifs sont disséminés dans toute la Méditerranée orientale, de la Macédoine méridionale et de l'Épire à la Galatie, la Cappadoce et dans la totalité de l'Empire parthe, y compris l'Arménie, l'Hyrcanie, la Babylonie, Elam. Ils ont des colonies en Mésopotamie, en Syrie, en Égypte et sur la côte de Cyrénaïque ; enfin, ils sont répandus à Rome même et au sud, à Tarracina et Puteoli. Ils représentent une minorité avec laquelle il faut compter, sauf à déclencher des échauffourées sans fin : deux à trois millions d'obstinés. Les contacts entre juifs et Romains sont constants et l'incompréhension entretient les frictions.

Les Romains et les Hellènes de l'Empire, les lettrés du moins, n'ont réellement découvert le judaïsme que depuis la traduction de l'Ancien Testament en grec, réalisée à Alexandrie au IIIe siècle avant notre ère et connue sous le nom de Septuaginte (à l'époque, elle était limitée au Pentateuque). Faut-il le rappeler, les livres sont alors une denrée rare, réservée aux mécènes et aux grands lettrés, d'où le rôle considérable des bibliothèques d'Alexandrie, par exemple, dans la diffusion des idées. On ignore le nombre exact d'exemplaires de la Septuaginte qui circulèrent dans le monde romain, établissements juifs inclus, mais il ne devait pas excéder quelques dizaines. C'était bien assez pour surprendre les cercles des faiseurs d'opinion : ils découvraient dans les textes sacrés des juifs des notions totalement étrangères et même antinomiques des leurs.

Et ce point est essentiel à la compréhension de l'aliénation que les juifs devaient subir dans l'Empire dès le Ier siècle de notre ère. Il n'a jamais, à ma connaissance, été évoqué dans les nombreuses recensions de l'antisémitisme dans l'histoire. Il exige donc d'être approfondi.

Toutes les religions du monde méditerranéen et d'au-delà — Germanie, Dacie, Sarmates, Pont, Cappadoce, Arménie — que les Romains avaient connues étaient des ensembles de rites collectifs destinés à entretenir la cohésion sociale — *re-ligio*, re-lier — de la cité. Les statues de dieux, celles qui irritaient si fort les juifs, n'étaient pas de simples images destinées à flatter l'imagination des fidèles, mais des évocations et des invocations des divinités ; à la façon des dieux lares romains, elles fondaient le culte dans les lieux où il s'accomplissait, ce qui constituait d'ailleurs un corollaire de la sédentarisation. Dans la religion romaine, le rite était civique autant que religieux : il garantissait la loi morale et juridique de la cité. Or, la notion de cité était et reste à ce jour absente du judaïsme, dont les lois étaient et demeurent spécifiquement religieuses. Certes, les juifs se sédentarisent volontiers ou, plus exactement, ils s'implantent ; ils avaient bien des villes et une capitale, Jérusalem, mais celle-ci était une Ville sainte et un centre spirituel, comme le sont de nos jours la Cité du Vatican, La Mecque ou Bénarès, plutôt qu'une cité au sens gréco-latin du terme, qui est également politique. Dans « politique », en effet, il y a *polis*.

Mais l'intériorité du Dieu juif le rend indissociable de chaque individu de Son peuple. Partout où celui-ci, est, Il est. Le juif n'a pas besoin de s'enraciner : c'est la clef même de la diaspora, évoquée plus haut. Le juif est pour le Romain civiquement insaisissable et politiquement irrédentiste.

Un autre aspect du judaïsme pouvait être deviné au moins intuitivement par le Romain, quand il le comparait aux religions qu'il avait connues. Toutes ces religions étaient indo-européennes et étaient organisées selon les mêmes schémas. En foi de quoi, toutes les cités antiques et les peuples aux territoires plus ou moins déterminés qu'elles régissaient étaient symboliquement gouvernés par la triade indo-européenne roi-prêtre-guerrier ou prêtre-guerrier-cultivateur [3]. Or, ce partage des fonctions dans la cité est introuvable dans le Pentateuque : les Hébreux ne connaissent qu'une seule fonction suprême, celle du prêtre [4]. Ce qui revient à dire que la structure de leur peuple est théocratique.

Dans la hiérarchie du pouvoir, selon le schéma roi-prêtre-guerrier, les fonctions de roi et de prêtre, souvent conjuguées, sont celles d'intercesseurs entre les puissances cosmiques et les humains. Le pouvoir royal et religieux se fonde sur le postulat selon lequel le bien-être du peuple dépend du roi et du prêtre qui les défendent devant les dieux. La victoire militaire et les bonnes moissons sont des retombées de l'intercession des chefs.

Dans la religion hébraïque, en revanche, il n'y a pas d'intercesseur : il n'y a que la Loi et les rites qui l'accomplissent. L'être humain est démuni devant un dieu imprévisible. Le prophète, qui tient une si grande place dans la religion et la culture hébraïques, n'est qu'accessoirement intercesseur ou, plus exactement, il ne l'est que dans un seul sens : au titre de transmetteur de la volonté divine. Sa fonction principale est d'être le porte-parole de Yahweh/Eloha et de rappeler les humains au respect de Sa Loi selon des rites d'une prescription sourcilleuse. Saül, premier roi juif, ne détient aucun pouvoir sacerdotal ; d'où la colère terrible de Samuel quand Saül accomplit un sacrifice sans l'attendre, parce qu'il s'arroge et usurpe ainsi un rôle sacerdotal.

Quand Alexandre ou Rome occupaient l'Égypte, par exemple, les chefs politiques et militaires de part et d'autre signaient un traité et le « statu quo » consécutif établissait une manière de vivre ensemble de manière pacifique et durable. Les chefs religieux, eux, se pliaient aux faits des armes et tentaient de s'accorder avec les nouveaux cultes, comme on le vit à Alexandrie — d'où les syncrétismes décrits plus loin.

Mais avec les juifs, il en allait autrement : les chefs militaires grecs ou romains ne trouvaient pour interlocuteurs que des chefs religieux dont la religion était intrinsèquement hostile aux conquérants. On ne pouvait établir avec eux que la trêve, jamais la paix. Yahweh n'autorisait aucune défaite ni aucune sujétion de Son peuple, à moins que ce ne fût au titre de punition. Le juif est, pour le Romain, impossible à conquérir ; soldat de Dieu, il n'acceptera jamais la défaite, car elle signifierait la défaite de Dieu, ce qui est impensable, ou bien alors il ne l'accepterait qu'en apparence. On ne peut pas lui représenter le rapport de forces militaires : il n'y croit pas, car Dieu peut tout. N'a-t-Il pas noyé les armées du pharaon pour sauver Son peuple ? Les Zélotes de Palestine savent bien que les armées romaines d'occupation sont incomparablement plus puissantes que tous les hommes qu'Israël pourrait rassembler. N'importe : ils entretiennent une guérilla terroriste dans l'espoir d'allumer un incendie où Dieu sera contraint d'intervenir. Et si Dieu n'intervient pas, on a recours à la ruse. On le vit bien au siège de Massada, en 70, lorsque les Zélotes d'Éléazar attirèrent les troupes du Romain Métilius dans une embuscade, feignant de se rendre, et qu'ils les égorgèrent.

La théocratie inhérente au peuple juif, et indissociable de la religion qui forgeait son identité, fut ainsi la cause de ce qu'on peut appeler l'« exception juive » dans l'ère préchrétienne.

Il s'en faut que les sénateurs, consuls et militaires, qui étaient chargés de traiter avec les juifs aient effectué pareilles analyses, ni qu'ils aient perçu ces nuances. Aucune des disciplines qui permettent d'établir une étude structurelle et comparative des religions et des cultures n'existait dans la Rome de l'époque. Même si certains dirigeants romains, familiers d'Hérodote et de Strabon, comparaient instinctivement les cultures des différents peuples sous leur domination, l'approche romaine des mondes étrangers était essentiellement pratique, militaire et administrative. Ce qu'ils pouvaient percevoir des notions esquissées ici se résumait au fait que les juifs étaient vraiment *très* différents des Égyptiens, des Scythes ou des Sarmates.

Ces notions intuitives ou empiriques se trouvèrent précisées en quelques années, au grand désavantage des juifs, par la traduction de la Septuaginte. Sous le règne de Ptolémée II Philadelphe (288-247 avant notre ère) et à la demande de ce dernier, soixante-douze traducteurs furent envoyés par le grand-prêtre Éléazar de Jérusalem à

Alexandrie pour mettre au point une version grecque de l'Ancien Testament ; ce fut celle qu'on appela la Septuaginte. On ne sait pas vraiment ce qui motiva le monarque. Lettré aux goûts éclectiques, peut-être voulait-il connaître les Livres sacrés des juifs, alors nombreux à Alexandrie. Il ne put d'ailleurs prendre connaissance avant sa mort que du Pentateuque ; les *Prophètes* ne semblent avoir été traduits qu'au IIe siècle et Philon d'Alexandrie, en l'an 40, soit deux siècles plus tard, ne connaissait dans leur version grecque ni le Livre d'Esther, ni l'Ecclésiaste, ni les Cantiques, ni le Livre de Daniel [5]. Les traducteurs n'étaient pas pressés.

Peut-être aussi le monarque pensait-il que la traduction grecque permettrait d'ancrer la pratique linguistique des juifs, qui ne parlaient plus l'hébreu et à peine l'araméen, langue dans laquelle on enseignait la Loi à Jérusalem, et dont le grec n'était pas à la hauteur des lettrés hellénistiques de la capitale de la Méditerranée.

Toujours est-il que la Septuaginte s'inscrivait fort mal dans la tradition de raffinement hellénistique d'Alexandrie. Non seulement la langue de la traduction était raide et empruntée [6], mais la violence et la rudesse du texte ne pouvaient que heurter une cité qui s'était vouée au raffinement, à la rhétorique et aux scintillements et chatoiements des cyniques autant que des stoïciens, et bien évidemment aux prouesses idéologiques des platoniciens. Les lettrés alexandrins estimèrent que c'était là une littérature « barbare » [7].

Le texte même suscita chez les lettrés hellénisés, qui ignoraient tout ou presque tout des Livres sacrés des juifs, indignation et révolte. Que pouvaient-ils penser de ce Dieu de la Genèse qui avait décidé de noyer la quasi-totalité de l'humanité parce qu'elle copulait avec « les dieux » [8] ? Des dieux avaient donc fait aux humains l'honneur de leur semence et un autre dieu en avait conçu ombrage ? Et pourquoi ces gens faisaient-ils si grand cas d'une sombre histoire de famille, celle d'Isaac, pleine de trahisons, de viols et de vengeances ? Quel était ce Dieu qui menaçait d'annihiler son peuple parce qu'il l'accusait d'être « obstiné » [9] ? Qui menaçait aussi d'infecter d'une maladie mycosique le peuple auquel les juifs allaient enlever leur territoire [10] ? N'était-il donc pas aussi bien le créateur de ces victimes ? Celui qui commandait à Son peuple de détruire les autels des gens dans le pays desquels ils pénétraient [11] ? Et quel était ce peuple dont le Dieu même disait qu'il était « obstiné » et qu'à tout moment Il pouvait l'annihiler [12] ? Et ce chef, Moïse, qui félicitait les siens d'avoir tué trois mille personnes de leur propre peuple [13] ? Et que dire de la ruse d'Abraham qui faisait passer sa femme pour sa sœur et la cédait au pharaon ? Ou bien de ce Jacob, qui dérobait par ruse le droit d'aînesse d'Esaü ?

Ces gens, décida-t-on, n'étaient décidément pas honnêtes. Le monde hellénistique avait déjà découvert avec consternation les prédictions apocalyptiques des Écrits intertestamentaires et les catastrophes qu'ils appelaient sur tous les peuples non juifs. Les Alexandrins, eux, se scandalisèrent de la Septuaginte. D'où les innombrables accusations de xénophobie et d'« impiété » adressées aux juifs, et qui déconcertent le lecteur du XXe siècle. De même que les citoyens des autres cités de l'empire, les Alexandrins ne connaissaient ni les souffrances des juifs, ni l'humiliation d'avoir par quatre fois été dépossédés du royaume de David, ni l'espérance ardente qui les animait. Ils ne comprirent pas que l'astuce était la fronde de David des juifs.

Même s'il était d'un ton nettement moins agressif et alarmant que les pseudépigraphes cités au chapitre précédent, l'ensemble de l'Ancien Testament contenait par ailleurs trop de commandements et d'interdictions antagonistes des cultures hellénistique et égyptienne pour ne pas aviver le sentiment que les juifs étaient bien des étrangers agressifs.

L'arrogance romaine ne s'accommodait pas non plus des coutumes juives, et notamment de la pratique du sabbat, de l'obligation de la circoncision et de l'interdit du porc. Des masses déconcertantes de commentaires désobligeants grecs et latins ont brodé sur ces trois coutumes.

La pratique du sabbat a alimenté l'ironie ou la réprobation de quelques auteurs romains mineurs et majeurs, qui s'en gaussent et prétendent y voir un encouragement à la paresse. Dans un texte perdu que nous ne connaissons que par la mention qu'en fait saint Augustin [14], *De Superstitione*, Sénèque raconte ainsi que cette coutume est cause du fait que les juifs perdent le septième de leur vie à ne rien faire. Qu'eût-il dit de la pratique moderne du week-end ? Dion Cassius, pour sa part, avance que la « terreur superstitieuse [15] » des juifs fut cause de leur faiblesse devant les Romains, lors de la prise de Jérusalem par Pompée en 63 avant notre ère. Jamais à court d'amalgames, d'approximations et de « grécocentrisme », Plutarque croira y voir une forme dérivée des rites dionysiaques, étant donné que les juifs célèbrent le début du sabbat par l'échange de bénédictions au-dessus d'une coupe de vin ! Aucun des auteurs latins ne prend la peine de s'informer sur l'objet de ce jour de repos, qui est de méditer sur les rapports de l'homme avec son Créateur et de s'enrichir spirituellement par la méditation.

La circoncision est un objet de surprise et d'indignation encore plus grand pour les Romains, qui ignorent l'objet et l'ancienneté de cette pratique, et se laissent égarer par le malentendu que les juifs eux-mêmes entretiennent à ce propos. Ceux-ci la tiennent, en effet, pour un rite spécifiquement juif, accompli sur l'ordre du Seigneur, pour différencier le peuple élu des autres. Il n'en est rien, car dès la plus haute antiquité la circoncision était quasiment universelle : seuls les Indo-Germains, les Mongols et les peuples du groupe finno-ougrien l'ignoraient [16]. Les Égyptiens la pratiquaient deux mille quatre cents ans au moins avant notre ère, c'est-à-dire bien avant l'arrivée d'Abraham en Égypte ; le géographe Strabon et le philosophe Celse le savent et l'ont écrit. Bien évidemment, les Romains, qui ne la pratiquent pas, ne savent pas non plus que la circoncision a également un objet hygiénique : prévenir l'infection du gland par la fermentation bactérienne du smegma que sécrète le prépuce.

Mais la circoncision a déjà déplu aux rois séleucides et Antiochus IV Épiphane, puis Jean Hyrcan, l'ont interdite. Les Romains ont repris le préjugé grec et Tacite, évoquant cette pratique « indigne et abominable », prétend que les juifs l'ont adoptée pour se distinguer des autres humains, ce qui est vrai pour eux, mais qui ne l'est certes pas des autres peuples qui ont adopté la circoncision. Il y avait d'ailleurs dans le monde romain, et à Rome même, bien d'autres circoncis que les juifs ; Pythagore avait jadis dû s'y soumettre avant d'être autorisé à étudier dans les temples égyptiens. Mais comme tout ce qui touche aux organes sexuels, le sujet de la circoncision suscite la verve des satiristes, tel Martial, qui sous-entend qu'elle excite l'appétence sexuelle et développe la verge dans des proportions monstrueuses [17]. Après lui, d'autres satiristes s'aventurent donc dans des gaudrioles de salle de garde aux dépens des juifs.

En ce qui touche enfin à l'interdit du porc, Tacite, par exemple, toujours en veine de ragots et d'interprétations malveillantes, dira que les juifs n'en consomment pas parce qu'ils ont jadis souffert de la « peste » propagée par cet animal, sans doute la ladrerie, mais que, de toute façon, ce sont eux qui étaient responsables de la propagation de cette plaie en Égypte [18]. Radotages indignes : les juifs, comme plus tard les musulmans, auront observé que la ladrerie du porc se transmet à l'homme et auront donc interdit la consommation de viande porcine pour des raisons d'hygiène encore une fois. Mais les Romains raffolent de la charcuterie et les faubourgs de Rome empestent les porcheries, car dès qu'ils possèdent un porc et une truie, les paysans se précipitent vers la grande ville pour y fonder un élevage qui approvisionnera un commerce de saucisson et autres cochonnailles. En bref, le refus obstiné de la consommation de porc se résumerait ainsi, dans la bouche des Romains : pourquoi les juifs n'aiment-ils pas le saucisson ? Pour qui se prennent-ils ?

Sans doute s'en fussent-ils accommodés, bon gré mal gré, mais les traditions que les juifs défendaient mordicus n'adoucissaient pas les angles. L'immense majorité des Romains et de leurs forces d'occupation n'avaient cure de ce qu'ils savaient ou entendaient dire de l'Ancien Testament, mais un point les irrita plus que les autres : le refus des juifs de rendre hommage aux dieux des occupants. Pour les juifs, les raisons en étaient simples et claires : leur Dieu ne pouvait être représenté sous forme humaine, et Yahweh ou Éloha n'était ni Zeus, ni Baal, ni Hélios, ni personne d'autre. Particulièrement blasphématoire pour eux était la déification des rois et empereurs, que ce fût celle d'Alexandre ou, plus tard, celle d'Auguste. Donc, les rites des étrangers n'étaient pas pour eux.

Impériaux et impérialistes, les Romains considéraient que ce qui était bon pour eux l'était pour le reste du monde. Ne disposant que de vagues aperçus sur la religion des juifs, ils étaient incapables de saisir les raisons pour lesquelles ceux-ci refusaient de la fondre dans la religion romaine, à l'instar des peuples soumis, qui avaient plus ou moins assimilé les dieux romains et syncrétisé leurs religions avec celles de Rome. Les Romains avaient bien assimilé le culte isiaque et le mithraïsme, par exemple ; pourquoi les juifs n'acceptaient-ils pas les dieux de leurs maîtres ?

Dans le contexte de l'époque, cette résistance surprend, puis irrite. Tout le monde méditerranéen, et même oriental et extrême-oriental, est habitué aux syncrétismes. Asiates et Grecs, Asiates et Égyptiens, Grecs et Romains, Grecs et Scythes, Romains et Égyptiens, Romains et Phéniciens, Romains et Gaulois, ils ont tous échangé des dieux. Non seulement Zeus est devenu Jupiter et Aphrodite, Vénus, mais encore, le dieu hindou Siva est devenu le Dionysos grec, Jupiter est devenu l'Ammon égyptien, l'Adsmerius des Pictes est identifié au Mercure romain, l'Horus égyptien s'identifie à Apollon grec pour devenir Horapollon, le Smertrios gaulois devient l'Hercule romain, les Romains adoreront le dieu perse Mithra. Un volume entier suffirait à peine à recenser les syncrétismes religieux antiques. Tout le monde semble y trouver son compte ; pourquoi pas les juifs ?

Ces syncrétismes s'expliquent sans peine. Pour les peuples anciens, il existe un dieu de la guerre, une déesse de la fertilité, un dieu des eaux, etc., et qu'importe au fond le nom qu'on leur donne, puisque c'est toujours la même divinité. Seuls dans le monde méditerranéen, et peut-être le monde entier, les Juifs refusent obstinément ces croisements. Ils introduisent pour la première fois dans l'histoire des religions la notion d'un Dieu unique et indescriptible. Or, cette notion est inassimilable pour des peuples indo-européens. Pour croire, ils doivent différencier et, pour cela, ils doivent *voir*.

Tout cela est aussi incompréhensible pour les Romains des premiers siècles avant et après notre ère que ce l'avait été pour les Grecs du IIIe siècle avant notre ère. Les Romains, guère plus théologiens ou exégètes que les Grecs, n'ont retenu du mythe juif que ce qui leur paraissait pittoresque ou bizarre. Ils se sont ainsi exagérément attachés à l'histoire du Veau d'or pour en déduire que les juifs étaient des hypocrites qui pratiquaient l'idolâtrie « comme tout le monde ».

Reste le point de la « xénophobie » juive, confirmé par plusieurs passages de la Septuaginte, notamment l'interdiction de mariage avec des étrangers, particulièrement offensante pour les non-juifs. Ceux-ci estimaient donc que les juifs étaient méfiants à leur égard, et ce constat n'était pas faux. Ils avaient déjà fait l'expérience sanglante du réformisme hellénique des Hasmonéens ; ils ne voulaient pas recommencer avec les Romains. Le reproche avait déjà été formulé en termes cinglants par le Grec Hécatée d'Abdère à la fin du IVe siècle avant notre ère, quand il avait décrit les mœurs juives comme « inhospitalières et antihumaines [19] ».

La tradition perdura, puisque l'auteur juif Ben Sira, du début du IIe siècle avant notre ère ou de la fin du IIIe, et pourtant familier de l'hellénisme, écrit dans son *Ecclésiastique* : « Accueille un étranger dans ta maison et il changera ta manière de vivre et t'aliénera ta famille [20]. »

« La tendance à séparer ceux qui observaient fidèlement la Loi était devenue un trait typique de la piété juive », écrit à ce propos Martin Hengel.

Voilà donc les facteurs religieux qui, dès le IIIe siècle avant notre ère, entretiennent un climat défavorable aux juifs. Et l'on en rajoute : dans leur volonté de rabaisser les juifs, beaucoup d'auteurs grecs et romains se réfèrent, par exemple, à la version de l'Exode du prêtre égyptien hellénisé Manéthon. Au IIIe siècle avant notre ère, ce dernier avait, dans son histoire de l'Égypte, prétendu que l'Exode n'avait pas été l'héroïque aventure racontée par le Pentateuque, mais l'expulsion d'une colonie de lépreux et de malades sous la direction, non de Moïse, mais d'un prêtre renégat nommé Osarseph. Il ne semble pas être venu à l'esprit de Manéthon que ces lépreux et malades avaient témoigné d'une endurance remarquable dans leur traversée du désert et qu'ils avaient pu battre les Amalécites, entre autres exploits. Mais comme je l'ai observé plus haut, l'histoire au sens moderne n'est pas le fort des chroniqueurs et mémorialistes du temps.

Irrédentisme politique juif en Palestine (province romaine depuis l'an 6), diffusion de la Septuaginte, arrogance romaine, isolationnisme religieux et social des juifs, coutumes incompréhensibles ou condamnables aux yeux des Romains, le dossier est déjà lourd. S'y ajoute l'influence de fait des juifs, que certains auteurs appellent « le prosélytisme juif ».

Des missionnaires juifs ont-ils vraiment tenté de convertir les Romains ? On ne peut en exclure l'hypothèse, mais on ne possède aucun fait qui le prouve. Des établissements juifs existant à Méroé, dans l'actuel Soudan, à Axoum, dans l'actuelle Éthiopie, et au nord d'Aden, chez les Himyarites, à la pointe occidentale de la péninsule arabique, donnent à penser que les juifs n'étaient pas hostiles au prosélytisme. Ce qu'on appelle « prosélytisme » ressemble bien plus à la persuasion par l'exemple que purent exercer les juifs et à l'influence tacite qu'avaient leurs colonies dans le chaos de la république, à l'époque où ils y arrivèrent et à celle où ils furent expulsés de Rome pour la première fois, en 139 avant notre ère.

Car les représentations contemporaines de la Rome antique sont tout aussi idéalistes et fausses que celles de la Grèce antique, vue comme le site d'un âge d'or où des philosophes devisaient sans fin avec des hommes politiques à l'ombre des oliviers. L'humanisme romain est une fiction : la république était une foire d'empoigne. « Ne nous laissons pas duper par ce que les mots d'hier veulent dire aujourd'hui, prévient l'historien Lucien Jerphagnon. Les structures politiques de la Rome républicaine n'ont de démocratique que l'apparence [...] Il y a beau temps que la tentative courageuse des Gracques a échoué devant l'égoïsme adroit et féroce des classes possédantes : leur projet de réforme agraire n'avait pas tenu. Le mécontentement latent de la plèbe s'exprimait de façon explosive à toute occasion [...] Les affaires de sang se multiplient et les mœurs politiques prennent l'allure de règlements de comptes entre *mafiosi*[21]. »

L'absence de véritable autorité centrale, politique ou morale, mènera d'ailleurs à la dictature de César. La religion sert à peine à tenir un monde de coquins, davantage par le respect obligatoire des rites qui cimente superficiellement la cohésion sociale, par l'hypocrisie ou la superstition aussi, que par ses valeurs élevées. Arrivent les juifs. D'abord, ils possèdent le charme de l'exotisme ; ensuite, ils sont travailleurs, solidaires et apparemment prospères. Quelle est donc leur religion ? Monothéiste. Idée surprenante, mais qui ne peut manquer de séduire, elle aussi, dans une société chaotique où la violence et l'impiété criminelle dominent. Sans doute firent-ils des adeptes et les néophytes en firent d'autres, et même en haut lieu. La propre épouse de Néron, Poppée, aurait été convertie au judaïsme. Les juifs n'étaient d'ailleurs pas les seuls à compter des convertis ; les Égyptiens en faisaient aussi. Toujours est-il qu'en ce qui touche aux juifs, leur importance pouvait faire des jaloux.

Le prétexte de l'expulsion est connu ; un malentendu linguistique — l'introduction à Rome du culte de Jupiter Sabazius [22], confondu avec un « Jupiter du Sabbat » — mais le motif réel en est inconnu [23] et la portée n'en est pas précisée. Le prétexte, lui, est douteux : il existait déjà des cultes de Jupiter-Capitolin, Gardien, Pluton, Sauveur, Stator, etc. ; un de plus ne pouvait que renforcer les autres et n'eût pas dû indisposer les autorités. Il semble plus probable que les juifs aient constitué à Rome une minorité agissante qui déplut peut-être à certains des mafieux évoqués plus haut par Jerphagnon. Combien étaient-ils ? Combien furent expulsés ? Combien de convertis auraient-ils faits ? On l'ignore.

Bannis sous la république, les juifs revinrent toutefois à une date indéterminée sous l'empire. Cicéron les décrit, en 59 avant notre ère, comme un peuple nombreux, constituant des assemblées informelles dont il est recommandé de ne pas s'attirer l'animosité [24]. Des assertions qu'on trouve sous la plume d'historiens contemporains voudraient qu'ils fussent à nouveau chassés de Rome en l'an 19 par l'empereur Tibère. Trois textes antiques sur ce sujet ont fait l'objet d'exégèses approfondies. Tacite (v. 55-120), qui est notre source la plus ancienne, semblerait aussi, mais à première vue seulement, le plus précis sur la proscription :

« ... On délibéra aussi pour savoir s'il fallait bannir les cultes égyptiens et juifs et les Pères [les sénateurs] prirent un sénatus-consulte ordonnant que quatre mille hommes d'origine servile [descendants d'esclaves] et affranchis, contaminés par ces superstitions [la religion égyptienne, sans doute le culte d'Isis, et le judaïsme] et ayant l'âge requis, soient emmenés en Sardaigne pour y réprimer les brigandages ; s'ils périssaient, en raison du climat malsain, ce ne serait pas une grande perte ; quant aux autres, ils devraient quitter l'Italie si, avant une date fixée, ils n'avaient pas renoncé à leurs rites ineptes [25]. »

En réalité, ce texte est bien difficile à interpréter, car l'empire garantissait la liberté des cultes. Et qui étaient ces quatre mille descendants d'esclaves affranchis ? Pourquoi étaient-ils les seuls visés par le sénatus-consulte ? Seuls les hommes « d'âge requis », c'est-à-dire aptes au service militaire, étaient-ils donc affiliés aux cultes égyptien et juif ? Qu'en était-il des hommes plus âgés et des femmes ? Faut-il comprendre que les descendants d'esclaves affranchis étaient les seuls qui fussent attirés par les cultes orientaux ? Combien comptait-on parmi eux d'adeptes du culte isiaque et combien du judaïsme ? Étaient-ce des convertis à proprement parler, ou simplement des sympathisants ? Qui étaient les « autres » qui devraient quitter l'Italie ? La célèbre concision de Tacite, bien illusoire ici, nous apprend seulement que quatre mille descendants d'affranchis convertis au judaïsme furent déportés en Sardaigne. Quant au climat de cette île, relevons incidemment qu'il était à coup sûr moins méphitique que celui de Rome, alors entourée de marécages pestilentiels, véritables foyers de paludisme.

En résumé, il n'est pas question ici de la déportation de juifs, mais d'une bouffée d'impatience du Sénat à l'égard des cultes orientaux.

Contemporain de Tacite, Suétone (v. 69-125), confirme que Tibère interdit les cultes étrangers, spécialement égyptien et juif [26]. La mesure ne vise donc pas les juifs, mais les cultes étrangers dans leur ensemble. Il précise ce que sont « les autres » : ceux qui étaient de ce même peuple ou de croyances semblables (*similia sectantes*). On imagine sans peine que, dans cette capitale déjà rongée par des intrigues et des rivalités souvent sanglantes, Tibère décide d'en finir avec tous les Orientaux, mages chaldéens, Égyptiens diseurs de mystères pythagoriciens, devins de Syrie ou de Babylonie, juifs pratiquant des rites et sacrifices étranges. L'agitation inhérente aux Romains est déjà assez grande sans qu'il faille recourir à des piments exotiques.

Enfin, au milieu d'un passage sur l'agacement que valent à Tibère certaines prophéties relatives à son rival Germanicus et sur les fantaisies incongrues d'un consul qui joue de la trompette à tort et à travers, Dion Cassius (v. 155-235) introduit un siècle plus tard une incise de trois lignes qui n'a aucun rapport avec le récit : « Étant donné que les juifs étaient accourus à Rome en grand nombre et qu'ils convertissaient beaucoup des citoyens à leurs coutumes, il [Tibère] bannit la plupart d'entre eux [27]. »

Dion Cassius ne parle là que des juifs, mais, à son époque, l'influence des cultes orientaux dans leur ensemble a grandi, d'autant que parmi les présumés « juifs » il y a en fait des chrétiens, dont le prosélytisme est plus actif. Relevons, d'ailleurs, que, par la suite, on désignera les chrétiens comme des « juifs », ainsi que le fait Suétone, quand il dit que les juifs, « à l'instigation d'un certain Chrestos [28] », fomentèrent plus tard des troubles. Ce qui entraîna une troisième expulsion [29]. Cette dernière mesure ne peut plus être rapportée au « prosélytisme » juif ; ce sont bien des chrétiens. Elle indique en tout cas que les édits d'expulsion n'étaient guère suivis d'effets.

Mais le mal est fait. Prosélytisme ou pas, l'antisémitisme au sens étymologique du mot, c'est-à-dire l'aversion pour tous les Orientaux, s'est installé à Rome dès le Ier siècle et il s'est centré sur les juifs. En témoigne ce texte de Tacite, étonnant de malveillance :

« Moïse, pour s'assurer à l'avenir l'autorité sur sa nation, institua des rites jamais connus encore et contraires à ceux des autres mortels. Là-bas est profane tout ce qui, chez nous, est sacré, et inversement, est permis, chez eux, tout ce qui est pour nous abominable [...] Ces rites, de quelque manière qu'ils aient été introduits, ont pour justification leur antiquité, mais les autres institutions, sinistres, honteuses, se sont imposées en raison même de leur immoralité. Les pires criminels, reniant les pratiques religieuses de leurs pères, venaient apporter là [au Temple] des tributs et des offrandes en monnaie, ce qui accroissait la prospérité des juifs, et aussi parce que, chez eux, existe une loyauté obstinée, une pitié toujours prête, mais à l'égard de tous les autres, une haine comme envers un ennemi [30]. »

Le juif est dès lors banni de la cité. Certes, Tacite n'en est pas responsable : il n'est que le porte-parole, particulièrement véhément, d'un état d'esprit qui va se répandre jusqu'à la reprise de l'Empire romain par le christianisme. Le monothéisme garant de l'identité juive s'est heurté à l'immense muraille du polythéisme romain. Or, le juif ne peut pas s'abstraire de ce monde hostile. La totalité du monde est romaine ; où se réfugierait-il ?

À ces deux raisons s'en ajoute une autre, qui est le statut fiscal particulier des juifs, et qui va déclencher une tragédie atrocement prémonitoire.

Bibliographie et notes critiques

1. Cicéron, *Pro Flacco*, 28 (The Loeb Classical Library, Harvard University Press, Cambridge, Mass., et William Heinemann, Londres).

2. Flavius Josèphe, *Antiquités judaïques*, *op. cit.*, XIV, 7, 2 § 112.

3. Les fonctions dans cette triade me paraissent varier selon les cultures et les époques, selon des schémas souvent différents de ceux que définit Georges Dumézil. Cf. de cet auteur, *Les dieux souverains des Indo-Européens* (Gallimard, 1977). Le modèle classique de la triade est celui que Dumézil relève ailleurs : « L'Iran a fait des trois fils de Zoroastre le premier prêtre, le premier guerrier et le premier éleveur-agriculteur » (*Trois familles*, in *Mythe et Épopée I*, Quarto Gallimard, 1985).

4. De fait, quand les tribus lui demandent un roi la première fois, le prophète Samuel s'indigne : qu'ont-ils besoin d'un roi ? Et sous la dynastie hasmonéenne, sept siècles plus tard, la fonction de grand prêtre sera inséparable de la royauté. La distinction entre les fonctions de roi et de grand prêtre ne semble avoir été que de courte durée, sous David, puis sous Salomon.

Un parallèle pourrait tenter le lecteur, c'est celui qu'on peut tracer par exemple entre les juifs et les Gaulois. Les Gaulois, en fait des Celtes mixtes selon la définition de Michelet, constitués de Celtes purs, Bretons et Gallois, Écossais et Irlandais, sont, comme les Hébreux, répartis en tribus errantes, les « chefferies ». Comme eux, ils sont arrivés tardivement, vers 500 avant notre ère, dans « leurs » terres — les contrées qui s'étendaient entre les Romains et les Germains. Comme les Hébreux, ils n'ont jamais accepté la Pax Romana. Et comme les prêtres des Hébreux, les druides exercent chez les Gaulois de hautes fonctions qui débordent largement sur le politique (ils veillent ainsi à résoudre les rivalités éventuelles entre chefferies). Mais, lors des batailles et des pactes politiques, l'autorité des chefs gaulois prévaut sur celle des druides, ainsi qu'on le vit lors de l'entrevue de Cologne au cours de l'hiver 69-70. Le partage des fonctions est nettement défini chez les Gaulois, comme chez tous les Indo-européens, alors qu'il n'existe pas chez les Hébreux. Cf. Maurice Bouvier-Ajam, *Les Empereurs gaulois* (Tallandier, 1984).

5. La Septuaginte diffère en organisation et en contenu des anciennes versions de l'Ancien Testament en hébreu, qui ne comprenaient pas, par exemple, le Livre de Daniel et les apocryphes (cf. Rev. Alexander James Grieve, *Septuagint*, Encyclopaedia Britannica).

6. De traduction en traduction, la Septuaginte a souffert des avatars communs à tant de textes sacrés judéo-chrétiens. Il semble, en effet, que non seulement certains de ses traducteurs connaissaient mal l'hébreu et qu'ils interprétaient, plutôt qu'ils ne traduisaient, le texte originel, mais aussi que parfois ils ne le comprenaient pas, ce qui rend certains passages inintelligibles (A.J. Grieve, *Septuagint*, *op. cit.*). Grammaire, syntaxe et vocabulaire hébraïques comportent des particularismes (double valeur de certaines consonnes, absence de genres, déficience d'adjectifs, etc.) qui rendent, en effet,

difficile le passage de l'hébreu au grec (cf. Larry Walker, *Biblical Languages*, in *The Origin of the Bible*, sous la direction de Philip Wesley Comfort, Tyndale House Publishers, Wheaton, Illinois, 1992).

Effet pervers supplémentaire, mais ultérieur, de la Septuaginte : les chrétiens allaient pouvoir s'emparer d'une traduction grecque approximative à leurs fins théologiques propres. L'un des exemples célèbres de cette appropriation est la traduction erronée de la fameuse prophétie d'Isaïe : « Une *vierge* concevra et enfantera un enfant et ils l'appelleront Imanuel. » (VII, 14) Le texte grec employait le mot *parthenos* pour « vierge », et c'est effectivement son sens, à cette différence près qu'Isaïe avait utilisé le mot hébreu *almah*, qui désigne une « jeune femme », pas nécessairement vierge. On connaît la suite de cette traduction incorrecte...

7. L'apologiste chrétien Tatien, Syrien hellénisé, au IIe siècle, fait écho au caractère ingrat du texte grec de la Septuaginte, et le désigne paradoxalement comme la raison pour laquelle ce texte retint son attention : « Alors que je cherchais la vérité avec la plus profonde attention, je tombai sur certains textes barbares, trop anciens pour être comparés avec les discours des Grecs, et trop divins pour être comparés avec leurs erreurs, et je fus conduit à y avoir confiance, en raison du langage sans prétentions littéraires, du caractère sincère des auteurs, de la prescience des événements à venir, de l'excellente qualité des préceptes et du fait que le gouvernement de l'univers y était centré dans un seul Être. » (*Adresse aux Grecs*, XXIX).

8. C'est l'un des points les plus déconcertants de la Genèse que celui où il est dit : « En ces temps-là, quand les enfants des dieux copulaient avec les filles des mortels et en concevaient des enfants, les Géants [Néphilim] habitaient la Terre. C'étaient les héros de ces temps anciens, des hommes de renom. » (VI, 4). Il en découlerait que des dieux avaient donc précédé Dieu.

9. *Ex.* XXXIII, 5.

10. *Lév.* XIV, 33-34.

11. *Ex.* XXXIV, 13.

12. *Ex.* XXXIII, 3.

13. *Ex.* XXXII, 27-29.

14. *De Civitate Dei*, VI, 11 (The Loeb Classical Library, Harvard University Press, Cambridge, Mass., et William Heinemann, Londres). Tacite et Apion, ainsi que d'autres auteurs, tels que Juvénal et Plutarque, reprennent cet argument, Tacite l'enrichissant de considérations supplémentaires sur l'année sabbatique, dont il semble penser qu'elle serait consacrée à ne rien faire, ce qui démontre sa parfaite ignorance de ce dont il parle : la prescription principale de l'année sabbatique est de laisser — tous les sept ans — la terre en jachère, pratique d'un bon sens agricole qui ne semble pas effleurer cet auteur. Dans un traité également intitulé *De Superstitione*, Plutarque rapporte que le sabbat consisterait à se couvrir de boue, à croupir dans la saleté, à assiéger les dieux de supplications indues et à s'adonner à des prostrations inconvenantes (*Mora-

lia, vol. 1, 5, 16 vol., The Loeb Classical Library, Harvard University Press, Cambridge, Mass., et William Heinemann, Londres).

Ces sarcasmes procèdent de l'ignorance des auteurs autant que de leur évidente malveillance : le repos périodique était non pas une invitation à l'oisiveté, mais un temps consacré à l'enrichissement spirituel par la méditation. Par ailleurs, bien avant les juifs, les Babyloniens, par exemple, considéraient les 7e, 14e, 21e et 28e jours du mois, les *sapattu*, comme investis d'une signification sacrée interdisant au roi certaines activités.

La fréquentation des auteurs classiques antiques n'est, hélas, pas toujours aussi édifiante qu'on peut généralement l'espérer.

15. *Histoire romaine*, XXXVII, 16, 3 (The Loeb Classical Library, Harvard University Press, Cambridge, Mass., et William Heinemann, Londres, 9 vol., trad. anglaise d'Earnest Cary). Le mot de Dion Cassius que Cary traduit par « terreur superstitieuse » est *ptoésis*, ποεσισ, qui peut être également traduit par « transe ».

16. *Circumcision*, Encyclopaedia Britannica. On y apprendra que le cancer du pénis est pratiquement inexistant chez les juifs, à la différence d'autres populations qui ne pratiquent pas la circoncision.

17. Le lecteur voudra bien me pardonner de ne pas m'appesantir sur des textes qui dérivent inévitablement vers le graveleux. Cette omission s'explique non par un puritanisme de convenance, mais parce que, dans le contexte antisémite, ces textes sont particulièrement déplaisants. Ceux qui souhaiteraient une analyse détaillée des textes romains sur la circoncision, se référeront à l'étude *Judeophobia* : *Attitudes towards the Jews in the Ancient World*, de Peter Schäfer (Harvard University Press, Cambridge, Londres, 1997).

18. *Histoires*, V, 1-4, in *Œuvres complètes*, traduction de Pierre Grimal (La Pléiade/Gallimard, 1990).

19. Cité par J. N. Sevenster in *The Roots of Pagan Anti-Semitism in the Ancient World* (E.J. Brill, Leyde, 1975).

20. Ben Sira, dit « Le Siracide », de son nom complet Joshua ben Eléazar ben Sira, est connu de la tradition juive et chrétienne antique par un livre de sagesse intitulé *L'Ecclésiastique*. Cet ouvrage a joui d'un statut quasi canonique parmi les communautés juives, jusqu'au jour où, au XIIIe siècle, l'index ou *yad* canonique l'en a exclu explicitement (*Dictionnaire encyclopédique du judaïsme*, *op. cit.*). Depuis la découverte du texte de *L'Ecclésiastique* en hébreu (on n'en connaissait jusqu'alors que la version grecque réalisée par son petit-fils à Alexandrie, dans la seconde moitié du IIe siècle avant notre ère), à la fin du XIXe siècle dans la Genizah du Caire, Ben Sira fait l'objet d'un renouveau d'exégèses destinées à mesurer l'influence hellénistique dans la littérature judaïque au temps des Séleucides. Cf. Martin Hengel, *Hellenism and Judaism* (Xpress Reprints, SCM Press Ltd., Londres, 1996).

21. *Vivre et philosopher sous les Césars* (Privat, 1980). Une thèse selon laquelle il y aurait eu, au Ier siècle avant notre ère, une « révolution culturelle » à Rome, comportant, semble-t-il, les prémisses d'un humanisme, a suscité ces dernières années une certaine curiosité (Thomas N. Habinek, *The Politics of Latin Literature*, Princeton University Press, 1997, et sous la direction de Tho-

mas Habinek et d'Alessandro Schiesaro, *The Roman Cultural Revolution*, Cambridge University Press, 1998). Il me paraît préférable de s'en tenir à la réfutation publiée par le Pr T. P. Wiseman, de l'université d'Exeter (*Revolution ? What Revolution ?* The Times Literary Supplement, 29 mai 1998).

22. Cette mention suggère trois hypothèses.
Il existait bien un dieu phrygien Sabazios, présidant à l'agriculture et aux accouchements, que les Romains désignent tantôt comme Jupiter Sabazius, tantôt comme Bacchus-Dionysos en raison du caractère orgiastique de son culte. Dans les deux cas, on ne voit guère que les Romains aient expulsé les juifs parce qu'ils auraient introduit un autre culte de Jupiter.
Certains juifs hellénisés du IIe siècle avant notre ère pratiquaient des syncrétismes entre des divinités étrangères et leur Dieu. De fait, Sabazios est identifié en certains cas avec Sabaoth, mot hébreu qui signifie « armées », et qui est un des noms de la divinité juive. Cela n'explique pas davantage l'expulsion des juifs, qui toléraient évidemment chez les non-juifs le culte d'autres religions.
Troisième hypothèse, le nom du dieu Sabazios serait un malentendu transmis par ouï-dire et causé par une mauvaise interprétation du mot « sabbat », *chabat*. Les juifs auraient donc été chassés de Rome sous le prétexte que leur culte avait trop de succès, mais en réalité parce que leur présence contrariait certains intérêts. C'est l'hypothèse qui me paraît le plus plausible.

23. Cette expulsion, ordonnée par le préteur Cornelius Scipio Hispanus, ne nous est connue que par la mention qu'en font deux historiens byzantins du IVe siècle de notre ère, Julius Paris et Januarius Nepotianus, d'après un texte perdu de Valerius Maximus. (Cf. Édouard Will et Claude Orrieux, *Prosélytisme juif ? Histoire d'une erreur*, Les Belles Lettres, 1992). Ces deux auteurs permettent de mesurer la difficulté d'interprétation des textes latins et particulièrement de celui-ci, ainsi que les dangers d'extrapolations hâtives comme il en a été fait.

24. *Pro Flacco, op. cit.*, XXVI, 68.

25. *Annales*, II, 85, in *Œuvres complètes, op. cit.*

26. Suétone, *Les Douze Césars, Tibère*, XXXVI, 2 vol., trad. J. C. Rolfe (The Loeb Classical Library, Harvard University Press, Cambridge, Mass., et William Heinemann, Londres).

27. *Histoire romaine, op. cit.*, LVII, 5.

28. *Op. cit., Claude*, XXV, 4, 24.

29. Dion Cassius (*Histoire romaine, op. cit.*, LX, 6, 6) s'oppose à Suétone sur ce point, alléguant que Claude avait renoncé à cette expulsion, de crainte qu'elle ne provoquât de nouveaux troubles ; Claude se serait limité à interdire aux « juifs » tout rassemblement. Comme on ne connaît pas l'édit de Claude, il est évidemment interdit de trancher. On peut supposer que l'empereur, dont la modération notamment à l'égard des juifs, devait se manifester plus tard, menaça les « juifs » d'expulsion s'ils ne renonçaient pas à leurs activités publiques.

30. *Histoires, op. cit.*, IV et V.

4.

Le massacre d'août 38 à Alexandrie, premier pogrom de l'histoire

LES PRIVILÈGES FISCAUX DES JUIFS D'ALEXANDRIE — LA BRISURE ENTRE L'ÉLITE ET LA MASSE DES JUIFS — DES NOUVEAUX EFFETS PERVERS DE LA SEPTUAGINTE ET DE L'IMAGE FAUSSE DES JUIFS QU'ELLE RENFORÇA CHEZ LES HELLÈNES — L'AVÈNEMENT DE CALIGULA, LE RÔLE DÉSASTREUX DU PRÉFET FLACCUS ET L'AFFAIRE DE LA ROYAUTÉ D'AGRIPPA — L'AFFAIRE DES STATUES DE CALIGULA DANS LES SYNAGOGUES — INSTAURATION DE L'ANTISÉMITISME à ALEXANDRIE — LE POGROM DU QUARTIER DELTA — LES JUIFS DEVIENNENT DES CITOYENS DE SECONDE CLASSE — LEUR EXPULSION DE ROME PAR CLAUDE

Lors de sa visite à Jérusalem, Alexandre avait, on l'a vu, concédé aux juifs un statut fiscal particulier, en Palestine aussi bien que dans les autres communautés juives du monde hellénistique, et il les avait invités à s'installer dans les autres cités de son empire. La colonie juive d'Alexandrie avait donc crû dans des proportions considérables : entre 200 000 et 400 000 âmes.

Les conditions dans lesquelles les juifs étaient venus à Alexandrie ne semblent cependant pas avoir été aussi civiles, ni même pacifiques[1]. La première inscription témoignant clairement de la présence de juifs à Alexandrie remonte au premier des Ptolémées, rois d'Égypte, Ptolémée Ier Soter (304-285 avant notre ère)². Il se serait agi de 100 000 prisonniers, ramenés de Judée après la prise de Jérusalem, et dont 30 000 auraient été en état de porter les armes. Les 70 000 autres, vieillards et enfants, auraient été donnés comme esclaves aux soldats macédoniens. Ces soldats auraient été affranchis par Ptolémée II Philadelphe (285-246 avant notre ère). Aucune mention n'est faite des femmes, ni du fait que les 30 000 conscrits de force étaient astreints à ne pas respecter le sabbat. Rien n'est dit non plus de l'encadrement religieux de ces 100 000 juifs, ni des mariages forcément mixtes qu'ils contractèrent, ni des enfants « bâtards » nés de ces unions. Mais cela n'entre évidemment pas dans les considérations des chroniqueurs anciens. Tout au plus peut-on supposer que les anciens établissements des juifs en Égypte avaient laissé à Alexandrie quelques structures qui permirent à ces immigrés de force de ne pas se trouver trop dépaysés : après tout, tous les juifs ne parlaient pas grec — mais l'araméen — et, quels que fussent les charmes d'Alexandrie, ils ne pouvaient compenser l'arrachement à leurs maisons et leurs familles.

Il faut observer ici que ce déplacement imposé de population — 100 000 personnes, c'était beaucoup de monde à l'époque — ne peut manquer d'éveiller des souvenirs pénibles de l'époque moderne : en fait, il s'agissait d'une déportation en bonne et due forme.

Ce ne fut que progressivement que les juifs d'Alexandrie acquirent un statut comparable à celui dont ils avaient bénéficié sous les Perses : ils recouvrèrent leurs finances autonomes et leur juridiction propre, le conseil des Anciens, soit un sanhédrin de soixante et onze membres, dirigé par un ethnarque qui était leur chef et ministre des Finances, et ils eurent leurs lieux de culte légitimes. Mais ils n'avaient pas droit de cité : ils ne pouvaient se revendiquer comme alexandrins. Importés de force, ils étaient tout simplement tolérés et s'installèrent à l'est de la ville, entre la Nécropole et la mer, au pied de la colline de Rhakotis, dans le Quartier Delta (Alexandrie comptait cinq quartiers, chacun désigné par une des premières lettres de l'alphabet). La ville, dit Philon, avait deux classes de citoyens³. Il eût pu ajouter : « Et deux classes de juifs. »

Paradoxalement, en effet, certains juifs jouissaient d'un statut extraordinaire, ainsi de la famille de Philon, le célèbre philosophe juif, dont l'un des frères, Caïus Julius Alexander, était alabarque, c'est-à-dire percepteur général des taxes et droits de douane et, de plus, jouissait exceptionnellement, comme son nom l'indique, de la citoyenneté romaine. Les Alexander étaient une famille de banquiers, ce qui doit, pour l'époque, s'entendre comme prêteurs, et qui témoigne que toutes les sphères de Rome n'étaient pas hostiles aux juifs, en tout cas pas aux riches. Néron, victime d'une mauvaise propagande propagée par Tacite, et exploitée ultérieurement par des auteurs ignorants de la mauvaise foi viscérale de cet auteur, semble avoir été plutôt favorable aux juifs, du moins à ces juifs-là, et il n'est d'ailleurs pas exclu qu'il ait été influencé par sa femme Poppée, convertie au judaïsme comme on l'a vu plus haut.

Pour les juifs lettrés (et donc riches) de l'empire, hellénisés, mais fidèles à leur foi, de même que pour les Pharisiens de Jérusalem et le haut-clergé sadducéen, la religion ne devait plus être assimilée au nationalisme : entrés dans l'histoire, ils estimaient que la religion devait être arrachée justement à l'histoire, parce qu'elle était immanente. Pour eux, le judaïsme avait tout à perdre dans les convulsions des batailles, des guerres de succession et des intrigues menées avec ou contre les vainqueurs du moment. Le Dieu intérieur de Moïse n'était plus le Dieu des armées. La religion juive était transcendante, universelle et éternelle. Ils n'estimaient pas qu'ils trahissaient Dieu en servant les puissances du moment, en l'occurrence les Romains. Certains d'entre eux, tel Philon justement, ne s'efforçaient-ils pas de réaliser une vaste synthèse du judaïsme et de la philosophie grecque ? Celui-ci n'avait-il pas représenté dans sa *Vie de Moïse* le prophète fondateur comme le parangon des vertus hellénistiques ? Avec une belle candeur, Philon feint d'ignorer le mépris dans lequel les intellectuels du monde romain tiennent le judaïsme, pour toutes les raisons qu'on a vues plus haut. Il aspire à une fusion entre le judaïsme et l'hellénisme, comme Maïmonide en rêvera plusieurs siècles plus tard — fusion qui ne s'opérera jamais.

Il y avait donc brisure entre l'élite et la masse des juifs.

On mesurera dans les chapitres ultérieurs, et jusqu'au XXᵉ siècle, le poids de cette brisure.

Le triple isolement, géographique, civil et culturel de cette masse des juifs fut déterminant dans l'aversion croissante des Hellènes et des Égyptiens à son égard : ils ne distinguaient pas, ou feignaient de ne pas distinguer, entre la minorité de juifs lettrés passés au service de Rome, comme Philon, Josèphe ou les rois juifs ; ces derniers étaient des juifs d'exception, presque plus des juifs. Quant aux autres, non seulement ils ne faisaient pas partie de droit de la cité, mais ils en étaient exclus de fait ; c'étaient des étrangers fondamentaux. « Les Égyptiens ont été les premiers à nous calomnier », écrit Flavius Josèphe, revendiquant paradoxalement son appartenance à une collectivité dont il a dénoncé avec véhémence les éléments les plus actifs. Incidemment, on ne sait ce que Josèphe entend par « Égyptiens ». Sont-ce les gens d'Égypte dans leur ensemble ? Cela désignerait les Hellènes et les natifs égyptiens, car ces derniers n'avaient pas disparu : l'Égypte restait quand même peuplée d'Égyptiens. Et l'hostilité dont parle Josèphe existait, en effet, et elle était particulièrement avivée par deux facteurs.

Le premier est le souvenir de l'attitude des juifs dans la guerre qui avait éclaté à la fin du IIIᵉ siècle avant notre ère entre les Ptolémées et les Séleucides pour le contrôle de la Palestine. Les troupes égyptiennes se battaient sous le commandement des Ptolémées, et elles avaient fait preuve de vaillance. De tant de vaillance, même, qu'elles avaient pris conscience de leur valeur intrinsèque, ce qui devait conduire plus tard à une série de rébellions égyptiennes contre les Ptolémées. Or, la majorité des juifs de Palestine et d'Égypte étaient, eux, favorables aux Séleucides ; ils constituèrent même à Jérusalem un parti fortement pro-séleucide. On les vit en Palestine courir au renfort des Syriens, qui se battaient dans les rangs des Séleucides, et assiéger une garnison égyptienne [4]. Pour les Égyptiens, les juifs n'étaient donc pas des alliés.

Le second facteur de l'animosité égyptienne à l'égard des juifs était le statut fiscal privilégié de ceux-ci : comme au temps des Perses, ils avaient, en effet, le droit de soustraire de leurs impôts les sommes versées au Temple. Leur statut civil, de plus, les autorisait à ne pas travailler le jour du sabbat, et comme les juifs détenaient un certain nombre de métiers, leurs clients étaient contraints ce jour-là à l'inactivité. Non seulement les juifs n'étaient pas des amis, mais de plus ils étaient privilégiés par le pouvoir.

La situation, déjà explosive, le devint encore plus quand, en 32, Tibère nomma un de ses familiers préfet d'Égypte, titre équivalant à celui de vice-roi. Celui-ci, Aulus Avilius Flaccus, était un bureaucrate compétent et rusé, qui, selon son accusateur même, Philon, mit de l'ordre dans l'administration égyptienne, civile et militaire et fut un excellent gouverneur. Quand Tibère mourut et que Caligula lui succéda, Flaccus tomba dans une profonde dépression : il avait perdu son plus puissant protecteur et il se trouvait soudain vulnérable. En effet, il avait participé à la conspiration contre la mère de Caligula, à la suite de quoi celle-ci avait été mise à mort ; pareille faute allait à coup sûr lui attirer les sévices du nouvel empereur. Quand Flaccus apprit de surcroît que Caligula avait fait exécuter le propre petit-fils, puis le conseiller de Tibère, Macro, son angoisse atteignit le point culminant : sa propre disgrâce n'allait plus tarder.

Ce fut alors qu'il décida de se rallier aux Alexandrins : ils avaient apprécié sa conduite des affaires, ils l'apprécieraient encore plus s'il cédait à leur antisémitisme et persécutait les juifs. Ces derniers feraient donc office de boucs émissaires. L'occasion se présenta bientôt. Caligula venait de concéder à son ami Agrippa, petit-fils d'Hérode le Grand, la royauté d'un tiers des provinces de Palestine sur lesquelles ce dernier avait régné, à savoir la Galilée, la Batanée et la Trachonitide. De plus, Caligula avait déconseillé à Agrippa de gagner son nouveau royaume par la voie de mer la plus directe, soit Brindisi-Tyr. Ce trajet était, en effet, long et périlleux ; mieux valait rallier d'un trait Alexandrie et, là, attendre des vents propices pour se rendre à Tyr.

Parvenu à Alexandrie, Agrippa gagna discrètement sa résidence, chez l'alabarque Lysimaque Alexandre, auquel il vouait une gratitude justifiée, ce dernier lui ayant jadis prêté de grosses sommes. Flaccus se trouva offensé et outré que le favori de l'empereur ne lui eût pas rendu visite ; il se laissa gagner par l'agitation malveillante des Alexandrins, indignés, eux, de ce qu'on eût donné un roi aux juifs. Il commença par interdire le sabbat, ce qui était une pure provocation. Recourant aux services de trois pamphlétaires antisémites, Denys, le greffier Lampon et le gymnasiarque Isidoros, il lança ensuite une campagne de calomnies contre Agrippa, ainsi que contre Philon et sa famille, pour discréditer les juifs les plus influents de la ville en attendant de persécuter les autres. Puis, afin de se gagner les faveurs de l'empereur, il proposa de dresser des statues de Caligula dans les synagogues, autre provocation manifeste, les juifs étant farouchement hostiles à l'idolâtrie.

Les juifs rétorquèrent en fermant leurs synagogues. Flaccus publia un édit qui, pour la première fois, les déclarait étrangers à Alexandrie, ce qui les privait du droit de résidence. Excités par les pamphlétaires, les Alexandrins se lancèrent à leur tour dans une campagne d'injures contre Agrippa. La cabale prit rapidement une ampleur inouïe. Les uns se mirent à crier qu'Agrippa était en fait venu prendre possession de la ville même d'Alexandrie et s'indignèrent de ce que le préfet demeurât passif ; les autres allèrent chercher un idiot baveux qui s'appelait Carabbas, le couvrirent d'un manteau de pourpre, le couronnèrent d'un diadème, lui donnèrent un roseau pour sceptre, puis l'installèrent sur un vieux char tiré du Musée et qui n'avait pas servi depuis Cléopâtre. L'ayant flanqué de gardes du corps de comédie, ils le tirèrent en cortège jusqu'au Gymnase en emplissant les rues de lazzis et d'imprécations.

Flaccus ne fit rien pour arrêter ces nomeries ; bien au contraire, il ordonna d'arrêter trente-huit membres du Conseil des Anciens, de les mettre nus, puis fouetter, et confisqua leurs biens. Ensuite, prétextant que les juifs conspiraient pour déclencher une guerre civile et cachaient des armes chez eux, il envoya l'armée fouiller leurs maisons ; on n'y trouva pas une seule arme.

La populace — car, précise Philon, ce n'étaient pas les gens aisés qui avaient organisé ces désordres, mais une plèbe comme en comptent tous les ports du monde — détourna alors sa vindicte contre les juifs : elle les enferma dans le quartier Delta, les réduisant ainsi à la famine, puis elle se jeta sur leurs commerces et les pilla. Ceux des juifs qui étaient sortis du quartier Delta pour aller acheter des vivres furent massacrés par la foule en délire, certains furent traînés à travers la ville par une corde attachée à un pied, d'autres assommés, torturés, crucifiés, écorchés vifs, leurs cadavres furent démembrés et foulés aux pieds, ou bien ils furent brûlés vifs sur des bûchers de bois vert, afin d'être asphyxiés en même temps que brûlés (sinistre ébauche de massacres ultérieurs). Des familles entières furent ainsi exterminées, vieillards, femmes, enfants au sein, sans distinction d'âge ni de condition. Ce fut le premier pogrom de l'histoire. Le nombre des victimes n'est cité par aucun auteur [5]. Ce déchaînement insensé de folie meurtrière cadre mal avec une certaine image du raffinement hellénistique, surtout alexandrin, qui flatte les imaginations contemporaines : plusieurs ouvrages sur l'antisémitisme antique ne lui consacrent que deux ou trois lignes.

Deux ans plus tard, au début de l'an 40, alarmés par la campagne que des antisémites comme Apion menaient auprès de Caligula pour les réduire quasiment en esclavage ou les chasser de la ville, et espérant restaurer leur condition d'antan, les juifs envoyèrent à l'empereur une mission conduite par Philon. Caligula avait décidé de se faire ériger une statue sur le parvis du Temple de Jérusalem. Agrippa Ier, venu à Rome pour remercier l'empereur de la royauté qu'il lui avait donnée, eut le courage de plaider la cause des juifs, dont il était le roi, mais n'obtint qu'un sursis à l'érection de la statue.

Caligula fit lanterner la délégation plusieurs mois, avant de la recevoir dans les jardins de Mécène, sur l'Esquilin. Les juifs assistèrent à une explosion d'antisémitisme de l'empereur. D'entrée de jeu, il les invectiva et les accusa d'être des ennemis des dieux parce qu'ils refusaient de le reconnaître lui-même comme dieu. À part cela, il semble s'être surtout intéressé aux raisons pour lesquelles les juifs refusaient de manger du porc, décidément une obsession romaine. Apion, qui était présent, excita encore l'animosité de l'empereur et, lorsque Philon voulut lui répondre, Caligula le lui interdit et lui ordonna de se retirer de sa présence [6].

L'assassinat de Caligula, le 21 janvier 41, aurait dû mettre fin à la menace de sévices romains contre les juifs, qui auraient sans doute été épouvantables, à Alexandrie, mais également en Palestine et dans les autres grands centres de l'empire. Mais il faillit avoir d'abord un effet inverse : quand les Alexandrins apprirent l'assassinat de Caligula, fin mars ou début avril, la rumeur se répandit que c'étaient des juifs de Rome qui l'avaient tué, et les Hellènes s'apprêtèrent à reprendre leurs massacres. Cette fois, le préfet y mit bon ordre. Peu après arrivait un édit de Claude, successeur heureusement plus mesuré du monomane Caligula.

Dans cet édit aux Alexandrins, Claude rétablit la liberté de culte des juifs, déjà concédée par Auguste, et annule tacitement le projet d'érection de statues impériales dans les lieux de culte juifs : ces statues seront bien érigées, mais en ville, et ne donneront pas lieu à un culte spécial. Il cite à deux reprises « la folie de Gaïus » [Caligula], qu'il rend responsable des massacres et il met en garde les Alexandrins (entendons : les Hellènes, Macédoniens, Thraces, Chypriotes, Ioniens, et les Égyptiens) et les juifs contre le déclenchement de tout nouvel incident. Toutefois, il recommande aux juifs de ne plus demander de nouveaux privilèges (en l'occurrence, une citoyenneté alexandrine particulière [7]), et de ne plus envoyer à Rome d'ambassades distinctes de celle des Alexandrins. Enfin, il inverse les dispositions d'Alexandre le Grand : les juifs sont priés également de ne pas faire venir de coreligionnaires de l'étranger. Sous-entendu : « Vous êtes assez nombreux comme cela. »

Pour faire bonne mesure, Claude condamne à mort Isidoros et Lampon, deux des agitateurs antisémites qui avaient, à l'instigation de Flaccus ou peut-être excitant ce dernier, contribué à déclencher le massacre de 38. L'instruction de leurs cas est menée tambour battant, les 30 avril et 1er mai 41 — ce qui prouve l'importance que l'empereur attribuait à l'affaire — et l'exécution de la sentence suit de près. À l'évidence, Claude agit rapidement afin de restaurer le calme. Il faut dire qu'Isidoros a aggravé son cas en essayant de discréditer l'empereur lui-même : il l'a traité de fils de juive [8]...

Reste que les intentions de Claude ne furent pas, apparemment, interprétées favorablement par les juifs. Les Actes des Apôtres, en effet, rapportent que Claude rendit un édit qui ordonnait aux juifs de quitter Rome [9].

Même si Claude restaura bien le statut des juifs, et

avec une certaine générosité, un point était désormais acquis : il existait dans l'empire, et jusqu'au palais impérial, un véritable antisémitisme, et celui-ci avait droit de cité. Tous les grands centres de l'empire étaient le siège de tensions plus ou moins vives entre les juifs et les non-juifs. Il était admis qu'on pût détester les juifs jusqu'à les massacrer, pour la seule raison qu'ils étaient juifs. Les murs de Rome, et sans doute d'autres cités impériales, se couvrirent de graffiti montrant une tête d'âne, le dieu qu'adoraient les juifs selon les calomnies (certaines versions montrent un âne crucifié, les Romains ne faisant pas de différence entre juifs et chrétiens) [10].

Le christianisme n'y était pour rien : dans les années quarante du Ier siècle, il était inexistant, et une poignée de sectateurs de Jésus eût été bien incapable d'influencer l'empire. Non, le schéma de cet antisémitisme « de base » est simple : pour les Romains, la culture romaine était la plus riche du monde et ceux qui refusaient d'y être assujettis ne pouvaient être que des ennemis de l'empire et des barbares. Rome avait hérité du totalitarisme intellectuel des Grecs, et notamment de Platon : la cité devait être homogène — adjectif qui correspond à ce qu'on appelle de nos jours le « politiquement correct ». Un être humain n'était pas considéré comme tel, mais d'abord comme féal de la *civitas romana*. S'ils ne l'étaient pas, les juifs se rangeaient donc parmi les ennemis, les impies ou les barbares — ou les trois. Habitants de seconde classe de l'empire, ils étaient en butte à une suspicion constante. Dès lors, on toléra le recours à la calomnie, à la haine irraisonnée et au meurtre contre eux, sans s'aviser que cette bassesse criminelle infectait ses propres auteurs. Ce sont des traits que l'on retrouvera, mais exacerbés, dans l'Empire romain d'Orient et qui mèneront à la cascade de schismes et d'hérésies nés de la rigidité morale et de l'arrogance. À cette différence près que c'était un antisémitisme culturel et politique, et non pas religieux.

Tout le prestige dont nous avons par la suite pieusement recouvert l'Empire romain ne saurait masquer le fait fondamental que la tolérance était inconnue à Rome, parce qu'il n'y avait pas d'humanisme romain : la philosophie n'y avait pas véritablement droit de cité, elle non plus. « Les philosophes passaient couramment pour des citoyens peu sûrs, voire subversifs, ce qui, à Rome, ne fut jamais une recommandation », écrit Jerphagnon, qui ajoute : « Dion de Pruse, du temps qu'il était encore rhéteur, les voyait comme "les ennemis mortels de toute vie sociale" et souhaitait carrément qu'on les mît au ban de l'humanité. » Comme les juifs. L'exaltation de la *polis*, enflée de l'assurance de défendre la seule religion possible au monde, ne pouvait mener qu'à celle du politique.

Nous confondons, à l'ère moderne, des auteurs respectés (et souvent peu respectables) avec les philosophes, terme vague. Mais « ni Tacite, ni Suétone, ni Dion Cassius ne veulent de bien aux gens à barbe et à manteau », rappelle encore Jerphagnon. Si quelques Romains, comme l'empereur Claude, ont témoigné d'une certaine humanité à l'égard des juifs, ils ne l'ont pas fait par respect de l'individu, mais par générosité personnelle (et aussi pour avoir la paix dans des provinces éloignées de l'empire). Il n'y avait pas non plus de démocratie à Rome, et pas plus sous l'empire qu'aux temps des rois et de la république. Comme l'avait d'ailleurs écrit Aristote : « Au-delà de cent mille hommes, il n'y a pas de démocratie. » Rome n'était pas seulement hégémonique, mais aussi hégémoniste. La civilisation dont l'Occident a fait un modèle est une fiction, et ce point est essentiel dans une étude générale de l'antisémitisme : l'essence même de la romanité est tyrannique et l'analogie entre la culture romaine et la *Kultur* germanique est frappante ; l'une et l'autre sont des terreaux idéaux pour la formation de mentalités criminelles telles que l'antisémitisme.

Le malheur est que cette disposition d'esprit allait contaminer justement ceux qui se déclaraient ennemis du « paganisme » et qui prétendaient renouveler l'histoire par la vertu de charité, au nom des valeurs du juif Jésus.

Bibliographie et notes critiques

1. Flavius Josèphe (*La Guerre des Juifs*, II, 487 et *Contre Apion*, II, 35) veut donner l'impression que les juifs seraient venus à Alexandrie de leur plein gré et sur un pied d'égalité avec les juifs. Mais, relève André Bernand dans *Alexandrie la Grande* (Arthaud, 1966), « deux sources importantes de l'histoire hellénistique, Aristée et Hécatée, ne disent rien de l'immigration des juifs au temps d'Alexandre ». Bien au contraire, il semble que les juifs aient été importés de Judée *manu militari*. Ou bien alors que ceux qui avaient répondu à l'invitation d'Alexandre avaient été trop peu nombreux.

2. A. Bernand, *Alexandrie la Grande*, op. cit.

3. *In Flaccum*, VI, 43, in *The Works of Philo, Complete and unabridged, New updated version*, 1 vol., trad. angl. C.D. Yonge (Hendrickson Publishers, U.S., 1997). Il existe une littérature abondante sur la question de savoir si les juifs étaient ou non citoyens d'Alexandrie, ce qui eût impliqué l'égalité de droits avec les Grecs.

Flavius Josèphe rapporte dans les *Antiquités judaïques* (XIV, 188) que César fit dresser une plaque de bronze déclarant que les juifs jouissaient de la citoyenneté. Ce dut être une citoyenneté paradoxale, car elle impliquait, comme partout dans l'empire, que les juifs rendissent hommage aux dieux, sous peine de crime d'impiété et de mise à mort ; et si les juifs, ce qui est inconcevable, avaient rendu hommage aux dieux de l'empire, ils étaient frappés d'apostasie. Certains auteurs, tel L.H. Feldman, ont émis l'hypothèse que les juifs d'Alexandrie n'étaient peut-être pas aussi orthodoxes qu'on l'avait pensé, ou bien alors, qu'ils avaient une dispense du culte, ce qui leur aurait permis de jouir du droit de citoyenneté concédé par César.

Mais il semble que ce droit ait été rapporté, comme l'indique sans ambiguïté le Papyrus de Londres 1912, découvert en 1921, où, dans un édit de l'an 41, l'empereur Claude s'adresse « aux Alexandrins *et* aux juifs » et parle de ces derniers comme habitant « une ville qui n'est pas la leur ». Phrase paradoxale, car Claude sait bien, et le reconnaît explicitement dans cet édit, que les juifs habitent Alexandrie depuis près de trois siècles ; donc, le fait d'habiter une ville de l'empire n'entraîne pas qu'on jouisse de sa citoyenneté juridique. Tout aussi déterminante est l'interdiction que Claude adresse aux juifs d'Alexandrie de participer aux compétitions athlétiques présidées par les gymnasiarques et les cosmètes : le droit de participation à ces jeux était, en effet, réservé aux citoyens. Il en découle sans aucun doute qu'en l'an 41, les juifs étaient habitants et non citoyens de l'empire.

L'importance de ce point est proportionnelle à l'attention qui lui a été accordée depuis près d'un siècle. Il y a vingt siècles, déjà, Flavius Josèphe, toujours obstiné à démontrer que les juifs étaient bien intégrés dans l'empire, en dépit de l'évidence du contraire, ne revient pas moins de dix-huit fois sur la question dans les *Antiquités judaïques*, tant cette question le dérange et tant il est conscient à son époque, que la citoyenneté des juifs est contestée. On mesurera plus loin (v. pp. 115-123) l'importance de ce point à propos de la citoyenneté romaine de saint Paul. Au XXe siècle, le Papyrus de Londres a tellement contrarié certains auteurs qu'ils ont déclaré que c'était un faux ; il ne l'est pas, car on en retrouve l'essentiel dans Flavius Josèphe (*Antiquités judaïques*, *op. cit.*, XIX, 280-286, 288, 292). D'autres encore ont coupé la poire en deux en alléguant que seuls les passages relatifs aux juifs étaient faux, mais cette demi-mesure ne supporte pas non plus l'examen.

4. Martin Hengel, *Judaism and Hellenism, op. cit.*

5. Les éléments de ce récit sont empruntés à celui de Philon, *In Flaccum*. Flaccus fut arrêté peu après sur ordre de Caligula, par un centurion dépêché exprès de Rome, ses biens furent confisqués et il fut exilé dans l'île grecque d'Andros, où il fut mis à mort quelques mois plus tard, toujours sur ordre de Caligula. Son exécution fut atroce, à la mesure de la folie sanguinaire de Caligula et des massacres dont Flaccus lui-même était responsable.

6. On trouve le récit de l'entrevue de la délégation menée par Philon avec Caligula dans les *Antiquités judaïques* de Flavius Josèphe (*op. cit.*, XVIII, 8, 1) et dans le texte connu sous le nom de *Legatio ad Gaium* (dont le titre exact est *De Virtutibus Prima Pars, Quod est de Legatione ad Gaium*, in *The Works of Philo, op. cit.*)

7. V. note 3 ci-dessus. La demande de citoyenneté était un des objets de l'ambassade juive auprès de Caligula.

8. Au printemps 41, sous le règne de Claude, Isidoros, gymnasiarque d'Alexandrie et antisémite virulent, se rend à Rome accompagné d'une ambassade, pour porter contre le roi Agrippa des accusations très graves devant le tribunal impérial : ce juif « de trois sous » participe à un vaste complot juif pour miner l'empire et semer le désordre dans le monde. Les accusations sont dénuées de fondement : Agrippa est ce même roi qui, pour arrêter la sédition chrétienne, qui n'est encore que celle d'une secte juive, a fait arrêter l'apôtre Pierre et décapiter Jacques, fils de Zébédée, frère de Jean. Quant au complot, il n'existe que dans l'imagination enfiévrée d'Isidoros. De plus, Agrippa est l'ami de Claude et Isidoros, son accusateur, a participé au complot qui a causé la mort de deux amis de Claude, Théon et Macro. C'est dire que Claude ne porte pas Isidoros dans son cœur. De plus, ce dernier fait preuve d'une rare insolence, car il sait qu'il dispose d'appuis au Sénat. Mais, devant l'importance des accusations, Claude est obligé de respecter la procédure judiciaire, sans quoi il serait passible, lui, de l'accusation de négligence.

Entouré de son Conseil, il organise donc une audience du tribunal dans les jardins impériaux. Le ton monte et Claude finit par dire à Isidoros : « Tu es le plus insolent des hommes de parler ainsi. » Et Claude rappelle à Isidoros le sang qu'il a sur les mains, y ajoutant celui du préfet Flaccus, qu'il a excité à sévir contre les juifs. « Assurément, tu n'es qu'un fils de musicienne, Isidoros », lui dit-il. Isidoros réplique qu'il n'est ni esclave, ni fils de musicienne, « mais gymnasiarque de la célèbre cité d'Alexandrie. Quant à toi, tu es le rejeton méprisable de la juive Salomé. Et c'est pourquoi... » Fils de danseuse, c'est-à-dire dans le langage de l'époque « fils de pute », relève Modrjezewski (*Les Juifs d'Égypte de Ramsès II à Hadrien, op. cit.*), mais « fils de juive », c'est encore pire à Rome : cela veut dire « bâtard ». On devine que ni Isidore, ni Lampon qui l'accompagnait ne firent de vieux os : ils furent tous deux condamnés à mort et exécutés (cf. V. Tcherikover, A. Fuks et M. Stern, *Corpus Papyrorum Judaicarum*, 3 vol., Cambridge University Press, 1957-1964). Néanmoins, le bruit courut que l'empereur était complice des juifs, puisque étant soupçonné d'être lui-même d'ascendance juive.

L'intérêt des papyrus qui font état de cet épisode de l'antisémitisme alexandrin est d'abord de démontrer la violence de ce courant, puis de témoigner de l'étonnante liberté avec laquelle un gymnasiarque, personnage sans doute important de la cité romaine, pouvait s'adresser à l'empereur lui-même.

9. Actes, XVIII, 2.

10. L'origine de cette « ânerie » malveillante semble remonter à un auteur obscur, Posidonius ou Apollonius Molon, selon laquelle les juifs gardaient au Temple une tête d'âne en or. Apion l'a reprise et les antisémites du temps l'ont répandue.

5.

Les massacres de 66, 70, 115 et 132

LA GUERRE DES DEUX NATIONS — LE PARADOXE DE TIBÈRE ALEXANDRE, FONCTIONNAIRE JUIF « ANTISÉMITE » — CINQUANTE MILLE JUIFS MASSACRÉS À ALEXANDRIE EN 66 — LA CLÉ DU DÉSASTRE JUIF DANS L'ÈRE PRÉ-CHRÉTIENNE : LA DESTRUCTION DE JÉRUSALEM — L'HORREUR APOCALYPTIQUE DU SIÈGE : LES ZÉLOTES JUIFS TUENT DES JUIFS — LES FLAQUES DE SANG DANS LES COURS SACRÉES — 117 : NAISSANCE DU PREMIER GHETTO — LES CINQ CENT QUATRE-VINGT MILLE MORTS DE L'AN 132 — LA VILLE SAINTE DEVIENT LA ROMAINE AELIA CAPITOLINA : LES JUIFS Y SONT INTERDITS DE SÉJOUR

Le pli était pris : en un peu plus d'un demi-siècle, trois conflits sanglants devaient opposer les juifs aux Romains : en 66 sous Néron, en 115 sous Trajan et en 132 sous Hadrien. Toutefois, ce n'était plus un affrontement primaire et local entre deux communautés culturelles, les Hellènes d'Alexandrie et les juifs venus d'un monde très ancien : les esprits avaient changé, mais pour le pire.

Le conflit de 66 éclata à Alexandrie, une fois de plus, dans un contexte particulier : la Judée s'était soulevée contre les Romains et ce soulèvement général tournait à la confusion. On y vit même un familier du roi Agrippa, Noarus, un juif, faire massacrer nuitamment des insurgés juifs[1]. L'ampleur des troubles alarma aussi bien les juifs de la Méditerranée orientale que les Romains : quelques semaines auparavant, en effet, les habitants de Césarée avaient égorgé vingt mille juifs « en une heure », selon Flavius Josèphe, guère gêné par les exagérations. Quant aux Romains, ils se heurtaient à si forte partie qu'ils avaient été contraints de capituler dans certains cas, comme lorsqu'ils avaient évacué la citadelle de Machéronte, et leurs pertes étaient lourdes.

Les Alexandrins, Grecs et Macédoniens, et sans doute aussi les Égyptiens, éternels oubliés des chroniqueurs grecs et romains du temps, se réunirent à l'amphithéâtre, pour discuter d'une ambassade qu'ils projetaient d'envoyer à Néron. Les juifs s'inquiétèrent : l'objet de cette ambassade ne serait-il pas de prendre des mesures contre eux, eu égard au soulèvement de Judée ? Ils déboulèrent donc en force dans l'amphithéâtre, et les Alexandrins poussèrent des clameurs, traitant les trublions d'ennemis et d'espions. Ils se jetèrent sur les juifs pour les empoigner, mais ceux-ci détalèrent. Trois furent pris, néanmoins, qu'on alla sur-le-champ brûler vifs, selon les mœurs apprises en 38.

Les juifs, cette fois, se rebiffèrent. Ils revinrent vers l'amphithéâtre munis de torches et menacèrent de brûler le bâtiment et ses occupants. Ils l'auraient sans doute fait si le préfet n'avait réagi. Ce préfet était Tibère Alexandre, fils de l'alabarque Alexandre et neveu de Philon, et il était évidemment juif. Il se fit accompagner de notables et alla inviter les juifs à renoncer à leur entreprise, afin de ne pas provoquer l'intervention de l'armée romaine. Les émeutiers l'insultèrent grossièrement.

Force était de sévir : le préfet lâcha sur ses coreligionaires les deux légions romaines cantonnées dans la ville et renforcées de deux mille soldats qui se trouvaient là par hasard. Assez singulièrement, ce juif, partagé entre l'ordre et la solidarité religieuse, choisit l'ordre : il commanda aux troupes, rapporte Flavius Josèphe (qui se trouvait dans la même situation, juif au service des Romains), non seulement de tuer les juifs, « mais de piller leurs biens et de réduire leurs maisons en cendres. Les soldats s'élancèrent sur ce qu'on appelle le [quartier] Delta, où se serraient les habitations des juifs, et exécutèrent les ordres, non sans effusion de sang de leur côté ». Les Romains se livrèrent alors à un massacre encore pire que celui des Grecs et Égyptiens en août 38 : « Ils n'avaient ni pitié pour l'enfance, ni respect pour les vieillards, mais ils tuaient tout sur leur passage, au point que tout le quartier était lavé par des flots de sang : cinquante mille cadavres étaient amoncelés et les survivants n'auraient pas été épargnés si les survivants n'étaient passés aux supplications », rapporte encore Josèphe.

Cinquante mille morts, soit entre le quart et le cinquième de la population juive d'Alexandrie. Quelques auteurs ont soupçonné Flavius Josèphe d'exagération une fois de plus, mais le décompte n'était pas à l'époque aussi aisé que de nos jours, puisque la ville ne tenait pas de registres civils. Il y eut, en tout cas, plusieurs dizaines de milliers de morts ; le décompte importe à la fin aussi peu que celui des camps de la mort. Ce sont l'étendue et la monstruosité du dessein qui nous glacent. Pareil pogrom était inconnu dans l'histoire de Rome même : le massacre d'août 38 était d'abord le fait des populations grecques, soutenues par un préfet fou d'angoisse et désavoué par la suite, et si les troupes romaines avaient commis des exactions terribles au cours de leurs guerres, c'était dans un contexte militaire. Là, ce n'était pas le cas et la riposte était disproportionnée à la provocation. Tibère Alexandre eût pu contenir la troupe, non seulement en tant que juif, mais également en tant que responsable de la population d'Alexandrie, sans parler du fait qu'il était le neveu de Philon, l'homme qui avait été plaider la cause des juifs à Rome. On en serait resté à quelques dizaines de victimes. C'est ce qui rend le cas de ce juif particulièrement exemplaire, bien que très largement méconnu. Il est l'illustration la plus éclatante de la cassure entre l'élite et la masse du peuple juif évoquée plus haut.

Tibère Alexandre a-t-il, dans son déchaînement de fureur, fait table rase de sa judaïté ? A-t-il adopté le point de vue de Rome et ordonné le massacre d'« étrangers » séditieux, devenant ainsi le premier juif à avoir ordonné un massacre de juifs, et de quelle ampleur ! Avec quelle haine ! À première vue, il semblerait qu'à lui seul, il ait scellé dans le sang l'échec philosophique de son oncle Philon, qui avait essayé de marier le judaïsme et la culture grecque : la tolérance se révélait donc impossible entre la romanité et le judaïsme. Tibère Alexandre aurait ainsi adopté l'opinion des Romains selon laquelle le crime des juifs était inqualifiable : ils croyaient dans un Dieu non représentable et unique qui leur rendait odieuses toutes les autres religions et les nations qui les pratiquaient. S'il en était ainsi, ce fonctionnaire n'aurait pas compris que sa trahison le vouait à l'absurdité : en effet, s'il ne concédait pas aux juifs le droit de se défendre parce qu'ils croyaient en un Dieu différent, il ne pouvait non plus revendiquer les dieux romains, parce que toute divinité mérite respect. L'Ordre, ce pilier de la *Pax Romana*, se serait donc emparé de lui. Et l'on serait enclin à comparer Tibère Alexandre aux plus sinistres personnages de l'histoire du XXe siècle.

La vérité est totalement différente : en tant que personnage politique de première grandeur dans le monde juif et romain, le préfet d'Égypte est informé de la rébellion juive qui vient d'éclater en Palestine. Il sait qu'elle est menée, non par des juifs « ordinaires », mais par ceux que son contemporain Flavius Josèphe appelle des « brigands », des bandes de Zélotes qui ont décidé d'en finir avec l'humiliation de l'occupation romaine et les menaces constantes de voir, par exemple, des statues d'empereurs ou de dieux nus érigés dans le Temple ou dans les synagogues. Le comportement de ces « brigands » est comparable à celui des Macchabées, dont la révolte avait quand même réussi à secouer le joug des rois séleucides et à donner à la Judée et à Israël plusieurs décennies d'indépendance et de dignité, du moins apparente, sous la royauté des Hasmonéens. Mais pour les juifs romanisés, ce sont des fauteurs de troubles, des terroristes.

Pour comprendre l'évolution de l'antisémitisme à partir du Ier siècle, il est utile de réexaminer ici les courants du judaïsme et la brisure qu'ils ont opérée dans le peuple juif, car cette brisure commandera son destin pour les siècles suivants. Il faut examiner ces juifs que d'autres juifs tiennent pour des ennemis.

Que sont les Zélotes ? Un rameau issu du tronc de la dissidence qui jaillit au IIe siècle avant notre ère avec les Pharisiens. Ceux-ci défendent la Loi mosaïque contre les souverains séleucides, puis contre les souverains hasmonéens, quasiment paganisés. Les « Esséniens », apparus presque en même temps, sont le premier rameau issu de ce tronc et les Zélotes, apparus, eux, au Ier siècle, en représentent le dernier surgeon. On a pris conscience de leur existence en Galilée vers l'an 6 ou 7, lors de la première révolte de Judas le Gaulanite contre les Romains. Ils sont carrément constitués en bandes armées, et ils n'en démordront pas jusqu'à la destruction de Jérusalem en l'an 70, après quoi l'on n'entendra plus parler d'eux que de manière épisodique. L'apparentement des Zélotes aux Pharisiens est prouvé par un fait sans ambiguïté : les partisans de Judas le Gaulanite adhéraient à la théologie pharisienne, que leur chef réforma pour en tirer une théologie personnelle, dite « Quatrième philosophie ».

On ne peut pas réduire les Zélotes à la seule dimension politique : ce ne sont pas seulement des résistants terroristes, ils sont également animés par un messianisme apocalyptique qui tient en peu de mots : ce monde est pourri, bientôt le Seigneur enverra un messie pour le détruire et restaurer la splendeur d'Israël et il en sera le roi. Pharisiens, « Esséniens » et Zélotes sont les héritiers directs de la philosophie de Moïse, pour qui Dieu n'est pas une entité indifférente, mais intervient directement dans le monde. La Révélation dans le Buisson ardent et l'apparition sur la montagne lors de laquelle Dieu confie les Tables de la Loi à l'homme qui a fait sortir Son peuple d'Égypte sont les preuves de l'interventionnisme divin. C'est ce qui les différencie foncièrement des Sadducéens, qui ne croient pas à l'intervention de Dieu, ni à la Providence, pas plus qu'à l'âme, aux anges et à la résurrection des morts. Alors que l'attitude des Zélotes, les plus radicaux parmi les résistants, pourrait se résumer ainsi : « C'est à nous qu'il revient de prendre notre sort en main et de provoquer l'intervention du Tout-Puissant. »

On a souvent accusé les Pharisiens d'indifférence à l'égard de la spiritualité, aussi bien que de la conduite des affaires de leur peuple. Accusation infondée : n'ayant pas le pouvoir, ils ne veulent pas se salir les mains en participant au gouvernement des Sadducéens. Mais sans doute, à l'époque de Jésus, se sont-ils laissé gagner par l'attentisme, d'où les invectives que ce dernier leur adresse quand il les accuse d'être « tels des sépulcres blanchis » dont l'intérieur est pourri, et quand il s'écrie : « Méfiez-vous du levain des Pharisiens et des Sadducéens », c'est-à-dire de leur enseignement. Ces invectives en disent au moins autant sur l'attitude de Jésus que sur ceux qu'il accuse. Elles reflètent l'opinion des Zélotes, pour qui les Pharisiens n'en font pas assez et les laissent persécuter. Elle font aussi écho à celle des « Esséniens », qui refusent tout contact avec le clergé de Jérusalem.

Le messianisme des Zélotes est le même que celui des « Esséniens », et la classe sacerdotale de Jérusalem — celle des Sadducéens, donc — tient les uns et les autres dans une aversion à peu près égale à celle qu'« Esséniens » et Zélotes nourrissent à son égard. Cette espérance messianique paraît néfaste au clergé : l'avènement d'un messie, c'est-à-dire spécifiquement d'un homme qui aura reçu la double onction de roi et de grand prêtre, ne peut que causer des effusions de sang, parce que ce roi et grand prêtre sera évidemment hostile à Rome et déclenchera une guerre de libération. C'est exactement ce qu'attendent les disciples de Jésus : « Nous espérions qu'il serait l'homme qui libérerait Israël », expliquent-ils à l'inconnu qu'ils rencontrent sur la route d'Emmaüs et qui se révélera plus tard être Jésus lui-même [3]. Leur espérance est donc à la fois religieuse et nationaliste. L'apocalypse est indissociable du messie et de la libération d'Israël, et ceux qui attendent un messie se préparent à détruire le monde. On ne peut d'ailleurs pas comprendre l'histoire de Jésus sans cette référence-là : « Tout homme qui se prétend roi défie César », crient ceux des juifs qui demandent la crucifixion de Jésus.

Telle est la raison pour laquelle, en 30 ou 33, lorsque le bruit court que Jésus, dont on sait les liens avec les « Esséniens », est annoncé comme le Messie, le clergé de Jérusalem se hérisse et le condamne à mort, puis, ce qui en dit long, le fait crucifier entre deux « brigands », qui sont en fait des Zélotes. « Il est plus dans votre intérêt qu'un homme meure pour le peuple plutôt que le peuple soit anéanti », déclare Caïphe aux juifs [4]. On ne saurait être plus clair.

Pour un Tibère Alexandre, comme pour Flavius Josèphe, les Sadducéens et autres grands bourgeois juifs, les « brigands » zélotes sont des bandes de voyous ennemis des juifs. Le Conseil des Anciens et la haute bourgeoisie juive d'Alexandrie sont exactement du même avis que lui : la preuve en est que, lorsqu'en 73, trois ans après la chute apocalyptique de Jérusalem, des sicaires juifs rescapés de Palestine arrivent en Égypte et tentent d'y fomenter des troubles, ce sont les juifs mêmes de la haute bourgeoisie qui, sur les instances du Conseil, en arrêtent six cents, pourchassent les autres jusqu'en Haute-Égypte, et les livrent aux Romains, lesquels les torturent et les mettent à mort. Il est vrai que certains de ces sicaires avaient assassiné ceux des juifs qui essayaient de leur faire entendre raison [5]. Mais la même haute bourgeoisie ne bronche pas quand le préfet Lupus fait fermer le temple juif d'Onias : c'est un repaire d'insurgés.

Pour Rome, il existe une seule « nation juive », mais pour les classes juives dirigeantes dans l'ensemble du monde romain, cette nation est partagée entre ceux qui se soucient d'abord de survivre, c'est-à-dire d'une part cette classe de lettrés, de philosophes et d'intellectuels, et d'autre part une plèbe ignorante et primaire, agitée par des agents de sédition, Zélotes et « Esséniens », et qui se prête à des actions subversives et suicidaires, dangereuses pour la totalité du peuple. À Jérusalem comme à Alexandrie et sans doute dans les autres colonies juives de l'empire, un consensus règne sur le fait que le judaïsme ne consiste pas à prendre les armes contre les Romains, et ce consensus est le fait d'une classe aisée, hellénisée comme l'étaient les juifs de Palestine à l'arrivée des Séleucides. Ces juifs sont en quelque sorte « laïcisés » et ils ont rejeté toute ambition politique et nationaliste juive [6].

Cela n'aurait donc aucun sens que d'accuser d'antisémitisme les juifs qui s'efforcent de réprimer les flambées révolutionnaires et nationalistes : Tibère Alexandre et les autres grands bourgeois et lettrés juifs qui exècrent les « brigands » restent fondamentalement juifs. Seulement, ce sont des juifs qui sont entrés dans l'histoire, dans ce qu'à partir du XIXe siècle on a appelé la *Realpolitik*. Ils n'ont qu'aversion et mépris pour les Zélotes et Esséniens « a-historiques », qui ne se rendent pas et ne veulent pas se rendre compte que l'on n'est plus au temps de Moïse, de David, ni même des Macchabées : la religion ne peut plus être assimilée au politique. La suite des événements leur donnera d'ailleurs raison à long et à court terme. À long terme, le judaïsme ne survivra aux persécutions des siècles ultérieurs que par un renoncement au nationalisme. À court terme, les Zélotes vont justifier l'aversion que leur portent les juifs hellénisés en perpétrant le plus effroyable crime de l'histoire des juifs : la destruction de Jérusalem.

À première vue, ce désastre n'entrerait pas dans le cadre de l'antisémitisme. En fait, il y participe étroitement, parce que cette folie projeta sur le monde l'image d'une folie meurtrière et destructrice spécifiquement juive, sans précédent. Sans doute n'était-elle le fait que de quelques bandes saisies par un fanatisme apocalyptique et suicidaire, mais peu de gens étaient à l'époque en mesure de distinguer entre les Zélotes et le reste des juifs ; l'amalgame fut donc fait.

Le seul récit qu'on en connaisse est celui de Flavius Josèphe [7] ; il est long et très circonstancié et l'on peut le résumer ainsi. Pourchassés par les Romains, les Zélotes se réfugient à Jérusalem, alors ville ouverte pour tous les juifs et sans garnison. Ils mentent sur l'issue des combats auxquels ils ont participé, exaltent leur héroïsme et parviennent à convaincre les plus jeunes de se rallier à eux. En 68, Vespasien assiège la ville avec soixante-dix mille fantassins et dix mille cavaliers. Bande après bande de Zélotes, « car c'était le nom que s'étaient donné ces coquins », gagnent la ville ; celle-ci résiste à l'assaut des Romains, mais les vivres viennent à manquer. Les « brigands », dit Josèphe, commencent à recourir au pillage et au meurtre, « non pas de nuit, en cachette et sur les premiers venus, mais en plein jour et en commençant par les plus éminentes personnalités ». Ils les arrêtent et les jettent en prison, puis les y égorgent. La terreur règne. Le clergé se révolte : les Zélotes décident alors de désigner par tirage au sort ceux des prêtres qui seront exécutés. Ils entrent au Temple les pieds souillés de sang. Les Zélotes n'ont cure de la sainteté de ce lieu que les « Esséniens » exécraient d'ailleurs et dont Jésus avait dit qu'il pourrait le détruire et le rebâtir en trois jours : « Le temple est devenu pour eux une base d'opérations, un refuge et un dépôt d'armements contre nous [les juifs non-Zélotes] », précise Josèphe.

Le grand prêtre Ananias exhorte le peuple à se rebeller contre les Zélotes, qui exercent cependant le rôle de défenseurs de la ville. Ses propos sont même provocateurs : « Votre passion est pour l'esclavage, pour les despotes, comme si nous avions reçu de nos ancêtres une tradition d'asservissement. » Mais les Zélotes seront « difficiles à abattre, vu leur nombre, leur jeunesse et leur intrépidité ». Ananias est égorgé, la ville est couverte de « cadavres jetés nus en pâture aux chiens et aux bêtes sauvages ». Jérusalem est livrée à la tyrannie sanguinaire de Jean bar Gischala, à la tête de six mille hommes, à qui Simon bar Gioras, qui dispose de dix mille hommes, vient disputer le pouvoir. Bientôt, Eléazar bar Simon vient leur arracher sa part de pouvoir avec deux mille quatre cents hommes.

Jérusalem est à la merci de ces trois factions. Les Zélotes de Simon et d'Éléazar, embusqués dans le Temple, qui est devenu une place forte, tirent sur les Zélotes de Jean ; les Zélotes s'entre-tuent de toutes parts. Le peuple en est arrivé à prier pour l'arrivée des Romains, dit Josèphe. À court de vivres, ces trois bandes pillent à qui mieux mieux. « Les cadavres des étrangers pêle-mêle avec ceux des juifs, ceux des laïcs avec ceux des prêtres, étaient comme pétris en un seul bloc et le sang de ces morts de toutes provenances se réunissait en flaques dans les cours sacrées. »

La description par Josèphe du siège de Jérusalem est saisissante d'horreur prémonitoire : « Les séditieux se battaient en marchant sur les cadavres entassés les uns sur les autres et, comme ils respiraient le déscspoir des morts étendus sous leurs pieds, leur fureur n'en devenait que plus sauvage... » Fous de faim, les Zélotes en viendront à transpercer les anus des juifs avec des piques et à les éventrer pour savoir s'ils avaient mangé récemment. Ils précipitent les nouveau-nés au sol, égorgent tout être humain qui n'est pas des leurs. « Pour ce qui était d'enterrer les membres de leur famille, les malades n'en avaient pas la force, et les gens encore bien portants remettaient sans cesse à cause de la multitude des morts sur ceux qu'ils étaient en train d'enterrer et beaucoup allaient à leur tombeau avant que la mort vînt les prendre. » On soupçonne des gens de cacher de l'or dans leurs entrailles et en une nuit, les Zélotes en éventrent deux mille... « Certains en étaient arrivés à une telle extrémité qu'ils fouillaient dans les égouts et les vieilles bouses de vache, et mangeaient les détritus qu'ils en retiraient... »

C'était bien ce que Jésus avait annoncé dans sa prescience : « En vérité je vous le dis, cette génération ne passera pas que ces choses-là se produiront. » Il avait mesuré la violence des Zélotes et ses conséquences apocalyptiques.

L'un des sommets absolus de l'horreur dans l'histoire du monde, pourtant fertile en horreurs, est atteint : les Zélotes juifs massacrent les juifs de Jérusalem avec une férocité qui dépasse l'entendement. Le récit de Josèphe est celui d'une Shoah d'avant la Shoah, mais d'autant plus épouvantable qu'elle est perpétrée par des juifs contre d'autres juifs.

Enfin, Titus donne l'assaut par l'ouest, s'empare de la troisième muraille des remparts, inachevée [8], puis de la deuxième, de la tour Antonia, qui domine le parvis du Temple, puis du Temple même et enfin de la ville haute. Pendant ce temps, les Zélotes, sentant leur défaite proche, redoublent de cruauté. Simon condamne à mort le prêtre Matthias et ses trois fils, et Matthias ayant demandé qu'on l'exécutât avant ses fils, Simon fait égorger ses fils devant lui avant de le mettre à mort. À la fin, les Romains s'emparent de la ville, où les Zélotes, retranchés dans le Temple tiennent encore bon. Les meurtres ne s'arrêtent pas : « Des civils sans force et sans armes, représentant une grande partie de la population, étaient égorgés là où chacun se faisait prendre : une foule de cadavres s'amoncelait près de l'autel ; le long des marches du Sanctuaire ruisselait le sang et roulaient les corps des victimes. » Le Temple et le Sanctuaire sont successivement incendiés contre la volonté de Titus, qui tente de sauver cet édifice magnifique, aux portes d'or et d'argent. Selon Josèphe, 115 880 cadavres seront évacués par la seule porte de Jérusalem dont Titus avait la garde ; ils avaient été dépêchés à la mort du 1er mai au 20 juillet de l'an 70.

Josèphe avance aussi qu'à la fin du siège les Romains comptèrent quatre-vingt dix-sept mille prisonniers et que le nombre des personnes qui avaient péri pendant le siège était d'un million cent mille ; chiffres évidemment excessifs ou mal transcrits par des copistes ultérieurs, guère innocents dans cette exagération : ce serait la moitié de la population de la Judée tout entière qui aurait péri. En temps normal, la population de Jérusalem n'excédait pas de beaucoup vingt mille habitants à l'époque de Jésus [9], peut-être trente mille une trentaine d'années plus tard. Même en faisant le compte des bandes de Zélotes qui s'y étaient installées lors du siège, on atteint difficilement quarante ou cinquante mille âmes. De plus, tout le monde n'est pas mort lors du siège et le nombre des morts devait difficilement excéder vingt ou vingt-cinq mille, ce qui est déjà énorme. C'est sur ce point, d'ailleurs, que la crédibilité de Josèphe achoppe. Ce patricien juif, romanisé au point de servir dans l'armée romaine, exècre les Zélotes, qu'il traite de « coquins ». Leur a-t-il fait endosser la totalité des morts du siège de Jérusalem ? Aurait-il enflé une guerilla de rivalités entre factions aux dimensions d'une guerre civile ? Cela n'est pas impossible. Il est évident que Josèphe a écrit *La Guerre des Juifs* à l'intention des Romains, sans se douter que, plusieurs siècles plus tard, d'autres lecteurs lui demanderaient des comptes.

Toutefois, l'horreur de l'incendie de Jérusalem ne se mesure pas au nombre de morts, mais à l'horreur et à ses conséquences : non seulement Jérusalem est défigurée, mais le judaïsme a subi des pertes incalculables. Un Pharisien, le rabbin Yohanan ben Zakkaï, obtint de Titus, en plein siège de Jérusalem, l'autorisation d'emporter les rouleaux de la Torah qui avaient échappé au saccage et partit ouvrir une école sur la côte, à Jamnia.

Les juifs des autres colonies n'auraient pas protesté, avancent certains auteurs, contre la destruction de la Ville sainte. Voire ! Deux conséquences considérables en découlaient pour eux. La première est qu'ils ne pouvaient plus envoyer de contributions au Temple, puisqu'il n'existait plus ; cet argent sera désormais versé au Trésor romain [10]. La seconde est que le rite du pèlerinage annuel à la Pâque était annulé *ipso facto*. La judaïté avait perdu ses institutions sacerdotales, sa capitale, son centre de gravité. Le peuple avait perdu son unité. L'image du judaïsme était brisée.

Deux ans plus tard, en 72, la résistance juive va écrire dans le sang, à Massada, un des chapitres qui ont le plus marqué l'histoire des juifs. Les Zélotes réfugiés avec leurs femmes et leurs enfants — neuf cent soixante en tout, dans cette forteresse édifiée par Hérode le Grand — subissent un siège des Romains. Se sachant perdus, ils s'entr'égorgent. Quand l'armée romaine pénètre dans la citadelle, elle est saisie de stupéfaction devant ce suicide collectif, auquel ont échappé deux femmes, les deux seuls témoins.

Le même jour et à la même heure, dit Josèphe, où Jérusalem était encore en proie aux combats (les Zélotes d'Éléazar avaient massacré la garnison du Romain Métilius, qu'elle avait attirée dans un guet-apens), les habitants de Césarée se jetèrent sur les juifs pour les massacrer. Ce qui entraîna une nouvelle révolte des juifs qui s'organisèrent en bandes et dévastèrent les villes de la Décapole, Philadelphie, Hesbon, Pella, Scythopolis et de nombreuses autres villes et bourgs des Tyriens et des Syriens (ils rasèrent Anthédon et Gaza), provoquant une réaction tout aussi sanglante des Syriens : « C'est ainsi que les habitants de Damas, sans même pouvoir forger un prétexte plausible, remplirent leur cité du massacre le plus déshonorant, en égorgeant dix-huit mille juifs avec leurs femmes et leurs familles [11]. »

Effrayante époque, où tout semble basculer : en effet, l'apocalypse fond sur les Romains aussi bien. Néron s'était suicidé en 69, puis la fiction impériale, fondée sur le culte de la force et la ruse, s'effondre dans un fracas de guerre civile : l'empereur Galba est assassiné en plein milieu du Forum, Othon, qui lui avait succédé sur le trône, fait la guerre au prétendant Vitellius, choisi par les légions de Germanie. Une guerre civile s'engage, entraînant un immense carnage. Vitellius sera bientôt égorgé au sortir d'un festin, en plein centre de Rome, après un règne de huit mois et vingt jours... Cinquante mille cadavres l'escortent aux Enfers.

Dans ce contexte, seul règne le glaive. Les Romains n'éprouvent plus guère de scrupules à « pacifier » la Palestine de la manière qu'on sait, brûlant sur leur passage des villes entières — Chabulon, Césarée, Joppé — et tuant des juifs par milliers. Ceux-ci ne semblent guère s'aviser que le paysage politique et spirituel a changé. Une grande partie de ceux de la Méditerranée orientale se laisse gagner par l'esprit apocalyptique et autodestructeur des Zélotes, tandis que les juifs riches gardent un profil bas, essayant de contenir un incendie dans lequel ils risqueraient de tout perdre.

En l'an 115, dix-huitième année du règne de l'empereur Trajan, rapporte Eusèbe de Césarée [12], une flambée de révolte agita, en effet, les juifs de la Méditerranée orientale et du Moyen-Orient, de Cyrène, de Chypre et, dans une moindre mesure, de Palestine et de Mésopotamie, mais aussi d'Égypte. Il est possible que les Parthes, que les Romains ne parvenaient pas à asservir, aient joué un rôle dans cette agitation, se servant des juifs comme de brandons humains pour allumer des incendies révolutionnaires çà et là, et il est certain que les Parthes flattaient aussi les aspirations nationalistes des juifs : c'est ainsi qu'ils nommèrent un ethnarque d'Orient indépendant, aux pouvoirs plus étendus que son homologue romain, sans doute pour faire pièce à celui-ci.

Lassés d'être massacrés au gré des humeurs de leurs ennemis et risquant cette fois le tout pour le tout, les juifs prirent l'initiative d'une offensive contre leurs oppresseurs : en Égypte, les Grecs et Macédoniens, ailleurs les Romains eux-mêmes. En Égypte, la révolte dura trois ans, de 115 à 117, et les Romains durent faire appel à des troupes de garnisons étrangères et à un chef spécialement nommé pour la circonstance, Marcius Turbo, pour la réprimer. On compta partout des milliers de morts, surtout chez les insurgés évidemment. Le saccage des colonies et des biens juifs fut immense. À Alexandrie, la plus grande partie des biens juifs fut confisquée, la grande synagogue fut détruite et, pour la première fois dans l'histoire, les juifs furent consignés par le préfet Quintus Rammius Marsalis dans un véritable ghetto dont ils ne devaient sortir que dans des circonstances déterminées. Après les pogroms, le ghetto.

Il faut dire que la fureur avait poussé les juifs à détruire de nombreux monuments de la ville, dont le Nemeseum, temple de la déesse grecque Nemesis, protectrice des armées et des races, déesse de la vengeance aussi — un choix symbolique et peut-être funeste. Alexandrie avait été gravement endommagée par les juifs et il revint à Hadrien de la rebâtir. Ce fut pourtant dans cette ville qu'ils subirent le moins de sévices, la révolte y ayant été plus rapidement contenue que dans le reste du pays, ce qui freina le déchaînement des passions de part et d'autre.

Vers 120, sous le règne d'Hadrien, il semble qu'un conflit ait éclaté entre les juifs et les Hellènes, et sans doute aussi les Égyptiens, à propos de l'établissement des juifs dans la ville et d'une histoire d'esclaves échappés [13]. Mais cette flambée ne semble pas avoir revêtu l'ampleur des deux précédentes et il est probable que bien d'autres escarmouches non enregistrées par les chroniqueurs aient eu lieu à Alexandrie et dans les autres colonies juives de la Méditerranée.

L'insurrection de Simon Bar Kochba en 132 est la dernière grande manifestation de la rébellion juive sous l'empire. Bar Kochba, « le Fils de l'Étoile », se présente comme le Messie et il est reconnu comme tel par le plus grand rabbin de son temps, Akiva ben Joseph. Les pertes en vies humaines et en biens matériels au terme de trois ans d'une véritable guerre sont inouïes : cinq cent quatre-vingt mille juifs morts au combat, d'innombrables autres morts de faim ou brûlés vifs, neuf cent quatre-vingt-cinq villes et villages détruits, selon Dion Cassius [14].

Jérusalem est rasée et Hadrien fait construire dessus une cité romaine, Aelia Capitolina, où sont érigés des temples de Bacchus, de Vénus, de Sérapis. Le temple de Jupiter Capitolin s'élève sur l'emplacement du Temple. Jérusalem a perdu son nom. Un théâtre, des bains publics, divers bâtiments tels que le Tetranymphon, le Dodécapylon, les Quadra sont édifiés alentour. Ultime manifestation de l'antisémitisme impérial, les juifs (mais non les chrétiens d'origine non juive) sont interdits de séjour [15] et l'interdiction de la circoncision est renouvelée, afin d'éliminer le judaïsme.

C'est l'humiliation qui clôt l'histoire des juifs sous l'Empire romain. Ils sont tolérés, mais désormais comme individus de seconde classe. « Esséniens » et Zélotes ont disparu. Pour les juifs mêmes, le pire était advenu cinquante ans auparavant avec l'atroce destruction de la Ville sainte par les mains de juifs à l'intérieur autant que par le glaive des Romains à l'extérieur. Quant au nationalisme juif, il allait s'éteindre pour vingt siècles. Le judaïsme allait changer de nature : il allait se dépolitiser.

Si odieux qu'aient pu être certains épisodes de ce chapitre, il convient de relever que les Romains n'ont jamais envisagé l'élimination des juifs, comme ce fut le cas au cours des siècles ultérieurs. Ils ne les ont pas non plus obligés à répudier leur foi, et les exactions qu'ils ont commises à leur égard spécifiquement au nom de l'empire sont limitées : les massacres d'Alexandrie en 38 et 66 sont le fait de populations autochtones, et l'on n'en connaît pas d'équivalent à Rome ou à Corinthe, par exemple. De plus, ces exactions ont toujours un motif politique, qui est le maintien de la *Pax Romana*. Il n'existe pas de racisme romain, et encore moins de xénophobie religieuse : les Romains accueillent toutes les divinités et les cultes étrangers, pourvu qu'ils ne troublent pas l'ordre public. Au IIIe siècle avant notre ère, Varron dénombre trente mille dieux et, sous l'empire, les cultes étrangers d'Isis, d'Attis, de Cybèle et de Mithra sont florissants. Renan écrira même que le christianisme manqua de peu d'être supplanté par le culte de Mithra. Mais ces cultes ne menacent pas vraiment la république ni l'empire, qui sont encore assez forts à l'époque pour les absorber. Le judaïsme n'a été dangereux et réprimé que parce qu'il portait les ambitions politiques d'un peuple.

Deux grandes leçons se dégagent des chapitres qu'on vient de lire. Le premier est que les juifs sont entrés dans le monde impérial romain de la manière la plus préjudiciable à leur avenir : ils s'y sont, eux et eux seuls, attiré à quatre reprises des persécutions effroyables, non en temps de guerre, mais de paix : 38, 66, 115 et 132. Ils se sont également distingués par deux guerres civiles effroyables, celle déclenchée par Alexandre IV Jannée en 76 avant notre ère, qui fit une cinquantaine de milliers de morts, et celle du siège de Jérusalem, qui aboutit à l'impensable : la destruction de la ville de David et des morts incalculables. Leur image dans le monde méditerranéen en est irrémédiablement altérée.

La seconde est que, certes violente et souvent haineuse, la persécution des juifs sous l'empire a été essentiellement culturelle et politique. Elle ne correspond pas à la notion contemporaine de l'antisémitisme. Il en ira autrement par la suite.

Bibliographie et notes critiques

1. La seule source disponible sur le soulèvement de 66 est Flavius Josèphe (*La Guerre des Juifs*, II, 18, 6-11, trad. Pierre Savinel, Éditions de Minuit, 1977). Reste à établir dans quelle mesure la « lutte des classes » avant la lettre ne prépara pas le succès des prédications de Paul.

2. Luc XXIV, 21.

3. Jean XIX, 12.

4. Jean XI, 50.

5. *La Guerre des Juifs, op. cit.*, VII, 8, 1-4.

6. Josèphe fait d'ailleurs allusion par deux fois à la répugnance que manifestaient les juifs hellénisés à prendre le parti des Zélotes dans la guerre que ceux-ci menaient contre les Romains, par exemple quand ils refusèrent de se joindre à ces derniers à Scythopolis : « ... Que dire des juifs de Scythopolis ? Ceux-là ont osé nous faire la guerre pour le compte des Grecs, mais ont refusé de nous aider, nous, leurs frères de race, à repousser les Romains. » (*La Guerre des Juifs*, VII, 8, 364). En réalité, les juifs de Scythopolis avaient refusé de se joindre à une expédition punitive des Zélotes contre les Romains (id. II, 18, 1) et les avaient repoussés. Mal leur en prit, d'ailleurs, car ils furent à leur tour massacrés par les Hellènes.

7. Le cas de cet historien est exceptionnel. Josèphe, auteur de deux livres de référence, les *Antiquités judaïques* et *La Guerre des juifs*, est l'un des rares auteurs antiques auxquels on puisse accoler le titre d'historien, en raison de la précision et de l'abondance de ses informations. Juif (Joseph ben Matthias), appartenant par son père à une famille sacerdotale et descendant par sa mère des rois hasmonéens, il est enrôlé par les Romains qui savent reconnaître en lui un personnage d'élite : pendant l'insurrection de Judée, il est nommé commandant en chef des troupes romaines sur la face nord de Jérusalem. C'est alors qu'il prend le nom par lequel il est passé à la postérité. Josèphe est donc mi-chèvre romaine, mi-chou juif et c'est la raison pour laquelle de nombreux historiens restent réservés sur son témoignage, certains allant même jusqu'à le réfuter entièrement (*thoroughly unreliable*, « totalement non fiable », va jusqu'à écrire Paul Johnson dans *A History of the Jews*, ce qui est pour le moins excessif).
Josèphe apparaît plutôt comme un patricien cultivé, déterminé à dissocier le nationalisme juif de la religion juive. Comme Philon, et comme le neveu de ce dernier, le préfet Tibère Alexandre, il appartient à une classe sociale aristocratique et hellénisée, qui considère que la religion n'implique pas le politique, ni l'inverse ; c'est le contraire d'un écrivain « engagé ». Quand il raconte longuement l'intervention de Tibère Alexandre en Égypte, et le massacre des juifs insurgés contre Rome, il présente au fond un reflet de sa propre expérience : il a, lui, exhorté les juifs assiégés dans Jérusalem à se rendre, tout en essayant d'éviter les flèches qu'ils lui décochaient. La mort est pour lui la

défaite terminale et il a payé pour le savoir : il a été de l'autre côté de la barrière, celui des juifs persécutés, quand à Jotapata, en 67, il s'est trouvé assiégé pendant quarante-sept jours par cette même armée romaine dont il ne faisait pas encore partie. Il a voulu fuir ; on l'en a empêché. Les assiégés ont recouru au suicide réciproque par tirage au sort, comme ils allaient le faire à Massada en 72 ; celui qui avait le numéro le plus faible tombait sous les coups de celui qui avait le numéro suivant. Son destin, aidé par son intelligence, l'épargna : il se trouva être l'un des deux derniers, avec un numéro d'exécuteur ; il persuada alors celui qu'il devait tuer de rester en vie et les deux hommes survécurent au pacte infernal qui avait tué « quarante personnes distinguées ».

Pour lui, les habitants de Jérusalem sont donc victimes et prisonniers d'une bande de voyous qui les mènent à leur perte. Car il connaît bien l'état d'esprit de ces derniers et même un peu celui des « Esséniens », pour lesquels il ne manifeste malheureusement pas grand intérêt, ce qui nous eût valu des témoignages de première main autant que de premier ordre. Son aversion pour ces Zélotes, obsédés par l'idée d'une catastrophe finale, n'est pas dissimulée un seul instant : ces illuminés sanguinaires sont ennemis de la nation juive, car ils l'opposent à Rome, ce qui ne sert qu'à provoquer des effusions de sang. Sa bonne foi me paraît entière sinon son objectivité.

Sans doute Josèphe a-t-il donné des coups de pouce à la vérité historique. Il a ainsi noirci à l'excès les Zélotes, sans s'interroger sur le fait qu'il y eût tant de « brigands » parmi les juifs, et sans exposer leur idéologie. Il a aussi exagéré de manière outrancière le nombre des morts durant le siège de Jérusalem. Une fois de plus, Josèphe, tout comme Tacite, Suétone, Dion Cassius, n'a pas conscience de ce que deviendront les exigences ultérieures de l'historien. Reste qu'il est une mine considérable d'informations sur l'histoire juive et romaine du Ier siècle.

Josèphe ne veut renoncer ni aux richesses culturelles hellénistiques, ni au savoir politique des Romains, et les croit compatibles avec sa judaïté fondamentale. On devine aisément qu'il aspire à un œcuménisme où les juifs continueraient à pratiquer leur foi dans un monde non juif. Pourquoi pas ? L'ennui est que, lorsqu'il parle des juifs, il parle surtout de sa classe de juifs lettrés et que sa fonction de lieutenant dans les armées romaines a occulté pour lui les tourments nationalistes de son peuple. De nos jours, on dirait que Josèphe est partisan de la *Realpolitik* aussi bien qu'un juif laïc. Mais les chrétiens le tiendront pour un esprit de second ordre, parce qu'il a choisi le camp opposé à ceux dont le message allait triompher pendant des siècles, les partisans de Jésus. Et pour beaucoup de Juifs, il a commis la faute de porter l'uniforme de ceux qui levaient le glaive contre les juifs. Josèphe, en effet, a été témoin de la scission finale entre le judaïsme apocalyptique des « Esséniens » et des Zélotes d'une part et le judaïsme œcuménique et laïc des Sadducéens. Il a pris parti pour le second. Il a subi la malédiction que les Chinois adressaient à leurs ennemis : « Puissiez-vous vivre dans une époque intéressante. »

8. Sa construction avait été commencée sous Hérode le Grand, mais les Romains la firent interrompre.

9. Cf. Joachim Jeremias, *Jérusalem au temps de Jésus* (Le Cerf, 1976).

10. *Eusebius, Ecclesiastical History*, 2 vol., trad. Kirsopp Lake et J.E.I. Olton (The Loeb Classical Library, Harvard University Press, Cambridge, Mass., et William Heinemann, Londres).

11. Flavius Josèphe, *La Guerre des Juifs*, VII, 8, 368.

12. Cet affrontement est rapporté par A. Tchérikover et A. Fuks, dans les *Actes des martyrs païens*, in *Corpus Papyrorum Judaicarum*, 2 vol., 1968 et 1970. Le récit semble se situer dans les premières années du règne d'Hadrien.

13. Il convient de préciser que le grand prêtre de Jérusalem n'avait pas, au moment de la chute de Jérusalem, la libre disposition des impôts perçus auprès des juifs au titre de denier du Temple ; il était soumis au contrôle romain. Par la suite, toutefois, les chefs ou ethnarques des colonies juives de l'empire retrouvèrent le droit de prélever la dîme du culte.

14. *Histoire romaine*, IX, 43. La population entière de la Judée à l'époque devait se situer aux environs de deux à deux millions et demi (Nicholas de Lange, *Atlas of the Jewish World*, op. cit.).

15. Ils retrouvèrent brièvement le droit de séjour et de sacrifices durant la domination perse de Chosroès, de 614 à 629. Après la christianisation de l'empire, consécutive à la conversion de Constantin, plusieurs édifices chrétiens furent érigés à Jérusalem. En 637, le calife Omar prit possession de la ville, à laquelle il prit soin de n'infliger aucun dommage et où il fit, en 688, construire l'actuelle mosquée El Aksa. La ville devait demeurer aux mains des musulmans jusqu'en 1917, où Lord Allenby l'enleva aux Ottomans.

II.

L'ANTIJUDAÏSME ET L'ANTISÉMITISME CHRÉTIENS

1.

L'affaire Saül

L'ANTIJUDAÏSME DE PAUL ET DE L'ÉGLISE PRIMITIVE N'EST PAS L'ANTISÉ-
MITISME — LES OMISSIONS DES ÉVANGILES CANONIQUES ET LEUR HOS-
TILITé AUX JUIFS — L'ÉNIGME DE SAÜL-PAUL, FONDATEUR DE L'ÉGLISE :
POLICIER ROMAIN OU DOCTEUR DE LA LOI ? — LE GÉNIE DE PAUL — PRO-
BLÈMES, IMPORTANCE ET CONSÉQUENCES D'UNE CITOYENNETÉ
ROMAINE DÉCONCERTANTE

On est parfois tenté d'évoquer un antisémitisme chrétien primitif, qui serait d'une tout autre nature que celui des Romains. Il semblerait commencer avec le travail apostolique et théologique de Saül, plus tard dit Paul, véritable fondateur de l'Église chrétienne, dans les cités de la Méditerranée orientale. Force est donc de se pencher sur les débuts du christianisme et sur l'homme qui le créa.

Mais force est aussi de poser le préalable suivant : les accusations, souvent virulentes et injustes, formulées contre les juifs par les premiers chefs de l'Église ne peuvent en aucune manière être assimilées à l'antisémitisme moderne. Celui-ci est la persécution d'une minorité par une majorité, celui-là est, tout au contraire, le rejet d'une majorité par une minorité : ce n'est pas de l'antisémitisme, mais de l'antijudaïsme. Aux débuts du christianisme, avant l'an 70, il y a selon les estimations les plus plausibles de six à sept millions de juifs dans l'empire, quelque deux millions et demi en Judée et quelque quatre millions et demi dans la diaspora, soit un dixième de la population de l'empire[1], alors que les chrétiens ne représentent pas plus de cent à deux cent mille âmes à la fin du Ier siècle et que, de plus, leur unité est déjà compromise par des hérésies[2]. Enfin, cet antijudaïsme comporte une particularité lourde de conséquences : à l'époque, ce sont les chrétiens des « synagogues nazaréennes » qui sont persécutés par les juifs, en attendant de l'être par les Romains.

Tout parallèle avec les antisémitismes ultérieurs est donc infondé.

Cet antijudaïsme s'ébauche avec les quatre Évangiles dits canoniques, c'est-à-dire reconnus comme authentiques par le droit canonique (« canon » signifie *norme*) catholique au milieu du IIe siècle[3]. Leur lecture laisse les historiens perplexes. Ainsi, le premier dans l'ordre traditionnel, celui de Matthieu, prend grand soin, dès les premières lignes, d'établir l'ascendance davidique de Jésus, ce qui en fait un juif par excellence, et de plus, un juif prédestiné à la royauté ; mais tous, et en particulier le quatrième, celui de Jean, parlent sans cesse des juifs comme d'étrangers et d'ennemis, sans jamais expliquer que, si les Sadducéens et bon nombre de Pharisiens avaient de bonnes raisons de se méfier d'un messie, comme il a été exposé plus haut, une bonne partie du peuple, les *amharetz*, les Zélotes et la minorité des « Esséniens », portaient à Jésus une dévotion fervente. Ceux qui ont jeté des palmes devant son ânesse à l'entrée finale dans Jérusalem ne sont pas ceux qui l'ont conspué après son arrestation ; c'étaient ceux qui allaient le couronner roi, et ce furent les Sadducéens alarmés qui contrecarrèrent leur projet et suscitèrent une émeute pour se débarrasser de l'agitateur.

S'ils le savent encore, les auteurs des Évangiles canoniques n'en soufflent mot : au début du IIe siècle, la scission entre les adeptes de la secte de Jésus, ou chrétiens, et les juifs est consommée. Ces auteurs ne vont donc pas offrir des arguments à l'auditeur (les Évangiles étaient surtout lus en public, parmi des populations dont le taux d'alphabétisation était bas ou nul) qui pourraient permettre de comprendre historiquement la tragédie de Jésus. On voudrait souvent l'oublier, mais les évangélistes sont d'abord des propagandistes, non des historiens. Faute de perspective, ou bien pour masquer toute perspective, ils s'abstiennent de dire que Jésus le Galiléen, c'est-à-dire originaire d'un territoire particulièrement rebelle au clergé de Jérusalem aussi bien qu'aux occupants de toutes dénominations, chef d'une bande de Galiléens, à l'exception de Judas Iscariote, représente la masse du peuple juif. Du peuple au sens social, pas ethnologique.

La lecture des autres Évangiles et textes apocryphes [4] laisse également perplexe, mais pour des raisons diamétralement opposées : on n'y trouve quasiment pas d'hostilité aux juifs. Bien au contraire, on y trouve plutôt des références à l'attachement des apôtres pour les juifs et à la vénération des juifs pour Jésus, comme dans ces passages des Actes de Philippe où cet apôtre déclare : « Mes frères, fils de mon père, vous êtes la richesse de ma race selon Christ... » et où, plus loin, la juive Nicanora, femme du proconsul de Syrie, ayant entendu l'enseignement de Philippe, s'écrie : « Je suis juive, fille de juifs. Parlez-moi dans la langue de mes pères... » Il faut décidément attendre un travail comparatif impartial sur les influences qui ont présidé à la rédaction des Évangiles canoniques et des apocryphes.

On verra plus loin les raisons de cette différence radicale : les autorités qui ont présidé à la rédaction des Évangiles canoniques sont totalement différentes de celles qui ont présidé à celle des apocryphes.

Le paradoxe le plus déconcertant de l'histoire des religions est peut-être celui qui veut que le christianisme tel que nous le connaissons ait été inventé par celui qui participait à la lutte féroce du Sanhédrin de Jérusalem contre les Zélotes et autres messianistes : Saül, renommé Paul à la mode romaine. Car le fondateur de l'Église romaine — ô combien romaine ! — commence sa carrière comme un persécuteur des disciples de Jésus : il est, autre paradoxe, le seul saint nommé comme responsable du meurtre d'un autre saint, le proto-martyr Étienne. Celui-ci a été l'un des premiers néophytes qui aient rejoint le Conseil apostolique de Jérusalem, mais il est accusé de blasphèmes [5] par des gens de la Synagogue des Affranchis, à Jérusalem, qui comprend des Cyréniens, des Alexandrins, des Ciliciens et des Asiates. Il est condamné à la lapidation par le grand prêtre, vraisemblablement en 33-34. Avant que les exécuteurs entreprennent leur besogne, ils déposent « leurs vêtements aux pieds d'un jeune homme appelé Saül[6] ». Or, ce geste témoigne de la sujétion des exécuteurs à l'égard d'un chef, en tout cas d'un délégué mandé par le Sanhédrin pour veiller au bon déroulement de la lapidation. Peut-être Saül est-il opposé à cette lapidation ? Non : « Et Saül était parmi ceux qui approuvaient son [celui d'Étienne] meurtre[7]. »

Pour le confirmer, l'auteur des Actes des Apôtres ajoute : « C'était le commencement d'une époque de violente persécution pour l'Église de Jérusalem ; et tous, à l'exception des apôtres, étaient disséminés dans les districts campagnards de Judée et de Samarie [...] Saül, entretemps, persécutait l'Église ; il perquisitionnait maison après maison, arrêtant les hommes et les femmes et les dépêchant en prison[8]. » Voilà donc un jeune homme qui a du pouvoir : il perquisitionne dans les maisons, et il n'est certes pas seul. Une milice le suit ; il arrête les gens et les envoie en prison parce qu'ils appartiennent aux sectateurs de Jésus : c'est donc un nervi au service du Temple, nanti d'un pouvoir policier qui l'autorise à arrêter les gens et à les envoyer en prison. À l'évidence, c'est un fonctionnaire de la police du Temple et du parti des Saducéens. Fonctionnaire influent de surcroît, car lorsqu'il persécute les disciples de Jésus, il est en mesure de se rendre chez « le souverain sacrificateur », c'est-à-dire le grand prêtre, et de lui demander des lettres pour les synagogues de Damas, « afin que s'il y trouvait des partisans de la nouvelle doctrine, il les amenât liés à Jérusalem[9] ».

Cet homme mérite quelque examen. Il est, en effet, l'un des personnages les plus importants de l'histoire des religions, l'égal d'un Moïse et l'un des génies les plus discutés et les plus mal connus de l'histoire tout court. Les plus contradictoires également, car son œuvre est aussi grandiose que son personnage est suspect.

Paul est discuté parce que sa création, l'Église, a été la grande instigatrice de la deuxième période de l'antisémitisme, qui a duré près de seize siècles, jusqu'à son repentir public, dont il sera question dans la troisième partie de cet ouvrage. Y a-t-il quelque rapport entre le fondateur et la persécution dont les juifs ont fait l'objet, depuis les débuts, de la part des chrétiens ? Pour cela, il faut examiner de près le personnage et la biographie de cet

« homme-charnière » que fut Saül/Paul. Une tradition entretenue par l'Église s'efforce depuis des siècles, en tordant le cou aux évidences, d'inscrire Paul dans le judaïsme, afin de légitimer le christianisme, de même que les évangélistes tentaient — naïvement — de faire remonter la généalogie de Jésus à David, tout en assurant qu'il avait été conçu par le Saint-Esprit. Ainsi le christianisme apparaîtrait comme un rameau naturel du judaïsme. Or, les faits infirment entièrement la thèse de la judaïté de Saül/Paul.

Paul se prétend juif « né à Tarse, en Cilicie, élevé dans cette ville », venu à Jérusalem pour étudier « aux pieds du rabbin Gamaliel ». Il précisera même par deux fois, mais à des gens qui ne sont pas juifs, il est vrai, donc peu informés des réalités du monde juif, qu'il descend de la tribu de Benjamin [10]. Assertion dénuée de sens, car comme l'observe Hyam Maccoby [11], « il était aventureux pour n'importe quel juif de cette époque de prétendre avec vraisemblance appartenir à la tribu de Benjamin. Bien qu'une partie de cette tribu survécût en Palestine après la déportation des Dix Tribus par Salmanassar d'Assyrie, les Benjaminites pratiquèrent plus tard l'exogamie avec la tribu de Juda à tel point qu'ils perdirent leur identité séparée et devinrent tous des Judéens [...] La distinction entre Judéens et Benjaminites ne recouvrant aucune signification religieuse, il n'y avait plus aucun motif pour la conserver ». Maccoby conclut que cette prétendue ascendance benjaminite est une supercherie.

Mais, plus tard, Paul revendique à trois reprises la citoyenneté romaine : la première, quand il est arrêté par les Romains à Philippes, parce qu'il y est accusé de fomenter de l'agitation et qu'on l'a jeté en prison après l'avoir flagellé comme un manant ; la deuxième quand il est de nouveau arrêté par les Romains à Jérusalem, dans le parvis des Gentils, et que, menacé de flagellation, il rappelle au centurion qu'un citoyen romain ne peut pas être flagellé ; le tribun, Claude Lysias, alerté par le centurion, vient interroger Paul : « Dis-moi, es-tu romain ? » Paul répond : « Oui. » La troisième fois, c'est quand il assure à Lysias qu'il est *né* romain. On peut même compter une quatrième fois, quand Paul revendique auprès du préfet un privilège réservé aux citoyens romains, qui est d'être jugé par l'empereur lui-même.

Lysias n'est pas le premier soudard venu : il est tribun des cohortes, gouverneur de la citadelle de l'Antonia, donc un militaire de haut rang. Il accourt avec plusieurs centurions et leurs hommes, c'est-à-dire plusieurs centuries légionnaires, et fait absolument remarquable, dépassant quasiment l'entendement, il autorise Paul à raconter à la foule sa conversion sur le fameux chemin de Damas — le tout sous la protection de l'armée romaine [12] !

La situation est romanesque : l'ancien policier qui exerçait pour le compte du Sanhédrin et des Romains conjugués est arrêté et se retrouve sous la protection des Romains. Balzac ou Dumas n'eussent pas rêvé mieux.

Lysias observe qu'il a acquis son droit de cité contre une forte somme [13]. Paul revendique sa citoyenneté pour la troisième fois et répond : « Mais moi, je suis né avec. » Il jouit donc de sa citoyenneté romaine à titre héréditaire. Cette citoyenneté n'est pas un vain mot ; la loi Porcia, proclamée sous Auguste, fait de ses détenteurs des protégés de l'empereur ; en cas de conflit juridique, c'est l'empereur en personne qui tranchera. La scène se situe en 58, et l'empereur est Néron. Sollicitude admirable du Romain Lysias, il « frémit que Paulos ne soit mis en pièces » et « ordonne aux soldats de descendre, de le prendre au milieu d'eux et de le conduire à la caserne ». Il est logé à la tour Antonia. Le neveu de Paul vient l'informer que quarante juifs s'engagent à jeûner jusqu'à ce qu'ils aient obtenu du Sanhédrin la mort de Paul, comme ils avaient obtenu la crucifixion de Jésus. Paul appelle un centurion et lui confie le jeune homme, qui « a une annonce pour le tribun ». On se demande pourquoi Jésus ne bénéficia pas d'une pareille protection. Ni Étienne, première victime de Paul.

Mais la suite des événements est encore plus étonnante. En effet, Lysias, apprenant que Paul est en danger, appelle à son tour deux centurions et leur dit : « Préparez deux cents soldats pour aller à Césarée, avec soixante-dix cavaliers et deux cents archers, dès neuf heures du soir [14]. » C'est-à-dire que le tribun Lysias mobilise quatre cent soixante-dix hommes pour assurer le transfert de Paul en lieu sûr ; tous les familiers de l'histoire romaine savent qu'une pareille escorte — car c'est une escorte — n'est réservée qu'à des personnages de marque.

Policier, riche et même très riche, puisqu'il pouvait corrompre un gouverneur romain, Paul jouit donc d'un prestige extraordinaire et même déconcertant auprès des autorités romaines. Quand il est arrêté par la police romaine dans le parvis des Gentils, à Jérusalem, et quand il a excipé de sa citoyenneté romaine, où est-il conduit, sous escorte royale ? À Césarée, chez le procurateur Antonius Félix, successeur de Ponce Pilate, qui se repose au bord de la mer. Le grand prêtre Ananias et plusieurs membres du Sanhédrin, dont un rhéteur nommé Tertullius ou Tertullus, poussés par les quarante juifs jeûneurs et l'opinion publique, vont déposer contre Paul ; leurs raisons sont évidentes et le grand prêtre ne peut, ès qualités, que revendiquer un point, c'est que les propos de Paul contreviennent à la religion juive. Ce Paul répand le même enseignement néfaste que celui du nommé Jésus le Nazaréen quelque vingt-cinq ans plus tôt : c'est l'enseignement des Zélotes et des Esséniens, des gens qui prétendent qu'un messie va libérer le peuple et qui veulent un bain de sang ; bref, des fauteurs de troubles.

Mais Félix refuse de juger en l'absence du tribun Lysias, ce qui n'est qu'un atermoiement en faveur de Paul. Il ordonne au centurion de garder Paul à Césarée, mais en le traitant « avec indulgence [15] ». Les Actes des Apôtres rapportent que Félix, qui est le représentant le plus puissant de l'empire, « convoque Paul et lui parle assez souvent », ce qui est tout aussi déconcertant. Quand, en 60, un autre gouverneur, Porcius Festus, succède à Félix, on peut supposer que la mansuétude extraordinaire et inexplicable dont Paul a bénéficié jusqu'alors va prendre fin. Il n'en est rien : Festus accède de nouveau à la demande de Paul d'être jugé par Néron lui-même, ce qui démontre la citoyenneté romaine de Saül, car toute usurpation de cette qualité exposait à la mort.

Détail frappant : Hérode Agrippa II, notoirement hostile au peuple juif qui a eu raison de ses ancêtres, car il descend des rois hasmonéens, roi de Chalcis, puis d'Iturée, et sa sœur Bérénice, de passage à Césarée rendent à Festus une visite de courtoisie. Festus leur expose l'affaire de Paul et les visiteurs royaux demandent à le voir. Festus organise une réunion de notables de Césarée et convoque Paul. Celui-ci interpelle le roi : « Adhères-tu aux inspirés [c'est-à-dire aux prophètes] ? Je sais que tu y adhères ! » Sur quoi, le roi déclare que Paul est innocent [16]. Voilà vraiment un personnage hors du commun : non seulement, il n'est pas un citoyen romain ordinaire, mais quand il est arrêté, il demeure de longs mois chez le représentant de l'empereur à Césarée, en dépit des protestations indignées des notables juifs, puis il interpelle les rois de passage.

Et cette faveur ne se dément jamais : Paul est protégé par les plus hauts personnages de l'empire, comme jadis Gallion, proconsul de l'Achaïe, siégeant à Corinthe. Quand Paul a été, une fois de plus, arrêté dans cette ville, sur dénonciation des juifs de Corinthe, et qu'il a comparu au tribunal, Gallion l'a soustrait à la fureur des juifs en faisant vider le prétoire [17]. Relevons ici que Paul exaspère partout les juifs au plus haut point et qu'il est toujours tiré d'affaire par les Romains. Jésus, lui, n'obtint pas tant de faveurs.

Paul est donc, je le répète, un citoyen romain exceptionnel. Relevons au passage un point révélateur : dans ses Épîtres, il ne se targue jamais de sa romanité, mais seulement de sa judaïté. C'est par Luc exclusivement que nous savons que Paul s'est à trois reprises réclamé de sa citoyenneté romaine. C'est Luc qui « vend la mèche », pour ainsi dire.

Les tenants du double et contradictoire statut de juif et de citoyen romain de Paul se fondent sur le fait qu'il y a eu d'autres juifs dans ce cas. Paul aurait très bien pu être de leur nombre, même s'ils étaient peu nombreux. Car cela aussi est essentiel à la tradition chrétienne, d'abord, parce que cela disculpe Paul du soupçon de mensonge, ensuite parce que le double statut juif-romain de Paul est essentiel à la légitimité du fondateur de l'Église. S'il n'était pas juif, le fondement judéo-chrétien de sa prédication s'effondrerait de facto, et le reste de ses allégations serait entaché de suspicion. Certes, Auguste a conféré aux citoyens riches de Tarse, antique cité qui rivalisa avec Alexandrie et Antioche, le droit à la citoyenneté romaine. Il en découlerait apparemment que Paul descendrait d'une riche famille juive de Tarse. La richesse, elle, est confirmée par le fait que le procurateur Félix en personne, un homme qui n'est pourtant pas dépourvu de moyens, attend de lui de l'argent, un pot-de-vin qui lui ferait libérer son prisonnier [18]. Ce n'est certes pas du modeste fabricant de tentes que Paul prétend être qu'il obtiendrait ce pot-de-vin.

La suite des événements fait justice de l'incertitude du cas de Paul. Ce dernier demeure deux ans à Césarée, c'est-à-dire jusqu'aux premiers mois de 60, d'abord sous le gouvernement du procurateur Félix, puis sous celui de son successeur Festus, dans une captivité qui semble remarquablement douce. Or, fin 59, Néron, excédé des recours abusifs des juifs citoyens romains auprès du pouvoir impérial, garantis par la loi Porcia, leur a retiré la jouissance de ce droit [19]. L'abrogation de ce droit est cruciale, car elle prouve formellement que Paul était bien citoyen romain d'origine non juive. Dans le cas contraire, le procurateur Félix, et en tout cas Festus, eussent déclaré à leur éminent prisonnier que Néron venait d'abolir ses droits romains, puisqu'il était citoyen juif, et ils l'eussent remis au Sanhédrin ou ils eussent eux-mêmes décidé de l'issue de son affaire. Il n'en a rien été [20].

Incidemment, la personnalité du premier des geôliers de Paul, Félix, mérite l'attention : c'est un antijuif forcené. Même Tacite, jamais suspect de sympathie à l'égard des juifs, déplore sa « barbarie » et dit qu'en Palestine « il exerça le pouvoir d'un roi avec l'esprit d'un esclave ». Sa brutalité est même la cause de son rappel à Rome en 60 et de son remplacement par Festus. Or, c'est cet antijuif qui est le geôlier de Paul et qui le traite avec des égards remarquables. En présence d'un juif fauteur de troubles, son attitude eût été différente.

Paul est donc incontestablement romain et, pour les autorités romaines en tout cas, il n'est pas d'origine juive (plus précisément, son père n'était pas juif). On pourrait arguer que les Romains ne savaient pas tout, que Paul a peut-être menti pour se tirer d'affaire...

Mais cette hypothèse est contredite par ce que nous savons formellement de la judaïté de Paul, prétendument concomitante avec sa romanité : elle est d'abord compromise par ses allégations sans fondement sur son ascendance benjaminite, qu'aucun vrai juif ne se fût aventuré à soutenir devant des juifs de Palestine. Elle est ensuite fortement ébranlée par ses prétentions à avoir été formé par Gamaliel. Celui-ci était le plus célèbre des docteurs de la loi de son temps ; il ne tenait ni une école primaire, ni un lycée et, comme le rappelle Maccoby [21], « il n'acceptait que des étudiants ayant une formation solide et aptes eux-mêmes à la transmettre [22] ».

Dire qu'on a été formé par le rabbin Gamaliel, alors qu'on n'est pas docteur de la Loi, c'est comme si, dans la France contemporaine, on disait qu'on a fait ses études primaires avec Merleau-Ponty ou, en Allemagne, qu'on a passé son bac avec Heidegger. Or, rien n'indique que Paul ait été rabbin ; quand en aurait-il eu le temps ? En 33-34, il était, pour parler clair, policier, et Gamaliel n'aurait jamais accepté un policier parmi ses élèves, sans parler du fait qu'aucun élève de Gamaliel n'aurait imaginé d'être policier.

Les intentions mêmes de Paul sont énigmatiques : après avoir prétendument étudié auprès de Gamaliel, il finit — le fait est certain, explicité dans les Actes des Apôtres — dans la police du Temple, en qualité de persécuteur des mêmes juifs que persécutera, trente ans plus tard, le préfet d'Alexandrie Tibère Alexandre, et que Flavius Josèphe, membre de l'aristocratie juive, traitera de « brigands ». Paul ne pouvait ignorer qu'on était admis à étudier chez Gamaliel pour être docteur, et non pas pour finir dans la police.

Plus important encore est le fait que Paul contrevient en deux points majeurs à l'enseignement de Gamaliel. C'est, en effet, ce même docteur, célèbre pour sa tolérance, qui a fait acquitter l'apôtre Pierre, arrêté par la police du Temple pour propagande hérétique [23]. Et non seulement Pierre, mais tous les apôtres, à l'égard desquels il recommande aux juges juifs la plus grande circonspection. Vous ne savez pas, leur déclare-t-il en substance, si ces gens ne sont pas vraiment envoyés par Dieu. À cet égard, Paul s'oppose radicalement à l'enseignement de celui dont il se prétend l'élève.

Deuxième point, en 37-38, après son « éblouissement » sur le chemin de Damas, Paul se lance dans une entreprise missionnaire qui le mène à conclure que la Torah est une « malédiction ». Propos inconcevables, invraisemblables dans la bouche d'un juif, et à plus forte raison d'un docteur de la loi, surtout lorsqu'il qualifie la Torah de « mesure temporaire [24] ».

Un juif, Paul ? Un élève de Gamaliel ? Quelques exégètes juifs, animés des meilleures intentions, ont cru déceler chez lui une certaine connaissance de la Torah. Mais je me demande si l'on ne cherche pas quelquefois ce qu'on veut trouver. En premier lieu, parce que sa connaissance de l'hébreu semble succincte : quand il cite la Bible, c'est dans la version grecque des Septante, alors que Gamaliel se servait évidemment de la version hébraïque. Ensuite, parce que Paul professe des idées étrangères à la tradition juive, comme celle d'« une sagesse prédestinée avant les siècles pour ceux qui sont parfaits [25] », ce qui rendrait superflue pour ces derniers toute interprétation de la Loi mosaïque, outre qu'elle ferait intervenir un concept étranger au judaïsme, celui de la perfection humaine. Ce n'est certes pas Gamaliel qui lui a enseigné cela, ou si Gamaliel avait traité de la *hachgahah*, c'est-à-dire la divine Providence, ç'aurait été pour rappeler l'importance de la liberté humaine, comme le fera au IIe siècle son successeur Hanina. De plus, Paul professe des idées contraires à l'enseignement de Jésus lui-même, par exemple celle de la perfection humaine, qui rend la rédemption inutile, ou quand il déclare que la justice de Dieu s'est révélée en Jésus sans la Loi [26], alors que Jésus a dit : « Je ne suis pas venu abolir la Loi, mais la compléter. »

Force est de conclure que cette formation auprès de Gamaliel ressortit à la pure et simple fabrication. L'insistance singulière que Paul met à prouver sa judaïté ne peut être expliquée que par son besoin de disposer d'un sauf-conduit pour son prosélytisme : s'il n'avait pas été juif, ou supposé tel, les apôtres lui eussent purement et simplement interdit de se servir de l'enseignement de Jésus.

Paul n'est donc pas juif, mais romain. Pour des raisons erronées d'ailleurs, au IVe siècle, saint Jérôme, le traducteur de la Vulgate, mettra également en cause les origines tarsiotes de Paul, ce qui revient à traiter ce dernier de menteur en termes à peine voilés [27]. Mais le personnage est infiniment plus complexe que celui qu'a fabriqué la tradition chrétienne.

Romain de nationalité, donc de père, il ne l'est cependant pas entièrement. Son nom indique des attaches juives, et ce serait donc du côté de sa mère, ce qui explique qu'il revendique quand même la judaïté devant les étrangers, car pour la tradition juive, on est juif par sa mère. Fils de famille aisée en tout cas, puisque né romain, son père l'était aussi et qu'on n'accordait la citoyenneté qu'à des gens riches ou influents. Rejeton d'une famille de la Décapole, associée à la famille des Hérodiens, voire Hérodien lui-même, voilà les hypothèses les plus plausibles [28]. En tout cas, un homme qui possède une culture hellénique dont on retrouve des bribes éloquentes dans ses épîtres, telles que des citations d'Euripide, des emprunts à Eschyle et d'autres auteurs grecs classiques.

Qu'importe, dira-t-on, que Paul ait été juif ou pas, il a fondé l'Église. Or, ce serait là une erreur fondamentale pour deux raisons : d'abord, s'il avait été juif, l'antijudaïsme chrétien n'eût peut-être jamais pris naissance et, par conséquent, ne se fût pas transformé en antisémitisme ; car il dérive de ses propos mêmes. En effet, quels que fussent leurs griefs à l'égard du clergé de Jérusalem, Jésus et ses disciples n'auraient jamais été jusqu'à dénoncer *à l'étranger* la Loi et le peuple juif. Après et avant tout, c'est à des juifs que Jésus prêchait, pas à des Romains ! C'est un point que la masse de l'exégèse chrétienne a occulté : l'enseignement de Jésus était destiné aux juifs et il a été détourné et retourné contre eux par le truchement de Paul. Et les imprécations de Jésus contre les Pharisiens et les Sadducéens n'étaient destinées qu'à des auditeurs à l'intérieur de la communauté juive : hors de ce contexte, elles changeaient entièrement de sens ; elles équivalaient à une mise en accusation du peuple juif tout entier, et Jésus n'eût pas condamné la totalité du peuple auquel il s'adressait : cela n'aurait pas eu de sens.

Seul un non-juif pouvait détacher du judaïsme l'enseignement de Jésus, et ce fut Paul. Son œuvre faillit d'ailleurs s'effondrer pour cette raison, en Orient du moins, un siècle après sa mort [29].

Ensuite, la chrétienté n'aurait pas investi Rome comme elle l'a fait dès le Ier siècle. Paul le Romain témoigne, d'ailleurs, très tôt de son intention d'aller à Rome. Quand il y arrive enfin, ironie du destin, c'est en prisonnier et c'est sa dernière étape. Mais elle représentait alors le centre du monde : de là, l'enseignement de Jésus rayonnerait sur l'œkoumené et, une fois de plus, Paul a vu juste.

Le génie de Paul a été de rompre avec la Torah (qui ne suffit pas selon lui à sauver l'être humain, alors que la foi, elle, le peut) en recourant à deux concepts : la Rédemption et le dualisme du monde, partagé entre le Royaume de la Lumière et celui des Ténèbres. Dans sa version de l'Événement qui avait changé le monde, le Dieu de l'univers s'était incarné en Jésus, notion familière aux Gréco-romains par le biais des innombrables descentes sur terre de leurs dieux, et Il s'était sacrifié dans la lutte entre la Lumière et les Ténèbres pour sauver l'humanité (notion étrangement proche du gnosticisme). Dieu n'était plus étranger ni indicible, il était parmi les humains, Jupiter chez Philémon et Baucis. Il n'était plus le Dieu jaloux des juifs, mais un Dieu accessible à tous. Dès lors, les païens, objectif principal de Paul, pouvaient se rallier à une religion nouvelle, puisque celle-ci était par définition accueillante. Mais Paul ajoutait à l'Incarnation païenne une eschatologie qui répondait à l'angoisse humaine : Zeus, Apollon ou Artémis s'étaient incarnés pour leurs besognes terrestres, Jésus, lui, nouveau Mithra, s'incarnait et se sacrifiait pour le salut des âmes.

Un autre aspect du génie de Paul est d'avoir embrassé la situation d'un regard d'aigle. La cause du judaïsme est perdue dans le monde romain et le judaïsme est miné de l'intérieur. Peut-être Paul, policier du Temple, a-t-il saisi le premier la crise du judaïsme : celui-ci était déchiré entre juifs hellénisés ou romanisés et juifs messianistes, et il ne s'en remettrait sans doute pas. Seul l'enseignement de Jésus, préalablement adapté, pouvait conquérir les foules étrangères, comme il avait conquis celles de Galilée et de Judée. Mais il ne fallait pas opérer en Palestine : on avait vu l'issue de l'aventure. Paul partit donc à la conquête du monde romain, de la Cappadoce à Rome même. À une condition : qu'il dissociât formellement son enseignement du judaïsme, qui rebutait décidément les gens d'Asie Mineure, de Grèce, d'Illyrie et d'Italie.

Paul avait mesuré la capacité d'absorption religieuse du monde romain, et sans doute l'extraordinaire pénétration d'une religion étrangement proche de ce que serait le christianisme primitif, le mithraïsme, avec ses fonts baptismaux, son héroïsme et le culte d'un dieu rédempteur. Ses chances de succès étaient grandes. Le monde romain, en effet, ne se satisfaisait plus de la religion de l'empire ; celle-ci était une collection de rites qui entretenaient certes la cohésion de la Cité, mais qui ne répondaient pas au besoin de transcendance inné dans l'être humain.

Plusieurs historiens, tels que John North et J.B. Rives [29], l'ont relevé : on observe à l'époque impériale une transformation de la religion romaine. Celle-ci a perdu sa charge politique ; l'initiative religieuse individuelle qui eût été réprimée aux temps de la République est désormais tolérée. Le vide ainsi créé fait le succès de religions « exotiques » au sein même de l'empire, comme le mithraïsme, le culte d'Isis et, dans une certaine mesure, le judaïsme, à cette différence près que celui-ci est associé à un peuple rebelle, ce qui n'est le cas ni du mithraïsme ni du culte isiaque ; il est donc beaucoup moins bien toléré [30]. L'astrologie connaît un succès foudroyant et même les empereurs se laissent aller à des faiblesses que la République n'eût pas tolérées ; Auguste fait état d'horoscopes qui lui sont favorables et Tibère a son astrologue de cour, un certain Thrasylle, qui fonde quasiment à Rome une dynastie d'astrologues !

Bref, Rome est comparable à une éponge qui absorbe toutes les religions, elle est mûre pour le christianisme, qui ressemble au mithraïsme par tant d'aspects, jusques et y compris le baptême et le bénitier à l'entrée des sanctuaires mithraïques ou *mithræa*. Dans ses étapes évangéliques à travers l'empire, à la périphérie de la métropole, Chypre, Antioche, Éphèse, Corinthe, Thessalonique, Paul répand donc la foi, entièrement refondue, de la secte juive qu'il avait persécutée — celle des chrétiens — et il couvre d'invectives ceux-là mêmes qui jadis le stipendiaient pour cela, les juifs.

Sans doute faut-il se garder du culte de la personnalité, présenter Paul comme un *deux ex machina* et prétendre expliquer l'histoire par des individus isolés, mais l'inverse quelquefois reste vrai. D'Alexandre à Churchill et de Gaulle, la liste est longue des hommes qui ont infléchi le cours de l'histoire, pour le meilleur ou pour le pire. Mais il faut également admettre que, sans Paul, le christianisme n'eût peut-être jamais existé, ou bien qu'il eût été très différent et que l'enseignement de Jésus eût été perdu. Quand Paul va porter cet enseignement au-delà des mers, les apôtres originels sont en butte à la persécution de la police du Temple. Dès l'an 40 environ, ils disparaissent les uns après les autres. Reste une poignée de disciples qui n'ont ni l'autorité, ni le nombre pour garantir la survie de cet enseignement et qui eussent en tout cas disparu après la destruction de Jérusalem, en 70.

Tel est le fondateur de l'Église, l'homme qui a propagé dans les grands centres de l'empire un enseignement qu'il attribue à Jésus. Mais Jésus aurait-il déclaré qu'« Israël a fait de grands efforts pour atteindre une loi de rectitude, mais n'y est jamais parvenu » ? Et pourquoi ? Parce que ses efforts n'étaient pas fondés sur la foi, mais sur les « actes »[31] ? C'est l'une des premières condamnations radicales d'Israël dans son ensemble : elle accuse le judaïsme de s'en tenir à des rites sans contenu, ce qui est exactement ce que beaucoup de Romains reprochent à leur propre religion. N'était-ce pourtant pas Jésus qui avait opposé les actes au discours pieux ? N'était-ce pas lui qui avait déclaré qu'on juge l'arbre à ses fruits ? Paul s'est approprié l'enseignement de Jésus, il l'a interprété à sa guise, contre la volonté du Conseil apostolique de Jérusalem et il a changé le destin du monde. Mais il a aussi créé une Église qui a persécuté les juifs pendant des siècles.

Reste à savoir si Jésus avait voulu fonder cette Église, et pourquoi elle est devenue antisémite après avoir été antijuive. C'est-à-dire, pourquoi le christianisme fut en fin de compte parricide.

Bibliographie et notes critiques

1. Nicholas de Lange, *Atlas of the Jewish World, op. cit.*

2. Plusieurs passages des Épîtres de Paul contiennent des avertissements sur l'habileté séductrice des hérétiques (par exemple, Rom. XVI, 17-20) et, relève Günther Bornkamm, dans *Paulus* (Kohlhammer Verlag, Stuttgart, 1970), « l'Apocalypse de saint Jean, qui date de la dernière décennie du Ier siècle, animée d'un esprit tout à fait différent, ne fait aucune allusion à l'enseignement de Paul ».

3. Il convient de relever, incidemment, que la plupart des premiers Évangiles, les actuels canoniques et les autres, sont antérieurs au droit canonique, qui commença à être ébauché au Concile d'Elvire, vers 300.
Selon les théories admises à ce jour, les trois Évangiles synoptiques, — Matthieu, Marc et Luc — ont été composés après la chute de Jérusalem en 70, et leur version actuelle est plus tardive : celle de Matthieu, rédigée à Alexandrie, est inconnue de Clément de Rome en 95 et d'Ignace en 110 ; la première citation en est faite par Polycarpe entre 120 et 135. L'Évangile de Marc, dont la version actuelle est tronquée, est inconnu d'Ignace en 110 et de Polycarpe entre 120 et 135. L'Évangile de Luc aurait connu une première version, dite « proto-Luc », inspirée de Marc, et la seconde version en aurait été rédigée vers 93-94. La version actuelle a été rédigée à Antioche et est également inconnue de Clément de Rome en 95 et d'Ignace en 110 ; elle est citée pour la première fois, par Polycarpe, entre 120 et 135. L'Évangile de Jean aurait connu une première version, antérieure à la chute de Jérusalem, et une seconde version a été rédigée vers 100 ou 125. La version actuelle a été rédigée à Éphèse. L'Évangile de Thomas, lui, a été rédigé entre 60 et 70, en araméen ou en hébreu, puis transcrit en grec. La version actuelle a été rédigée à Édesse.
Il ressort de tout cela que la version actuelle des quatre Évangiles canoniques est composée longtemps après la disparition du Conseil apostolique de Jérusalem et la constitution de la première Église sous l'impulsion de Paul, au moment où les chrétiens visent à se dissocier de la communauté juive. Ils ne sont connus que vers le milieu du IIe siècle, et d'un nombre restreint de prédicateurs.

4. Les apocryphes chrétiens (le terme « apocryphes » devant être nettement distingué de « pseudépigraphes » et signifiant dans ce contexte « secrets » et non pas « faux ») constituent une sorte de continent épigraphique qui n'a commencé à être réellement exploré de façon sporadique qu'au cours de ce siècle. La seule mention de leur existence, qui n'était jusqu'il y a trente ou quarante ans connue que de quelques spécialistes, contrarie évidemment une tradition entretenue avec une vigilance sourcilleuse par certains milieux de l'Église, qui a longtemps voulu faire accroire qu'il n'existait que les quatre canoniques et que ceux-ci nous étaient parvenus tels quels, depuis que l'inspiration divine les avait dictés aux apôtres. En témoigne l'exaspération proprement venimeuse avec laquelle certains chiens de garde du canon catholique ont accueilli mes informations offertes au grand public et relatives à l'Évangile de Thomas et aux évangiles apocryphes, lors de la publication des quatre volumes de *L'Homme qui devint Dieu*. Deux volumes d'insultes personnelles,

fondées sur des critiques d'une ignorance déconcertante, de la part d'un « professeur d'études bibliques » ! Étonnant honneur.

Or, l'éxégèse a établi non seulement que les canoniques ont subi de nombreux remaniements depuis leurs premières versions et que les évangélistes auxquels ils sont attribués ne sont que des personnages fictifs, mais encore que le courant évangéliste des premiers siècles de cette ère avait produit un corpus extrêmement abondant d'évangiles et d'actes attribués aux apôtres, les uns inspirés par une apologétique naïve, les autres riches en informations qui avaient échappé aux dictées tendancieuses des autorités ecclésiastiques romaines.

Une bibliothèque d'envergure suffirait à peine à contenir de nos jours les publications savantes consacrées aux apocryphes chrétiens. Le sujet de ces textes dépasse largement l'objet de ces pages, bien qu'il offre des éclairages révélateurs sur les origines de l'antisémitisme chrétien. À l'intention du lecteur qui ne désire pas s'engager dans une spécialisation, mais souhaite s'informer au moins des textes et de leur valeur, j'indiquerai que mes premières recherches se sont fondées sur *The Apocryphal New Testament*, de Montague Rhodes James (Clarendon Press, Oxford University Press, Oxford, 1924), compendium critique qui eut en son temps l'avantage de couvrir largement, le premier et avec une compétence digne d'éloges, un domaine défriché à contrecœur. Depuis a paru un ouvrage encyclopédique d'une ampleur considérablement plus vaste, *Écrits apocryphes chrétiens*, sous la direction de François Bovon et Pierre Geoltrain (Gallimard, 1997).

5. Accusations d'ailleurs fondées, Étienne ayant déclaré que les sacrifices d'animaux étaient contraires à l'esprit de l'Ancien Testament, ce qui témoignait d'une assez remarquable désinvolture à l'égard des textes.

6. Actes, VII, 58.

7. Id., VIII, 1.

8. Id., VIII, 3.

9. Id., IX, 1-2.

10. *Rom.*, XI, 1 et *Phil.*, III, 5.

11. *Paul et l'invention du christianisme* (Lieu commun / Histoire, 1987).

12. Actes, XXI, 27 et XXIII, 10.

13. Singulière maladresse de la part d'un personnage aussi important qu'un tribun, car la loi stipule que la citoyenneté ne peut être acquise par des tractations financières (cf. Norbert Hugedé, *Saint Paul et Rome*, Les Belles Lettres/ Desclée de Brouwer, 1986).

14. Actes, XXIII, 23.

15. Actes, XXIV, 23.

16. Actes, XXVI, 27.

17. Actes, XVIII, 1-17. Ce Gallion est le frère aîné de Sénèque, ce qui a inspiré une tradition selon laquelle Saül et Sénèque auraient entretenu des rapports épistolaires ; dès le IVe siècle circulait, en effet, une correspondance présumée entre les deux hommes, dont Jérôme a eu connaissance et qu'il tient pour authentique. Gallion est un fonctionnaire chanceux autant qu'influent : il a bénéficié de la faveur de Claude, puis de Néron, auquel il a servi de héraut sur scène, comme le rapporte Tacite (*Annales* XV, 73 - XVI, 17).

18. Actes, XXIV, 26.

19. Flavius Josèphe, *Antiquités judaïques*, XX, 182-183. Josèphe avance que cette décision aurait été emportée par Bérylle (ou Burrus), auquel les Syriens, eux-mêmes excédés des juifs, auraient offert une forte somme. Histoire douteuse, car l'annulation des droits civiques des quelques juifs qui étaient citoyens romains ne changeait pas grand-chose à leurs querelles avec l'ensemble des juifs. Il semble plutôt que les juifs de Césarée, excédés, eux, de la brutalité antisémite de Félix, aient assailli Néron de récriminations.

20. Certains auteurs ont argué, pour contourner une évidence contrariante, que les procurateurs ne pouvaient pas décider du recours de Saül parce qu'il aurait été formulé depuis Jérusalem par un juif qui n'était pas de Césarée... C'est là une argutie intenable : les procurateurs avaient pouvoir sur l'ensemble des provinces impériales de Palestine, et cela n'avait aucune importance que Paul fût de Jérusalem ou d'ailleurs : en tant que juif, il était déchu n'importe où de ses droits civiques romains.

21. *Paul et l'invention du christianisme*, op. cit.

22. Ce que confirme J. Jeremias, dans *Jérusalem au temps de Jésus*, op. cit.

23. Actes, V, 34-42.

24. *Gal.*, III, 13 et 19.

25. *I Cor.* II, 1-5. Günther Bornkamm, dans *Paul, apôtre de Jésus-Christ* (Labor et Fides, 1970), relève que c'est là une idée gnostique.

26. *Rom.* III, 21 sq. Hans Dieter Betz, dans son étude fondamentale, *Der Apostel Paul une die sokratische Tradition* (Tubingen, 1970), soutient et démontre que Saül a été consciemment influencé par le cynisme grec. Le contexte présent ne se prête guère à une discussion des idées philosophiques de Paul. Qu'il suffise de dire qu'elles ne sont ni juives, ni correspondantes à l'enseignement de Jésus.

27. Jérôme rejette la citoyenneté tarsiote de Saül : pour lui, ce dernier était natif de Giscala en Judée, et quand cette ville passa sous la domination romaine, il émigra avec ses parents à Tarse, puis fut envoyé à Jérusalem (*De Viris Illustribus*). L'hypothèse est plus que fragile et n'a que le mérite de démontrer que l'autobiographie de Saül a laissé perplexe plus d'un auteur. Je me permets de renvoyer le lecteur à la tentative de reconstitution de cette biogra-

phie et du personnage que j'ai faite dans *L'Incendiaire : Vie de Saül apôtre* (Robert Laffont, 1991).

28. La non-judaïté de Paul et l'obscurité qu'il entretient sur ses origines (on ne connaît pas le nom de son père, ce qui est singulier pour un personnage clef des Actes des Apôtres), inspirent évidemment la question suivante : pourquoi n'aurait-il pas dit la vérité ? La raison la plus plausible est qu'il ne le peut pas. Et s'il ne le peut pas, c'est parce que cette vérité compromettrait sa mission.

Quelques passages des Actes et de ses Épîtres offrent quand même des indications appréciables sur ces origines.

Le passage des Actes, XIII, 1, ainsi libellé dans les versions courantes : « Il y avait à Antioche, dans la congrégation de ce lieu, certains prophètes et docteurs : Barnabé, Simon dit le Noir, Lucius de Cyrène, Menahem, commensal d'Hérode le Tétrarque, et Saül », pose une énigme ou offre une piste importante. Les derniers mots, « ... Ménahem, qui avait été élevé avec Hérode le Tétrarque et Saül », se lit ainsi en grec : « ... *Manahn te Hrodon tou Tetrarkon sûntrophos kai Saulos* ». Dans toutes les versions officielles des Actes, *suntrophos* est traduit par « commensal ». Cela me paraît être une erreur singulière : le *Dictionnaire grec-français* d'A. Bailly (Hachette, 1950), dont nul ne conteste la compétence, donne comme première équivalence de ce mot « nourri ou élevé avec » ; Ménahem n'est donc pas un « commensal », terme vague et qui n'engage à rien, mais bien un camarade d'enfance d'Hérode le Tétrarque. On conçoit l'embarras des traducteurs et l'on comprend mieux leur version étrangement infidèle : il est déjà singulier qu'un camarade d'enfance du tétrarque, haï des juifs, se trouve à Antioche dans une assemblée en même temps que Paul. Plus singulier est le fait que la tradition insère une virgule entre *sûntrophos* et *kai Saulos*, ce qui donne la traduction suivante : « ... Ménahem, qui avait été élevé avec Hérode le Tétrarque, et Saül ». Or, le texte grec ne comprend pas cette virgule. Les scribes du temps devaient pourtant composer leurs phrases de telle sorte qu'il n'y eût aucune équivoque. Il faudrait donc lire le texte ainsi : « ... Ménahem, qui avait été élevé avec Hérode le Tétrarque et Saül. » Ce qui change tout : Ménahem aurait été élevé avec Hérode le Tétrarque (en tenant compte des âges probables de Ménahem et de Paul, ce serait Hérode Agrippa I) et Saül, ce qui serait d'un très fâcheux effet : Saül, fondateur du christianisme, aurait été élevé avec Hérode le Tétrarque, aisément confondu avec Hérode Antipas, le roi qui fit décapiter Jean le Baptiste. C'est pourtant ce que semble indiquer le texte grec.

Ce ne serait là qu'une histoire de virgule — qui me valut d'être traité d'imposteur par un journal réputé sérieux, mais apparemment plus grave que sérieux. S'y ajoute toutefois l'intrigante adresse de Paul en fin d'épître : « Saluez les gens de la maison d'Aristobule, saluez Hérodion mon parent » (*Rom.* XVI, 10-13), conclut-il en fin de l'épître rédigée de Corinthe à l'intention des chrétiens de Rome. Les noms d'Aristobule et d'Hérodion ne peuvent manquer de retenir l'attention : ils sont, en effet, spécifiques de la famille des Hérodiens, et à l'époque, il y a justement un Aristobule et un Hérodion à Rome. Le premier est Aristobule III, fils d'Hérode de Chalcis et cousin d'Hérode Agrippa II, celui qui rendra visite à Paul en 60 dans sa captivité à Césarée, chez le préfet. C'est un favori de Néron, qui lui concédera en 54 le royaume de la Petite-Arménie, en 60, une partie de la Grande-Arménie, et à la mort de son père, le royaume de Chalcis. Il y a également à Rome, à l'époque, un Hérodion, c'est-à-dire un « petit Hérode », encore jeune homme — il n'a pas encore hérité le royaume de son père. Cet Hérodion pourrait également être, selon Robert Ambelain, le fils aîné d'Aristobule III (*La Vie secrète de saint Paul*, Robert Laffont, 1971),

hypothèse dont j'ai exposé les failles dans *L'Incendiaire, vie de Saül apôtre*, Robert Laffont, 1991.
Toujours est-il que cela fait beaucoup de coïncidences et qu'il existe de sérieuses raisons de penser que Paul fut un membre de la vaste famille des Hérodiens, peut-être le fils d'Antipater. Ainsi, en tout cas s'expliquerait l'étrange mansuétude du procurateur Félix qui appartient lui-même par alliance à la famille des Hérodiens ; il a, en effet, épousé la propre sœur d'Agrippa II, Drusilla...

29. Vers l'an 160, beaucoup des chrétiens d'origine juive et des juifs convertis au christianisme rejetaient l'autorité des Épîtres de Paul et ne reconnaissaient qu'un seul texte sacré, l'Évangile de Matthieu. Pour eux, Paul n'était qu'un hérétique et leurs prières de chrétiens demandaient la reconstruction du Temple de Jérusalem. Cf. Gerd Lüdemann, *Heretics* (SCM Paperback, Londres, 1996).

30. *Religion and Authority in Roman Carthage from Augustus to Constantine* (Clarendon Press, Oxford, 1995).

31. Il exerçait néanmoins une fascination sur les Romains, pour des raisons sulfureuses : c'est ainsi que les juifs passaient pour les magiciens par excellence, et les papyrus et défixions (tablettes de plomb gravées) de l'époque romaine (environ Ier-IIIe siècle), retrouvés à Carthage, emploient effectivement de nombreux mots d'origine hébraïque (J.B. Rives, *Religion and Authority in Roman Carthage from Augustus to Constantine, op. cit.*)

32. *Rom.*, IX, 30-32.

2.

L'Église dérobée aux juifs

JÉSUS A-T-IL VOULU FONDER UNE ÉGLISE ? LES RAISONS ÉVANGÉLIQUES D'EN DOUTER — LA QUASI-ABSENCE DU MOT « ÉGLISE » DANS LES ÉVANGILES — L'INDÉPENDANCE PROCLAMÉE DE PAUL À L'ÉGARD DES APÔTRES — L'ÉTRANGE ARRESTATION DE PAUL ET SON « ABOLITION » DE LA TORAH — SCISSION DU CHRISTIANISME ET DU JUDAÏSME — ACCUSATIONS ET INSULTES DES PREMIERS AUTEURS CHRÉTIENS À L'ÉGARD DES JUIFS — NOUVEAUTÉ DU CHRISTIANISME ET ACCUSATIONS D'« ARCHAÏSME » À L'ÉGARD DU JUDAÏSME

L'histoire de l'antisémitisme depuis la conversion de Constantin jusqu'au XXe siècle est si étroitement liée à celle de l'Église primitive qu'il apparaît toujours indispensable, quelque vingt siècles plus tard, de comprendre comment une Église dérivée de l'enseignement d'un juif a pu devenir antisémite.

C'est un des plus cruels paradoxes de l'histoire, en effet, que l'hostilité quasi antisémite interne des Sadducéens et de la grande bourgeoisie juive à l'égard des Zélotes messianistes et autres dissidents juifs ait donné naissance au vaste antisémitisme proprement dit, celui qui se perpétua jusqu'au XXe siècle. En effet, une fois constituée, vers le IIe siècle, l'Église du Christ, qui était née du courant messianiste évoqué plus haut, allait se retourner contre ses persécuteurs. Oubliant que Jésus avait été juif et ne s'était jamais désisté de ce statut, non plus que ses apôtres, ses sectateurs allaient, au nom du juif Jésus, accabler « les juifs » d'anathèmes. Ils devaient pousser leur détermination jusqu'à falsifier les récits de ceux qui avaient été les témoins de la Passion, comme celui où l'on voit la foule en furie rassemblée devant la résidence de Pilate demander que le sang de Jésus retombât sur eux et sur leurs enfants [1].

Reste à vérifier deux points.

Le premier est la situation de Jésus dans le judaïsme de son temps. Le judaïsme, religion vivante, n'était pas, au début de notre ère, un bloc homogène ni fixe ; il comportait des courants, assez forts pour avoir provoqué des schismes, samaritain, sadducéen, boëthusien et « essénien ». Et la diversité ne fit que s'accroître puisque, après la destruction du Second Temple, en 70, on ne comptait pas moins de vingt-quatre sectes distinctes. Un grand nombre d'indices laissent penser que Jésus se situe dans le courant pharisien, mais qu'il subit également l'influence « essénienne » ; toutefois, cela ne suffit pas à le définir. Tout ce que nous savons de lui se résume à ce qu'en ont écrit les Évangiles, apocryphes et canoniques, certains apocryphes (le nombre en est restreint, cinq ou six) étant à certains égards aussi révélateurs (ce qui n'est pas synonyme de « fiables ») que les canoniques, dont ils diffèrent souvent. Or, la forme actuelle des Évangiles canoniques n'a été fixée que dans le premier tiers du IIe siècle, et il est bien difficile d'y faire la part des intentions propagandistes et apologétiques des auteurs et celle de la vérité. Essayer de définir Jésus historiquement est aussi difficile que de cerner la réalité à travers une superposition de vitres déformantes.

Toujours est-il que, s'il faut prêter quelque foi aux Évangiles canoniques, les paroles de Jésus ne reflètent pas toujours le judaïsme pharisien. Un précepte tel que : « Rendez à Dieu ce qui revient à Dieu et à César ce qui revient à César », par exemple, ne correspond certes pas à la tradition rabbinique. Le peu d'échos de la tradition midrachique dans son enseignement a également attiré l'attention des exégètes.

De plus, parmi les sectes dissidentes — les *minim* — comme les désignent les rabbins —, il y en avait une d'importance particulière, celle des judéo-chrétiens ou nazaréens, disciples de Jésus. Notre information sur eux est on ne peut plus succincte. Exclus de la synagogue où, dans les années suivant la destruction du Second Temple, on lisait chaque matin des imprécations contre eux, ils formèrent un groupe hétérodoxe et persécuté. S'organisèrent-ils en communauté indépendante, avec un chef et un corps de croyances ? On peut le supposer. Mais quels furent alors leurs rapports avec le Conseil apostolique de Jérusalem, celui qu'avaient constitué les apôtres encore en vie après la crucifixion ? Et avec Paul ?

Ce qui mène au second point à vérifier : Jésus voulut-il vraiment fonder une Église et eût-il acquiescé à la mise des siens au ban de l'humanité ? Pour de nombreux chrétiens, leur religion fut constituée dès la première parole de Jésus, complète avec Église et dogmes, y compris l'exécration théologique des juifs. La tradition chrétienne tient que Jésus fut, de son vivant et plus nettement encore après sa mort, considéré par les apôtres unanimes comme Fils de Dieu et incarnation de Dieu, et qu'il fut déterminé à fonder une Église. De nombreux passages des Évangiles canoniques semblent fonder fermement cette tradition. Toutefois, d'autres textes, également évangéliques, et l'analyse épigraphique invitent à nuancer cette certitude.

Ainsi, quand Cléophas et un apôtre non désigné cheminent vers Emmaüs et qu'un inconnu vient leur demander de quoi ils s'entretiennent, ils répondent : « ... [d'] un prophète puissant en mots et en actes devant Dieu et tout le peuple. » Or, un prophète n'est certainement pas le Fils de Dieu. Ce n'est que lorsqu'il se révèle à eux que les deux hommes changent d'avis ; ils rentrent à Jérusalem et annoncent la nouvelle aux autres apôtres : « C'est vrai ; le Seigneur est ressuscité [2]. » Jusqu'alors, ils tenaient donc Jésus pour un prophète. Dans les Actes des Apôtres, Pierre s'adressant au peuple déclare : « Hommes d'Israël, écoutez-moi, je parle de Jésus de Nazareth, un homme désigné exprès par Dieu et qui vous est connu par les miracles, les présages et les signes que Dieu a réalisés parmi vous par son entremise, comme vous le savez bien [3]. » Ce n'est ni d'un messie, ni du Fils de Dieu qu'il parle ici, mais d'un homme désigné par Dieu. Et quand Marie de Magdala, Marie mère de Jésus et Salomé se rendent au tombeau de Jésus pour enduire son cadavre d'huiles aromatiques, qu'elles trouvent ce tombeau ouvert et le cadavre disparu, l'énigmatique jeune homme vêtu de blanc qui s'adresse à elles leur dit : « Ne craignez rien ; vous cherchez Jésus le Nazaréen, qui a été crucifié. Il a été relevé [d'entre les morts] ; il n'est pas ici [4]... » Il ne parle que de Jésus l'homme, et non pas du Fils de Dieu.

D'autres contradictions du même ordre parsèment les Évangiles, notamment les synoptiques [5]. On peut les expliquer partiellement par le fait que les Évangiles ont subi plusieurs remaniements successifs, bénéficiant ou souffrant d'ajouts selon l'évolution de la théologie, sinon les orientations du copiste. À la fin du IIe siècle, Irénée adjurait déjà les copistes « au nom de Notre Seigneur Jésus Christ et de sa glorieuse parousie » de faire attention à ce qu'ils écrivaient [6]. Leurs récritures aboutissaient parfois à des absurdités, telles que ce passage de Marc où l'on voit la foule des juifs demander la libération du brigand Barabbas au lieu de Jésus [7]. Or le prénom de ce brigand est aussi Jésus et le copiste, qui ignore visiblement l'hébreu, ne comprend pas que « bar Abbas » signifie « fils du père », donc que ce brigand mythique au nom pourtant éloquent, « Jésus fils du Père », n'est autre que Jésus lui-même. La foule réclame en fait la libération de Jésus et le copiste est contraint de reconstituer son récit pour opposer Bar-Abbas à Jésus, c'est-à-dire Jésus à lui-même, de telle sorte qu'il en devient incohérent.

Voilà pour la fiabilité des textes fondateurs. Reste le point de l'Église : Jésus a-t-il dit : « En vérité, je te le dis, tu es Pierre et sur cette pierre je bâtirai mon Église [8]. » ? Rien n'est moins sûr : pour Bultmann et de nombreux autres exégètes, ce passage a été introduit après 70 [9], c'est-à-dire après la mort de Pierre et de Paul ; c'est donc une fabrication *a posteriori*. L'explication en paraît simple : une fois que la communauté chrétienne s'était dissociée du judaïsme, il était devenu urgent pour elle de se trouver une identité sanctionnée par la volonté divine. Et surtout une identité nouvelle, tout à fait distincte du judaïsme. Pierre s'étant hâté de se rendre à Rome, peut-être pour éviter que Paul se déclarât chef de la communauté chrétienne de la capitale, les copistes des Évangiles introduisirent le passage qui semblait accomplir la volonté de Jésus. Les Évangiles canoniques que nous connaissons aujourd'hui sont inconnus de la plupart des auteurs chrétiens au IIe siècle, et il est douteux qu'ils aient atteint une forme proche de celle que nous connaissons avant le VIe siècle.

L'ajout frauduleux fut sans doute introduit en hâte, les autorités qui y présidaient n'ayant pas pris garde au fait que le mot « Église » ne se trouve que deux fois dans les Évangiles, et dans le même Évangile de surcroît, celui de Matthieu [10]. Or, la désignation de Pierre est d'autant plus douteuse que, dans l'Évangile de Thomas, quand les apôtres demandent à Jésus vers qui ils devraient se tourner s'il venait à disparaître, il désigne Jacques, qui est le plus probablement Jacques d'Alphée, dit le Mineur ou le Vertueux [11]. De fait, c'est lui et non Pierre qui est admis comme premier chef ou presbytre du Conseil apostolique de Jérusalem [12].

Rien ne témoigne donc, dans les Évangiles, de la volonté de Jésus de fonder une nouvelle religion et une Église, et encore moins d'en confier la direction à Pierre, cette « pierre » décidément bien friable de l'aveu même de Jésus, qui lui prédit le célèbre reniement avant que le coq chante trois fois. Preuve supplémentaire que Jésus n'a jamais projeté de nommer Pierre chef de cette très hypothétique Église indépendante : après son énigmatique départ d'Emmaüs, quand il a raccompagné les apôtres jusqu'à Béthanie et s'en est allé son chemin, épisode qui conclut l'Évangile de Luc, les apôtres rentrent à Jérusalem et vont louer Dieu *au Temple*.

En effet, les apôtres se considèrent toujours comme juifs. Et, même avant, la Congrégation chrétienne continue de payer sa dîme au Temple [13], en dépit du fait qu'elle est déjà en désaccord avec les autorités de ce Temple et que Jésus a annoncé aux apôtres que son heure était proche. De même, Jésus et la Congrégation vont dans les synagogues et s'estiment soumis à leur juridiction [14]. Le Conseil apostolique de Jérusalem, qui se forme après le départ de Jésus et qui est composé de Pierre, d'André, de Jean, de Jacques d'Alphée — théoriquement presbytre ou premier « évêque » de Jérusalem — et de Philippe, continue de s'estimer intégralement juif. Le premier concile qu'il tiendra, vraisemblablement en l'an 49 en présence de Saül-Paul et de son compagnon Barnabé, venus d'Antioche, recommande aux néophytes la stricte observance de la loi mosaïque : abstention de viande immolée aux idoles, de viande étouffée, de sang, de fornication [15]...

Le célèbre théologien et exégète Rudolf Bultmann le dit d'ailleurs clairement : la Congrégation chrétienne ne se considère pas comme une nouvelle religion distincte du judaïsme [16], mais comme le véritable Israël.

Toutefois un glissement s'opère insensiblement : la persécution des disciples de Jésus, entamée par Saül entre autres et poursuivie par le Sanhédrin jusqu'au siège de Jérusalem, devait immanquablement les pousser à quitter la capitale, puis la Palestine. Quand le nombre des gentils convertis au christianisme commença à croître, ceux-ci reprirent à leur compte l'antisémitisme gréco-romain, doublé cette fois-ci d'un antisémitisme religieux à l'égard du « peuple déicide », et ils rejetèrent les juifs dans les ténèbres extérieures.

Qui donc avait voulu convertir les gentils ? On le sait assez, c'est Saül-Paul. Il est le personnage crucial de la scission entre les disciples du juif Jésus et la communauté juive. Son rôle est capital par les répercussions qu'il entraîne et par le fait que c'est à partir de Paul que le christianisme s'oppose au judaïsme. Avait-il pour cela le blanc-seing du Conseil apostolique ? Certes non. Il disposait à peine de sa tolérance, et encore, la suite des événements allait prouver qu'elle était limitée, puis qu'elle lui avait été retirée. Peut-être faut-il ici se représenter la réalité historique : quel membre du Conseil pouvait oublier que c'était le policier Saül, pas encore Paul, de citoyenneté romaine, qui avait présidé à la lapidation d'Étienne et arrêté d'innombrables disciples à l'heure du laitier, à la tête de sa bande de mercenaires ? Et de quel droit, d'ailleurs, se serait-il arrogé la mission d'apôtre ? Il n'avait pas fait partie des Douze et ignorait tout de l'enseignement de Jésus. Tout d'un coup, une vision sur le chemin de Damas l'aurait retourné ; c'était possible, mais cela ne lui infusait pas pour autant la connaissance de l'enseignement qu'il prétendait diffuser.

Mais Paul n'en a cure : dans ses Épîtres, il proclame avec véhémence son indépendance du Conseil [17]. Le réquisitoire le plus sévère contre Paul a été dressé par Bultmann, une fois de plus : « En fait, ses Épîtres laissent à peine deviner la tradition palestinienne concernant l'histoire et l'enseignement de Jésus [...] Quand il se réfère au Christ comme exemple, il ne pense pas au Jésus historique, mais pré-existant [18]. Il ne cite les paroles du Seigneur que dans *I Corinthiens* VII, 10 sq., et IX, 14, et dans les deux cas, ce sont des règlements pour la vie de l'Église [...] Ce qui est d'une importance décisive est que la théologie propre de Paul, avec ses idées théologiques, anthropologiques et sotériologiques, n'est pas du tout une récapitulation de l'enseignement intrinsèque de Jésus, ni un développement de cet enseignement, et qu'il ne se sert jamais des paroles de Jésus sur la Torah pour soutenir son propre enseignement sur la Torah. » Bref, le Jésus de Paul est déjà un personnage mythique et l'enseignement qu'il en propage est de sa propre invention.

La vocation de missionnaire aurait été réitérée chez Paul, après la vision du chemin de Damas, par les injonctions d'Ananias, juif de Syrie qui lui aurait rendu la vue [19]. Pour le Conseil de Jérusalem, c'était d'abord une manifestation de l'Esprit saint qui s'était emparé du converti. Selon les Actes [20], le nombre de juifs de la diaspora convertis par Paul en Phénicie, à Chypre et à Antioche finit par attirer l'attention de la communauté nazaréenne, c'est-à-dire du Conseil de Jérusalem. Celui-ci aurait délégué Barnabé à Antioche, pour voir comment les choses se passaient [21]. La réalité est plus rude : le Conseil de Jérusalem est informé de l'hostilité croissante de Paul à la Torah, et notamment à la circoncision, et de son inclination à partager les repas avec les gentils.

Barnabé va ensuite ramener Paul, de Tarse où il se trouve, à Antioche. Les Actes ne soufflent mot de la suite : or, c'est à Antioche que prend place l'un des conflits les plus violents entre Paul et le Conseil de Jérusalem. Paul traite Pierre de « faux frère » et indirectement de faux jeton, et surtout il rejette formellement la Torah, à laquelle Pierre adhère toujours. Paul déclare, en effet, que « le Christ a racheté notre liberté de la malédiction de la Loi en devenant pour notre cause une chose maudite ». C'est la rupture totale avec le judaïsme, et de surcroît dans un blasphème. La malédiction de la Loi ! Mais Paul en rajoute : « Qu'en est-il de la Loi ?... C'était une mesure temporaire [22]... » Voilà donc l'homme qui s'est déclaré juif, benjaminite et prétend avoir été élevé « aux pieds du rabbin Gamaliel » ! Cette seule déclaration fait justice de ses fabrications. Quel juif eût-il prononcé une aussi radicale abjuration ? Certes pas les apôtres, qui pourtant avaient quelques raisons d'éprouver de la rancune à l'égard des tenants de la Loi.

Paul conclut par une formule stupéfiante : « Et le but de tout cela était que la bénédiction d'Abraham fût étendue aux gentils à travers Jésus-Christ. » La notion de peuple élu, l'Alliance, l'interdiction de mariage avec les gentils qui hante la Torah, tout cela qui prolongeait la bénédiction d'Abraham a disparu, ce qui donne l'aune des connaissances de Paul en matière de judaïsme. Abraham avait dit, s'adressant aux juifs : « En vous, toutes les nations trouveront leur bénédiction » ; avec Paul, c'est l'inverse puisque toutes les nations trouveront leur bénédiction en elles-mêmes, à l'exception des juifs.

On imagine la consternation du Conseil de Jérusalem, qui se trouve rejeté dans des limbes douteux. Que représente-t-il désormais ? Rien. Les apôtres qui étaient les témoins de Jésus et les premiers dépositaires de son enseignement se trouvent dépossédés. Paul a essaimé dans l'empire un nombre considérable de communautés chrétiennes : Derbé, Lystre, Iconium, Antioche de Pisidie, Tarse, Troie, Thessalonique, Bérée, Athènes, Corinthe, Philippes, Éphèse, Assos, Milet, Cos, Rhodes, sur lesquelles ils n'ont, eux, aucun pouvoir. Il a dit à tous ces gens que la Torah était révolue...

Ils vont alors tenter une dernière défense de leur héritage spirituel. Ils convoquent Paul à Jérusalem, où il est contraint de se rendre « sur l'injonction de l'Esprit » [saint] [23]. Quand il y arrive, il va chez le chef des apôtres, Jacques, et en présence de tous les « Anciens » (les autres apôtres et d'autres membres éminents de la communauté nazaréenne), il rend compte de « tout ce que Dieu a accompli parmi les gentils par l'entremise de son ministère ». Après avoir loué Dieu, les apôtres feignent de n'avoir pas entendu ce qu'il dit et relèvent que les milliers d'adeptes juifs sont des défenseurs résolus de la Loi. Ils ne font même pas mention des gentils convertis.

« Maintenant, reprennent-ils, on nous a communiqué certaines informations sur toi : on raconte que tu enseignes à tous les juifs du monde gentil de tourner le dos à Moïse, de renoncer à circoncire leurs fils et à suivre notre mode de vie. » L'accusation est on ne peut plus claire. Sur quoi, les apôtres observent que les juifs de Jérusalem sont certainement au courant de sa présence dans la ville. Pour se disculper, Paul doit payer les frais rituels de purification pour quatre hommes désignés par le Conseil qui ont fait un vœu de pénitence, c'est-à-dire de naziréat, après quoi ils pourront se raser la tête. Bien entendu, Paul fera aussi ce vœu de pénitence. « Alors tout le monde verra qu'il n'y a rien de vrai dans les histoires qu'on a racontées sur toi, mais que tu es un juif pratiquant et que tu respectes la Loi. »

Bref, le Conseil exige de Paul une abjuration complète. Les sanctions, en cas de refus, sont évidentes : des messagers seraient délégués dans les communautés qu'il a fondées pour déclarer qu'il n'a aucun pouvoir, que son enseignement est nul et non avenu et que la Loi est toujours en vigueur. Paul a deviné depuis quelque temps la menace qui pesait sur lui : « J'espère que nous ne sommes pas disqualifiés », déclarait-il déjà dans la seconde *Épître aux Corinthiens* [24]. Il est contraint de s'exécuter : il se soumet au rituel de purification et se rend au Temple pour publier la date à laquelle la période de pénitence, qui est de sept jours, prendra fin. Juste avant la fin de cette période, des juifs d'Asie aperçoivent Paul dans le Temple et provoquent une algarade : « Hommes d'Israël ! Au secours ! Au secours ! Voilà le type qui répand sa doctrine dans le monde, attaquant notre peuple, notre Loi et ce sanctuaire. Et par-dessus le marché, il a fait entrer des gentils dans le Temple et profané ce lieu saint. » Les « gentils » en question, c'est Trophime d'Éphèse, païen converti qui a accompagné Paul à Jérusalem. Converti, il a droit d'accès au Temple, mais les juifs d'Asie feignent de ne pas le savoir. Ils traînent Paul hors du Temple et veulent le mettre à mort pour crime d'antisémitisme : « Il attaque notre peuple. » Paul est alors sauvé de justesse par la légion romaine.

Que sont devenus les quatre *nazirs* qui accompagnaient Paul ? Mystère. Ils auraient pu témoigner pour lui, mais ils ont disparu. Et que fait le Conseil ? Rien. Il pourrait quand même déléguer quelques hommes pour disculper Paul, sinon sur-le-champ du moins plus tard, quand les juifs harcèlent les autorités romaines pour obtenir sa condamnation. Rien de tel. L'essentiel est que Paul est mis hors d'état de nuire ; il est doublement discrédité, d'abord parce qu'il a publiquement renié son propre enseignement, ensuite parce qu'il a été désigné tout aussi publiquement comme antijuif. L'épisode ressemble étrangement à une chausse-trappe.

Après cela, on n'a plus aucune trace d'un éventuel contact entre Paul et le Conseil de Jérusalem. Pourtant, sa captivité à Césarée est longue. Les apôtres auraient pu lui déléguer un messager. Mais non. Bon débarras.

Paul est emmené à Rome pour y être jugé, selon sa demande, par l'empereur lui-même, Néron. Il est présent à Rome durant le grand incendie de 60, puis l'on perd sa trace. La tradition veut qu'il soit mort décapité entre juillet 67 et juin 69, sans doute la même date à laquelle Pierre, qui l'aurait rejoint en 64, fut mis à mort, mais non décapité. La décapitation prouverait une fois de plus sa romanité : seuls les citoyens romains avaient droit à cette mort honorable, les autres étant pendus ou crucifiés.

Mais l'essentiel est fait : les communautés chrétiennes fondées par Paul vont se développer selon leur dynamique propre. Et d'autant plus facilement que les discours de Paul sont d'inspiration païenne : « Du fait de son origine païenne, écrit Hyam Maccoby, Saül aura vu dans l'histoire de la mort et de la résurrection de Jésus des significations qui étaient en fait absentes de l'esprit des Nazaréens [...] La signification de la mort du dieu dans les cultes à mystères aura resurgi en lui. » Jésus est une version nouvelle des dieux sacrifiés dans leur jeunesse par les puissances mauvaises ou supérieures pour entretenir la vie : Osiris, Héraklès, Tammouz, Adonis.

Paul prétend également introduire une nouvelle définition du « vrai juif » : ce n'est pas celui qui est visiblement un juif, mais celui dont le cœur est circoncis [26], audacieuse formule rhétorique, digne de l'hellénisme, qui va permettre de rejeter les juifs de fait et de droit comme de faux juifs. Les juifs appartiennent à l'« Israël selon la chair [27] », par opposition à l'« Israël de Dieu [28] », vision platonicienne qui suppose l'existence d'un Israël préexistant de toute éternité et qui préfigure *La Cité de Dieu* de saint Augustin. Une fois de plus, le juif-juif, si l'on peut ainsi dire, devient un humain de seconde classe, un arrogant qui se félicite étourdiment d'avoir respecté la Loi, qui se vante de Dieu et de la Torah [29] et qui se donne des airs avec ses « visions » et ses « révélations » [30]. Du coup, implicitement, les prophètes sont précipités dans un cul-de-basse-fosse, ce ne sont plus que des visionnaires arrogants. Impossible de lire les Épîtres de Paul sans achopper de nombreuses fois sur le dénigrement systématique des juifs, de leur enseignement et de tout leur système.

Il serait aisé ou tentant de condamner Paul, mais ce serait oublier qu'il n'a pas le choix : les communautés juives d'outre-mer sont encore assez nombreuses pour lui valoir des avanies, comme à Corinthe. Et le temps presse, il faut qu'avant le soir de sa vie il ait rallié assez de néophytes pour que l'hostilité des communautés juives ne risque plus de les étouffer. Un fait est sûr : la rupture entre le christianisme et le judaïsme est consommée. « C'est à partir du moment où Paul entre en scène que le fossé se creuse et s'approfondit entre les deux religions [31]. » La base du judaïsme est la Torah et Paul l'a abolie. Les nouveaux chrétiens vont porter leurs efforts sur la négation de la Torah, et donc contre les juifs. L'antijudaïsme spécifiquement religieux apparaît pour la première fois dans l'histoire.

Pendant près de deux siècles, les premières communautés chrétiennes oscillèrent entre le rejet pur et simple de la Torah et des accommodements casuistiques sur l'interprétation nouvelle qu'il convenait de lui donner [32]. À la fin du Ier siècle, l'attente fiévreuse du retour du Messie et de l'avènement de l'Âge d'or s'était épuisée. L'Église des gentils fondée par Paul ne pouvait toutefois pas renoncer à sa grande espérance eschatologique : ce fut alors que se fonda la théologie de la grâce et des mystères de la foi, qui éveillait de profondes résonances dans le monde latin hellénisé et familier des mystères d'Éleusis, de Dionysos et d'Orphée. Paul avait déjà semé les graines de cette théologie quand, dans son *Épître aux Galates*, il les assurait, après les avoir traités de « gens stupides », qu'ils avaient reçu l'Esprit saint [33] ; allaient-ils le nier ? C'était, comme l'observe William Nicholls [34], un pas de plus qui écartait les chrétiens du judaïsme, lequel n'avait jamais cultivé cette eschatologie-là.

Au IIe siècle, les premiers auteurs chrétiens exploitent déjà la notion du « peuple déicide », tel Justin, qui ne croit cependant pas que leurs souffrances soient la sanction de ce crime. Justin estime seulement que la circoncision est une signature négative qui exclurait les juifs de la communauté des croyants et non plus le signe de leur alliance avec Dieu [35]. Méliton de Sardes, chef de la communauté chrétienne de cette ville, oppose, lui, la Pâque chrétienne à la Pâque juive, de loin « inférieure », et reproche aux juifs d'avoir célébré la leur alors qu'ils crucifiaient Jésus. Ils sont donc bien les vrais sacrificateurs de l'agneau pascal [36], et c'est Dieu même qu'ils ont crucifié. Il insiste aussi sur le fait que les païens ont mieux accueilli le Christ que les Juifs.

Voire : Méliton oublie que l'expulsion de Rome, par l'empereur Claude, des « juifs » qui s'agitaient *impulsore Chresto*, visait les chrétiens et non les juifs. Il a oublié également les persécutions de Néron et la « semi-persécution » de Trajan [37]. Et il préjuge de l'avenir.

Avant sa rupture avec l'Église, Tertullien, qui définit pourtant les chrétiens comme une « secte juive », adresse aux juifs des accusations mordantes autant qu'injustes, leur reproche de s'être écartés de la loi divine (que Paul avait pourtant déclarée abolie), d'avoir commis « toutes sortes de prévarications », dont leur malheur serait la punition méritée : « Dispersés, vagabonds, bannis de leur sol et de leur climat, ils errent par toute la terre, n'ayant pour roi ni un homme ni un Dieu, et il ne leur est pas permis de saluer et de fouler le sol de la patrie, même à titre d'étrangers [38]. »

Les chrétiens, toutefois, n'en mènent pas plus large et l'*Apologétique* du même auteur le prouve assez : on les accuse d'infanticide, d'inceste, d'orgies et de toutes sortes d'horreurs. Ils sont entourés d'ennemis « et spécialement les juifs par haine, écrit encore Tertullien, les soldats par besoin d'exactions ».

N'importe, la véritable histoire de Jésus et de son procès est totalement occultée dans les communautés chrétiennes par une mythification intégrale. Même l'hérétique gnostique Marcion, qui ne croit pas que Jésus ait été pleinement incarné, qualifie le judaïsme d'« obsolète » et de révélation d'un « Dieu inférieur », qui n'est pas le vrai Dieu du christianisme. Le christianisme naissant réfute jusqu'à l'idée que le Messie était juif et, ce qui n'est pas la même chose, que ce fût un Messie juif. On vit même des théologiens prétendre que la prédestination de Jésus démontrait que le christianisme était antérieur au judaïsme. Argumentation qui mérite de retenir l'attention, parce qu'elle implique qu'il y aurait un « progrès » dans les religions [39] ; mais aussi parce qu'elle témoigne ou d'une connaissance superficielle du judaïsme, ou alors d'une méconnaissance feinte. À en juger par ses textes, le christianisme naissant ignore apparemment tout de l'histoire du judaïsme, des dissidences samaritaine et sadducéenne, qui rejetèrent la loi orale, aussi bien que la Michnah, et de la tradition halakhique ; le judaïsme est traité comme un bloc immuable, ce qu'il ne fut jamais. Certes, l'histoire comparée des religions n'existe pas à l'époque, mais on peut quand même s'étonner de ne pas trouver dans la littérature patristique un mot de reconnaissance, au sens fondamental du mot, à l'égard de ce monothéisme que les juifs ont introduit dans l'histoire et que les chrétiens se sont approprié. C'est à partir de ce moment que se forme ce qu'on peut appeler « le fantasme juif », qui perpétuera ses méfaits au-delà de l'expansion du christianisme.

Toujours est-il que la machine rhétorique chrétienne est entrée en marche ; elle ne s'arrêtera plus pendant des siècles dans son effort pour démontrer que les juifs sont coupables du fameux « déicide »[40]. Les juifs sont, en effet, très nombreux dans l'empire.

L'accusation d'archaïsme adressée par Marcion au judaïsme est révélatrice de l'état d'esprit de la jeune chrétienté. Celle-ci est imprégnée de la conviction qu'il s'est effectivement produit une révolution métaphysique, véritable oxymoron conceptuel, parce que le métaphysique exclut justement toute évolution et à plus forte raison toute révolution. Mais elle croit, et sans doute sincèrement, que Dieu s'est soudain détourné du judaïsme pour créer une nouvelle religion, ou plus exactement une religion nouvelle, donc que le judaïsme est « démodé ». Et Marcion n'est pas le seul : on retrouve la même idée chez presque tous les auteurs chrétiens des premiers siècles, qui reprennent le thème paulinien de l'abolition de la Loi et de l'avènement de la seule vraie religion, la nouvelle, le christianisme.

On pourrait observer qu'en cela les premiers chrétiens se montrent davantage qu'ils ne pensaient héritiers du judaïsme, puisque ce fut celui-ci qui fit intervenir Dieu pour la première fois dans les affaires humaines, ainsi qu'on le voit dans le Pentateuque. Reste que la conviction, le sentiment inexpugnable de « nouveauté » dans les cœurs de la chrétienté, va assurer à celle-ci un dynamisme exceptionnel. Et un dédain qui va jusqu'au mépris pour les juifs qui attendent toujours le Messie, alors que celui-ci est déjà venu.

Une fois de plus, il serait évidemment excessif de désigner Paul comme seul responsable de ce nouvel antijudaïsme. « Le germe n'est rien, le terrain est tout », disait Pasteur. Mais le germe fut actif et virulent : s'il n'avait pas radicalement tranché les liens avec le judaïsme et s'il n'avait pas tenu des propos infamants à l'égard de la Loi, Paul n'aurait pas engagé le christianisme dans l'antijudaïsme, ouvrant ainsi la voie à des persécutions qui allaient se changer en antisémitisme, s'étendre sur des siècles et atteindre des formes souvent odieuses. Mais il ne pouvait pas s'écarter de la ligne tracée par Jésus dans sa prise de position originelle, c'est-à-dire ses imprécations contre les Pharisiens et les Sadducéens.

On avancera peut-être que Paul et les premiers apologistes eussent pu, en effet, atténuer leur hostilité aux juifs. Mais il eût fallu pour cela deux conditions : la première, c'est que les juifs eux-mêmes ne leur fussent pas hostiles — et ils l'étaient. La seconde, qu'ils fussent humanistes. Or, il n'existe pas, ne peut pas exister d'apôtre humaniste : seule la fréquentation des philosophes assouplit la rigueur, veloute les convictions et anémie l'ardeur prosélyte. De plus, Paul était romain et l'on a vu plus haut qu'il n'existait pas d'humanisme romain. L'humanisme relativise les convictions et inculque le respect d'autrui, et aucune religion ne peut conquérir de terrain si elle respecte les convictions d'autrui.

La citoyenneté romaine que Paul avait revendiquée n'était donc pas accidentelle : elle lui était essentielle et organique. Son terrain de conquête était, en effet, celui du monde latin. Présenté tel quel, le message d'un prophète juif crucifié ne lui eût pas attiré les audiences extraordinaires qu'il a rassemblées. La croix était un supplice infamant, que les néophytes eussent trouvé inadmissible pour un dieu. Le génie de Paul a consisté à le réinterpréter, à l'élever à la hauteur d'un mythe et à se servir de la crucifixion comme du paradoxe suprême, l'abaissement de la puissance suprême à l'exposition sur la croix, dans l'humiliante nudité des crucifiés. Et cela pour le rachat du monde. Fatalement, il fallait trouver des coupables, et tout aussi fatalement, ce furent les juifs.

Mais, rendus à ce point, il nous faut dépasser les circonstances historiques aussi bien que l'impact des personnalités sur elles.

La scission entre l'antique judaïsme et le christianisme naissant qui s'est opérée dès les premières entreprises missionnaires de Paul, ainsi que le succès foudroyant de celles-ci, sont incompréhensibles hors du domaine des mythes. Le mythe chrétien du dieu sacrifié pour le renouveau du monde, tel que l'exposait Paul, correspondait profondément aux schémas des grandes mythologies gréco-latines : il était particulièrement proche de celui de Dionysos, le dieu fils du roi des dieux, Zeus, démembré par les Ménades et offert aux dieux, chair et sang, de même que de celui d'Adonis, le dieu qui renaît de son propre sang pour donner le signal du printemps. Paul cite d'ailleurs *Les Bacchantes* d'Euripide par deux fois, mais évidemment sans le dire [41]. L'acceptation de la liturgie de l'Eucharistie, qui implique la consommation symbolique de la chair et du sang divins, était préparée de longue date par les mystères dionysiaques, éleusiens, orphiques. Enfin, en autorisant et en encourageant les représentations du sacré (sculptures, peintures, mosaïques), le christianisme s'inscrivait dans la droite ligne de la culture gréco-romaine. La tradition des images illustrait le mythe, devenu dogme, de l'Incarnation. L'icône représentant le divin prouvait aussi bien son incarnation que sa transsubstantiation [42].

Le mythe juif, en revanche, dans son âpreté et son abstraction, pouvait sans doute séduire par son mystère certains groupes de la société gréco-romaine (peut-être les plus ouverts au gnosticisme, d'ailleurs), mais il ne disposait ni de la dynamique, ni du terrain nécessaires pour supplanter les anciennes religions païennes. Les faits le démontrent : les conquêtes du prosélytisme juif en trois siècles furent infiniment plus faibles que celles du prosélytisme chrétien. Le Dieu unique, intransigeant et jaloux sur lequel il s'organisait, et qu'il était interdit de nommer et de représenter, l'absence intégrale de toute présence féminine dans le ciel juif, ne pouvaient emporter l'adhésion d'un monde païen, sensuel, imprégné d'images, d'incantations et de beauté.

On s'interroge toujours, quelque dix-huit siècles plus tard, sur les causes de l'essor surprenant du christianisme dans les trois premiers siècles de notre ère, essor qui occulta, puis tenta d'étouffer le judaïsme. Certains historiens y ont vu une preuve quasiment mystique de l'attente du christianisme ; d'autres l'ont attribué au fait que la religion romaine était devenue trop « littéraire », trop bien racontée par des récits qui avaient dépouillé les mythes de leur mystère. En d'autres termes, la religion aurait été rabaissée au rang de folklore.

Il me paraît bien plus probable que la religion romaine avait méconnu le besoin inné et irrépressible de transcendance. Elle était devenue une religion civique, et le grand tort des empereurs fut de se laisser diviniser, voire de revendiquer la divinité comme Caligula. Le peuple, tout comme l'aristocratie, connaissait trop bien les travers de ses maîtres, leurs misérables secrets, leur stupre, leurs prévarications, leurs innombrables combines. Les Romains de Rome aussi bien que de Corinthe ou de Philadelphie savaient parfaitement que ce n'étaient pas là des dieux, mais des intrigants qui avaient réussi à conquérir le trône par le poignard, le poison ou le sexe. Les défilés et cortèges qui célébraient Auguste ou Néron à l'instar de Jupiter Capitolin ou Fulgur, d'Apollon ou d'Hercule ne répondaient pas au sentiment que l'on croit réservé au XXe siècle et qui est l'angoisse existentielle, cette éternelle angoisse qui poussa même le rationnel Cicéron au suicide. Ils aspiraient à une religion transcendante qui les ferait pénétrer par la divinité, et celle que leur offrait Paul répondait à leur attente aussi bien qu'à leurs traditions.

Les juifs avaient espéré survivre à ce déferlement d'angoisse : ils furent surpris dans leur isolement.

Bibliographie et notes critiques

1. Cette phrase terrible, d'ailleurs citée par le seul Matthieu (XXVII, 26), est particulièrement suspecte, parce que c'est une inversion caractérisée de la formule recommandée par la Mishnah pour les ennemis de Dieu : aucun juif n'aurait appelé le sang de qui que ce fût à retomber sur lui et sur ses enfants. Ian Wilson, dans *Jesus — The Evidence* (Weidenfeld & Nicolson, Londres, 1984), estime d'ailleurs que l'Évangile de Matthieu a été rédigé à Rome par quelqu'un qui témoignait de préjugés favorables aux Romains. La phrase n'est pas plus crédible que celle que Jean prête à la foule : « Nous n'avons pas d'autre roi que César ! » (XIX, 25). Si les juifs subissaient bien la tutelle romaine, il est excessivement douteux qu'ils eussent revendiqué César comme roi, puisque, justement, Pilate avait failli déclencher des émeutes quand il avait sommé le Temple des aigles romaines.

2. Luc, XXIV, 19.

3. II, 22. Il faut relever que Pierre se sert d'une expression discutable, « Jésus de Nazareth », qui n'a historiquement pas de fondement, car c'est de Jésus le Nazaréen qu'il s'agit.

4. Marc, XVI, 1-7. Les termes de l'ange dans la même scène chez Matthieu, XXVIII, 1-7, sont à peu près identiques.

5. L'une des plus déconcertantes de ces contradictions oppose les Évangiles de Matthieu et de Luc : Matthieu consacre toute l'introduction de son Évangile (1-17) à une généalogie qui tend à démontrer que Jésus est le descendant de David, alors que Luc cite une réflexion de Jésus qui annule tout intérêt pour cette généalogie : « Comment peuvent-ils dire que le Messie descend de David ? Car David lui-même dit dans le Livre des Psaumes : "Le Seigneur a dit à mon Seigneur, 'Assieds-toi à ma droite jusqu'à ce que je fasse un repose-pieds de tes ennemis.'" David l'appelle donc "Seigneur" ; comment pourrait-il être alors le fils de David ? » (XX, 39-44).

6. Eusèbe, *Histoire ecclésiastique*, V, 20, 2. Il existe un corpus considérable de littérature exégétique qui permet de dégager les innombrables couches d'ajouts qui recouvrent le texte originel et sans doute introuvable du Nouveau Testament. La seule *Anchor Bible* (Doubleday and Company, New York) y consacre vingt volumes de plus de mille pages chacun (dont deux volumes, au total 2 500 pages, au seul Évangile de Jean).

7. Marc, XV, 6 sq.

8. Matthieu, XVI, 17-18.

9. *Histoire de la tradition synoptique* (Éditions du Seuil, 1973). Bultmann cite les autres auteurs qui partagent son opinion.

10. Matthieu, XVII, 24-27 et XVIII, 17.

11. *Évangile selon Thomas*, logion 12, trad. Philippe de Suarez (Metanoïa, 1975) et *Écrits apocryphes chrétiens, op. cit.*

12. Il est probable que, lorsque l'ajout frauduleux « Tu es Pierre, etc. » fut fait, les évêques n'avaient plus souvenir de la nomination de Jacques. Selon Flavius Josèphe, Jacques fut tué en même temps que plusieurs de ses compagnons pendant une vacance du siège de procurateur.

13. Matthieu, XVII, 24-27.

14. Marc, XII, 9 et Mt. X, 17.

15. Actes, XV, 2, 4, 12 et 22.

16. *Theology of the New Testament*, vol. 1 (SCM Press, Londres, 1952). Incidemment, j'ai, dans *L'Incendiaire, vie de Saül apôtre, op. cit.*, repris et mis en scène ces opinions de Bultmann ; certains chiens de garde m'ont alors traité d'« imposteur ». Je me trouve toutefois en meilleure compagnie du côté de Bultmann que du leur.

17. *Gal.*, 1-2.

18. *Phil.* II, 5 sq. ; *II Cor.* XIII, 9 ; *Rom.*, XV, 3.

19. Actes, IX, 15 et XXII, 12 *sq.* ; *I Cor.* IX, 1 et XV, 9.

20. Actes, XI, 19-25.

21. Ces pages ne traitent pas de l'entreprise missionnaire de Paul, et l'on n'y trouvera donc pas le détail des réactions du Conseil de Jérusalem à ses entreprises. Mais on trouvera, entre autres, dans *L'Incendiaire, vie de Saül Apôtre, op. cit.*, notes 120 et 127, les raisons de douter de la version des Actes de la mission de Barnabé à Antioche ; en réalité, il semble bien que le Conseil de Jérusalem ait délégué à Paul un surveillant afin de le ramener dans la ligne du Conseil, qui n'entendait pas se distancer de la Torah, ni du judaïsme.

22. *Gal.*, III, 13 et 19.

23. Actes, XX, 22. Un peu plus loin, curieusement (XXI, 4), le même Esprit saint avertit les disciples de Paul à Tyr de le faire renoncer à sa visite. Il est évident qu'ils sont au fait du conflit entre Paul et le Conseil et n'escomptent rien de bon de cette entrevue.

24. XIII, 6.

25. *Paul et l'invention du christianisme, op. cit.*

26. *Rom.* II, 28.

27. *I Cor.* X, 18.

28. *Gal.* VI, 16.

29. *Rom.* II, 17 et 23.

30. *I Cor.* XII, 1.

31. *La Civilisation de l'antiquité et le christianisme* (Arthaud, 1970).

32. Bultmann a analysé dans le chapitre *The Church, Judaism and the Old Testament*, de *Theology of the New Testament, op. cit.*, les efforts d'auteurs tels que Clément, Ptolémée, Justin Martyr, pour conserver l'héritage de l'Ancien Testament tout en développant la théologie de Paul, ce qui devait mener à des péripéties particulières, telles que la récupération des juifs par le biais des congrégations gnostiques, chapitres peu connus de l'Église primitive.

33. *Gal.* III, 2.

34. *Christian Antisemitism — A History of Hate* (Jason Aronson Inc. Aronvale, New Jersey, Londres, 1995).

35. *Dialogue*, XI, 123-124, in Robert A. Kraft, *The Apostolic Fathers — A New Translation and commentary*, 3 vol. (Nelson, New York, 1965).

36. B. Lohse, *Die Passa-Homilie des Bischofs Meliton von Sardes* (E. Brill, Leyde, 1958).

37. Pline le Jeune, nommé en 111 gouverneur de Bithynie, interroge Trajan sur la politique qu'il convient de suivre à l'égard du christianisme, qui se répand de manière alarmante. Pline lui-même a fait exécuter ceux qui se déclaraient chrétiens et refusaient donc les rites de célébration des dieux païens et de l'empereur. Trajan lui répond qu'il ne faut pas rechercher les chrétiens, mais seulement punir les obstinés qui refusent de sacrifier aux dieux. Cf. Marcel Simon, *La Civilisation de l'antiquité et le christianisme, op. cit.* C'est donc une demi-mesure que celle de Trajan, mais déjà une distinction s'est opérée entre le judaïsme et le christianisme.

38. *Apologétique*, XXI, 4-5, texte traduit et présenté par J.P Waltzing, introduction et notes par Pierre-Emmanuel Dauzat (Les Belles Lettres, 1998).

39. Cette notion d'un « progrès » dans l'histoire des religions, profondément paradoxale et évoquée dans l'avant-propos de ces pages, sera reprise au xxe siècle par des anthropologues tels que Lucien Lévy-Bruhl dans *La Mentalité primitive*, Émile Durckheim dans *Les Formes élémentaires de la vie religieuse* et Bronislaw Malinowski dans l'ensemble de son œuvre.

40. Alan T. Davies, *Antisemitism and the Foundations of Christianism* (Paulist Press, New York, 1979).

41. Le célèbre conseil « Ne regimbe pas contre l'aiguillon » Actes XXVI, 14) est une citation directe de l'injonction de Dionysos à Penthée dans *Les Bacchantes*, 795 (trad. Henri Grégoire, Les Belles Lettres, 1961) : « Au lieu de regimber contre son aiguillon — un mortel contre Dieu ! — je lui sacrifierais... » Et la forme singulière de la phrase de *2 Tim.* IV, 6 : « Quant à moi, ma vie est déjà répandue sur l'autel... » a été rapprochée du vers d'Euripide, « Ce Dieu, tout Dieu qu'il est, coule en offrande aux Dieux... » *Les Bacchantes*, 285, toutes deux comportant la forme passive rare du verbe grec σπενδω et le verbe également rare θεομακειν.

3.

La grande confusion des premiers siècles

LES PAÏENS INSULTENT LES CHRÉTIENS ET LES CHRÉTIENS, LES JUIFS — SAINT JEAN CHRYSOSTOME TRAITE LES JUIFS DE « TENANCIERS DE BORDELS » — LES JUIFS PRIVÉS DE LEURS DROITS CIVIQUES — INTERDICTION DE BÂTIR OU DE RESTAURER DES SYNAGOGUES — INTERDICTION DE LA CIRCONCISION ET AUTORISATION DE LA VIOLATION DES SANCTUAIRES JUIFS — PARALLÈLE ENTRE LES MESURES ANTIJUIVES DE BYZANCE ET CELLES DU IIIe REICH — L'INFLUENCE DE SAINT AUGUSTIN, HÉRITIER DE PLATON ET D'ARISTOTE — RÉFLEXIONS SUR LE TOTALITARISME

Avant que le statut du christianisme fût officialisé par l'édit de Thessalonique, en 380, quarante-trois ans après la conversion et la mort quasi simultanées de Constantin, l'antisémitisme chrétien ne pouvait se manifester que par des écrits individuels. Quelle qu'en fût l'éloquence, les vitupérations des orateurs partaient dans le vent et ne s'adossaient à aucun pouvoir civil, aucune loi ; elles restaient donc sans effets. Que les chrétiens n'aimassent pas les juifs, c'était leur droit, mais cela n'avait pas, pour les Romains, plus d'importance que l'antipathie éventuelle des Thraces pour les Bithyniens : qu'étaient donc les chrétiens pour les Romains, sinon une secte juive ?

La première Église était elle-même persécutée par les Romains, elle n'avait guère de moyens et aucun pouvoir temporel et, faute d'autorité centrale, elle était déchirée par des schismes et des hérésies à répétition, notamment l'arianisme et le gnosticisme [1], dont elle n'allait se dépêtrer que par une cascade de conciles. Les premières communautés chrétiennes — Césarée, Éphèse, Antioche, Thessalonique, Corinthe — étaient soumises aux pouvoirs de leurs chefs locaux et aux pressions spirituelles et temporelles des cultes locaux. Elles n'avaient ni dogmes, ni théologie à proprement parler, mais une mosaïque d'interprétations des Évangiles et à peu près autant de christologies que d'évêques et de patriarches, qui s'anathématisaient à l'envi d'une province l'autre.

Jusqu'aux IIIe et IVe siècles, les chrétiens eux-mêmes subirent des attaques idéologiques souvent extrêmement virulentes, comme celle du philosophe païen Porphyre de Tyr (env. 232 – 305). Dans son pamphlet *Contre les chrétiens*, Porphyre nie la divinité de Jésus et déclare que les chrétiens ne cherchent que la richesse et la gloire. Ammien Marcellin, historien grec du IVe siècle, n'est pas plus tendre à leur égard : « Les animaux les plus sauvages sont moins à craindre pour les hommes que les chrétiens les uns pour les autres. » Même après la conversion de Constantin, la partie n'est pas gagnée pour eux : en 362, l'empereur Julien, dit l'Apostat, tente de restaurer le paganisme (en l'occurrence le mithraïsme), fait rouvrir les temples et interdit aux chrétiens d'enseigner les lettres classiques. L'année suivante, il publie un pamphlet *Contre les Galiléens*, dans lequel il décrit les chrétiens comme des gens incultes et grossiers.

La persécution des chrétiens à l'époque romaine a été beaucoup exagérée : une propagande enclenchée au XIXe siècle laisserait croire que le temps, à Rome, se passait en jeux du cirque où l'on donnait tous les soirs des chrétiens à manger aux lions et où l'on s'éclairait à la « torche chrétienne ». On s'étonnerait presque que les lions eussent encore faim. Néanmoins, cette persécution se déclenchait sporadiquement, et c'est ainsi qu'au IIe siècle Tertullien, par exemple, admoneste le proconsul Scapula de Carthage : si tu persécutes les chrétiens, lui dit en substance l'apologiste, tu auras affaire non seulement à la foule des pauvres, mais même à des gens de ta propre classe.

Leurs propres tribulations n'incitaient certes pas les chrétiens à la mansuétude à l'égard des juifs. Bien au contraire, leur campagne antijuive prenait de l'ampleur. Au IIe siècle, un texte intitulé l'*Épître de Barnabé*, à laquelle deux auteurs de taille, Clément d'Alexandrie et Origène, prêtaient une autorité canonique, se livrait à des distorsions étonnantes dans l'interprétation de la Torah :

« Et quelle figure percevez-vous dans ce commandement fait à Israël qui veut que les hommes coupables des pires fautes amènent une génisse, l'égorgent et la brûlent ; que des enfants ramassant alors la cendre la versent dans des urnes, qu'ils enroulent autour d'un bois la laine écarlate (encore une figure de la croix, avec la laine écarlate) et l'hysope, et qu'ils aspergent ainsi le peuple pour le purifier de ses péchés ? Remarquez la simplicité de ce langage. La génisse désigne Jésus et les pécheurs qui viennent l'immoler sont les mêmes qui l'ont conduit à la mort. Et désormais, c'en est fait de ces hommes, c'en est fait de la gloire des pécheurs[3]... »

L'abolition de la Loi est la plus grande obsession des auteurs chrétiens primitifs : « Persister jusqu'à ce jour à vivre selon la Loi, c'est avouer n'avoir pas reçu la Grâce », écrit ainsi Ignace d'Antioche aux Magnésiens[4].

Quelque deux siècles plus tard, l'antijudaïsme monte de plusieurs crans dans la violence. Le plus véhément des antijudaïstes chrétiens (et sans doute le plus mal nommé) est à coup sûr Jean Chrysostome (« Bouche d'Or »), le plus révéré des Pères de l'Église d'Orient et saint de son état posthume, celui dont on louait à l'envi « la beauté spirituelle » des sermons. Au IVe siècle donc, ce théologien inspiré raconte que les juifs « avaient construit un bordel en Égypte, qu'ils faisaient furieusement l'amour avec les Barbares et adoraient des dieux étrangers[5] ». « Athées, idolâtres » (singulière contradiction dans une bouche d'or), « infanticides, lapidateurs de leurs propres prophètes et coupables de dix mille horreurs », poursuit le même Chrysostome. Apostats, déicides, païens, corrompus, et désormais tenanciers de bordels, tels seraient donc les juifs. Et les orateurs chrétiens renchérissent sur leur maître, jamais à court d'insultes dégradantes quand ils veulent rabaisser les juifs, et même sous le feu des invectives païennes. Les plus venimeux des antisémites du xxe siècle n'ont, comme on le voit, rien inventé.

On emplirait une encyclopédie des discours des autorités morales et religieuses chrétiennes, accusations, injures et déblatérations diverses écrites et publiées contre les juifs, qui étaient lues aux fidèles, diffusées, déformées, amplifiées, attisant la haine la plus bestiale, même plus religieuse. Comme on l'a vu plus haut, la traduction de l'Ancien Testament en grec avait été un moment funeste de l'histoire du judaïsme, parce qu'elle fournissait constamment des armes aux chrétiens pour « prouver » la bassesse du peuple juif, qui avait essayé d'assassiner Moïse (ce qui était une interprétation pour le moins tendancieuse du passage de l'Exode XVII, 4, où Moïse déclare à Dieu qu'il craint de se faire lapider) et avec lequel Dieu avait rompu son alliance (ce qui était faux). Les effets pervers de la Septuaginte n'en finissaient pas de se répercuter à travers les siècles.

Sous ces avanies de charretiers et ces diatribes contournées, proférées du haut des chaires et à l'ombre de la puissance impériale, triomphait une rhétorique particulièrement perverse qui consistait à s'emparer des imprécations des prophètes juifs contre leur peuple (et elles ne manquent pas) pour prouver que le peuple juif avait failli à son alliance avec Dieu et que c'était le peuple des gentils qui l'avait remplacé comme Peuple élu. L'Église se substituait ainsi à l'Israël historique pour devenir l'Israël céleste, et Eusèbe, évêque de Césarée, auteur entre autres de la prolixe *Préparation évangélique* (quinze volumes), prétendait ainsi, à la fin du ive siècle, qu'Abraham, Isaac et Jacob n'étaient pas des juifs, mais qu'ils appartenaient comme les chrétiens à une « race universelle » et à l'Église éternelle et prédestinée. On enlevait donc aux juifs jusqu'à leurs patriarches et à leurs livres sacrés.

Pour compliquer les choses, un syncrétisme surprenant, le judéo-christianisme, mâtiné de gnosticisme, fleurissait aux franges du christianisme, se nourrissant et diffusant des évangiles non canoniques [6], égarant les esprits chrétiens et juifs aussi bien, et suscitant la fureur des uns et des autres. Il existait déjà du temps de Paul ; c'était à ces chrétiens qui ne voulaient pas abandonner complètement le judaïsme que s'adressait l'admonition radicale de l'*Épître aux Galates* (I,8) : « Si n'importe qui, si nous-mêmes ou un ange du ciel venait prêcher un évangile différent de celui que nous vous avons prêché, il sera banni. » Mais la dissidence était tenace.

Cependant enfin le christianisme prévalait lentement contre le paganisme, et les juifs le vérifièrent à la mitraille d'édits impériaux qui, non seulement leur retirèrent les privilèges concédés par les païens, mais encore les rabaissaient en termes injurieux au rang d'humains inférieurs. Après le concile de Nicée, en 325, l'hystérie antijuive redoubla de fureur. Le Christ ayant été défini comme « Divinité de la Divinité, Lumière de la Lumière, Vrai Dieu du Vrai Dieu, consubstantiel avec le Père », le reproche le plus courant qu'on adressait aux juifs était celui de « déicides ». On ne pouvait trouver meilleur prétexte à leur persécution.

Tout commença le 18 octobre 315, lorsque Constantin interdit aux juifs de prendre des mesures contre leurs coreligionnaires convertis au christianisme, et par la même occasion prit lui-même des mesures pour décourager les chrétiens de se convertir au judaïsme.

Le 7 mars 321, Constantin décida que le dimanche serait le jour officiel de l'empire. Apparemment, ce n'était pas une mesure spécifiquement dirigée contre les juifs, mais Constantin n'était pas assez sot pour ignorer qu'elle leur enlèverait un jour de travail, car jusqu'alors, tout le monde avait travaillé le dimanche ou le jour qui lui plaisait. Puisque les juifs s'abstenaient de toute activité le samedi, ils s'en abstiendraient aussi bien le lendemain.

On ne connaît pas exactement la date à laquelle la juridiction byzantine décida que les juifs qui circoncisaient leurs esclaves les affranchissaient du même coup, si l'on peut dire. Les juifs, en effet, suivant les prescriptions de la Torah, circoncisaient leurs esclaves, sans doute par prosélytisme, mais également pour les faire participer plus étroitement à la vie de leurs foyers. Il devint progressivement impossible pour les juifs d'avoir d'autres esclaves que des juifs. La mesure n'avait rien à voir avec une quelconque mansuétude à l'égard des esclaves, encore moins avec une entreprise anti-esclavagiste, puisque les chrétiens eux-mêmes possédaient des esclaves. Elle visait à affaiblir économiquement les juifs en les privant de la main-d'œuvre grâce à laquelle ils pouvaient maintenir leurs artisanats et leurs commerces.

Le 3 août 339, Constance, fils du bâtard Constantin le Grand et d'une aubergiste serbe de hasard, et héritier du trône impérial, décida que, si un juif achetait un esclave juif, celui-ci était automatiquement confisqué par le Trésor impérial. Les juifs, en effet, se seraient éventuellement accommodés d'avoir des esclaves non circoncis et, de fait, l'acceptèrent, mais il n'était pas question de leur concéder plus longtemps le privilège d'avoir des esclaves. De plus, la circoncision de l'esclave n'entraînait plus seulement son affranchissement automatique, mais la confiscation de tous les biens de l'acheteur juif et la peine de mort.

Constance promulgua deux autres lois selon lesquelles un chrétien qui épousait une juive se voyait confisquer la totalité de ses biens par le Trésor impérial, et une chrétienne des fabriques impériales qui épousait un juif se voyait *de facto* renvoyée à ces fabriques, cependant que son mari était mis à mort.

Ce fut sous le règne de Gratien (375 à 383), que le christianisme devint vraiment religion d'État. Les membres du clergé juif furent sommés de renoncer à leurs fonctions tant qu'ils n'auraient pas accompli celle de collecteurs des taxes impériales, tâche particulièrement odieuse au peuple.

Théodose le Grand, le glouton hydropique qui vit ou crut voir les spectres de saint Jean et de saint Philippe montés sur des destriers blancs lui annoncer une victoire militaire, régna de 363 à 395. Il est censé avoir protégé les juifs. En fait, ce fut sous son règne que furent promulguées des lois contre les juifs en des termes insultants qu'aucun empereur n'avait jamais utilisés : secte bestiale, *feralis secta*, trempant dans la honte ou *turpitudo*, sacrilège quand elle se réunissait et, pis que tout, décrivant les convertis comme des gens qui se polluaient eux-mêmes dans la contagion du judaïsme, *Judaicis semet polluere contagiis*. Même le IIIe Reich n'allait pas trouver de termes plus dégradants pour exprimer sa haine des juifs. L'ignominie que les auteurs chrétiens prêtaient aux juifs fut à coup sûr égalée, sinon surpassée, par celle qu'ils exprimaient dans leur haine.

Théodose, essayant de maintenir ses prérogatives de protecteur de tous les citoyens de l'empire, prétendit défendre les droits des juifs contre les persécutions des officiers impériaux. Il entra même dans une querelle qui pourrait présumer d'une certaine bonne foi, contre l'évêque Ambroise de Milan, sorte d'ayatollah chrétien de son temps, qui soutenait le droit des chrétiens à brûler les synagogues [7]. Mais que signifiait défendre les droits des juifs quand l'empire lui-même promulguait des lois interdisant la construction de nouvelles synagogues et la restauration des anciennes et qualifiant d'« adultère » le mariage entre juifs et chrétiens ?

Ses fils Honorius et Arcadius, qui se partagèrent son empire, renchérirent d'hostilité. Disons à leur décharge que c'étaient deux adolescents faibles, dont l'un, Arcadius, passe même pour avoir été débile. Ils étaient les instruments de régents, ministres, généraux et administrateurs. L'administration d'Honorius interdit aux juifs de détenir des fonctions officielles, et celle d'Arcadius, contemporain de Jean Chrysostome, autorisa la violation des sanctuaires juifs jusqu'à ce que les dettes des juifs responsables fussent payées [8] ; entre autres vexations, elle interdit aussi aux juifs le droit de témoigner devant des tribunaux chrétiens.

Sans doute lassés de leur propre hypocrisie, les chrétiens de Byzance parachevèrent la dégradation civique des juifs en retirant au patriarche juif le rang de préfet prétorien, jusqu'alors fonctionnaire de l'empire.

William Nicholls, dans son remarquable ouvrage *Christian Antisemitism – A History of Hate* [9], a tracé un saisissant parallèle entre les mesures de l'Empire chrétien d'Orient et celles du IIIe Reich. Il en ressort que ce dernier n'a rien inventé dans sa persécution des juifs, sinon l'Holocauste. L'état d'esprit est identique. Toutes les mesures antisémites de la Loi canonique de 306 à 1434 se retrouvent quasiment mot pour mot dans la juridiction du IIIe Reich, de 1933 à 1941, de l'obligation de porter des insignes vestimentaires désignant les juifs, du IVe concile de Latran en 1215 (canon 68), à l'interdiction faite aux chrétiens de vendre des biens aux juifs, décrétée au synode d'Ofen en 1279. L'indéniable conclusion qui se dégage de ces mesures est que les juifs doivent être éliminés de la société et que ceux qui resteront seront astreints à des conditions de parias.

En à peine plus d'un demi-siècle les juifs se trouvaient rabaissés au dernier rang de l'humanité, qui devait rester le leur pendant quelque sept siècles, jusqu'à la Révolution française, c'est-à-dire jusqu'à la fin de la monarchie chrétienne de droit divin. Jusqu'à la proclamation de l'État théiste (mais non athée, contrairement à un préjugé répandu) en 1789, la charité ne fut chrétienne que pour les chrétiens. De l'antijudaïsme, la chrétienté passa alors à l'antisémitisme caractérisé.

Les Empires chrétiens d'Orient et d'Occident ne pouvaient reprocher aux juifs la rébellion politique : il n'y en eut pas. Depuis le triomphe du christianisme à Byzance, et jusqu'au XIXe siècle, les juifs n'ont plus jamais témoigné d'ambitions politiques. L'unique motif de la persécution perpétrée avec une infatigable ardeur par les chrétiens est en principe religieux (mais on verra plus loin que ce prétexte va couvrir le pillage et l'accaparement des biens juifs). Tout se passe comme si les chrétiens avaient réussi à persuader les juifs de l'indignité qu'ils leur prêtaient.

Les premières entreprises de la persécution furent officielles : elles visaient à détruire les structures économiques et juridiques de leurs établissements. La petite et la moyenne bourgeoisie juives étaient déjà affaiblies par la quasi-interdiction de posséder des esclaves, la classe riche fut affaiblie par les charges considérables du décurionat [10]. Il s'agit donc bien d'une entreprise organisée de destruction des communautés juives, dont le premier effet fut de pousser les moins vaillants des juifs à se convertir pour survivre.

Celle-ci fut suivie d'une entreprise également organisée d'élimination du judaïsme même : le baptême chrétien devint obligatoire pour tous les juifs dans plusieurs royaumes, Byzance évidemment (décret de 632), mais aussi la France (décret de 633) et l'Espagne (décret de 613). Ce durcissement était d'ailleurs préparé par les mesures des autorités à l'égard des lieux de culte : à Minorque en 418, la synagogue est détruite et les juifs contraints au baptême, même chose à Ravenne en 495, à Gênes en 500, à Clermont en 535... Les synagogues qui restent debout sont détruites en Palestine de 419 à 422, les autres sont confisquées par les chrétiens, à Antioche en 423, à Rome et à Amida (Diyarbakir) en 500, à Caralis (Cagliari) et à Panorme (Palerme) en 590 [11].

Quatre séries de lois impériales peuvent résumer cette volonté d'annihilation spirituelle et sociale des juifs : les lois de Constantin, les lois de Constance, les lois de Théodose et les lois de Justinien. Certes, d'autres minorités se trouvèrent astreintes aux mêmes lois : les Samaritains, les Manichéens, les hérétiques et les païens. Mais même s'ils étaient des hérétiques pour les juifs, les Samaritains étaient des juifs. Les manichéens ou disciples de Mani, un Perse qui vécut au IIIe siècle, prônaient un syncrétisme des doctrines pythagoricienne et platonicienne et de l'enseignement de Jésus et tenaient essentiellement que deux principes gouvernent le monde, le bien et le mal, qui ne peuvent tous deux émaner du même dieu. Incidemment, ils offraient de la sorte leur solution à un problème qu'aucune religion n'a résolu à ce jour. Mais s'ils étaient nombreux, les manichéens n'étaient pas un peuple comme les juifs, encore moins un peuple aux traditions aussi anciennes et dont le christianisme même était issu. Quant aux hérétiques, ils abondaient et représentaient un danger beaucoup plus considérable que les juifs, puisqu'ils propageaient leurs hérésies au détriment de la doctrine dominante, alors que le prosélytisme juif avait atteint le point zéro pour les raisons qu'on a vues plus haut. Mais les véritables ennemis étaient bien les juifs, de même que, dans les querelles de famille, les haines entre frères sont beaucoup plus intenses qu'à l'égard des étrangers.

Cette persécution systématique semblerait témoigner que les Empires chrétiens d'Orient et d'Occident avaient définitivement forfait à la culture hellénistique et avaient pris la succession directe de l'Empire romain. Mais ce n'est en fait qu'une apparence. Contrairement à un concept moderne aussi idéaliste qu'artificiel, la Grèce, l'hellénistique autant que la classique, n'avait pas été le modèle de tolérance qu'on imagine : le totalitarisme intellectuel, inhérent à tout discours et dénoncé au XXe siècle par Roland Barthes, s'y annonçait clairement dans le principe d'Aristote selon lequel « il y a les Grecs et les Barbares », qui impliquait que toute civilisation siégeait en Grèce exclusivement et que le reste n'était que chaos. Dans sa *Politique*, Aristote précisait d'ailleurs le totalitarisme inhérent à sa conception du monde : « Nous ne devons considérer aucun des citoyens comme s'appartenant à lui-même, mais tous comme appartenant à l'État [12]. » La Grèce avait difficilement toléré qu'on enseignât des philosophies différentes : l'exemple de Socrate en témoigne (ce même Socrate dont Nietzsche demandait s'il n'aurait pas été juif...). Les cités grecques avaient de justesse évité l'écueil d'une philosophie d'État. La Rome chrétienne y achoppa.

Une fois de plus, les juifs étaient démunis de tout moyen de résistance : trop peu nombreux, sans terre, sans armée, ils se heurtaient partout à la présence impériale. S'ils fuyaient, il fallait que ce fût quasiment pour la Lune, l'Asie ou l'Afrique non romanisée. L'Amérique n'avait pas encore été découverte. Ils étaient condamnés à la sujétion quasi universelle. Et de surcroît, ils étaient victimes de la plus grande spoliation culturelle de l'histoire du monde : le christianisme leur avait pris leurs Livres, l'Ancien Testament, en clamant avec fureur que tous les termes de ces Livres les condamnaient. Ces Livres n'étaient plus à eux. La Bible, la Torah même des juifs, écrite par des juifs, n'était plus aux juifs, elle appartenait désormais au christianisme. Les juifs ne pouvaient même plus citer leurs saints Livres, on les taxait d'imposture.

Par ailleurs, en investissant Rome, le christianisme s'était approprié le gigantesque héritage gréco-romain (surtout le grec), Aristote, Platon, Virgile, tout en saccageant à l'occasion ses trésors artistiques, temples et statues, sans parler des manuscrits, lors de ses poussées de fièvre iconoclaste [13]. En occupant les territoires où l'hellénisme avait fleuri, les Romains, eux, en avaient tout simplement adopté la culture et les œuvres d'art, qui leur servaient de modèles suprêmes. Le christianisme, lui, prétendit surpasser l'héritage gréco-romain et le revivifier par sa théologie. Cette vaste entreprise de colonialisme culturel rejetait de fait le judaïsme, père du christianisme, dans les ténèbres extérieures : n'avait-il pas, lui-même, rejeté jadis l'hellénisme ?

Le judaïsme est de nouveau décrit comme « archaïque », reproche qui sera décliné sur tous les modes pendant des siècles, jusqu'à Voltaire et au-delà. Le juif fera désormais figure d'attardé, quasiment de sauvage qui s'obstine dans ses croyances malsaines et ses mauvaises manières, au lieu de confesser son erreur pour être admis à la Grande Cène du christianisme. Or, c'est un vicieux que celui qui s'entête dans son erreur ; dans le meilleur des cas, c'est un sot et, dans les autres, un être mauvais.

Culturellement spolié, le juif est de surcroît, dès Byzance, un individu de second ordre, exclu de l'apothéose spirituelle du christianisme. Ainsi s'est créé un pli qui perdurera deux millénaires.

En menant cette entreprise impérialiste, l'Église ne faisait qu'appliquer le système politique défini par saint Augustin dans *La Cité de Dieu*. Dans la lignée directe de *La République* de Platon, et dans le culte de l'ordre divin qui imprègne toute son œuvre, Augustin avait remplacé le bien public par le culte de cet ordre. Pour Augustin, l'« amour de soi jusqu'au mépris de Dieu » avait bâti la Cité terrestre et l'amour de Dieu, ainsi que « la promesse de la Rédemption » devait bâtir la Cité céleste. D'où la notion développée ultérieurement d'un pontife suprême qui régissait les deux Cités. Notion qui, comme on sait, fut vouée à l'échec, « le pape exerçant le pouvoir temporel et l'empereur cherchant à participer au pouvoir spirituel [14] ».

Le christianisme, lui, adoptait et imposait le modèle romain du centralisme étatique jusque dans le domaine philosophique. De fait, il n'était même plus besoin de philosophie, puisque le christianisme répondait à toutes les questions. On retrouve là le rejet romain de l'humanisme décrit plus haut : l'État romain païen offrait au christianisme un moule idéal dans lequel il pouvait se couler avec aisance. Ainsi naquit la première tyrannie intellectuelle du monde. Beaucoup trop proche du christianisme auquel il avait fourni sa généalogie et ses lettres de créance, le judaïsme ne pouvait pas plus être toléré dans l'Empire chrétien que les grandes hérésies chrétiennes telles que l'arianisme et le gnosticisme.

Ce n'était pas le seul judaïsme qui était en cause, mais la totalité des communautés non chrétiennes, schismatiques, hérétiques, païennes et autres, juifs compris bien entendu. La persistance des persécutions contre les juifs tint à leur étonnante résistance. Les schismes et les hérésies étaient soumis à l'épreuve du feu. Ou bien ils étaient assez forts pour résister, comme on le vit avec l'Orthodoxie, et ils se taillaient alors des territoires inexpugnables, ou bien ils étaient écrasés (et le « Pluquet », fameux *Dictionnaire des hérésies*, montre le vaste nombre de ceux qui furent, en effet, écrasés). Les juifs n'étaient pas schismatiques : ils le paraissaient. Ce fut assez pour les jeter dans le troupeau des persécutés.

Toutefois, s'il y a un procès à faire en matière d'antisémitisme, ce n'est pas en dernier recours celui de l'Église, mais celui de l'héritage gréco-romain, qui demeure jusqu'à nos jours bien plus un territoire sacré qu'un lieu d'études véritablement critiques. Il est vain d'opposer Aristote et Platon aux papes au nom d'un humanisme qui fut forgé tardivement : ils participent tous au même totalitarisme de la pensée. À ceci près qu'Aristote ne détint pas le pouvoir (il fut le précepteur d'Alexandre) et que Platon, qui décampa prudemment après le procès de Socrate, ne fut que le conseiller du tyran Denys de Syracuse.

L'histoire ne peut pas s'écrire seulement d'un point de vue moderne : comme le relève Jean B. Neveux, « les historiens évitent mal une vision téléologique des événements, la "fin dernière", la *meta*, étant leur propre temps [15] ».

On eût certes pu plaider la tolérance. C'est oublier que, telle que nous l'entendons (et la pratiquons si peu) au XXe siècle, c'est une notion essentiellement moderne, admise virtuellement, grâce à un universalisme médiatique [16]. Elle était difficilement défendable dans une époque de convulsions incessantes comme celle qui suivit la chute de l'Empire romain et dans les siècles suivants : tolérer les arianistes, marcionites et autres montanistes, ainsi que les juifs, exposait à des insurrections sans fin. Augustin l'avait écrit haut et clair dans *La Cité de Dieu* : l'État païen avait eu le tort de tolérer toutes les philosophies. « Le vrai s'y enseigne avec le faux, et peu importe au diable, son roi, quelle erreur triomphe, puisque toutes conduisent pareillement à l'impiété », écrit Étienne Gilson [17]. « Le peuple de Dieu n'a jamais connu pareille licence, car ses philosophes et ses sages sont les prophètes qui parlent au nom de la sagesse de Dieu. » Animé de l'éternel et effroyable optimisme de ceux qui défrichent les avenues de l'Âge d'or, Augustin chargea même l'historien Orose de faire l'inventaire des tribulations subies par les peuples païens, parce qu'ils étaient éloignés de la Vérité de la Cité de Dieu. Désormais, le monde chrétien allait vivre dans la paix bienheureuse de la lumière céleste. Après de telles prémisses, il ne pouvait évidemment rien en être.

De l'époque romaine au XIXe siècle, toutes les civilisations, toutes les cultures et toutes les religions n'ont connu que la loi du glaive : elles ne s'y sont pas résignées, elles l'ont choisie et l'ont érigée en principe légitime. Toutes ont ainsi jugé l'esclavage équitable ; toutes — judaïsme compris — ont estimé qu'il était normal de priver un être humain de sa liberté physique et morale, et de l'assujettir à ses volontés et à ses coutumes. Le judaïsme a ainsi imposé la circoncision à des esclaves qui n'étaient pas juifs. La tolérance au sens moderne du mot, le respect d'autrui tel qu'il avait été enseigné par Jésus au Ier siècle, était inconcevable : ce furent des États chrétiens qui pratiquèrent la traite des noirs jusqu'au XIXe siècle, en toute impunité et la conscience tranquille.

Faut-il exonérer toutes les injustices et les horreurs du passé parce que les coupables ont été eux-mêmes victimes d'un état d'esprit irrésistible ? Certes non, mais nous ne disposons pas de toutes les pièces et ce genre de procès s'instruit toujours selon des lois rétroactives. Les erreurs de la chrétienté qui ont fait l'objet de ce chapitre et feront l'objet du suivant comportent néanmoins une leçon : le totalitarisme idéologique entraîne immanquablement l'abaissement intellectuel parce qu'il mutile le coupable autant que la victime. Nous en avons connu des exemples éloquents au cours de ce XXe siècle : les soixante-dix ans de l'empire communiste d'URSS, les douze ans du IIIe Reich et le demi-siècle déjà écoulé de l'empire communiste forgé par Mao Zedong. L'Empire chrétien d'Orient et d'Occident en était le précurseur ; il représente l'un des moments les plus ténébreux de l'histoire des civilisations. L'intérêt en est que sa leçon dépasse le problème de l'antisémitisme.

Mais l'antisémitisme chrétien se distingue entre toutes les persécutions par la durée d'un mensonge qui s'est servi de l'image d'un Dieu de charité pour mettre en œuvre l'inhumanité. Une inhumanité d'autant plus obstinée qu'elle se croyait porteuse d'une parole révélée. Il est certain que, sans totalitarisme, le christianisme eût disparu. Reste à savoir si sa survie n'a pas été entachée justement par son totalitarisme. Reste à savoir, à l'aube d'un autre siècle, s'il est possible que la foi puisse exister et ne pas être totalitaire. Reste à savoir si l'amour de Dieu exclut celui du prochain.

La chrétienté n'allait cependant pas avoir le loisir d'en débattre : la grande nuit du Moyen Âge était proche.

Bibliographie et notes critiques

1. L'arianisme, ou hérésie d'Arius, soutenait que les Évangiles ne contenant nulle mention de la Trinité, celle-ci n'existait pas et que Jésus était humain d'origine humaine. Cette hérésie devait entraîner des répercussions spirituelles, théologiques et politiques de première grandeur, y compris des affrontements militaires. Le gnosticisme est un courant intellectuel et religieux qui a traversé les siècles et dont trois des principaux piliers sont les suivants : la connaissance divine, ou gnose, ne peut s'acquérir par le logos, mais par une illumination de l'être ; la grâce divine est donnée ou ne l'est pas ; enfin, le monde matériel est mauvais (cf. *Histoire générale de Dieu*, de l'auteur, Robert Laffont, 1997).

2. R. Joseph Hoffmann, *Porphyry's Against the Christians, The Literary Remains* (Prometheus Books, Amherst, New York, 1994). Tous les exemplaires de ce pamphlet furent brûlés en 448 sur ordre de l'Église impériale ; les fragments qui nous sont parvenus ont été sauvés par le clerc Macarius Magnes. Plusieurs des critiques que Porphyre adresse au christianisme sont d'une véhémence outrée ; en revanche, certaines analyses des textes évangéliques, et notamment la mise en relief de leurs contradictions, démontrent que cet auteur avait attentivement lu les Évangiles. Porphyre s'indigne ainsi que Jésus veuille édifier son Église sur Pierre, qu'il a lui-même traité de Satan et qui est un pleutre. Mais il s'en faudrait qu'on puisse réduire Porphyre à un pamphlétaire antichrétien : c'est un universaliste qui trouve « débile » de revendiquer une identité culturelle fermée, même si elle est hellénistique.

3. *Les Pères apostoliques, écrits de la primitive Église* (Le Seuil, 1980).

4. Id.

5. *Orations contre les juifs*, VI, 2. Le destin de Jean Chrysostome, qui est l'un des grands inspirateurs de l'Église orthodoxe, et dont on peut avancer qu'il est également l'un des grands inspirateurs de l'antisémitisme slave, devait toutefois pâtir des outrances de son langage. Il fut aisé pour ses ennemis, dont le même Théophile, évêque d'Alexandrie qui l'avait sacré évêque de Constantinople sur l'ordre de l'empereur, de persuader l'impératrice Eudoxie, l'épouse d'Arcadius, que ses discours enflammés contre le luxe étaient en fait dirigés contre elle. Jean Chrysostome ayant offert, en 403, un refuge à des moines égyptiens que Théophile avait excommuniés, Théophile trouva là le prétexte pour annuler l'ordre impérial : il débarqua à Constantinople, convoqua un synode de fantaisie et déposa Jean Chrysostome sous le prétexte qu'il avait calomnié l'impératrice. Celui-ci partit donc pour l'exil et, deux mois plus tard, un incident, vrai, fabriqué ou exagéré, aggrava son cas. On érigea une statue d'Eudoxie sur la grand-place de Constantinople et Jean Chrysostome y aurait prononcé un discours évoquant « Hérodias qui demandait la tête du Baptiste sur un plateau ». Eudoxie, saisie de rage, fit exiler Jean Chrysostome pour la seconde et dernière fois. Il se plaignit au pape Innocent I, qui en référa à l'empereur d'Occident Honorius, lesquels commandèrent un synode pour examiner le cas de l'orateur. Mais Arcadius ne voulut pas en entendre parler et les légats du pape et de l'empereur d'Occident furent donc emprisonnés à Constanti-

nople. Jean Chrysostome ne fut réhabilité qu'après sa mort, sur le Pont, en 407, quand le pape eut excommunié ses détracteurs.

6. Les judéo-chrétiens, représentés par des sectes telles que les Nazaréens, les Ebionites (et sans doute les Sabéens), pratiquaient une observance rigoureuse de la Loi et rejetaient avec véhémence l'enseignement de Paul, considéré comme traître et non-juif. On a avancé qu'ils se seraient servis d'une version araméique primitive de l'Évangile de Matthieu, dont on n'a pas retrouvé de traces, et diffusaient des évangiles aujourd'hui classés parmi les apocryphes, comme l'Évangile des Hébreux et l'Évangile des Nazaréens. Fortement imprégnés de gnosticisme, les judéo-chrétiens ne faisaient pas plus recette chez les juifs orthodoxes que chez les chrétiens. On a longtemps enseigné que le judéo-christianisme s'éteignit au IVe siècle ; il semblerait pourtant qu'il ait influencé l'image du christianisme dans le Coran, ce qui impliquerait que Mohamed eut connaissance de l'enseignement judéo-chrétien au VIIe siècle.

7. En 388, les chrétiens de Callinicus, l'ancienne Nicéphorum et l'actuelle Rakka de Syrie, une ville au confluent du Belikh et de l'Euphrate, qui devait devenir plus tard la capitale du calife Haroun el-Rachid, mirent le feu à la synagogue locale sur l'incitation de l'évêque local. Le préfet romain de la ville écrivit à l'empereur Théodose Ier, qui répondit que les responsables devaient payer la reconstruction de la synagogue. L'évêque local, lui, s'adressa au redoutable Ambroise, évêque de Milan, qui interrompit un office religieux auquel assistait l'empereur, alléguant qu'il n'y avait pas lieu de faire tant de foin pour l'incendie d'une synagogue, « lieu d'incroyance et d'impiété, réceptacle de folie que Dieu lui-même avait condamné ». Qui devait donc venger les juifs, demanda l'évêque : le Dieu qu'ils avaient insulté ou le Christ qu'ils avaient crucifié ? Théodose tenta de résister à Ambroise, mais inquiet d'une excommunication, et après une algarade entre l'évêque et un lieutenant de la suite impériale, préféra céder. Ce n'était pas la tolérance qui avait dicté la résistance de Théodose, mais le sentiment qu'il devait poursuivre la mission de protecteur de tous les habitants de l'empire, entretenue depuis le dernier empereur païen (cf. William Nicholls, *Christian Antisemitism — A History of Hate, op. cit.*).

8. *Codex Theodosianus*, XVI, 8, 10, 11 et 15, cité par James Parkes, in *The Conflict of the Church and the Synagogue : A Study in the Origins of Antisemitism* (Hermon Press, New York, 1974).

9. *Op. cit.*

10. Ensemble de charges municipales assorties de contraintes ruineuses, auxquelles échappait le clergé chrétien.

11. Nicholas de Lange, *Atlas of the Jewish World, op. cit.*

12. 1337 a, 28-29 (Les Belles Lettres, 1998). On est en droit de supposer que c'est également à Aristote que Paul, Augustin et plusieurs autres empruntèrent une vision nettement dépréciative des femmes, inutiles en temps de guerre, causant le relâchement des mœurs, favorisant l'homosexualité, entretenant le goût de l'argent (en raison de leurs dots)... *Politique II*, IX, 5-15.

13. Gys-Devic, *De la Guerre des Titans à la bataille des manuscrits* (Cahiers

du Cercle Ernest Renan, n° 181, 1ᵉʳ trimestre 1993). Cet auteur a démontré que bien des bâtiments païens dont on avait attribué la destruction à des tremblements de terre ou autres catastrophes naturelles avaient en fait été détruits par les iconoclastes chrétiens.

14. Jean B. Neveux, *De optimo piae reipublicae statu — Questions et réponses de T.H. Morus, de A. Frycz-Modrjewski et de J.V. Andrea (XVIᵉ-XVIIᵉ siècles)*, in *Religion et politique — Les avatars de l'augustinisme* (Université de Saint-Étienne, Saint-Étienne, 1998). Pour Augustin, la volonté de pouvoir terrestre émanait de l'orgueil humain, péché impardonnable, d'où la nécessité d'y substituer le pouvoir spirituel, qui était immanent.

15. Id.

16. Dans son *Traité sur la tolérance* (trad. fr. Gallimard Essais, 1998) Michael Walzer évoque la tolérance de grands empires tels que l'Égypte antique et Rome, où les bureaucrates méprisaient, certes, les peuples conquis, mais assuraient l'administration de l'ensemble sans se soucier de l'uniformisation des cultes, des cultures et des mœurs. Il me semble que cette vue appelle des nuances : la tolérance en question était d'abord inspirée par des considérations politiques ; en effet, une persécution trop poussée risquait de fomenter des révoltes et, de fait, en fomenta. Dans le cas des juifs de l'Empire romain, on l'a vu aux chapitres précédents, la tolérance me paraît avoir été réduite à sa plus simple expression, justement pour des raisons de cultes et de cultures.

17. *La Philosophie au Moyen Âge* (Payot, 1986).

4.

Les ténèbres du Moyen Âge, du IVe au XIVe siècle :
I. France, Espagne, Allemagne

LA PAIX AVANT L'ORAGE — LES MASSACRES JUIFS DES CROISADES — LES CLUNISIENS — LA TOLÉRANCE DES WISIGOTHS DANS LE LANGUEDOC — LES AMBITIONS HÉGÉMONIQUES DE LA PAPAUTÉ ET LA PRÉTENTION AUX « DEUX GLAIVES » — LA TOLÉRANCE DES WISIGOTHS EN ESPAGNE — LES THÉOLOGIENS IMPOSENT AUX JUIFS LE PORT DE L'ÉTOILE JAUNE — SI L'ÉGLISE AVAIT VOULU RÉPRIMER L'ANTISÉMITISME... — LA QUESTION DU MÉTIER JUIF DE BANQUIER — LA PERSÉCUTION DES JUIFS EN ALLEMAGNE — LES MYTHES DE LA PROFANATION DE L'HOSTIE, DU MEURTRE RITUEL ET DE L'EMPOISONNEMENT DES PUITS

Dès la fin du IVe siècle, le destin des juifs allait dépendre de celui de l'empire et de l'histoire du monde environnant. Jusqu'en 395, l'empire s'étendait à l'ouest de l'Angleterre à la péninsule Ibérique en Europe et à la Maurétanie en Afrique, au Pont, à la Cappadoce, à la Syrie, la Judée, l'Arabie et l'Égypte à l'est. Ses tentatives d'expansion en Mésopotamie et en Arménie avaient été de brève durée. Tout au long de ce IVe siècle, les « Barbares » avaient exercé une pression de plus en plus forte sur l'empire. En dépit du chapelet de garnisons installé aux frontières septentrionales pour les contenir, Jutes, Angles, Francs, Burgondes, Thuringes, Alamans renforçaient leurs menaces sur la rive orientale du Rhin ; Marcomans et Quades pesaient sur les défenses de l'Italie du Nord et de l'Illyrie ; Vandales, Asdings, Gépides, Wisigoths et Ostrogoths menaçaient de déferler sur la Grèce ; enfin, au nord-est et à l'est, Alains et Perses menaçaient les territoires de l'actuelle Turquie, où siégeait l'empire. La *Pax Romana* était devenue précaire. Sans doute aussi le transfert de la capitale de Rome à Byzance, qui avait excentré à l'est le siège du pouvoir, rendait-il de plus en plus difficile le contrôle de territoires aussi vastes.

À la mort de Théodose en 395, l'empire fut coupé en deux, selon une ligne verticale qui allait à peu près de Sirmium à Cyrène, accomplissant ainsi la division déjà esquissée en 364[1]. La moitié occidentale revint à Honorius, l'orientale à Arcadius, les deux fils de Théodose, en réalité deux soliveaux. Ni la chute de Rome, en 476, ni l'émiettement progressif de l'empire ne devaient ralentir la persécution des juifs dans les cercles d'influence immédiats de Byzance et de Rome. Toutefois, les statuts spéciaux édictés par les lois impériales n'entraînèrent pas d'antisémitisme notable ni immédiat dans les populations christianisées des nouveaux royaumes et territoires indépendants de l'ancien empire romain d'Occident : Suèves, Basques et Wisigoths en Espagne, Francs et Burgondes en France, Germains et Lombards en Allemagne, Gépides, Avars et Slaves dans les Balkans et en Europe orientale. Preuve que c'était bien de Rome et de Byzance qu'émanaient les vagues d'antisémitisme.

Fraîchement christianisées, mais en grande partie acquises à l'hérésie arianiste, animées d'un dynamisme qui modifia fréquemment leurs frontières, ces populations étaient faiblement pénétrées par le centralisme hégémonique impérial. Après leur indépendance, elles n'entretiennent pas de querelle théologique avec les juifs, qui vivent en communautés neutres et laborieuses, qui ne se mêlent guère de politique et dont les activités agricoles et artisanales leur apparaissent comme des sources de prospérité. Enfin, les ordres monacaux d'obédience romaine, moines de Cluny, Franciscains, Dominicains, ne sont pas encore formés et il n'en est pas d'autres qui portent la parole du pape, ni de l'empereur, au sein de ces populations qu'on désigne sous le nom de « Barbares ». On le vérifiera à la tolérance particulière des Wisigoths, par exemple, dans le Midi de la France et en Espagne.

Il en va ainsi tout au long du règne de Charlemagne et au-delà du partage de son empire au traité de Verdun, en 843. Le statut des juifs est à peu près celui qui a été défini par les lois impériales ; il n'est pas égal à celui des citoyens de l'empire, mais il est acceptable et permet aux juifs d'acquérir une certaine prospérité et de s'implanter de manière durable. Quelquefois même, certains privilèges leur sont consentis : en 1084, par exemple, le gouverneur de Spire, Rüdiger, en accorde plusieurs aux juifs de la ville, dont celui d'entourer leur quartier d'un mur d'enceinte. En 1090, l'empereur Henri IV étend même ces privilèges. Le duc de Bohême Vratislaw II accorde l'autonomie aux juifs. Provisoirement, l'Église est moins occupée des juifs que des querelles théologiques qui s'enveniment entre les Églises d'Orient et d'Occident (au VIIe siècle, la rébellion des communautés monophysites de Syrie et d'Égypte contre les brimades de Byzance favorisera d'ailleurs la conquête de ces pays par l'Islam).

C'est, à partir du Xe siècle que le changement se prépare. La Réforme monastique entreprise au IXe siècle par les Bénédictins place sous l'autorité directe de la papauté de puissants instruments d'action idéologique et théologique : les Clunisiens, fondés en 910, les Cisterciens, les Prémontrés et les deux grands ordres mendiants que seront les Dominicains, fondés en 1216, et les Franciscains, fondés en 1223. Les Clunisiens, forts d'une congrégation de trois cent cinquante monastères disséminés en Europe, représentent aux Xe et XIe siècles une véritable armée spirituelle. Leur « général » est, de l'avis unanime, le second personnage de la chrétienté ; ils collaborent étroitement et activement avec Rome à la reprise en main d'une chrétienté que l'affaiblissement de l'empire, les schismes et les hérésies ont dangereusement minée, elle aussi.

En 1095, le pape Urbain III décide de galvaniser et d'unir la chrétienté par une opération de grande envergure, une croisade pour reconquérir la Terre sainte — c'est-à-dire la Palestine — détenue par l'Islam. L'idée en a été curieusement longue à mûrir, car le prétexte en est un événement survenu vingt-quatre ans plus tôt : la prise de Jérusalem (et de la Syrie) en 1071 aux califes fatimides d'Égypte, par les Turcs Seldjoukides. La réalité est que Jérusalem est passée des mains de musulmans, les Fatimides, à celles d'autres musulmans, les Seldjoukides, ce qui ne change rien au statut de la ville, conquise par l'Islam en 636. De plus, la récente conquête de la ville est une affaire de rivalités spécifiquement musulmanes : Alp Arslan, le conquérant seldjoukide, avait été nommé calife des musulmans en 1055 et il entendait ravir ce titre prestigieux aux Fatimides. Rien de tout cela ne concernait la chrétienté.

La soudaine fièvre libératrice qui s'empare néanmoins de la chrétienté occidentale peut paraître rétrospectivement déconcertante ; en fait, c'est une expédition de pillage. L'Occident est cruellement à court d'or – les Romains ont épuisé leurs réserves de Gaule, d'Ibérie et d'Égypte pour combler leurs balances commerciales, éternellement déficitaires –, et il s'imagine que l'Orient regorge de richesses [2]. La vérité est aussi qu'Urbain III, se comportant en chef de guerre de l'Occident entier, a décidé de lancer une vaste guerre de religion contre les « païens » d'Europe de l'Est aussi bien que contre l'Islam. Et les juifs.

En France, la première croisade dégénère rapidement en vols, viols et massacres de juifs par l'armée de Pierre l'Ermite et d'Emigo de Leisingen, le long du Rhin. Guibert de Nogent, chroniqueur de l'époque, écrit au nom des croisés de Rouen : « Nous désirons aller combattre les ennemis de Dieu en Orient, mais nous avons sous les yeux des juifs, race plus ennemie de Dieu que ne l'est aucune autre [3]. » L'observation doit s'entendre au-delà du religieux : les juifs sont riches, pourquoi aller si loin chercher de l'argent ? Les persécutions et massacres de juifs s'organisent. Car il ne s'agit plus de mener une guerre d'usure économique et sociale, et encore moins théologique : on en est arrivé à l'élimination matérielle, sinon physique, pure et simple.

Pierre de Cluny, lieutenant du pape, donc le personnage le plus important de la chrétienté après le pontife, réitère la question de Guibert de Rouen à l'adresse de Philippe Ier : « Pourquoi devons-nous chercher les ennemis du

Christ dans les pays lointains, lorsque les juifs blasphémateurs, qui sont bien pires que les Sarrasins, vivent au milieu de nous et outragent impunément le Christ et les sanctuaires de l'Église ? » On peut douter que les juifs avaient loisir d'outrager le Christ dans un pareil contexte, sauf en continuant d'être juifs. Ce moine charitable est entendu : en 1096, Philippe Ier chasse les juifs de ses États. L'expulsion n'était pas désintéressée : elle impliquait la confiscation des biens immobiliers que les juifs, sommés de partir, ne pouvaient emporter avec eux et qu'ils ne pouvaient vendre qu'à bas prix, tout comme on le verrait plus tard dans l'Allemagne nazie et l'Europe en guerre.

Pendant ce temps, les croisés se comportent en Terre sainte comme on pouvait s'y attendre. Ceux des quinze mille hommes partis de la Meuse et du Bas-Rhin qui sont parvenus à destination massacrent certes les musulmans qui tiennent la ville, mais aussi les juifs, qui n'y sont pour rien, et ils le font avec une fureur que reflète la lettre au pape de leur chef Godefroy de Bouillon, le héros des chansons de geste françaises : « Si vous voulez savoir ce qui a été fait de l'ennemi à Jérusalem, sachez qu'au Portique et au Temple de Salomon, nos gens avaient le sang vil des Sarrasins jusqu'aux genoux de leurs chevaux. » Les juifs de la ville avaient été enfermés dans leur synagogue et brûlés vifs [4]. Un Oradour-sur-Glane avec huit siècles et demi d'avance. Les récits que firent les croisés à leur retour enflammèrent les ardeurs : pouvait-on faire moins que les preux chevaliers qui étaient partis défendre notre foi en terre sarrasine ? Il convenait donc, en bonne terre de France, de battre sus au juif où qu'il fût.

Il n'y fut pas longtemps : en 1144, Louis VII, celui qui donna son essor à la dynastie des Capétiens, expulsa de nouveau les juifs de France, sous peine d'être mis à mort ou mutilés. On devine que, dans l'exaltation hystérique des croisades, plus d'une ville se chargea de devancer les souhaits royaux... et de s'emparer des biens des juifs. Le zèle évangélique se doublait de belle et bonne crapulerie. La première croisade avait, en effet, coûté plus d'argent qu'elle n'en avait rapporté, et il fallait rentrer dans ses fonds.

En 1181, Philippe Auguste fait arrêter les juifs de Paris pendant la célébration du sabbat et leur ordonne de lui verser tout leur or, tout leur argent et leurs pierres précieuses, ainsi que leur mobilier, qui ne leur sera rendu que contre paiement d'une « amende » de quinze mille marcs : c'est le début de la politique de vol pur et simple que la Sainte Inquisition mettra plus tard abondamment à profit pour s'enrichir. L'année suivante, toujours à court d'argent, le monarque fait mieux : il donne trois mois aux juifs pour quitter son territoire et s'approprie tous leurs biens immobiliers, maisons, champs, caves et greniers, ainsi que leurs créances. Pour faire admettre aux populations chrétiennes ce brigandage pur et simple, qui dépasse quand même les prescriptions de la charité chrétienne, Philippe Auguste déclare que les créanciers pourront se libérer de leurs créances en en versant le cinquième au Trésor royal. Guère embarrassé de scrupules, le même roi rouvrira ses frontières aux juifs en 1196, contre le versement d'une somme destinée au Trésor [5]. Il est vrai qu'ils seront placés sous la « protection » du roi, pourvu que l'usure ne dépasse pas un certain seuil.

En langage contemporain, on résumera ces exactions en disant que la religion n'a pas grand-chose à voir avec l'antisémitisme de l'époque, qui se résume à de basses questions de fric.

De fait, les juifs reviennent : un domaine d'activité leur est réservé, c'est le prêt dit « à usure », c'est-à-dire contre intérêt. Un mythe se formera dès lors, c'est celui du juif aux doigts crochus, avide d'or. La vérité est différente : en 1179, le second concile de Latran interdisait aux chrétiens de se livrer au commerce de l'argent. Comme il n'y a pas d'activité commerciale sans prêt, et pas de prêt sans intérêt, on consentit aux juifs ce qu'on interdisait aux chrétiens. Ainsi se créa, de mains chrétiennes, une tradition du pouvoir économique des juifs [6].

Entre les exactions et spoliations, les massacres continuent : massacres de Rouen en 1096, massacres de Bretagne de 1236 à 1239, puis en 1240, massacres du Maine et de Gascogne en 1288, massacres de Bourgogne de 1306 à 1315, puis de 1322 à 1361, massacres de Toulouse, de Tours, de Chinon et de Bourges en 1320, massacres de Paris en 1380, émeutes antijuives de 1348 à 1350 à Villedieu, Saint-Saturnin, Châtel, Saint-Genx, Yennes, Chambéry, Aiguebelle, Montmélian, Tain-l'Ermitage, Valence,

Veynes, Nyons, Buis-lès-Baronies, Forcalquier, Orange, Manosque, Vauduen, Toulon, Malemort, Mirabel...

Toute la France n'était pas également antisémite, et d'ailleurs elle l'était par accès, comme prise d'une fièvre quarte ou tierce. Les juifs émigrèrent vers le Languedoc, gouverné par les comtes de Toulouse, héritiers du royaume occidental des Wisigoths. C'était une terre d'asile depuis les Wisigoths, beaucoup moins occupés de religion que les pays de l'empire christianisé qu'ils avaient défait par les armes : ils appréciaient les talents et les services des juifs. Chrétiens, mais adhérant à l'hérésie d'Arius, ils tenaient que le Père et le Fils n'étaient pas consubstantiels, le Fils ayant été engendré, alors que le Père ne l'avait pas été — hérésie lourde de conséquences, car le Fils devenant alors une créature, il n'avait pas pré-existé de toute éternité et le dogme de l'Église éternelle et révélée sur laquelle Rome fondait ses prétentions à l'hégémonie universelle était miné. Les Wisigoths avaient donc bien moins de raisons que les chrétiens de persécuter les juifs. Ils étaient même tellement tolérants qu'au Ve siècle Salvien de Marseille opposa les vertus de ces « Barbares » aux vices des Romains et exprima l'espoir que les Wisigoths obtiendraient le salut en dépit de leur hérésie.

Installés en Espagne et en Aquitaine, les Wisigoths protégèrent les juifs dès les origines de leur royaume. Filateurs, cultivateurs, vignerons, importateurs, les juifs se révélèrent essentiels à la prospérité du royaume et s'installèrent à Narbonne, Agde, Aigues-Mortes, Montpellier, Béziers, Nîmes, Carcassonne, et évidemment Toulouse. Ils avaient des synagogues à Toulouse, Béziers, Mende, Pamiers, Posquières, Lunel, Nîmes, Saint-Gilles.

Sans doute convient-il de ne pas se faire une image trop idyllique de la tolérance du Languedoc : « À Béziers, écrit Philippe Bourdrel, il était de coutume de jeter des pierres aux juifs et de leur courir sus le jour des Rameaux, pour "venger le Seigneur". À Toulouse, ils recevaient de la main d'un notable recouverte d'un gantelet de fer un soufflet en plein visage, le jour de Pâques, en souvenir de ceux qui outragèrent le Christ au calvaire [7]. »

Fausse accalmie. Les Albigeois aussi jouissent du droit d'asile dans le Languedoc où, connus sous le nom éloquents de Bons Hommes, ils sont profondément respectés pour leurs vertus. Vertus dont, évidemment, le pape Innocent III n'a cure : les Albigeois, ainsi nommés parce qu'il y en avait une grande concentration autour d'Albi, sont les porteurs de l'épouvantable hérésie cathare, elle-même issue du gnosticisme honni de l'Église, qui proclame que l'Incarnation n'a pu avoir lieu, car le monde spirituel et le monde matériel sont inconciliables. L'hérésie cathare, venue de chez les Bogomiles de Thrace, c'est-à-dire de Bulgarie (d'où le nom de Boulgres qu'on donne à cette canaille qui refuse le commerce de la chair, sans doute parce qu'elle est homosexuelle, bien sûr !), a contaminé l'Italie même, sans parler de la Bosnie et de l'ensemble des Balkans et même Byzance. Leur impertinence est allée jusqu'à nommer un pape et des évêques.

Pour l'Église de Rome, séparée depuis 1054 des Églises d'Orient, donc affaiblie, l'affaire revêtait une gravité de premier ordre. Innocent III décida une croisade anti-albigeoise. Il manda des légats, des moines prêcheurs de saint Dominique, ou Dominicains, aux évêques catholiques de Provence pour les mobiliser dans la croisade contre les Albigeois. Les évêques refusèrent d'obtempérer aux ordres pontificaux, jugés exorbitants. Raimon VI, comte de Toulouse, témoigna de la même obstination : il ne voyait aucune raison de persécuter les Bons Hommes et ne croyait pas aux accusations de diabolisme dont les catholiques de Rome accablaient les cathares. Pis, le 15 janvier 1208, Pierre de Castelnau, légat du pape, fut assassiné.

Innocent III adressa un ordre à Philippe Auguste : « À vous de chasser le comte de Toulouse de la terre qu'il occupe et de l'enlever aux sectaires pour la donner à de bons catholiques. » Mais le roi n'avait pas les coudées franches, car Jean d'Angleterre et Othon d'Allemagne attisaient justement les dissensions en France. Toujours fut-il qu'à l'instigation d'Innocent III Arnaud-Amaury, abbé général de Cîteaux promu légat du pape, prêcha la croisade contre les Albigeois, en libérant de leurs dettes tous ceux qui y participeraient. L'argument fut convaincant. C'est à cette occasion que le sinistre Arnaud-Amaury, auquel on demandait comment reconnaître les hérétiques, fit cette réponse fameuse, toute empreinte de foi et de charité chrétiennes : « Tuez-les tous, Dieu reconnaîtra les siens. » L'année suivante, menacé par les troupes du nord, Raimon VI parvient à un compromis avec Rome au terme de maintes péripéties : il s'engage à rejoindre l'armée des croisés.

Le repentir de Raimon VI ne protégea ni les cathares, bien évidemment, ni les juifs, qui se retrouvèrent inopinément partie prenante dans le duel du pape et du Languedoc. À leur entrée dans Béziers, les croisés égorgèrent quinze mille cathares et juifs [8]. S'étant rendu à Rome pour éviter l'excommunication dont on le menaçait, et qui était à l'époque aussi dangereuse pour un chrétien qu'une *fetwa* de Téhéran pour un musulman à la nôtre, Raimon VI put croire que l'orage était passé. Mais, à son retour, les légats pontificaux l'assaillirent d'exigences fulminantes, menaçant de faire détruire ses châteaux et ceux de ses vassaux s'il ne remettait tous ses pouvoirs et ses biens au clergé et s'il ne s'engageait pas à « mettre hors de sa protection les juifs fourbes et ceux des hérétiques que les clercs lui [désigneraient] ».

Il y a déjà sept siècles à l'époque que les autorités chrétiennes persécutent les juifs. L'antijudaïsme des minorités chrétiennes s'est mué depuis lors en ce qu'il est convenu d'appeler de l'antisémitisme. La hargne chrétienne s'est institutionnalisée. Elle ne sera muselée que six siècles plus tard, lorsque Joseph Bonaparte tranchera le bras séculier de l'Église — l'Inquisition — et mettra enfin un terme aux exactions que l'Église prétend exercer au nom du juif Jésus.

La flambée extraordinaire, proprement pathologique, de la haine chrétienne à l'égard des juifs a été maintes fois décrite. La majorité des descriptions lui prêtent le caractère d'un désastre irrésistible, comparable à la peste noire qui dévasta le monde à la même époque. C'est, à mon avis, le travers dénoncé dans l'avant-propos de ces pages en ce qui touche aux descriptions de la Shoah. Il tendrait à faire croire que l'antisémitisme est pareil à ces maladies inexplicables, dormant dans l'ADN des cellules, et dont rien ne peut endiguer le développement. Ce n'est pourtant pas ce que révèle l'analyse des faits.

La France, comme le reste de l'Europe, et du monde, n'est pas foncièrement antisémite ; l'exemple du Languedoc le démontre. L'évidence est indiscutable : l'autorité centrale qui fouette l'antisémitisme européen est Rome. Et, à l'époque, Innocent III. Nommé pape en 1198, ce dernier se veut l'instrument d'une théocratie mondiale ; il entend placer tous les pouvoirs politiques sous le contrôle du pouvoir spirituel absolu qu'il estime détenir. Il règne déjà quasiment sur l'Italie, fait élire l'empereur Othon IV (puis l'excommunie parce qu'il désapprouve l'occupation impériale de la Toscane), prétend dicter ses volontés politiques à Philippe Auguste, puis à Jean sans Terre... L'arrogance pontificale a pris la succession directe de l'arrogance romaine. Les papes suivants la renforceront : la bulle *Unam Sanctam* de 1302 affirmera que tout pouvoir, y compris le temporel, est soumis à l'autorité du pape. C'est le triomphe des thèses dites « hiérocratiques », selon lesquelles « il n'existe aucun titre juste de possession ni pour les biens temporels, ni pour les personnes laïques [...] sinon sous l'autorité de l'Église et par l'Église », comme le proclamait Gilles de Rome.

Or, les prétentions papales à détenir « les deux glaives » — le spirituel et le temporel — et la *plenitudo potestatis* du monde dit chrétien ne se fondent sur rien : pas un seul mot dans l'enseignement de Jésus ne les justifie. Cet enseignement, déjà réinventé par saint Paul, n'a pas besoin du pouvoir temporel. La preuve formelle en a été donnée au cours du XXe siècle : l'Église a survécu sans détenir le glaive temporel dont elle a fait pendant des siècles un si détestable usage. L'antisémitisme forcené sera l'une des plaies les plus condamnables de l'orgueil romain et la tache indélébile sur les armoiries de Saint-Pierre. Jusqu'au moment où le pouvoir temporel la dépouillera de toute possibilité d'intervention dans la vie des peuples, Rome voudra que le monde entier soit catholique. Son totalitarisme vise à exterminer les juifs et à éliminer définitivement le judaïsme de la surface terrestre. À cet égard au moins, le christianisme révélait ses profondes origines judaïques et cette conviction d'un Dieu interventionniste qui se mêlait de régenter les affaires humaines, le Dieu de Moïse donc.

Si la volonté pontificale avait été de protéger les juifs, sous Innocent III comme sous ses successeurs, elle en avait tous les moyens. Les clercs exerçaient une influence considérable sur le peuple : l'Église eût pu grâce à eux interdire les massacres sous peine d'excommunication, de même qu'elle eût pu faire pression sur les autorités laïques pour réprimer l'antisémitisme. Elle fit le contraire, tout en se donnant les gants d'une humanité tolérante [9] : les conciles, et en particulier Latran IV, n'en finissaient pas de détailler la doctrine de saint Augustin selon laquelle « le peuple témoin » était condamné à survivre en état d'infériorité. « Les dispositions étaient reprises par les synodes, tels celui de Fritzlar (1259) et celui de Vienne (1267) afin de réglementer jusque dans le détail les rapports entre les juifs et les chrétiens », écrit Francis Rapp [10]. En 1246, au concile de Béziers, qui montre la détermination du clergé à se mêler du moindre détail touchant aux rapports entre juifs et chrétiens, les évêques interdirent à ces derniers de recourir aux soins d'un médecin juif, « car il vaut mieux mourir que de devoir la vie à un juif ». Les conclusions des conciles de Vienne et de Breslau, en 1261, qui furent adoptées par les lois séculières, interdisaient par ailleurs aux chrétiens d'acheter des vivres aux juifs, la rumeur alléguant que les juifs faisaient pisser leurs enfants dessus...

Au nom de Jésus, Rome foulait ainsi aux pieds le principe de la dignité humaine. Rejetant la politique de Grégoire le Grand (590-604), qui avait sagement écarté l'option du baptême forcé [11], Rome poussa de nouveau les juifs à la conversion, sans scrupule moral ou psychologique apparent : que pouvait valoir une conversion sous le glaive ?

Pas grand-chose, en effet : elle condamnait le juif à la trahison ou à l'infamie. Ce fut le juif converti Nicolas Donin qui, de son propre chef, alla rendre visite au pape Grégoire IX, porteur d'une liste d'accusations contre le Talmud et la littérature rabbinique, et déclencha une vaste enquête européenne sur l'ordre de Rome : le Talmud n'était-il pas une source de croyances hérétiques ?

On a justement déploré l'imposition aux juifs d'Europe, après l'avènement du national-socialisme, de l'étoile jaune : ce sinistre insigne, qui préludait à la plus sombre persécution de juifs jamais vue, est cependant une invention de l'Église. Elle fut décrétée en 1215 au IVe concile de Latran : les juifs étaient astreints au port de la rouelle, jaune safran selon les recommandations de saint Louis et de Grégoire IX, en plus du fait qu'ils se voyaient interdire toutes charges publiques. Ce fut saint Louis qui en imposa la pratique en France, reprise quelque sept siècles plus tard par le gouvernement de Vichy en 1940, et qui en confia le monopole aux baillis : eux seuls avaient faculté d'en dispenser les « bénéficiaires », « par exemple les commerçants importants appelés à voyager hors du royaume » [12].

Les dispositions du même concile de Latran dissipent toute ambiguïté sur la détermination de l'Église à rejeter les juifs dans les ténèbres extérieures et en tout cas hors de la société, puisqu'elles comprenaient l'interdiction de se montrer en public à certaines époques, notamment lors de la Semaine sainte. Leur statut devenait donc inférieur à celui des esclaves de la Rome antique.

L'agitation politique d'Innocent III eut des conséquences : la guerre civile entre le nord et le sud déchira la France. Simon de Montfort commandait les troupes du nord et Raimon VI de Toulouse incarnait la résistance languedocienne à l'intolérance pontificale. Tout cela, apparemment en raison d'une interprétation particulière du dogme de l'Incarnation, mais en réalité d'une mise en cause des pouvoirs de l'Église sur l'univers entier. La guerre va durer longtemps, et toujours aux dépens des juifs, pris en écharpe dans un conflit où leur unique tort est d'avoir des seigneurs français comme protecteurs.

En 1217, les troupes de Raimon VI libèrent Toulouse. Simon de Montfort est mort au combat. La panique s'empare du nord : va-t-il perdre le Midi ? Le fils de Monfort, Amaury, appelle le roi à son aide et le futur Louis VIII organise le siège de Toulouse. Le 1er août 1219, la résistance est telle que le prince Louis lève le siège. Le Languedoc est libre ! Pas pour longtemps : en 1226, les armées royales reprennent l'offensive et le siège de Toulouse asphyxie la ville. Cette fois, le roi très-chrétien l'a emporté. Le Languedoc capitule et le traité de Meaux le rattache à la couronne de France. Raimon VII de Toulouse doit s'engager par-devers les légats du pape à ne pas donner d'emplois publics aux juifs ni aux hérétiques.

Le judaïsme entre dans une période ténébreuse.

Dans le reste de l'Europe, son sort n'est guère plus enviable. Les persécutions en France ont enclenché une diaspora à rebours qui conduit les juifs vers des pays plus tolérants, comme les territoires de l'Église orthodoxe, l'Afrique du Nord, la Maurétanie, la Cyrénaïque, le royaume de Naples, l'ancien Bénévent qui appartient alors aux Hohenstaufen. La Pologne, également plus tolérante que les États soumis aux diktats de Rome, accueille des juifs. Ainsi, en 1264, le roi Boleslav IV le Chaste accorde aux réfugiés une charte d'autonomie, c'est-à-dire le droit de juger les leurs selon leurs lois.

Le cas de l'Espagne illustre particulièrement bien l'absence d'antisémitisme antérieurement à la mainmise de la Rome chrétienne. Là aussi, le mérite de cette tolérance, d'ailleurs toute relative, revient en partie aux Wisigoths. En 494, sous le règne d'Alaric II (de 484 à 507), les Wisigoths se répandent d'Aquitaine au-delà des Pyrénées, occupent l'Espagne et, sous le règne d'Athanagild (de 551 à 567), transfèrent leur capitale à Tolède [13]. Tout semblerait annoncer le pire : les Wisigoths, minoritaires [14], sont arianistes, comme on l'a vu, et les Hispano-romains, catholiques. Les juifs, pris entre les deux, sont donc exposés à une double persécution. Les mariages inter-confessionnels sont interdits. Mais on n'a pas trace de persécutions notables contre les juifs dans la situation instable qui s'ensuit et prévaut pendant quelques années.

Puis les catholiques se rebellent et font valoir leur supériorité numérique. Le roi Reccared, successeur de Léovigild, suit l'exemple de Clovis et se convertit au catholicisme pour raisons politiques : au troisième concile de Tolède, en 589, le catholicisme est proclamé religion d'État. Jusqu'alors, et bien que le clergé catholique ait commencé à exercer son emprise sur le pays, pas trace de persécutions antisémites. Celles-ci ne commencent qu'en 612, avec l'avènement de Sisebut, qui régnera jusqu'en 621 ; c'est ce roi qui ordonnera, en 613, le baptême obligatoire des juifs. La mise en œuvre du catholicisme est, en effet, pour les rois wisigoths, essentielle, à la cohésion du peuple. Mais tout va rapidement changer pour ces rois, aussi bien que pour les juifs : au IVe concile de Tolède, présidé par saint Isidore, le roi et le gouvernement sont désormais soumis à l'autorité ecclésiastique.

Il y avait alors des juifs en Espagne : le judaïsme avait été introduit dans le pays par des Romains convertis. Leur condition avait été assez douce, du moins dans le nord de la péninsule, faiblement christianisé. Ils bénéficièrent de la relative tolérance instaurée par l'empire jusqu'au règne de Sisebut et aux deux derniers conciles de Tolède. Là, tout changea. La vindicte romaine rattrapait les juifs jusqu'aux Colonnes d'Hercule.

Mais la situation évolua une fois de plus de manière imprévue. Entre-temps, en effet, l'Islam avait avancé jusqu'aux extrémités de l'Afrique. En 711, Tarik, gouverneur de Tanger, traverse le détroit de Gibraltar et met les armées wisigothes en déroute à Medina-Sidonia, le 19 juillet. Le dernier roi wisigoth, Roderick, disparaît de l'histoire. Exception faite des Asturies, la péninsule passe sous le contrôle islamique. En 956, les Omeyyades établissent leur capitale à Cordoue. Un âge d'or commence pour les juifs : les musulmans les protègent parce qu'ils voient en eux, comme plus tard Frédéric II Hohenstaufen, les artisans de la prospérité commerciale de leur royaume. De fait, la colonie juive fait florès et les juifs créent de nombreuses industries, dont des filatures de soie réputées, des verreries et autres artisanats. L'effet le plus remarquable de la protection musulmane, qui est exposée plus en détail au chapitre suivant, fut de développer des échanges féconds entre les cultures hébraïque et islamique dans un climat de confiance exceptionnel.

Mais la *Reconquista* de l'Espagne par la chrétienté mit un terme à cette période de paix, ou *convivencia*, durant laquelle chrétiens, musulmans et juifs vivaient en bonne entente. Les chrétiens témoignent d'abord de modération dans la période de transition, où ils ont besoin des juifs, et maintiennent les privilèges que les musulmans leur avaient concédés. Mais la persécution se développe progressivement. Une fois de plus, c'est le clergé chrétien qui donne le branle. Un exemple parmi d'autres : dans le royaume d'Aragon, le roi Jacques Ier (1213-1276) va passer le Vendredi saint dans la ville de Gérone. Nonobstant la présence royale, le clergé va sonner le tocsin au beffroi de la cathédrale. Ce tocsin ne sonne pas pour la première fois un Vendredi saint : c'est un appel à la population pour qu'elle aille commettre des exactions contre les juifs. La chasse aux juifs commence donc. On les bat, on les assomme, on pille et on incendie leurs maisons, et le roi s'indigne : il se trouve dans la situation inédite de devoir prendre les armes pour défendre les juifs contre le peuple excité par le clergé. Son fils, Pierre III d'Aragon, adresse plusieurs fois de suite des remontrances à l'évêque de Gérone à propos des incitations aux persécutions dont son clergé est responsable. Dans une occasion, en 1278, le crieur de la ville donne aux prêtres l'ordre de cesser leurs appels aux déprédations : ils se moquent de lui. Les témoignages sur ces désordres organisés sont notoirement absents des registres de la chancellerie épiscopale. Mais on sait par un témoignage précis de l'an 1302, qui a échappé à la censure de l'Inquisition, qu'ils étaient réguliers [15]. Et ils n'avaient pas lieu seulement à Gérone, mais aussi bien à Barcelone, à Vilafranca del Penedès, à Camarasa, à Pina, à Besalù, à Daroca, à Alcoletge, à Valence, à Buriana, à Apiera, à Teruel.

Dans ce monde barbare qui se disait épris de beauté intérieure, le juif devint probablement laid. Contraint à ne se marier qu'avec les siens, donc à l'appauvrissement de son pool génétique, souvent mal nourri et vivant dans l'angoisse éternelle, il est possible qu'il ait fini par ressembler à la caricature que les peintres admirés de la Renaissance s'évertuaient à reproduire et qui perdura jusqu'à la Révolution française : un personnage voûté au nez crochu. Un paria. Comme en Égypte, avant l'Exode. La laideur, n'est-ce pas, n'était pas chrétienne. La couronne d'Aragon fit nommer une garde civile pour protéger les juifs durant la Semaine sainte. Mais, en 1473, ceux de la ville de Castellon refusèrent de payer cette garde, qui était à leur charge, parce qu'elle les avait elle-même lapidés !

En 1378, l'archidiacre d'Ecija, Ferrante Martinez, déclenche une vaste campagne antisémite, qu'il intensifie lorsqu'il devient administrateur du diocèse de Séville. Des émeutes antijuives éclatent à Gérone une fois de plus, à Burgos, à Tolède, à La Cuenca, à Ségovie, à Valence, à Cordoue, à Séville et à Palma de Majorque en 1391. Des milliers de juifs — le tiers de la population juive du pays [16] — sont massacrés, des synagogues sont transformées en églises, les quartiers juifs sont brûlés, femmes et enfants sont vendus comme esclaves. L'exode des juifs reprend vers les territoires sous domination musulmane et les pays de l'est.

L'Allemagne a emboîté le pas à l'antisémitisme français avec environ un demi-siècle de retard. C'est au début du XIIIe siècle que la vague de persécutions antisémites s'y enfle vraiment. Rappelons toutefois que les frontières de l'Empire germanique ne sont pas celles que nous connaissons : plusieurs territoires depuis longtemps non allemands au sens actuel de ce mot en font alors partie. Le duché de Basse-Lorraine comprend la Belgique et les Pays-Bas actuels ; le royaume de Bourgogne comprend le sud-est de la France ; le margraviat de Vérone comprend à peu près toute la Vénétie, et la Bohême est devenue depuis 1041 un fief allemand. Les discours sur l'antisémitisme « héréditaire » allemand résultent donc d'une méconnaissance historique surprenante. L'entité allemande n'existe pas alors. S'il faut définir un foyer originel de l'antisémitisme religieux européen, c'est dans le nord de la France qu'il convient de le situer, entre la Normandie et la Flandre.

L'esprit germanique n'était pas plus antisémite, à l'origine, que le languedocien. L'empereur Louis Ier le Pieux, dit aussi à la légère le Débonnaire [17], troisième fils de Charlemagne, avait accordé aux juifs sa protection et ses successeurs, des privilèges. La trêve fut brève. Gagnées par l'activisme du christianisme populaire de l'autre côté du Rhin, les populations commencèrent leur guérilla antisémite dès le XIe siècle, lors de la première croisade de 1096. Les massacres furent suffisamment atroces pour susciter la compassion de chrétiens comme l'archevêque de Mayence ; le prélat avait tenté d'abriter des juifs à l'archevêché, mais la fureur populaire, attisée par Rodolphe de Clairvaux, était telle que l'archevêque lui-même avait dû prendre la fuite pour éviter d'être massacré. Dans la seule ville de Mayence, un millier de juifs périrent sous le glaive de la populace ou bien de leurs propres mains, car, suivant l'exemple des assiégés de Massada, beaucoup d'entre eux tuèrent leurs femmes et leurs enfants avant de se suicider, pour éviter la conversion ou les violences des fanatiques [18]. Quand l'archevêque se plaignit au supérieur de Rodolphe de Clairvaux, le célèbre saint Bernard, de l'ingérence caractérisée de son subordonné sur le territoire de sa juridiction, Bernard répondit qu'il condamnait Rodolphe aux chefs d'avoir prêché sans son autorisation, d'avoir montré du mépris pour l'autorité épiscopale et d'avoir incité au meurtre. Singulière équivalence que celle qui met l'incitation au meurtre sur le même pied que le prêche sans permission [19]. Sept ans plus tard, en 1103, le souvenir de ces événements incite l'empereur Henri IV à proclamer à Mayence la Paix impériale, qui garantit aux juifs la protection de l'empereur, mais ne leur reconnaît toutefois pas le statut d'« hommes libres » : ce qui signifie qu'ils n'ont pas le droit de porter des armes.

La tolérance impériale semble renouvelée un siècle plus tard, en 1236, par Frédéric II Hohenstaufen, qui désigne les juifs comme valets de sa maison, *Servi camerae nostrae*. Mais le revers de la médaille est extraordinaire : la « protection » des juifs se double pour la première fois de leur asservissement intégral. Les juifs deviennent propriété des princes au même titre que les esclaves de l'Empire romain ; ils n'ont même plus le droit de se déplacer sans le consentement de leurs maîtres. La preuve en est que les juifs de Spire furent gagés dix fois par l'empereur. Leur statut inférieur est officialisé. La conviction que les juifs sont des sous-hommes a gagné même l'esprit des plus modérés. Et les persécutions prennent en Allemagne un tour particulièrement virulent.

Ce fut en Allemagne, semble-t-il, que naquit le mythe venimeux et spécifiquement chrétien, de la profanation de l'hostie, prétexte d'innombrables massacres de juifs. En 1243, près de Berlin, la rumeur se répandit que des juifs avaient volé une hostie et s'en étaient servis pour des cérémonies profanatoires et diaboliques. En 1298, à Röttingen, en Franconie, une autre rumeur d'hostie profanée déclencha de nouveaux massacres. Puis une autre éclata à Nuremberg, avec les mêmes effets. De version en version et de broderie en broderie, la rumeur se développa aux proportions d'un mythe. Le délire paranoïaque en fournit l'argument : les juifs entendaient de la sorte crucifier une seconde fois le corps du Christ présent dans l'hostie. Des âmes pieuses expédièrent à des couvents des fragments des hosties prétendument profanées afin qu'elles fussent exposées à la vénération des religieux et des foules, ce qui était évidemment une manière d'entretenir l'antisémitisme.

Une épidémie de profanations d'hosties se propagea dans toute l'Europe, suscitant une variété de fables : l'hostie s'échappait des mains des juifs et s'envolait, provoquant l'effondrement de leur synagogue, ou bien elle se changeait en papillon et allait guérir les lépreux, ou bien encore elle émettait des cris déchirants, comme ceux d'un enfant crucifié.

De fait, un autre mythe se forma à la même époque : celui des enfants crucifiés par les juifs, qui en suçaient le sang ou s'en servaient pour fabriquer des hosties sataniques. Mais ce mythe du meurtre rituel n'est pas d'origine allemande : la première version connue se situe à Norwich, en Angleterre, en 1144 [20] ; on en connaît d'autres versions, à Blois en 1171, à la suite de quoi toute la communauté juive de ces villes fut brûlée vive, puis à Pontoise, en 1179. Le moindre incident offrait prétexte à des allégations de meurtre rituel et des assassinats, égorgements, pendaisons ou bûchers de juifs s'ensuivaient. La tradition populaire s'en emparait et des chansons perpétuaient le mythe d'un enfant saigné à mort par les juifs, comme le « Bon Wemer » de Bacharach, en 1287. De nombreuses années plus tard, moines et notables de Bacharach tentèrent même d'institutionnaliser un culte officiel de ce garçon qui aurait été victime des juifs. Un enfant, en ces époques où la mortalité infantile était très élevée, ne pouvait mourir du croup, d'une morsure de vipère ou d'une insolation sans qu'on y vît l'œuvre des juifs, de leurs sortilèges, manigances et diableries. Rapp, cité plus haut, suppose à juste titre que ce folklore serait apparu bien après coup pour justifier les déferlements de violence : il ne prend forme, en effet, que plusieurs années ou dizaines d'années après les massacres dont on prétend qu'ils étaient la sanction.

Quelques auteurs ont attribué à cette virulence des facteurs financiers et économiques. Dans *A History of the Jews*, Paul Johnson explique les persécutions par le fait que les juifs étaient les seuls prêteurs. À Perpignan, au XIIIe siècle, observe-t-il, 43 % des emprunteurs étaient des paysans, 41 % des citadins, 9 % des chevaliers et des aristocrates et 5 % des membres du clergé. Les persécuteurs auraient donc pensé que le meilleur moyen de se débarrasser de leurs dettes était de se débarrasser des créanciers. C'est la théorie que soutenaient déjà au Moyen Âge des chroniqueurs comme le Strasbourgeois Twinger : l'hypothèse est plausible, mais résiste mal à l'analyse historique et se révèle même tendancieuse.

En effet, l'ordonnance de 1230 prise par le roi très-chrétien saint Louis interdisait aux juifs le prêt à intérêt ; les persécutions et massacres se poursuivirent néanmoins, en France comme ailleurs, et bien au-delà de cette date. De plus, il faudrait attribuer aux Perpignanais, ainsi qu'aux citadins des autres villes où l'on persécutait les juifs, une bien courte vue : l'extermination de ces derniers privait la ville de ressources financières à long terme. La preuve en est qu'à la même époque, à Ratisbonne, « une union de chrétiens se forma afin de protéger la communauté juive, qui rapportait de fortes sommes à la municipalité [21] ». Enfin, il était de l'intérêt de tous les monarques d'avoir une communauté juive active et prospère, d'une part en raison des taxes particulièrement lourdes imposées aux juifs, de l'autre, parce qu'ils produisaient du capital, dont les rois de France manquaient cruellement. D'autres critiques ont relevé également qu'en Franconie, par exemple, les sévices antisémites étaient commis par des citadins, alors que c'étaient à des campagnards que les juifs avaient prêté de l'argent.

Certes, le fait que les juifs détenaient des richesses, puisqu'ils étaient les seuls à faire office de banquiers [22], attisa dans bien des cas l'animosité à leur égard. Les taux pratiqués pour les prêts seraient justement qualifiés d'usuraires : jusqu'à 173 % [23] (au Royaume-Uni, au XXe siècle, les tribunaux ont admis des prêts à des taux supérieurs à 48 % et même à 100 % pour des prêts à long terme [24]). Des taux aussi exorbitants paraissaient d'autant plus scandaleux que l'Ancien Testament interdisait le prêt à intérêt.

On mesure mal de nos jours, dans la culture économique, dans la libre concurrence bancaire et les contrôles d'État des intérêts bancaires (qui appelleraient d'ailleurs quelques observations bien « chrétiennes », mais, hélas, anachroniques) l'indignation profonde que l'usure, sous toutes ses formes et à tous ses niveaux, suscitait dans les milieux primitifs du Moyen Âge. Chrétien ou juif, l'usurier était un « voleur de temps ». « L'usurier ne vend rien au débiteur qui lui appartienne, seulement le temps qui appartient à Dieu, écrivait ainsi au XIIIe siècle Thomas de Chobham. Il ne peut donc tirer profit de la vente d'un bien étranger [25]. » Précurseur de l'économie moderne pour l'historien également moderne, l'usurier offensait profondément, et sans nul doute sincèrement, le sens moral de son débiteur, et cela d'autant plus qu'il n'était pas de la même religion que lui, donc qu'il semblait n'avoir pas de sens moral. L'usurier exposait le débiteur à la loi de l'argent, c'est-à-dire à la raison du plus fort, qui excluait toute compassion. Même lorsqu'il était chrétien, l'opprobre s'attachait à lui ; ainsi, quand le prêt à intérêt fut autorisé aux chrétiens, le grand argentier de Charles VII, favori du pape Nicolas V, Jacques Cœur, l'un des premiers grands banquiers de l'histoire, fut tenu de faire publiquement amende honorable à Bourges en 1451 et de rembourser les intérêts « indûment » perçus [26].

Mais il faut rappeler que le besoin d'argent liquide se faisait durement sentir à l'époque et que la loi canonique admettait qu'il était des situations dans lesquelles le prêteur pouvait légitimement demander rémunération sur l'argent avancé. Ce furent ainsi les moines franciscains qui fondèrent les monts-de-piété au XVe siècle, pour venir en aide aux pauvres qui ne disposaient d'aucun recours financier [27]. « La ligue des villes rhénanes autorisa des prêts de 43 % pour les prêts à la semaine, de 33 % pour les prêts à l'année », écrit Rapp. Certains juifs purent donc constituer des fortunes considérables, qui leur valurent l'animosité des populations : à leurs yeux, c'était là de l'argent gagné sur le besoin des autres et les juifs étaient donc des parasites.

Il n'en est pas moins certain que les principautés récupéraient une bonne partie des intérêts perçus par les juifs sous forme de taxes énormes, d'emprunts forcés, de droits également exorbitants pour des activités normalement non taxées (restauration d'un toit) ; et que les mêmes principautés commettaient à l'occasion des abus carrément illégaux, comme celui qui consistait à décréter l'annulation des créances des juifs sur un motif tel que le déplacement d'un juif sans le consentement de son maître.

Et il est tout aussi certain que l'antisémitisme était antérieur aux activités banquières des juifs et que ni les autorités religieuses, ni les patriciens, en Allemagne comme dans le reste de l'Europe, ne prirent de mesures énergiques pour contenir les fureurs antisémites. Celles-ci, comme on le verra au chapitre suivant, perdurèrent même alors que la concurrence des Lombards et des Cahorsins avait réduit les juifs de l'état de banquiers à celui de petits prêteurs. Pénétrées de l'idée que les juifs étaient, aux yeux des théologiens et du clergé, des individus inférieurs, les autorités laissèrent faire.

En 1298, un chevalier allemand nommé Rindfleisch, « Viande de bœuf », organisa des bandes de tueurs de juifs ; ces précurseurs des SS devaient massacrer des juifs dans cent quarante-six localités d'Allemagne du sud et du centre [28]. La folie meurtrière gagna la Franconie, la Souabe, la Hesse, la Thuringe et Heilbronn. En 1336, parties de Worms, les mêmes bandes de tueurs de juifs, dénommées désormais *Armleder*, « bras de cuir », sévissent particulièrement au Würtemberg, en Franconie et en Alsace. Mais il n'est guère de ville germanique qui ait, du XIIIe au XVe siècle, échappé à l'hystérie antisémite et meurtrière déclenchée par le christianisme, de Cologne en 1424 à Salzbourg en 1470, de Prague en 1400 à Zurich en 1435.

L'une des périodes les plus sinistres du Moyen Âge fut à coup sûr celle où, entre la fin 1348 et l'été 1354, une épidémie de peste noire ravagea l'Europe. Les fuyards des villes atteintes arrivant dans celles qui ne l'étaient pas encore répandaient des rumeurs extravagantes, et l'on inventa le mythe, un de plus, selon lequel les juifs empoisonnaient les puits. Trois cent cinquante communautés juives d'Europe firent les frais des persécutions déclenchées par ces rumeurs.

On peut s'étonner qu'il restât encore des juifs en Europe. Expulsés de France une première fois en 1306, ils le furent une deuxième fois, « définitive », en 1394, à l'exception de la Provence, du Dauphiné et d'Avignon. Ils avaient été expulsés d'Angleterre en 1290, et le Grand Inquisiteur Torquemada les expulsa d'Espagne en 1492, l'année même de la découverte de l'Amérique, et en 1496, du Portugal.

Cette longue crise de folie que fut le haut Moyen Âge, emplie d'imprécations, d'anathèmes, de hurlements meurtriers de la populace, de cris d'agonie ou d'exaltations religieuses, éclairée par les clartés rougeâtres des bûchers, peinte en rouge du sang des guerres, empuantie par les cadavres que les épidémies semaient sur leur passage par centaines de milliers, explique sans doute, dans une certaine mesure, les persécutions que subirent alors les juifs. Toute raison avait déserté un monde qui n'en finissait pas de se réorganiser après la chute de l'Empire romain : seules régnaient les passions et les certitudes et, comme le dit Nietzsche, « ce n'est pas le doute qui rend fou, c'est la certitude ». Or, tous les pouvoirs étaient sûrs, en effet, de la justesse de leurs ambitions hégémoniques. Et celui qui en était le plus sûr était le pouvoir pontifical, représentant autoproclamé de la puissance de Dieu : les juifs incarnaient à ses yeux une tache honteuse sur la création du Tout-Puissant.

La diaspora même rendait les juifs vulnérables : c'étaient des gens sans terre, pas une nation, à peine un peuple. Ils étaient les plus faibles. Et la faiblesse était un crime dans le monde des chrétiens, quand on n'était pas chrétien.

Bibliographie et notes critiques

1. Cette division avait été faite en 364 entre Valentinien Ier, empereur d'Occident, et Valence, d'Orient. Mais l'empire avait ensuite été réunifié par Théodose.

2. René Sédillot, *Histoire morale et immorale de la monnaie*, (Bordas, 1989). Les successeurs de l'Empire romain d'Orient et d'Occident ne possédaient pas le savoir-faire de leurs prédécesseurs dans l'entretien des mines, dont la plupart étaient d'ailleurs épuisées, comme celles des Gaules.

3. Cité par Victor Duruy, *Histoire de l'Europe et de la France au Moyen Âge*, op. cit.

4. Cf. Malcolm Hay, *The Roots of Christian Antisemitism* (Freedom Library Press, 1981).

5. Philippe Bourdrel, *Histoire des juifs de France* (Albin Michel, 1974).

6. Saint Thomas d'Aquin (1225-1274) persista à interdire l'usure ainsi que les lettres de change, pourtant indispensables au commerce entre États, mais au XIVe siècle, certains commentateurs, tels Henri de Gand et Alexandre d'Alexandrie, permirent un déblocage des textes canoniques : il devint licite de recourir aux lettres de change, sauf pour la spéculation. Cf. Marie-Thérèse Boyer-Xambeu, Ghislain Deleplace et Lucien Gillard, *Monnaie privée et pouvoir des princes* (CNRS, 1986).

7. *Histoire des juifs de France*, op. cit.

8. Jacques Madaule, *Le drame albigeois et le destin français* (Grasset, 1962) ; Jean-Pierre Cartier, *Histoire de la croisade contre les Albigeois* (Grasset, 1969).

9. En 1247, par exemple, le pape Innocent IV invita les prélats d'Allemagne à condamner les fidèles qui se servaient de prétextes tels que celui de meurtres rituels pour molester les juifs. Mais aucune sanction n'était imposée, les « molestations » se poursuivirent comme auparavant. Cf. Henry Chadwick, *The Pelican History of the Church* (3 vol., Penguin Books, Harmondsworth, Middlesex, 1967).

10. *Les Juifs en Allemagne à la fin du Moyen Âge*, in *Histoire du Christianisme*, t. 6, sous la direction de J.M. Mayeur, Ch. Piétri, A. Vauchez et M. Venard (Desclée/Fayard, 1990).

11. Le souci de ce pape d'équilibrer les principes de « préservation » et de « misère » des juifs (misère prescrite par les Pères de l'Église, tels Augustin et Tertullien) ne peut que susciter la réprobation du lecteur du XXe siècle ; pour l'époque, il témoignait d'une louable modération. Il s'en faut que Grégoire le Grand, souvent et abusivement présenté comme un modèle de la générosité

pontificale à l'égard des juifs, ait brillé par la clarté de ses desseins : s'il interdisait le baptême forcé des juifs, il multipliait les mesures économiques et sociales qui les contraignaient à se convertir. S'il interdisait la confiscation des synagogues, il se bornait à condamner la « précipitation » de ceux qui l'avaient fait, comme l'évêque Victor de Palerme, qui avait saisi une synagogue, l'avait transformée en église et s'opposait au retour du bâtiment aux juifs. Pis : il condamnait l'évêque à payer la construction d'une nouvelle synagogue, ce qui en faisait... une propriété de l'Église ! Cf. Edward A. Synan, *The Popes and the Jews in the Middle Ages* (Macmillan, New York, 1965).

12. *Les Juifs en Allemagne à la fin du Moyen Âge*, in *Histoire du Christianisme*, t. 6, *op. cit*. Neuf conciles renouvelèrent la recommandation de la rouelle entre 1215 et 1370, et les papes Pie II, en 1459, et Alexandre VI, en 1494, renouvelèrent cette recommandation, insistant sur la couleur jaune safran. En 1363, toutefois, le roi de France Jean II décréta que la rouelle, déjà adoptée par Thibaut de Navarre en 1234, devrait être rouge et blanche. Le Saint Empire romain germanique ayant témoigné de la répugnance à imposer le port de la rouelle, le pape Grégoire IX s'en plaignit en 1233 dans une lettre aux évêques allemands, et les juifs de Cologne, d'Augsbourg et de Nuremberg furent alors forcés de s'y soumettre. Saint Louis imposa une amende exorbitante de dix livres tournois aux juifs qui omettaient de porter leur rouelle. In Jeffrey Richards, *Sex, Dissidence and Damnation* (Routledge, Londres et New York, 1990).

13. L'affaiblissement de l'Empire romain, au début du Ve siècle, avait créé une situation confuse et constamment changeante : quand les « Barbares », Vandales, Suèves, Alains, avaient forcé les garnisons romaines et franchi le Rhin en 406-407, ils avaient envahi la France et l'Espagne sans rencontrer grande résistance. Les populations locales les accueillirent même avec soulagement, dans l'espoir que les nouveaux occupants les libéreraient des collecteurs d'impôts impériaux. Mais la division s'ajouta à la confusion : au nord, les Asturiens et les Basques se retrouvèrent quasiment indépendants, de même que la région montagneuse de Cuenca, d'Albacète et de la Sierra Nevada, qu'habitaient les Orospèdes (ceux-ci maintinrent leur indépendance jusqu'au VIe siècle). Ne demeuraient plus en Espagne que les grandes structures mises en place par l'Empire romain : législatives, administratives et religieuses (l'Église chrétienne). Ce fut alors que, pour rétablir un peu d'ordre, les populations du nord firent appel aux Wisigoths.

14. Ils ne sont guère plus de deux cent mille (*Spain*, Encyclopaedia Britannica).

15. Le clergé lui-même participait à ces émeutes : lors de l'une d'elles, un moine de quinze ans nommé Simon fut reconnu comme auteur d'une attaque à la fronde contre un adolescent de son âge, qui mourut peu après. In *Espana Sagrada, teatro geografico-historico de la Iglesia de Espana* (Florez, Madrid, 1918) ; J. Vincke, *Documenta selecta mutuas civitatis arago-cathalaunicae et ecclesie relationes illustrantia* (Barcelone, 1936), cités par David Nirenberg, *Communities in Violence — Persecution of Minorities in the Middle Ages* (Princeton University Press, Princeton, 1996).

16. *Esquisse de l'histoire du peuple juif*, in *Dictionnaire encyclopédique du judaïsme*, sous la direction de Geoffrey Wigoder (Cerf/Robert Laffont, 1996).

17. Il fit mutiler et exécuter atrocement son neveu, roi d'Italie, qui avait témoigné d'indépendance à son égard.

18. Z. Avneri, *Germania Judaïca*, II, *von 1238 bis sur Mitte des 14 Jahrhunderts*, 2 vol. (Tübingen, 1968).

19. William Nicholls, *Christian Antisemitism : A History of Hate*, op. cit.

20. Peu après Pâques, selon la rumeur, un garçon nommé William, fils d'un riche fermier et apprenti chez un corroyeur, disparut. La dernière fois qu'on l'avait aperçu, il entrait dans la maison d'un juif. Son corps fut retrouvé deux jours plus tard, à l'est de la ville, à Thorpe Wood, le crâne rasé et piqué d'innombrables entailles. La mère du garçon et un prêtre local, Godwin, prétendirent que la victime avait été enlevée après le service dans une synagogue de Norwich pour une répétition de la Passion de Jésus. Des domestiques d'une maison juive affirmèrent plus tard avoir assisté au martyre du garçon à travers une faille dans une porte : on lui avait, disaient-elles, placé sur la tête une couronne d'épines, puis on l'avait attaché et cloué sur une croix, on lui avait percé le flanc et on lui avait versé de l'eau bouillante sur le corps. La maréchaussée, flairant la fabrication, refusa d'arrêter et de laisser juger les juifs, puisqu'ils étaient propriété du roi, et les dépêcha pour leur sécurité au château du seigneur de Norwich. Il semble que le garçon ait été victime d'une crise d'épilepsie au cours de laquelle il se blessa le crâne.

L'histoire ne s'arrêta pas là : on commença à enregistrer des miracles causés par le garçon prétendu martyr. Le garçon se trouva promu à la sainteté par consensus populaire. Mais les ecclésiastiques locaux restèrent aussi sceptiques que les autorités judiciaires. Deux ans plus tard, quand l'un des curés partisans de la rumeur devint évêque de Norwich, son élection servit de prétexte à une grande manifestation antijuive. Saint William de Norwich ne devait être que le premier d'une longue lignée de saints de fantaisie. Cf. Augustus Jessop et M.R. James, *The Life and Miracles of St. William of Norwich by Thomas of Monmouth* (Cambridge University Press, Cambridge, 1896), cité par P. Johnson, *A History of the Jews*, op. cit.

La trame du meurtre rituel est résistante, car elle réapparaît au xxe siècle, en Italie, quand des fidèles prétendirent ranimer le culte supposé ancien d'un enfant martyr, Domenichino del Val, qui aurait été tué par des juifs de Saragosse vers 1250 (*Response*, bulletin du Centre Simon Wiesenthal, septembre 1989).

21. Id. C'était, en effet, saint Bernard lui-même, prêcheur attitré de la première croisade, qui avait déclaré qu'il était méritoire de tuer un infidèle. Bernard de Clairvaux était néanmoins opposé au massacre des juifs, et quand il se rendit en Rhénanie, il dut affronter lui-même la fureur antisémite des foules. Il parvint néanmoins à les calmer et à sauver de nombreux juifs de la mort.

22. Le rabbin Joseph Colon rapporte, à propos des juifs de France et d'Italie de la seconde moitié du xve siècle, qu'ils ne faisaient guère d'autre métier. Cf. S. Katz, *The Jews in Visigothic Kingdoms of Spain and Gaul* (Cambridge University Press, Cambridge, 1937). Néanmoins, les juifs ne se prêtaient pas mutuellement d'argent.

23. Rapp, *op. cit.*

24. *Money-lending*, Encyclopaedia Britannica.

25. *Summa confessorum*, Université de Louvain, Louvain, 1968.

26. En fait, il avait été soupçonné d'avoir empoisonné Agnès Sorel, la maîtresse du roi, et la totalité de ses biens en France fut confisquée. Sur l'usure au Moyen Âge, voir l'étude de Jacques Le Goff, *La Bourse et la Vie* (Hachette, 1987).

27. *Money-lending, op. cit.*

28. Nicholas de Lange, *Atlas of the Jewish World, op. cit.*

5.

Les ténèbres du Moyen Âge du IVe au XIVe siècle :
II. Italie, Angleterre, Europe de l'Est

LA TOLÉRANCE DE THÉODORIC — LE HAVRE MUSULMAN DE SICILE — L'EXCEPTION ROMAINE — LE FANATISME ANGLAIS — LE MASSACRE DU COURONNEMENT DE RICHARD CŒUR-DE-LION — LES MASSACRES D'YORK — LE MYTHE DU MEURTRE RITUEL — 1290 : EXPULSION DES JUIFS D'ANGLETERRE — LES ASILES PRÉCAIRES DE L'EUROPE DE L'EST ET LE REFUGE ALÉATOIRE DE LA GRANDE LITUANIE — L'INTERDIT MOSCOVITE — TRIOMPHE DE L'OBSCURANTISME ET DE LA SUPERSTITION EN EUROPE — RÉFLEXION SUR LES CHAPITRES PRÉCÉDENTS

Lorsqu'en 493, au terme d'une guerre de quatre ans et d'aventures qui défient l'imagination romanesque la plus échevelée[1], le roi ostrogoth, *Ostergoth*, Goth de l'Est ou plus exactement Dieu de l'Est, Théodoric (474-526), prend possession de Rome, la joie éclate : ce guerrier splendide et mélancolique de trente-neuf ans instaure un âge d'or qui va durer trente-trois ans. La paix règne sans partage, la prospérité semble couler de vastes cornes d'abondance, l'agriculture est tellement féconde que, de pays importateur de céréales, l'Italie devient pour la première fois de son histoire, un pays exportateur. Mieux, les turbulences des officiers ostrogoths sont aussi sévèrement réprimées que la vénalité crapuleuse des fonctionnaires romains. Et

Théodoric, quelque quinze siècles avant Mussolini, commence l'assèchement des Marais pontins, foyer pestilentiel de la malaria.

La « barbarie » des Wisigoths, thème cher aux bons manuels scolaires du début du xxᵉ siècle, est une honteuse fabrication.

À la différence des empereurs romains, Théodoric, qui est arianiste, pratique une tolérance religieuse absolue. Cédant toutefois aux préjugés qui sévissaient déjà dans l'empire, il accorde aux juifs une reconnaissance sans réserve, à la condition qu'ils ne participent pas à la vie politique. Trois communautés juives importantes se développent donc à Rome, Ravenne et Milan. La situation perdure bien après le règne de Théodoric.

L'Italie occupe une position particulière dans le monde impérial : pareille à un axe qui s'enfonce quasiment jusqu'à l'Afrique, elle sert de lien entre les juifs du nord, les Ashkénazes, et du sud, les Séfarades, de l'est et de l'ouest, juifs de la diaspora et juifs de Palestine et d'Orient. Les juifs d'Italie, eux, ne sont ni ceci, ni cela.

L'occupation islamique de la Sicile, qui commence à Palerme en 831 et s'achève à Taormina en 902, ne change rien au destin des juifs de la grande île : même si leur statut demeure celui de citoyens de seconde classe — des *dhimmi* — l'empire islamique leur offre un terrain d'exploration et d'expansion remarquable. Les échanges d'informations entre les mondes lettrés islamique et judaïque aboutissent, outre à la production de traités philosophiques, à la rédaction des premiers traités médicaux italiens médiévaux de médecine, de cosmologie et d'astrologie, ceux de Shabetaï Donnolo. Pendant le siècle que durera l'occupation arabe de la Sicile [2], les juifs peuvent voyager librement dans la plus grande partie du monde connue, entre le royaume des Omeyyades de Cordoue et celui des Idrisides de Fez et les royaumes des Samanides, des Sahirides et des Saffarides de la Grande Perse, en passant par ceux des Aghlabides de Tunisie, des Toulounides d'Égypte et des Zaïdites du Yémen. La Sicile, en particulier, sert de plaque tournante à un réseau commercial qui va de l'Irak à l'Espagne. « Une tradition d'échanges culturels s'établit en Italie (avec la Provence et la Rhénanie) et la Palestine [3]. »

Sur la péninsule même, la situation des juifs, qui eût pu pâtir de la proximité de Rome, reste relativement protégée, d'abord par les rois normands, dont les territoires s'étendent jusqu'aux frontières de l'État pontifical, puis par la couronne impériale germanique [4] et notamment par Frédéric II Hohenstaufen (1212-1250). L'empereur donne aux juifs le monopole de la manufacture de la soie et de la teinture des tissus. Il prolonge la politique culturelle arabe inaugurée en Sicile : les juifs sont admis en grand nombre à l'école médicale de Salerne, par exemple, et les colonies juives de Naples et de Palerme brillent par leur prospérité financière et culturelle.

L'assimilation des juifs d'Italie se manifeste par leur adoption de la langue courante, dite vulgaire. On peut alors espérer qu'elle se poursuivra sans encombre et représentera une exception dans l'antisémitisme européen. Néanmoins, l'influence pontificale se fait sentir après le IVe concile de Latran par des pressions pour la conversion des juifs. À la fin du XIIIe siècle et au début du XIVe, après la chute des Hohenstaufen et surtout sous le règne des Anjou, assujettis aux volontés pontificales [5], les pressions s'accentuèrent et des groupes entiers de juifs d'Italie, des *giudecche*, furent convertis de force. Sans doute beaucoup de juifs y trouvèrent-ils des avantages économiques, sociaux et psychologiques (la cessation de la discrimination et des objurgations incessantes à l'apostasie). D'autres s'obstinèrent à garder leur foi : ils ne tardèrent pas à en ressentir les conséquences. En 1485, ils furent expulsés de Pérouse, en 1486 de Vicence, en 1488 de Parme, en 1489 de Milan et de Lucques. En 1494, après la chute des Médicis, qui les avaient protégés, ils furent également expulsés du Milanais et de la Toscane.

On ignore quand les premiers juifs arrivèrent en Angleterre. Les premiers documents sur les juifs en Europe sont rares et, pour les îles Britanniques, inexistants. Ce qui semble certain est que les juifs qui franchirent la Manche étaient des survivants des persécutions de la première croisade, au début du XIIe siècle. Quelques centaines, quelques milliers au plus, ils s'installèrent à Londres, York, Winchester, Lincoln, Canterbury, Northampton, Norwich, Oxford [6]. Ils semblent avoir été bien accueillis par le pouvoir royal : Henri Ier Beauclerc, qui régna de 1100 à 1134, promulgua en leur faveur une charte qui leur accordait la libre circulation, l'exemption des droits de douane, le droit d'être jugés par leurs propres tribunaux religieux et de prêter serment sur la Torah, le droit de commerce dans tous les domaines. Tant de générosité comportait toutefois son revers : les juifs jouissaient de la protection du roi, comme s'ils étaient sa propriété personnelle.

Puis les deux prétendants au trône, l'impératrice Mahaut et Étienne de Blois, se livrent une guerre féroce et, comme ils ont tous deux besoin d'argent, ils imposent tous deux, successivement [7], des impôts très lourds aux juifs. Un siècle après leur arrivée, l'antisémitisme européen rattrapait les juifs : ce fut à Norwich, en 1144, comme on l'a vu au chapitre précédent, qu'apparut le mythe du meurtre rituel ; il reparut à Lincoln en 1255, à Gloucester en 1168, à Bury St. Edmunds en 1181, à Bristol, en 1183, à Londres en 1189, puis l'année suivante, puis encore à Norwich, où l'on massacra tous les juifs qu'on trouva chez eux (les autres s'étaient, une fois de plus, réfugiés au château). À chaque fête de Pâques, on massacrait du juif. Et l'on inaugurait chaque croisade par des massacres de juifs. La chrétienté des îles Britanniques était alors catholique et donc soumise aux campagnes papales relayées par le clergé.

L'ingéniosité des juifs leur permit toutefois de survivre une fois de plus, et même de prospérer en Angleterre, ce qui convenait d'ailleurs fort bien à la couronne. Quand, après le chaos des royautés d'Étienne et de Mahaut, Henri II Plantagenêt (1154-1189) revêtit la pourpre royale, il tenta de restaurer l'ordre dans le royaume et aurait conquis l'Irlande avec les fonds avancés par un grand « capitaliste » juif de son temps, Joscé de Gloucester [8]. Le développement de l'économie anglaise convenait aussi bien aux juifs qu'aux monarques qui les exploitaient. Telle fut la raison pour laquelle les juifs affluèrent en Angleterre, en dépit des restrictions nombreuses qui pesaient sur eux, les mêmes d'ailleurs que sur le continent.

L'avènement de Richard Ier d'Angleterre, dit Cœur de Lion, personnage bien plus proche de l'aventurier sans scrupule que du monarque légendaire de la tradition [9], mit fit à la période pacifique des juifs en Angleterre. Richard en était-il responsable ? Toujours est-il qu'il laissa faire. Le jour même de son couronnement, les juifs de Londres venus lui rendre hommage sont brutalement pris à partie et beaucoup sont assassinés. Les textes des chroniqueurs du temps sont saisissants par leur mélange d'onction ecclésiastique et de haine fanatique. Ainsi, Richard de Devizes écrit :

« Le jour même du couronnement, à l'heure solennelle où l'on immola le Fils au Père, on commença dans la ville de Londres à immoler les juifs à leur père le diable. Et l'on mit tant de temps à célébrer un si grand sacrifice que l'holocauste atteignit à peine son terme le jour suivant. D'autres cités, d'autres villes du pays imitèrent l'acte de foi des Londoniens et envoyèrent aux enfers avec la même dévotion toutes ces sangsues et le sang dont elles s'étaient gorgées. À cette occasion, et un peu partout dans le royaume, mais avec une ferveur inégale, il y eut des actions semblables contre les réprouvés. Seule la ville de Winchester épargna la vermine qu'elle nourrissait : la population de cette ville est sage et avisée et sut toujours faire preuve de modération [10]... »

Pour trouver l'équivalent d'un texte apologétique aussi abominable dans la littérature antisémite du XXe siècle, il faut chercher dans le *Mein Kampf* d'Adolf Hitler et les écrits de Josef Goebbels dans le *Völkischer Beobachter* : l'antisémitisme s'y révèle sous ses couleurs les plus crues. Guillaume de Neubourg, lui, décrit les massacres en ces termes :

« La mort d'un peuple hérétique, qui avait commencé dans des conditions étonnantes, et la hardiesse nouvelle des Chrétiens contre les ennemis de la croix du Christ, marquèrent le premier jour du très glorieux règne du roi Richard ; que l'on se réfère à la règle qui invite à interpréter dans le meilleur sens les faits douteux ou mieux encore que l'on se réfère à la signification la plus claire de ces événements, ils firent de ce jour un présage qui annonçait le progrès du Christianisme durant la vie de ce roi. Pouvait-il y avoir en effet un présage plus clair, si tant est que ce soit un présage ? La mort d'un peuple impie illustra le jour et le lieu du sacre royal, dans le début même de son règne, les ennemis de la foi chrétienne commencèrent à tomber et à être abattus tout près de lui. Ni l'incendie qui se déclara dans une partie de la ville ni la folle ardeur des mutins ne doivent empêcher personne de donner la juste et pieuse interprétation d'un événement remarquable : les mutins combattent dans les rangs d'une organisation Supérieure et le Tout-Puissant accomplit souvent Sa volonté qui est tout à fait bonne par l'intermédiaire de la volonté mauvaise et des mauvaises actions d'hommes parfaitement infâmes [11]. »

Voilà qui est largement édifiant : « actes de foi », « réprouvés », « vermine », « pieuse interprétation », « volonté divine », les massacres des juifs anglais sont bel et bien interprétés comme manifestation de la piété chrétienne et de la volonté divine. Le statut des auteurs n'est pas indifférent : Richard de Devizes est moine au couvent de Swithun, à Winchester ; Guillaume de Neubourg est chanoine augustinien à Sainte-Marie de Neubourg. Le clergé catholique d'Angleterre applaudit au meurtre tout en feignant de déplorer (Neubourg seul) la férocité de la canaille. Celle-ci ne peut l'ignorer : elle est donc tacitement encouragée.

Richard Cœur-de-Lion décide enfin de sévir : il promulgue après les événements de Londres une loi garantissant aux juifs la sécurité et la paix dans son royaume. Le fait-il par générosité ? Rien de moins certain : les massacres ont appauvri le Trésor des biens et versements que faisaient les juifs. On peut en tout cas déplorer que Richard n'ait pas donné l'armée contre des massacres qui entachaient gravement son couronnement.

La suite des événements fut tout aussi infâme : Richard parti en Terre sainte, ses ministres, comme Guillaume de Longchamp, reprirent les exactions contre les juifs pour se défaire de leurs dettes à court terme. Lors d'un nouveau pogrom, les juifs d'York se réfugièrent au château de la ville. Celui-ci fut attaqué et incendié. Les juifs s'y suicidèrent, une fois de plus. Les massacres prirent une telle ampleur que le monarque, qui se trouvait en Terre sainte, décida de sévir : il chargea son chancelier, administrateur du royaume, d'ouvrir une enquête contre les citoyens d'York. Était-ce une perfidie de la part du roi ? Ce chancelier était l'évêque d'Ely ; toujours est-il qu'il obéit aux ordres royaux. Non sans temporiser : les coupables eurent loisir de s'enfuir en Écosse, mais le chargé du gouvernement de la province d'York fut démis. « Jusqu'à ce jour, écrit Neubourg, personne n'a été mené au supplice pour ce massacre de juifs. »

De retour de captivité, Richard Cœur-de-Lion vit sans doute clair dans les massacres : beaucoup de ceux-ci, sinon tous, avaient été perpétrés pour se défaire des dettes contractées auprès des prêteurs juifs. Une mesure originale fut alors prise : les reconnaissances de dettes devaient désormais être déposées officiellement dans les caisses d'un organisme d'État, l'Échiquier des juifs ou *Scaccarium Judaeorum*, et des comptables ou chirographes en tiendraient l'inventaire à jour : si le prêteur venait à décéder, le débiteur serait redevable de la somme à la Couronne.

L'argent obsédait décidément les chrétiens autant qu'on le disait des juifs : le pape Innocent III ne cessa d'exprimer le souhait que toutes les dettes des chrétiens envers les juifs fussent abolies, parce que les juifs devaient être condamnés à la servitude éternelle pour avoir crucifié Jésus. Vieille antienne qui encouragea les débiteurs à de nouveaux sévices et les maîtres du royaume à exiger de plus en plus d'argent des « déicides ». La situation des juifs d'Angleterre alla empirant. Sous les règnes de Jean sans Terre (1199-1216), puis d'Henri III (1216-1272), les impôts s'alourdirent au point que les juifs faillirent être ruinés. Le concile d'Oxford, en 1222, appliqua en Angleterre les mesures dictées sept ans plus tôt par le concile de Latran : la rouelle prit la forme de deux carrés blancs, évoquant les Tables de la Loi, que les juifs devaient se coudre au manteau. La nouvelle synagogue de Londres fut brusquement confisquée et la liberté de circulation, annulée : « À deux reprises, en 1254 et 1255, écrit Anne Grymberg, des communautés juives demandent collectivement à Jean sans Terre de les laisser partir du royaume, mais celui-ci leur oppose un ferme refus [12]. »

Lors de la révolte des barons, dirigée par Simon de Montfort, comte de Leicester, les juifs se voient reprocher d'être les instruments de l'oppression royale et les communautés juives sont dévastées à Londres en 1263 et 1264, à Cambridge, à Canterbury, à Worcester, à Lincoln et à Leicester, dont Simon de Montfort les expulse après avoir déclaré leurs créances abolies.

Il s'en faut de peu que le règne d'Édouard Ier élimine totalement les juifs, déjà fortement affaiblis par leurs tribulations sous Henri III : le *Statutum de judaismo* de 1275 interdit aux juifs le prêt à usure, et comme ceux-ci n'ont pas d'autres moyens d'existence, que le commerce leur est interdit puisqu'ils ne peuvent appartenir aux guildes des marchands, et qu'ils sont tenus à l'écart de l'agriculture, ils sont réduits à quia. Certains tentent de pratiquer encore le métier de prêteurs. Mal leur en prend : 293 d'entre eux sont pendus à Londres pour avoir enfreint l'interdiction royale... qui sera d'ailleurs rapportée, car la couronne a quand même besoin d'argent : les juifs pourront prêter de nouveau, mais pour quatre ans au maximum. Brève tolérance : en 1282, l'archevêque de Cantorbéry fait fermer toutes les synagogues sur son diocèse. La chrétienté anglaise a décidément de la difficulté à traiter avec les juifs : le 18 juillet 1290, Édouard Ier les expulse tous d'Angleterre [13].

Combien sont-ils à quitter le royaume ? Seize mille ? Quarante mille ? Cet exode oublié, un de plus, est pire que ce qu'on imagine : certains se font voler leurs biens sur le bateau, d'autres se noient. Ils vont de l'autre côté de la Manche, en France, en Flandres, en Allemagne. Quelques-uns, des poignées, sont sans doute restés en Angleterre ; en 1310, « une demi-douzaine de juifs pénètrent dans le pays, mais c'est pour tenter — vainement — de négocier les conditions d'un retour éventuel de leurs coreligionnaires », écrit Anne Grymberg. Le « quadrillage serré » du clergé catholique ne leur offre guère d'espace où se faufiler : vers 1300, une paroisse se constitue pour cent feux et, au début du xive siècle, on compte en Angleterre 5 500 moines, 3 900 chanoines réguliers, 5 300 frères, 3 300 religieuses, soit au total 18 000 réguliers, plus 24 500 séculiers, soit 42 000 religieux pour une population de quelque cinq millions d'âmes [14].

Les juifs ne reviendront officiellement qu'en 1656.

C'est donc en parfaite méconnaissance de cause qu'en 1600, William Shakespeare décrit dans *Le Marchand de Venise* le juif Shylock, venu réclamer la livre de chair que lui doit Bassanio et qui avait été mise en gage pour trois mille ducats. Au tribunal, Shylock prétend se prévaloir des lois de Venise. Il refuse les trois mille ducats, il veut sa livre de chair. « Puisque je suis un chien, prenez garde à mes crocs. »

Il n'y a alors plus de juifs en Angleterre depuis près de trois siècles. Shakespeare exploite un mythe qui hante encore les imaginations anglaises.

En attendant l'autre Terre promise, que découvrira Christophe Colomb, les juifs ont poursuivi leur diaspora notamment vers l'empire islamique et l'Europe de l'Est. C'est leur dernière terre d'accueil en Europe chrétienne ou en cours de christianisation : ainsi, les juifs qui ont fui les persécutions de Bohême en 1098 étaient déjà installés en Silésie. Ceux qui les rejoindront iront aussi en Pologne. La plupart des pays qu'on a connus et qu'on connaît encore au XXe siècle en Europe orientale ne sont pas nés à l'époque : la puissance dominante en est la Grande Lituanie, dont les contours renferment à peu près la Pologne orientale, la Russie blanche et l'Ukraine actuelles — la Rous'Ukraine — et qui, sur la mer Baltique, est bien loin de sa position actuelle.

Il faut se représenter le décor : la Russie elle-même, qui ne commence à se former qu'au XIIe siècle, est un amas de principautés plus ou moins en orbite autour de la principauté de Moscou. La Hongrie, gouvernée par les Anjou, est un État gigantesque qui va, au nord, jusqu'à la Silésie et à l'est, jusqu'à la Valachie et à la Moldavie, et où l'on découpera plus tard approximativement la Slovaquie, le nord de la Yougoslavie, la Roumanie et la Bulgarie. Après la mort du dernier représentant de la dynastie « naturelle » des Tchèques, les Phrémyslides, le royaume de Bohême est gouverné depuis 1310 par les Luxembourg ; il est loti entre la Silésie et l'Autriche. La Pologne est d'abord partagée entre plusieurs principautés qui constituent une Grande et une Petite Pologne, puis réunie sous le sceptre du dernier roi de la dynastie des Piast, Casimir le Grand. Elle n'entre dans la chrétienté qu'en 1386. L'ordre Teutonique règne sur la Baltique, dont les rivages sont encore largement païens.

Les frontières y sont constamment changeantes : entre 1300 et 1386, celles de la Lituanie, par exemple, sont modifiées trois fois de suite. La Volhynie, la Podolie, la Pomérélie, la Mazovie, changent sans cesse de suzerainetés au gré des alliances, des querelles de succession et des guerres. Catholicisme et orthodoxie s'y disputent la primauté à la faveur d'alliances, de soutiens moraux, financiers et politiques. À l'intérieur de territoires soumis à la même foi, comme dans les principautés des chevaliers Teutoniques, l'archevêque de Riga essaie de disputer leur pouvoir aux moines-chevaliers qui ont la mainmise sur le pays, d'ailleurs faiblement christianisé. La Bohême, précédemment chrétienne, est devenue à partir de 1420 fortement hussite, c'est-à-dire adepte de l'hérésie de Jan Hus [15], ce qui ne la rend d'ailleurs pas plus accueillante aux juifs : les guerres hussites, qui durent exactement un demi-siècle, de 1298 à 1348, entraîneront des exodes massifs de juifs vers la Pologne.

Il n'existait pas à l'époque, dans la plus grande partie de l'Europe orientale, d'hostilité organisée contre les juifs : rien qu'une méfiance latente chez des peuples qui avaient été christianisés tardivement, vers le Xe siècle [16]. Il n'y avait en Russie, aux XIe et XIIe siècles, qu'un maigre clergé et les Ukrainiens savaient à peine ce qu'étaient les juifs. Depuis le XIIe siècle, ces derniers s'installaient plus ou moins pacifiquement à Lublin, à Kiev, à Vilna, à Cracovie, à Lvov. À Kiev, par exemple, on trouvait des juifs venus de Byzance, des Séfarades venus d'Espagne et des Ashkénazes venus d'Allemagne et des Flandres et revenus d'Angleterre. Ils poursuivaient leur expansion. Quand le duché de Lituanie conquit la Volhynie et la Galicie en 1321, ils suivirent les armées lituaniennes.

« Dès le XIIIe siècle, l'existence des juifs est mentionnée à Plock ; un cimetière est acheté par la communauté de Kalicz en 1283 ; le quartier juif de Cracovie est cité dès 1304 ; en 1356 ; on mentionne la communauté de Lvov ; en 1367, celle de Sandomierz ; en 1379, Poznan [17]... »

Certaines villes n'acceptent pas les juifs, d'autres si, et des communautés de plusieurs milliers, voire dizaines de milliers de juifs, s'installent aux alentours de grandes villes, ou bien dans des villes « privées », *miazteczki*, appartenant à la noblesse. Là, ils doivent participer à la défense de la ville, comme en attestent des synagogues aux toits plats entourés de meurtrières. À Rzsezsow, on exigeait des immigrants juifs qu'ils eussent autant de fusils que d'hommes, des munitions, des boulets de canon pour quatre canons légers par synagogue [18]...

Ces asiles étaient néanmoins précaires. Même si les monarques étaient favorables aux juifs, le clergé finissait toujours par avoir raison de la faveur royale. Ainsi, en 1453, Casimir IV de Pologne rejeta les recommandations du concile de Bâle de 1448, qui interdisaient les associations de juifs et de chrétiens, et maintint sa charte autorisant ces associations. L'archevêque de Cracovie, le cardinal Zbygniew Oleshnitzki, s'assura la collaboration du célèbre Franciscain et prêcheur italien Giovanni da Capistrano, dont l'éloquence antisémite avait fait merveille en Allemagne. Tous deux s'activèrent et, après la défaite militaire de 1454, parvinrent à faire abroger cette « charte impie » [19]. Bien évidemment, une fois que les obstacles avaient été levés par les deux ecclésiastiques, les persécutions antisémites se déclenchèrent. Le fils et successeur de Casimir IV, Jean-Albert, poursuivit la politique de discrimination à l'égard des juifs et ce fut sous son règne que fut créé le premier ghetto de Pologne (dévasté lors de massacres en 1494). Les juifs s'enfuirent alors en Crimée.

En Grande Lituanie, le grand-duc Alexandre, fils de Casimir IV et frère de Jean-Albert de Pologne, restaura en 1492 la charte concédée aux juifs par son père et leur remboursa une partie des fonds qui leur avaient été refusés ; mais en 1495, sous la pression du clergé, il expulsa les juifs du pays et confisqua tous leurs biens. Six ans plus tard, en 1501, le nouveau roi de Pologne, Alexandre Ier, rappela les juifs et leur rendit une partie des biens confisqués par son père : maisons, synagogues, propriétés et cimetières.

Les humeurs des princes variaient d'un jour l'autre, le plus souvent au gré de leurs finances ; l'animosité du clergé, elle, restait stable. Les juifs allaient et venaient selon l'équilibre entre les deux.

Quant à la Russie, du moins ce qu'on appelait alors de ce nom, elle était interdite aux juifs, considérés comme des gens dangereux. L'ambassadeur à Rome de Basil III, grand-duc de Moscovie, rapporta au lettré italien Paolo Giovio que les Moscovites ne craignaient rien tant que les juifs et ne les laissaient guère franchir leurs frontières : quelques marchands de Pologne et de Grande Lituanie étaient tout juste autorisés à se rendre jusqu'aux faubourgs de Smolensk, mais pas au-delà. Le tsar Ivan le Terrible abrogea d'ailleurs en 1550 la tolérance d'échanges commerciaux avec des juifs. Quand, en 1563, il occupa la ville de Polotsk, sur la frontière de son pays, il força les juifs à se convertir à l'orthodoxie sous peine d'être noyés dans la Dvina. Ceux que la curiosité ou le désir de faire des affaires poussaient néanmoins jusqu'à Moscou risquaient des peines sévères s'ils étaient arrêtés [20].

Telle était donc la terre qu'on offrait aux juifs en Occident.

J'observerai ici une pause. L'histoire n'est jamais froide : elle brûle dès qu'on l'étudie de près. Être historien, c'est se faire spectateur : le métier comporte ses risques.

Les chapitres qu'on vient de lire ont été écrits dans la tristesse et la nausée. Ils sont la description d'un Auschwitz dilué dans le temps et l'espace. Je n'ai pu y restituer le désespoir, ni l'abjection. Les cris des affections tranchées, la cruauté de l'injustice perpétrée avec la même froideur que celle des bourreaux les plus fous, et le désespoir, qui est un poignard pour tout être humain condamné à l'horreur d'être un spectateur. Tout chrétien attaché à l'enseignement *réel* de Jésus ne peut qu'être révulsé par les souffrances que les disciples autoproclamés de celui-ci et d'une Église qu'il ne fonda jamais ont infligées aux juifs.

Il convient donc de réfléchir aux temps où l'infamie commença. Époques barbares dont on put longtemps douter que surgirait une civilisation digne de ce nom. Guerres incessantes, épidémies de « peste noire », fanatisme et paranoïa, les convulsions de l'Occident naissant, qui furent atroces pour l'immense majorité des juifs, ne furent guère plus favorables pour bien d'autres. De la chute de l'Empire romain à l'aube de la Renaissance, il n'y eut en réalité qu'une seule loi, darwinienne au sens banal de ce terme, et ce fut celle de la jungle, c'est-à-dire du glaive.

Il faut également tenir compte d'un obscurantisme qui nous paraît aujourd'hui imbécile, sinon incroyable, mais qui constituait la règle pour des masses de populaces analphabètes. Et même pour de plus instruits. On croyait encore, en ces époques-là, que saint Christophe, martyr du

IIIe siècle et pourtant très populaire dans les siècles ultérieurs, avait été mi-homme, mi-chien, un cynocéphale.

« Au Xe siècle, écrit Lucian Boia, Ratramne, moine de Corbie, dut écrire une longue lettre pour répondre aux interrogations d'un missionnaire prêt à partir pour les pays du Nord, où il s'attendait évidemment à rencontrer des êtres mi-hommes, mi-bêtes, surtout les fameux cynocéphales. Comment les traiter ? Pouvaient-ils être considérés comme des humains ? Participaient-ils à la Rédemption ? Ratramne reprenait l'argumentation d'Augustin : dès lors que les cynocéphales étaient doués de raison, ils appartenaient à la famille humaine en dépit de leur aspect physique insolite. Tout concourait à établir leur condition d'êtres raisonnables [21]... »

Des voyageurs rapportaient des descriptions extravagantes d'hommes-cochons ou d'hommes à un pied, Bien plus tard, d'ailleurs, Voltaire n'excluait pas qu'un singe pût faire l'amour à une négresse et le grand Locke assurait avoir vu une métisse de chat et de rat... Tout humain qui ne parlait pas la langue de son observateur, ne pratiquait pas sa religion et ses mœurs — le juif, donc — était passible des accusations les plus folles.

Dans ces siècles bestiaux, les couronnes s'arrachaient au fil de l'épée et des alliances, nouées, dénouées et renouées avec une constance déconcertante, se forgeaient au gré des nouvelles convoitises. Le cynisme tenait lieu de loi et le droit dépendait du bon vouloir des princes. Dans les campagnes, des soudards ivres débouchaient au débotté dans les familles, exigeant la vierge et le vin, l'argent et le corps. L'Europe a d'ailleurs vu cela et le voit encore à l'heure où j'écris ces lignes, par exemple dans l'ex-Yougoslavie. Déchirée par des schismes et des hérésies, avec ses évêques hallucinés, ses prédicateurs enragés, ses rivalités de vanités ecclésiastiques, ses moines saisis par la volonté de puissance qui se voyaient déjà papes, ses torrents de rhétorique dératée et ses éloquences de bazar, ses intrigants lubriques et ses prévaricateurs illuminés, l'Église elle-même faillit sombrer, notamment dans la carnavalesque période d'Avignon et des antipapes. Trois papes en même temps ! Plusieurs fois de suite ! Et quelques-uns de la moins honorable espèce...

Une grande partie de ces tribulations s'explique par

l'ambition du Vatican de détenir le glaive temporel autant que le spirituel, et sa persistance dans l'illusion que le siège de Rome pouvait lui garantir la primauté détenue jadis par l'empire. Le pape se voulait roi, juge et propriétaire de l'univers entier !

Certains auteurs [22] ont récemment tenté d'expliquer, voire de justifier, ce chaos en arguant de l'interdépendance entre l'Église et l'État : pour survivre, les communautés religieuses avaient besoin d'ordre et de paix, elles soutenaient donc l'État, mais à la condition que ce dernier les soutînt à son tour. Donc, il fallait persécuter les juifs. Ce serait la politique du prophète Samuel : quand le roi Saül ne l'attend pas pour célébrer un sacrifice après une victoire, il déclare qu'en célébrant lui-même ce sacrifice, le roi a usurpé ses fonctions et donc qu'il a forfait à sa royauté ; il nomme un autre roi, David. Et il impose à Israël la situation absurde d'avoir deux rois jusqu'à la mort de Saül. Or, l'argument est spécieux : d'abord, les juifs ne menaçaient pas le christianisme, parce que leurs communautés ne cessaient de diminuer et qu'elles tombèrent au Xe siècle à un septième de ce qu'elles avaient été à la conversion de Constantin ; ensuite la religion traite du spirituel et, en s'immisçant dans les péripéties du temporel, elle y risque immanquablement son autorité. De fait, le Vatican perdit ce pouvoir temporel avec Frédéric II Hohenstaufen, puis avec Napoléon. Le calcul, s'il y en eut un, fut erroné, outre que criminel.

L'argument est également spécieux parce que, sous l'Empire païen, on ne persécutait une communauté ou l'autre que pour des raisons politiques, presque jamais religieuses (les rares cas d'interdiction sont motivés par des menées séditieuses). Si Rome nous paraît encore parée de grâces, c'est en raison de sa tolérance religieuse. Rome eût bien pu, avec son pouvoir, faire prévaloir sa religion ; elle n'en fit rien, avec sagesse. Si l'Église était tellement sûre de son inspiration divine, elle eût certes pu, et certainement dû, s'abstenir de ses persécutions politiques : sans Napoléon, elle les eût d'ailleurs poursuivies jusqu'au XXe siècle. Mais elle avait l'illusion du pouvoir absolu, l'*hubris* que les Grecs avaient dénoncée à juste titre.

Sans doute aussi cette illusion retint-elle l'Église de réfléchir à son arrogance, oubliant qu'elle était constituée d'êtres humains et que tous les humains sont égaux. Car c'est l'« illusion romaine » qui explique les outrances et le fanatisme de l'Église à l'égard des juifs autant qu'à celui des schismatiques et des hérétiques. L'illusion suscita et perpétua l'injustice et l'inhumanité, car les hérétiques et les schismatiques, eux, menaçaient réellement le christianisme tel que le concevait le Vatican. De fait, ils lui arrachèrent des territoires immenses dans l'Europe de l'Est et l'Orient, autant que la Réforme lui en arracha plus tard au cœur même de l'Europe. Ni les anathèmes, ni le sang, ni le glaive temporel n'ont freiné l'orthodoxie et le protestantisme.

Mais les juifs, eux, on l'a déjà dit, ne représentaient aucune menace : aucune autre que celle du remords qu'il était possible aux âmes les plus éclairées de concevoir à l'égard du peuple de Jésus le juif. Les haines et l'aversion furieuse déclenchées par les croisades, encouragées par le IVe concile de Latran, puis par des papes et un clergé aveuglés dont Innocent III et Pierre de Cluny représentent les plus tristes exemples, ces haines et cette aversion n'avaient aucun motif. Les juifs étaient désormais des gens sans terre et le seul pouvoir qu'ils détenaient, celui de l'argent — du moins quand ils pouvaient le conserver —, leur avait été donné par la papauté elle-même. Ils ne demandaient qu'à survivre.

La Rome chrétienne était bien, à cet égard, l'héritière de la Rome païenne : comme elle, elle n'avait ni humanisme, ni humanité.

Les textes sont là : le moteur de l'antisémitisme depuis le IVe siècle fut l'institution religieuse chrétienne. Elle eût pu freiner la méchanceté ; mais, quand elle ne l'attisa pas, elle la toléra. Elle prétendit prêcher la modération, mais en trop de lieux elle demeura silencieuse devant les massacres. Elle eût pu s'interroger sur les sources de l'antisémitisme : mais le clergé était, de haut en bas, inculte, incapable de déchiffrer la véritable histoire de Jésus et de réfléchir sur son enseignement : il lisait les Évangiles au premier degré et les transcrivait dans ses émotions primaires. On a pu en lire la bestiale traduction dans l'abominable Mystère de la Passion qu'on jouait à Donaueschingen, dans les années soixante de ce siècle, avec un grand prêtre juif caricatural qui, comble d'horreur dans le paradoxe, ressemblait à un bourreau d'Auschwitz.

L'effet le plus éclatant et le plus paradoxal de la volonté chrétienne de piétiner les juifs pour l'éternité témoigne amplement de son aveuglement : la persécution renforça l'identité juive. Le génocide mou — car c'était bien un génocide — entrepris par le christianisme tonifia le judaïsme, comme on le verra dans un chapitre suivant. Le christianisme avait voulu persuader les juifs qu'ils étaient des juifs, c'est-à-dire des gens infâmes. Il les convainquit d'être des juifs, c'est-à-dire des résistants.

Bibliographie et notes critiques

1. Théodoric est non seulement reconnu comme le plus grand roi des Goths, Wisigoths et Ostrogoths réunis, mais il est probablement l'un des plus grands rois du Moyen Âge et l'égal de Charlemagne. Fils de Théodomir, l'un des rois des Goths de l'est, et d'une concubine slave, Erelieva, il est envoyé à sept ans comme otage à la cour de Constantinople et y reste dix ans, apprenant les bonnes et les mauvaises manières de la politique. À son retour, à dix-sept ans, il prend la tête d'une bande armée et enlève à son propre père la cité de Singidunum, l'actuelle Belgrade. Il prend ensuite la tête d'une expédition impériale contre les insurgés de Moésie et de Macédoine, dont le succès lui vaut d'établir les Ostrogoths comme membres principaux des *fœderati* de l'empire. Théodoric a vingt ans quand son père meurt, et les quatorze années qui suivent sont consacrées à des guerres contre à peu près tout le monde, dont son ancien protecteur, l'empereur byzantin Zénon, mais surtout contre un autre prince ostrogoth qui a l'impertinence de porter le même nom que lui, Théodoric. Il va livrer bataille contre ce dernier au nord de la Vénétie, tombe sur les Gépides, auxquels il livre une bataille féroce, les vainc, tombe ensuite sur les troupes de l'occupant de l'Italie, Odoacre, guerrier non moins digne d'estime que lui, qui lui barre le passage à Isonzo, mais qui, après une cruelle défaite à Ravenne, le 26 février 493, se déclare vaincu. Théodoric cède à la vindicte et, reniant ses promesses de partager le pouvoir avec son rival et de lui épargner la vie, égorge Odoacre de ses propres mains lors d'un banquet, le 15 mars 493. Odoacre rend l'âme en criant : « Où est Dieu dans tout cela ? » Mais Théodoric n'en a cure : l'Italie lui appartient.

Pétri de contradictions, violent et sanguinaire d'une part, généreux et impartial de l'autre, Théodoric arbitre équitablement la rivalité entre les deux prétendants à la papauté, Symmaque et Laurent, puis cède à la colère et fait égorger le perdant Symmaque, qui était quand même pape, Laurent n'étant considéré que comme antipape. Exaspéré par les persécutions des arianistes entreprises par l'empereur Justin, en 524, il oblige plus tard le pape Jean Ier à aller exiger de l'empereur Justin la tolérance à Constantinople. Puis, quand le pape revient, il le jette en prison et l'y laisse mourir deux ans plus tard. Théodoric se serait repenti à la fin de sa fin des meurtres d'Odoacre et de Symmaque.

2. La Sicile sera reconquise par Robert Guiscard, de Normandie, à partir de 1060.

3. A. Guetta, *Italie*, in *Esquisse de l'histoire du peuple juif*, in *Dictionnaire encyclopédique du judaïsme, op. cit.*

4. En 1186, l'empereur Henri VI a épousé Constance, fille de Roger II et héritière des ducs de Normandie. Dès lors, les Hohenstaufen possèdent toute l'Italie, à l'exception de l'État pontifical, théoriquement du moins : en effet, Henri VI meurt avant d'avoir établi un empire héréditaire et le pape s'oppose à la réunion de la Sicile, où il possède de vastes propriétés, à l'Empire.

5. En 1265, la Curie donna la Sicile et le royaume de Naples à Charles d'Anjou, frère de saint Louis. En 1442, après maintes tribulations, le royaume

de Naples et la Sicile passèrent aux Aragon, et la Sicile demeura jusqu'en 1707 sous domination espagnole.

6. Paul Johnson, dans *A History of the Jews*, *op. cit.*, se fondant sur les recherches de Cecil Roth, *The Jews of Medieval Oxford* (OUP, 1951) et de V.D. Lipman, *The Jews of Medieval Norwich* (Weidenfeld & Nicolson, 1967), estime le total des juifs d'Angleterre à cinq mille. Johnson suppose qu'ils seraient venus dans le sillage des barons des Flandres qui avaient participé à l'expédition de Guillaume le Conquérant en 1066 ; dans ce cas, ils seraient arrivés plusieurs années plus tard, sans doute après la mort de Guillaume, en 1087. Chrétien convaincu, dépendant de l'opinion de deux prélats catholiques, Lanfranc de Canterbury et Geoffroy de Coutances, Guillaume n'eût sans doute pas jugé de bon augure d'emmener avec lui des « déïcides ». Il me paraît plus probable que les juifs d'Europe qui franchirent la Manche y furent poussés par les massacres de Rhénanie qui accompagnèrent le début de la première croisade, en 1096. Une indication sérieuse en est que les juifs de Norwich, qui furent parmi les premiers à s'installer en Angleterre, étaient tous d'origine rhénane, comme l'indique V.D. Lipman dans *The Jews of Medieval Norwich*.

7. Mahaut (ou Mathilde) était la fille d'Henri Ier Beauclerc et d'une religieuse. Étienne, fils d'Étienne (ou Stephen) Henry, comte de Blois et de Chartres, était l'époux d'Adela, une fille du roi. Jusqu'en 1125, le fils d'Étienne Henry, Étienne, petit-fils du roi donc et neveu de Mahaut, fut considéré par celui-ci comme son héritier naturel. Mais à la mort du roi, Mahaut fit valoir ses droits à la couronne, soutenue en cela par son demi-frère, qui contraignit les barons à la reconnaître comme reine et à admettre le droit à la couronne du fils de Mahaut, Henri Ier d'Anjou. Quand Henri d'Anjou mourut, Mahaut se rendit à son enterrement. Étienne saisit l'occasion offerte par l'absence de la reine pour rallier les barons et, alléguant que sa renonciation à la couronne lui avait été arrachée par la force et que, fille de nonne, la reine était une souveraine illégitime, se fit couronner roi par les Londoniens avec l'approbation de son propre frère, Henry, évêque de Winchester (qui avait, lui, rallié pour la circonstance l'évêque de Salisbury). Ces péripéties shakespeariennes de la royale canaille du temps devaient déboucher sur une guerre civile où tous les gens qui possédaient quelque bien, seigneurs anglais et juifs compris, furent spoliés comme manants en campagne et qui ne s'acheva qu'à la mort d'Étienne en 1154.

8. Cf. Anne Grymberg, *Angleterre*, in *Esquisse de l'histoire du peuple juif*, in *Dictionnaire encyclopédique du judaïsme*, *op. cit.*

9. Peu de personnages de l'époque sont aussi complexes, voire suspects, que le fils d'Henri II Plantagenêt, roi d'Angleterre et ennemi de ses propres fils, et d'Aliénor d'Aquitaine, épouse de deux rois. Vainqueur de Saladin, amant et rival de Philippe Auguste, prisonnier étrange d'Henri VI, empereur d'Allemagne, il apparaît à travers les récits des chroniqueurs comme un mélange déconcertant de religiosité superstitieuse et de véhémence insincère : un comédien grandiose porté par les événements.

10. Michèle Brossard-Dandré et Gisèle Besson, *Richard Cœur de Lion, Histoire et légende*, Christian Bourgois, 1989.

11. Id.

12. *Angleterre, op. cit.*

13. Raul Hilberg, *The Destruction of European Jews* (Holmes & Meier, New York, 1985) ; Jacob Marcus, *The Jew in the Medieval World : A Source Book, 315-1791* (Atheneum, New York, 1975) ; V. D. Lipman, *Three Centuries of Anglo-Jewish History* (Weidenfeld & Nicolson, Londres, 1961).

14. *Un temps d'épreuves : 1274-1449, Histoire du christianisme*, t. 6, *op. cit.*

15. Disciple de Wycliffe, qu'il avait traduit en tchèque, Jan Hus, réformateur de Bohême (1369-1415), se distingua par des sermons dans lesquels il pressait les chrétiens de renoncer à chercher des signes matériels de la présence du Christ et de rechercher sa présence immatérielle, mais dans lesquelles il dénonçait également la cupidité du clergé. Immensément populaire, il inquiéta le clergé et les autorités pontificales. Livré par la traîtrise du roi Sigismond IV aux autorités pontificales, il fut brûlé sur le bûcher de l'Inquisition le 6 juillet 1415. Ce fut dans ce bûcher que Luther alluma le flambeau de sa révolte contre Rome.

16. Première chrétienne de la dynastie des princes de Kiev, Olga, veuve d'Igor, se serait fait baptiser en 957, à Constantinople, lors d'une visite officielle à Constantin Porphyrogenète. En 959, elle délégua une mission à Othon Ier, empereur du Saint Empire romain germanique, pour se faire envoyer un évêque et des prêtres. Volodymyr Kosik, *L'Empire de Kiev et le baptême de l'Ukraine*, Historia, septembre 1987.

17. S.A. Goldberg et A. Derczansky, *Monde ashkénaze*, in *Esquisse de l'histoire du peuple juif*, in *Dictionnaire encyclopédique du judaïsme, op. cit.*

18. Id.

19. S.M. Dubnov, *History of the Jews in Russia and Poland*, t. I (The Jewish Publication Society of America, Philadelphie, 1976). Capistrano, antisémite notoire et canonisé, qui appelait les juifs « des Hussites », propagea l'idée que la défaite de la Pologne contre l'ordre Teutonique était une « punition du ciel ».

20. Id.

21. *Entre l'ange et la bête : le mythe de l'homme différent de l'Antiquité à nos jours* (Plon, 1995).

22. Par exemple David Martin, dans *Does Christianity Cause War ?* (Clarendon Press, Oxford, 1998).

6.

La trêve islamique

LES APPARENTEMENTS ENTRE LE JUDAÏSME ET L'ISLAM — LES TROIS RAISONS DE LA MANSUÉTUDE MUSULMANE À L'ÉGARD DES JUIFS — LES TERRITOIRES ISLAMIQUES, TERRE D'ASILE DES JUIFS AU MOYEN ÂGE — PRIVILÈGES DE LA *DHIMMITUDE* — FLORAISON DE LA CULTURE JUDAÏQUE — SÉDUCTIONS RÉCIPROQUES DU JUDAÏSME ET DE L'ISLAM — AFFINITÉS JUDÉO-ISLAMIQUES ET FIN DU DIALOGUE — LE *GHIYÂR* ET LES *MELLAHS* — RAISONS CULTURELLES ET ÉVOLUTION DE L'ATTITUDE ISLAMIQUE

L'un des chapitres de l'antisémitisme les moins connus du grand public, et les plus paradoxaux, est la tolérance de l'Islam à l'égard des juifs.

Rien ne l'annonçait : après le siège de la ville de Médine, en Arabie, où il s'était réfugié, Mahomet fit décapiter plusieurs centaines de juifs de la tribu des Banou Quorayza pour un motif incertain [1]. Début alarmant pour les relations entre le tout jeune Islam et les juifs.

Mais l'Islam devait beaucoup trop au judaïsme pour le rejeter d'emblée ; il était et reste, tout autant que le christianisme, une religion issue de l'Ancien Testament. L'inspiration du Prophète lui fut personnelle ; les rites qui lui furent nécessaires pour forger en quelques années l'identité musulmane furent adaptés d'autres religions de la région. On ignore quelles furent les rencontres de l'orphelin Mahomet quand il accompagnait son oncle Abou

Talib, commerçant aisé, lors de ses voyages dans les pays voisins de l'Arabie. On ignore tout autant lesquelles de ces rencontres marquèrent le plus l'adolescent, puis le jeune homme ; la seule dont le récit nous soit parvenu eut lieu à Bosra, en Syrie [2]. Cette ville était non seulement un centre commercial important, mais également un grand foyer chrétien, doté d'une cathédrale ; la Syrie était, en effet, sous juridiction byzantine. Là, Mahomet et Abou Talib s'arrêtèrent dans un ermitage et s'entretinrent avec un moine « très versé dans la religion chrétienne », donc probablement chrétien, mais hérétique rapporte-t-on aussi, nommé Bahira. Ce fut Bahira qui prédit sa miraculeuse destinée au jeune homme [3].

La région abondait également en anachorètes, aussi bien qu'en commerçants et lettrés juifs. Les juifs étaient installés depuis des temps très anciens dans plusieurs des territoires qui allaient passer sous contrôle islamique : en Palestine, évidemment, en Afrique du Nord, où ils avaient suivi quelque deux mille ans avant notre ère les colons phéniciens fondateurs de Carthage, en Arabie enfin. Yathrib, qui devint plus tard Médine, avait été probablement soumise à la domination des Hébreux [4], et l'influence hébraïque avait imprégné la région. D'autres rencontres peuvent donc expliquer des ressemblances étroites entre des passages du Coran et des deux Testaments [5], ainsi que certaines similitudes entre des rites judéo-chrétiens et des rites musulmans, notamment l'invitation à se tourner vers Jérusalem lors des prières, comme les juifs et les chrétiens, les actions de grâces au lever et au coucher, comme dans l'Église nestorienne, l'adoption du samedi comme jour de repos, plus tard avancée au vendredi pour se différencier des juifs, l'interdit alimentaire du porc.

À ses origines, la nouvelle secte ne nourrissait donc pas d'animosité envers les juifs, ni les chrétiens. On peut s'interroger sur les raisons de cette mansuétude, que n'eurent certes pas les chrétiens, dont la dette à l'égard du judaïsme était pourtant bien plus grande. Elles se résument à trois. D'abord, Mahomet et ses sectateurs visaient à fédérer les tribus d'Arabie, et ils partaient à l'assaut militaire et politique d'un monde quasiment vierge, presque oublié de l'Empire romain d'Orient et de l'Empire sassanide : les déserts de la péninsule arabique [6]. Les quelques tribus juives qu'ils connaissaient en Arabie ne pouvaient représenter un obstacle sérieux, ce qui n'avait pas été le cas de Paul et de ses successeurs, qui étaient, eux, partis à l'assaut de l'empire tout entier, dans lequel les juifs, nombreux et implantés de longue date, pouvaient opposer une résistance à leur apostolat. Ajoutons que les premiers musulmans n'avaient même pas idée du monde qu'ils allaient conquérir : la plupart d'entre eux n'étaient jamais sortis d'Arabie. Leur bagage matériel se limitait le plus souvent à un sabre et quelques sacs d'or et de dattes qui tenaient sur un cheval, et leur bagage intellectuel se résumait à des versets du texte de Mahomet. Ils portaient sur le monde un regard neuf.

Ensuite, les musulmans ne disposaient pas de l'immense appareil juridique du monde romain christianisé, cette machine centralisatrice à régir et réglementer. Ce ne fut que sept siècles plus tard, quand ils s'en furent dotés, que les musulmans commencèrent à exercer une ségrégation plus sévère à l'égard des juifs. Ils mirent près d'un siècle à appréhender la réalité gigantesque qu'ils avaient conquise et qu'il leur fallait désormais organiser.

Enfin, ils ne disposaient pas non plus de l'appareil rhétorique et théologique des chrétiens. Pas de Tertullien, pas d'Augustin, pas d'évêques, aucun tuf de textes d'où tirer les interprétations séditieuses qui avaient fait le succès des propagandistes chrétiens ; cela viendrait plus tard. Les Arabes qui diffusèrent l'Islam constituaient une population homogène ; c'étaient des gens du centre. Comme ceux du nord, ils étaient des semi-nomades et des caravaniers, à la différence de ceux du sud, du Yémen et du Hadramaoût, beaucoup plus fertiles, agricoles, où s'étaient depuis longtemps constitués des États, avec des villes dont les habitants avaient édifié des sanctuaires aux divinités pré-islamiques tenus par une organisation cléricale compliquée. Habitués à se contenter de peu, les sectateurs du Prophète n'ont, eux, aucune expérience du cléricalisme ; leur vision du monde est simple et le code que leur a imposé Mahomet est simple aussi, fondé sur la droiture, la miséricorde et la présence d'Allah.

Les chrétiens pouvaient arguer que Jésus avait été condamné et mis à mort par des juifs, mais pour les musulmans, Jésus n'était pas le fils de Dieu, concept inadmissible, et d'ailleurs, il n'était pas mort sur la croix (reflet direct de l'hérésie docétiste). Les juifs avaient simplement voulu tuer Jésus, messager de Dieu, et n'y étaient pas parvenus, parce que Dieu avait été plus malin qu'eux :

> « Ils [les juifs] ont comploté contre Jésus,
> Mais Dieu a aussi comploté
> Et Il est le maître des comploteurs. »
> *Coran*, III, 54

Cette dénonciation ne changeait rien au fait qu'il existait une convergence entre juifs et musulmans sur l'impératif catégorique de la Loi divine. Comme l'observe Bernard Lewis [7], la *Halakha* juive et la *Sharia'a* musulmane, leurs lois religieuses, ont beaucoup plus en commun entre elles qu'avec le concept juridique chrétien. Ajoutons que les juifs dont les musulmans avaient l'expérience vivaient à peu près comme eux, sous des tentes dans le désert ou bien dans des bourgades fortifiées. Comme eux, ils mangeaient du mouton, des laitues et des dattes. Comme eux, ils prenaient soin de leur propreté physique et ils étaient circoncis. Ils leur ressemblaient physiquement. Et leurs langues étaient plus proches que celles des Byzantins et des Barbares qu'ils allaient subjuguer. On comptait plus d'Arabes judaïsés et de juifs arabisés que l'écran actuel des intolérances ne le laisserait supposer : près d'un siècle avant Mahomet un poète juif de langue arabe, Samuel ibn Adiyya, était célébré en Arabie du nord.

Les juifs du désert que connaissaient les Arabes préislamiques de la Péninsule ne pratiquaient pas le métier de prêteur : comme eux, ils étaient pasteurs et agriculteurs. Et quand les jeunes royaumes musulmans leur offrirent l'hospitalité, les juifs purent témoigner qu'ils excellaient dans d'autres métiers que la périlleuse pratique du prêt à intérêt, qui leur collait à la peau en Occident : verriers à Alep, orfèvres au Caire, soyeux à Thèbes ou à Cordoue, marchands d'ivoire, de perles ou de corail à Shiraf ou Kerman, et toujours cultivateurs. L'hospitalité se trouva récompensée.

Enfin, on néglige parfois, en histoire, des sentiments simples. Ceux des musulmans à l'égard des juifs pouvaient sans doute se résumer à ce constat : si les juifs ne voulaient pas se convertir à l'islam, tant pis pour eux : « Celui que conduit Allah est dans la bonne direction, et celui qu'il égare ne trouvera aucun maître pour le diriger » (*Coran*, XVIII, 16.)

De plus, lors de l'expansion islamique, les nouveaux maîtres de la Méditerranée et de l'Orient semblent avoir appliqué de préférence deux préceptes du Prophète, celui de la tolérance religieuse [8] (toutefois compensée par les sévices qu'il promet aux infidèles), et : « Mieux vaut une justice équitable sans religion plutôt qu'une tyrannie fondée sur des principes religieux [9]. » Précepte qui paraît aujourd'hui voltairien et auquel les juifs eux-mêmes eussent eu grand-peine à adhérer, mais dont ils comptèrent néanmoins parmi les principaux bénéficiaires.

Ils affluèrent vers les terres d'Islam : à Alep, au Caire, à Kairouan, à Fez, mais aussi en Perse et en Babylonie. On leur y concédait — et cette fois sans arrière-pensées et dans toute leur plénitude — les privilèges que l'ancien Empire romain leur avait accordés et que les empereurs chrétiens leur avaient repris. Exilarcat, rabbinat, tribunaux juifs, tout y était, à cette nuance près que les juifs devaient payer des impôts exceptionnels, tout comme les chrétiens et les païens : c'étaient des *dhimmis*, citoyens de second ordre. Jusqu'au XIIe siècle, écrit Nicholas de Lange, « la législation discriminatoire était souvent appliquée de manière laxiste, ou même ignorée [10] ». Les massacres y furent bien plus rares que dans l'Europe chrétienne : celui de Grenade en 1066 fait date pour cette raison. Il suivit la conquête de la ville par les Berbères musulmans, qui n'étaient pas des Arabes, et la chute de la dynastie omeyyade.

Cette première parenthèse sanglante dans l'histoire de la tolérance islamique mérite qu'on s'y arrête. Pas plus que n'importe quelle autre, la foi musulmane n'était certes pas en elle-même une garantie de tolérance, et les Berbères, néophytes d'Afrique du Nord, n'avaient pas une miette de la tradition d'entente et de tolérance des Arabes. Ces mystérieuses tribus blondes aux yeux bleus, d'Afrique du Nord, que les Arabes eux-mêmes qualifiaient de *Barabra*, « Barbares », formaient des groupes distincts, belliqueux, ombrageux, d'une indépendance et d'une fierté notoires, qui ne connaissaient pratiquement rien du monde extérieur, même pas ses villes [11]. Poussés par l'ambition militaire, sans le moindre sens apparent de solidarité avec leurs coreligionnaires, ces gens du désert débouchèrent à Cordoue en 1013, se scandalisèrent du raffinement de la cour, du luxe général de l'Espagne omeyyade et de modes de vie qui ne correspondaient en rien à ce que leur ardeur de néophytes leur avait laissé imaginer. Ils renversèrent la dynastie omeyyade et imposèrent la leur, celle des Almoravides. Violents, imprévisibles, ils laissèrent massacrer les infidèles par leurs fanatiques, les *Mourabitoûn*, dans toute l'Espagne du sud, notamment à Grenade en 1066. La dynastie berbère suivante, celle des Almohades, laissa de nouveau ses nervis, les *Mouwahiddoûn*, déferler avec encore plus de fureur sur l'Afrique du Nord et en Espagne du Sud, au XIIe siècle : là, ce furent aussi bien des communautés chrétiennes très anciennes qui disparurent que les communautés juives. Des synagogues et des académies furent fermées et les juifs contraints de se convertir. Suivant l'exemple des chrétiens, les Almohades imposèrent aux juifs une tenue vestimentaire spéciale, une tunique bleue ou bien des vêtements jaunes, et ils leur interdirent tout commerce d'envergure.

Mal leur en prit : les juifs allèrent s'installer dans des royaumes plus tolérants, les affaires des Almohades périclitèrent et, de toute façon, vers 1200, la Reconquista devait mettre fin au califat et à l'empire berbères. Almoravides et Almohades combinés n'avaient pas duré deux siècles ; ceux qui furent capturés finirent le plus souvent en esclavage.

Cette sombre parenthèse comporte une leçon : chaque fois que l'Islam a échappé aux Arabes proprement dits, c'est-à-dire aux gens originaires d'Arabie, il a dérivé vers le fanatisme, comme l'avait observé Ernest Renan. Elle n'eut toutefois pas d'effet immédiat, ni profond sur la tolérance islamique. Cinq siècles après la conquête, au XIIe siècle donc, le voyageur juif Benjamin de Tudèle [12] visitant Bagdad, y dénombre une quarantaine de milliers de juifs, vingt-huit synagogues, dix académies ou *yeshivôt*.

Peut-être faut-il tempérer les estimations de ce voyageur : il avance le chiffre de quatre-vingt mille juifs à Ghazna, dans le royaume de Kharezm (il est vrai, fortement judaïsé), cinquante mille à Samarcande. Cependant l'exode vers les territoires islamiques qui suivit les expulsions d'Europe fut considérable et constant, et il devait durer jusqu'au XVe siècle, alors même que la condition juive dans les pays islamiques était devenue beaucoup plus rigoureuse. L'expulsion d'Espagne jeta sur les routes de l'exil plusieurs dizaines de milliers de juifs (de cinquante à cent cinquante mille). Les juifs se trouvèrent donc bien avec les Arabes.

Deux personnages parmi bien d'autres témoignent avec éclat de l'épanouissement du judaïsme sous l'égide de l'Islam. Le premier est Saadiya ibn Youssouf el Fayyoumi, également connu sous le nom de Saadia ben Yosef Gaon. Né en 882 à Pithom, l'actuelle Abou Soueir, en Haute-Égypte, il voyagea dans sa jeunesse, se rendant à Alep, puis à Bagdad, avant de s'installer en Palestine. À partir de 921, il s'illustre dans la querelle qui opposait le dirigeant de l'académie de Jérusalem, Aaron ben Méïr, aux communautés de Babylonie, à propos de l'établissement du calendrier juif. Le point est important, parce que le calendrier unifie les célébrations du peuple juif, mais également parce que l'autorité qui prévaudra détiendra la primauté religieuse. Les sages de Palestine disputaient donc cette primauté à ceux de Babylone et l'affaire tourna au schisme [13] : pour eux, c'était le Talmud de Babylone qui faisait autorité, et non le Talmud de Jérusalem. Ce fut là que Saadia s'illustra (il fut l'un des rares docteurs à citer et défendre le Talmud de Jérusalem, enclenchant ainsi un renouveau qui dure jusqu'à ce siècle). Ce fut également à cette époque qu'il écrivit plusieurs ouvrages, les uns de linguistique, dont un dictionnaire, qui codifiaient la langue hébraïque (grammaire et lexique), les autres de philosophie, jetant les bases de ce qui allait devenir la philosophie juive médiévale. Son influence devait traverser les siècles [14].

L'autre personnage, Moïse Maïmonide, est encore plus célèbre : c'est l'un des grands philosophes médiévaux. Né à Cordoue en 1135 ou 1138, il dut prendre la fuite avec ses proches en 1148 après les persécutions des Almohades. La famille s'établit à Fez, et ce fut là que Maïmonide reçut une formation de médecin. Puis, la famille repartit pour la Palestine, et enfin l'Égypte. Ils séjournèrent un temps à

Alexandrie, puis finirent par se fixer à Fostat, la vieille ville du Caire. En 1185, Maïmonide devint le médecin attitré de la cour d'Al Fadil, vizir de Saladin, et le resta jusqu'à sa mort, en 1204, tout en étant depuis 1177 chef de la communauté juive de Fostat. Il écrivit en arabe, ce qui témoigne de l'intégration accomplie des deux cultures, et fut traduit en hébreu et en latin. Astronomie, médecine, écrits halakhiques, c'est-à-dire de jurisprudence rabbinique, philosophie, Maïmonide a touché à tout et laisse une œuvre considérable, mais il demeure surtout célèbre de nos jours pour son *Guide des Égarés (Dalalat al haïrin* [15]*)* et sa « Seconde Torah », *Michneh Torah*, la plus considérable de ses œuvres halakhiques. Le premier se veut une réponse au désarroi des juifs de son temps, pris entre le rationalisme aristotélicien et platonicien qui prévalait à l'époque dans les milieux lettrés arabophones, et la tradition rabbinique ; il reprend la tentative de Philon de concilier la pensée rationnelle grecque avec le judaïsme orthodoxe. Le second est une monumentale synthèse de la loi juive.

Saadia et Maïmonide témoignent de la longue hospitalité que l'Islam offrit aux juifs ; mais bien d'autres juifs, qui atteignirent aux plus hautes dignités dans les califats et sultanats musulmans, démontrent qu'en dépit de certaines servitudes (implantation dans des quartiers spécifiques, limitation du nombre de synagogues, impôts spéciaux), la *dhimmitude* était un paradis en comparaison avec l'enfer européen, le fouet, le meurtre, l'assassinat pur et simple, les incendies de maisons et de synagogues, les dénis de créances, les imprécations des prédicateurs, les injures et les crachats dans la rue, les taxations faramineuses, les arrestations suivies d'immersions forcées dans les fonts baptismaux, les expropriations suivies d'expulsions. Les juifs des terres d'Islam étaient disposés à bien des concessions pour ne pas retourner sous les fourches caudines des chrétiens. Jamais le juif Hisdaï ibn Shaproût, par exemple, n'aurait à Lyon, Norwich ou Trèves, rêvé d'être le docteur de cour d'un potentat occidental, comme il le fut dans le palais du calife omeyyade Abd el Rahman III (912-961), ni de devenir le mécène des médecins, érudits, philosophes et poètes juifs de la région.

« On ne comptait pas moins de quarante-quatre villes

de l'Espagne omeyyade où s'étaient formées des communautés juives importantes et prospères », écrit Paul Johnson [16]. Ce n'était pas en Occident que les fonctionnaires de la cour s'adressaient aux exilarques dans les termes suivants : « Notre Seigneur, le Fils de David. » Le plus remarquable est qu'il ne s'agit pas là de quelques exceptions : la liste des juifs de cour qui atteignirent à des positions considérables est immense, du juif karaïte Abou Sa'ad Ibrahim al Toustari (mort en 1048), qui devint l'homme fort du calife Al Moustansir, au Caire, à Sa'ad al Dawla (mort en 1291), qui fut en Perse le vizir du roi Ilkhanide Argoun Khan. Plusieurs de ces juifs sont des banquiers, comme en Occident, mais un très grand nombre d'autres sont ministres, ambassadeurs, médecins, conseillers, et leur judaïsme ne semble pas gêner les potentats musulmans ; ceux-ci traitent les chrétiens de la même manière. Ainsi, des familles juives telles les Ben Attar, les Maimran, les Waqquasa, les Ben Zamirou et les Pallache monopolisèrent certains postes honorifiques [17].

Il faut toutefois se garder d'angéliser le paysage. Le fanatisme existait déjà : après l'exécution de Saad al Dawla, les juifs furent persécutés dans l'Empire moghol. Et la mansuétude islamique se fonde sur le réalisme : les juifs sont employés ès qualités par des régimes pauvres en compétences administratives, ce que nous appellerions de nos jours des cadres. Leurs réseaux de relations à l'intérieur et à l'extérieur des territoires sous domination musulmane, leur expérience commerciale et leur connaissance des langues étrangères les rendent précieux.

La tentation est forte de comparer ces juifs de cour avec leurs homologues européens, les *Hofjuden*, car il y en eut. Tentation utile, car elle permet de mesurer les différences. La première est qu'un contrat tacite liait les potentats musulmans aux juifs de cour : ceux-ci étaient les gouverneurs de fait, les *ra'issin el Yahoûd* ou *nagidîn* des communautés juives, auxquelles ils pouvaient, par exemple, demander des efforts financiers particuliers ; en échange de quoi la sécurité de ces communautés était garantie. Tel n'était pas le cas en Europe ; ainsi, au XIVe siècle, alors que le banquier juif Simon le Riche de Deneuvre finançait la noblesse alsacienne, la communauté juive de Strasbourg était en proie à des persécutions violentes. La seconde différence est que plusieurs des juifs des cours musulmanes, tel un Samuel ibn Negrela, étaient de véritables mécènes, qui non seulement avaient transformé leurs palais en centres de culture judaïque, enrichissant la langue, la poésie et la réflexion philosophique, mais encore s'efforçaient d'élever le niveau social et culturel des communautés juives ; or, cela était impensable en Occident : par exemple, un Nahmanides, bailli de Gérone sous Jaime Ier d'Aragon, ne pouvait officiellement faire rayonner la culture juive au nez de l'Inquisition.

La tolérance musulmane permit donc aux juifs pendant longtemps de s'extraire de l'abjection d'être juifs qui leur était imposée dans les territoires occidentaux du christianisme. Il offrit pendant trois siècles un terrain fertile au développement, à l'évolution de la culture judaïque. L'on évoque souvent le rôle des Arabes dans la transcription des auteurs grecs, qui eussent été perdus sans eux, mais peu souvent leur rôle protecteur de la culture judaïque ; il est pourtant considérable. Alors qu'en Europe, l'Église catholique faisait la guerre au Talmud et procédait régulièrement à des autodafés de ses manuscrits (dont le plus tristement célèbre est celui de Paris, en 1242) [18], les académies et les docteurs juifs dans le monde arabe, les Haï Gaon, Saadiya, Ben Houchiel, Maïmonide et autres, en enrichissaient les commentaires et en multipliaient les exemplaires. À l'ombre de l'Islam, le judaïsme rabbinique put développer son adaptation au monde environnant, hostile ou, dans le meilleur des cas, modérément tolérant. Les talmudistes, comme l'ensemble des juifs, purent ainsi atteindre l'âge de l'imprimerie, à partir duquel le Talmud deviendrait virtuellement indestructible.

La culture islamique elle-même en bénéficia, dans un premier temps du moins : une grande partie des auteurs arabes réputés, les Kindi, Farabi, Miskawaïh, Avicenne, Ghazali, Averroès, Rhazès, les frères El Safa, El Ash'ari et maints autres ont bénéficié du climat d'ouverture, de l'esprit critique et philosophique des *responsa* judaïques cultivé dans les académies, et des traductions que des juifs (parfois convertis) avaient faites d'auteurs grecs [19].

Peut-être aussi la population juive de la Méditerranée et de l'Orient doit-elle partiellement aux musulmans d'avoir survécu physiquement. Au début de l'ère chrétienne, la totalité de la population juive dans le monde méditerranéen s'élevait à quelque huit millions : au Xe siècle, elle était tombée aux environs d'un million et demi à un million d'âmes. L'ensemble de la population de cette partie du monde déclina, certes, durant la même période [20], mais on conçoit aisément que les persécutions dont les juifs étaient l'objet depuis des siècles, déplacements constants, massacres, conversions forcées, n'engageaient pas à la reproduction.

Comment la situation a-t-elle donc dégénéré ? Tout observateur du monde contemporain se demande comment musulmans et juifs ont pu en arriver aux vitupérations et aux violences qui ont défrayé la chronique dans les dernières décennies du XXe siècle.

En réalité, la situation n'a pas vraiment dégénéré du strict point de vue religieux. La détérioration des relations entre juifs et musulmans ne s'est réellement produite qu'au XXe siècle, à partir de la Déclaration Balfour de 1919 et de la fondation du Foyer juif en Palestine — c'est-à-dire depuis le triomphe du sionisme. Ou bien encore, depuis que la coexistence juifs-musulmans s'est déplacée du domaine religieux au politique. Le point sera évoqué à propos du sionisme, à la fin de cet ouvrage.

Deux facteurs historiques modifièrent fondamentalement le monde musulman. Le premier fut la prise de conscience de ce qu'était l'Islam, à la faveur des contacts avec le reste du monde. Le second fut la prise de pouvoir par des conquérants venus de pays tardivement islamisés, Perses, Ottomans, Mongols, de cultures foncièrement différentes, qui n'avaient pas les mêmes raisons de tolérance à l'égard des juifs.

En 638, lors de sa foudroyante conquête du monde, l'Islam s'empare en un tour de main de Ctésiphon, la capitale des Sassanides, et l'Empire perse s'effondre comme un château de cartes. Entre 640 et 642, le calife Osman dévore l'Égypte et se lance vers la Cyrénaïque, l'actuelle Libye. Entre 644 et 655, trente-trois ans à peine après la mort du Prophète, les musulmans conquièrent tout le plateau iranien. À l'extérieur, ils découvrent le monde et, à l'intérieur d'eux-mêmes, leur irrésistible dynamique. Ils prennent avec ivresse, et peut-être aussi un certain effroi, conscience du pouvoir de cette foi neuve qu'est l'Islam. La leur. Ils réfléchissent sur leur identité. Ils n'auront pas fini d'y réfléchir quand, en 751, l'année qui suit la chute du califat des Omeyyades, ils battent les Chinois à Talas. Le monde est désormais à eux ; personne ne leur résistera plus jamais. Mais, comme tous les enfants, ils découvrent lentement que le monde est différent d'eux. Ils vont donc se définir par rapport aux autres, tous les autres, juifs compris. Ce qui ne signifie pas que le changement soit négatif, mais tout simplement que l'Islam, ayant quitté l'Arabie, a acquis sa personnalité propre et qu'il s'est différencié de ce judaïsme dont il avait été si proche lors de sa gestation.

La « Maison Islam » dut s'ouvrir très vite, puis s'agrandir pour accueillir les opportunistes qui couraient évidemment au secours de la victoire. En 750, quatre-vingt-dix ans après la fondation du califat omeyyade à Damas par Mou'aweya, le hachémite Abou el-Abbas prend le pouvoir et devient le premier calife de la dynastie des Abbassides [21] ; il transfère le centre du pouvoir à Bagdad. Abou el-Abbas n'a pris le pouvoir que grâce à la complicité des Perses sassanides convertis : il ne peut moins faire que de leur confier le gouvernement de l'empire. L'Islam à partir de ce moment-là n'est plus arabe, au sens strict de ce mot. Il ne le sera plus jamais, ni avec les Toulounides d'Égypte, qui sont des Ottomans, comme le sont, au XIe siècle, les Seldjoukides, ni avec les Ikhshidites et plus tard les Mamelouks, également des Ottomans, ni avec les Fatimides de l'Ifriquiyya, originaires de Cyrénaïque. Le monde islamique, devenu trop grand, a perdu son unité ; il est déchiré de manière incessante par des guerres de conquêtes. Des princes venus de directions opposées, de l'extrémité du Maghreb et d'au-delà du golfe Persique, lèvent des armées avec le concours d'intrigants et d'aventuriers, s'arrachent à n'en plus finir les sultanats et les califats issus de l'épopée des Arabes de La Mecque.

De plus, l'Islam théologique lui-même est déchiré entre les deux grands courants qui restent antagonistes jusqu'à nos jours : la *sunna* et la *shi'a*. Les partisans des deux tendances se veulent chacun seuls héritiers de la foi musulmane. Le regard à la fois complice et méfiant, mais tolérant, que les compagnons de Mahomet lançaient aux juifs a disparu. Pour le régent noir Kafour qui sert de tuteur au calife impubère Ounoujour, en Égypte en 961, ou pour le Slave Bourjouwân qui sert également de tuteur au calife également impubère (onze ans) Al Hakîm bi Amr Allah [22], en 1009 — calife de mère chrétienne, soit dit incidemment — les juifs sont deux fois étrangers : déjà la solidarité musulmane s'est évanouie devant les ambitions, et leurs coreligionnaires musulmans sont la cible de tentatives d'assassinat ininterrompues.

Ajoutons que les juifs avaient fini par étourdir les musulmans de leur philosophie. La ferveur philosophique des musulmans fut, en effet, relativement brève : du IXe au XIIe siècle. Déjà, au XIe siècle, El Ghazâli (1058-1111) s'était lassé, doutant que la philosophie et la théologie pussent prouver quoi que ce fût, l'existence de Dieu, la structure de l'univers ou l'immortalité de l'âme. Son ouvrage le plus célèbre, *Tahafout el falasifah*, « L'incohérence des philosophes », soutenait que les prophètes étaient plus importants que les philosophes. Au XIIIe siècle, l'Islam était traversé de courants théologiques souvent antinomiques qui en menaçaient l'intégrité, et plusieurs auteurs, comme Ibn Taymiyyah (1263-1328), rejetèrent les influences hérétiques ou étrangères, et notamment l'aristotélisme [23]. Au XIVe siècle, l'illustre Ibn Khaldoûn (1332-1406), l'auteur des *Muquaddimah* ou « Prolégomènes », le premier historien à avoir compris l'importance de la culture dans l'évolution des sociétés, fermait le ban et déclarait la spéculation philosophique inutile et même futile. La culture académique et spéculative juive ne présentait plus grand intérêt pour les musulmans. La Révélation avait eu lieu, et c'était l'essentiel. Néanmoins, les différences théologiques ne donnèrent pas lieu aux persécutions religieuses du type européen.

Un changement était survenu. L'institutionnalisation progressive de l'Islam et les menaces de plus en plus fortes que l'Occident faisait peser sur lui l'avaient rigidifié. Le légalisme tendit à remplacer le pragmatisme, et, comme dans l'Église, il exclut progressivement le judaïsme. Dans un premier temps, les juifs ne s'en avisèrent pas. La remarquable confusion de l'époque les induisait en erreur. Ils se mêlaient même de politique avec une audace qui touchait à l'impudence : en Égypte encore, en 973, le converti Jacob ben Killis, élevé au rang de vizir, n'en finit pas d'intriguer et, maltraité par un autre vizir, ikhshidite celui-là, Ibn

Fourât, il manigance avec un rival fatimide rien de moins que l'occupation du pays ; mieux, il empoisonne un général turc, Aftakin, dont le prestige lui porte ombrage. En 977, c'est un juif, non converti, Manasseh ben Abraham, qui est nommé (par le chrétien arabisé Jésus de Nestorius, vizir d'Égypte) gouverneur de Syrie... Excès de « visibilité » qui leur porteront ombrage : sous le règne du sultan mamelouk Baïbars, le conseiller de ce dernier, Khader el-Mihrani, organisa des persécutions de juifs et de chrétiens.

Il est possible que les juifs se soient, à la fin, épris de la culture arabe. On peut deviner ce qui les aura séduits. La langue, d'abord, est d'une éloquence inégalée ; c'est une musique. Elle est également une poétique : comme toutes les langues sémitiques, essentiellement faites pour être écoutées, elle se prête remarquablement à la transcription des mouvements de l'âme, à la différence des langues occidentales qui sont destinées à transcrire des concepts. L'hébreu, l'araméen, l'arabe, qui sont linguistiquement si proches, s'expriment naturellement en périodes. Leur sonorité est incantatoire. Les récitations des Psaumes disposaient à l'écoute du Coran. Et ce n'est pas hasard, si la littérature arabe compte plusieurs poètes juifs.

Les musulmans y furent sensibles, comme leur histoire le démontre. Le point mérite d'être souligné : l'ambivalence croissante des musulmans à l'égard des juifs n'approche jamais les pics d'exécration du monde chrétien ; le massacre systématique de juifs en tant que juifs est absent de l'histoire de l'Islam, exception faite des quelques cas cités plus haut. Les musulmans ne vont pas suivre l'exemple des *Frangs*, qui se montrent si lamentablement inhumains à l'égard des juifs ; ce sont là des mœurs de barbares.

« Dans ce qui reste des cités des Francs, il y a trois jours dans l'année qui sont bien connus, ce sont ceux où les évêques disent à la plèbe : "Les juifs ont volé votre religion et pourtant les juifs vivent dans votre pays." C'est alors que la plèbe et les citadins se lancent ensemble à la recherche de juifs et, quand ils les trouvent, ils les tuent. Et puis ils pillent toutes les maisons qu'ils peuvent », écrivait à la fin du XIIIe siècle le polémiste égyptien Ahmed ibn Idris el-Quarafi, pour décrire les mauvaises mœurs des Européens [24]. Sans doute savait-il que les chrétiens persécutaient aussi bien les musulmans, car il était demeuré en Espagne, après la Reconquista et avait pu constater que les Maures n'étaient pas beaucoup mieux traités que les juifs.

Les Abbassides restent donc tolérants et maintiennent un cosmopolitisme souvent négligé par les historiens : on parle grec à Bagdad, car c'est là que se sont réfugiés les lettrés hellénophones chassés de Constantinople, on y lit aussi des ouvrages de l'Inde. Plus extraordinaire encore, l'administration et la police sont aux mains de chrétiens souvent islamisés, assujettis aux Persans sassanides, et les juifs sont toujours maîtres de leurs académies. C'est un âge d'or. Sans doute se ternira-t-il : dès le XIIIe siècle, la législation de ségrégation, ou *ghiyâr*, est appliquée avec plus de rigueur ; au Maroc, les Idrissides relèguent les juifs dans les ghettos appelés *mellahs*, où ils seront confinés jusque dans des temps très récents. Et en Égypte, après la déposition du dernier des Ayyoubides, Touranshah, en 1250, et la fin de sa dynastie, les Mamelouks, qui ne sont pas des Arabes au sens ethnique du terme, mais des Ottomans, imposent eux aussi aux juifs des turbans et des ceintures de couleur distincte : jaune. Il est vrai qu'ils imposent les mêmes mesures aux chrétiens, dont la couleur est le bleu. De plus, il est interdit aux juifs comme aux chrétiens d'aller en ville à cheval ou à dos de mulet, et les églises étaient pillées et fermées aussi bien que les synagogues.

Mais, au cours des siècles, la situation des juifs se stabilise dans l'ensemble du monde musulman. Elle ne commence à s'altérer en Afrique du Nord qu'avec la révolte du dey Hussein d'Alger, en 1805. Toutefois, elle ne se dégradera vraiment qu'à partir de la guerre égypto-israélienne de 1949, pour des raisons spécifiquement politiques. Jusqu'à l'opération de Suez en 1956, d'importantes communautés juives vivaient dans des conditions relativement sûres en Égypte, qui était pourtant le centre de l'activisme nationaliste arabe.

Paradoxalement, c'est l'attitude de l'Islam à l'égard des juifs qui offre la meilleure clef à la compréhension de celle de la chrétienté. Qu'y voit-on ? Que jusqu'au Xe siècle cette attitude est très tolérante, puis qu'à partir de là elle tend à l'assimilation plus ou moins contraignante des juifs et à la ségrégation institutionnalisée. Le changement s'explique, on l'a vu, par la prise de conscience de l'Islam et l'entrée en scène de potentats non arabes. Mais comment se fait-il que la tolérance demeure ?

Pour le comprendre, il faut examiner les grandes cartes de la conquête islamique. Les dynasties surgissent, se côtoient, se succèdent à un rythme vertigineux : en 750 apparaît le califat abbasside, en 756 les Omeyyades de Cordoue, en 777 les Rustémides d'Algérie, en 800 les Aghlabides de Tunisie, en 821, les Tahirides du Khorasân, en 864, les Zaydites du Tabaristan, en 867, les Saffarides du Sistan, en 869, les Toulounides d'Égypte, en 875, les Samanides de Transoxiane, en 893, une autre branche des Zaydites, ceux du Yémen, en 905 les Hamdanides de Syrie. En 909, les Fatimides dominent l'Ifriquiya ; en 1036 s'imposent les Seldjoukides, suivis des Ghaznévides [25].

Tous ces gens arrivent en nuées, sur de petits chevaux rapides, conquièrent en un tournemain des territoires et s'y installent avant de repartir ailleurs. La majorité des populations se convertit pour être du côté des vainqueurs et parce que le changement est toujours bien accueilli. Ces conquérants, qui parcourent des milliers de kilomètres à cheval et s'installent où bon leur semble, sont des nomades. Comme les juifs jadis. Même quand ils ont conquis des villes et que leurs chefs y ont occupé ou construit des palais et des mosquées, quand ils ont imposé leurs lois sur les marchés, ils restent nomades, prêts à repartir le lendemain vers de nouveaux horizons. Bien malin qui retrouverait les origines ethniques de certains de ces conquérants et de leurs descendances : partis d'Alep, par exemple, ils parviendront à Gibraltar après avoir essaimé des enfants au Caire, à Tripoli, à Tunis, à Alger, à Fès. Certains seront blonds, d'autres négroïdes — qu'importe, ce sont des fidèles du Prophète. L'invasion arabe fait bouillonner un gigantesque *melting pot* ethnique, première conséquence de ces déplacements effrénés. L'Islam est la maison de Dieu et il n'est certes pas raciste.

Les juifs ne veulent pas se convertir ? Tant pis pour eux. On leur imposera du service et des impôts plus lourds. Ils savent forger des armes pour les hommes, ciseler des bijoux pour les femmes, tisser et teindre la soie, broder des robes d'apparat, ils savent s'approvisionner en poivre, en cannelle, en safran, en clous de girofle. De plus, ils ne représentent aucun danger politique : ils sont trop occupés à faire des affaires. Dans la vaste chevauchée musulmane, ils se fondent à peu près dans le paysage. Leurs types physiques sont très proches de ceux des envahisseurs, même si, au cours des siècles, les ashkénazes fuyant l'Europe sont venus ajouter une couleur différente aux communautés juives de l'Islam. Leurs différences religieuses n'ont pas d'importance. Depuis leur envol de La Mecque, les musulmans les ont rencontrés maintes et maintes fois ; ils n'ont pas pris l'habitude de les persécuter, parce qu'ils n'avaient pas de raisons de le faire.

La situation est diamétralement opposée à celle qui prévaut en Europe chrétienne, où l'immense majorité des populations est sédentarisée depuis le ve siècle, et où les seuls nomades sont justement les juifs. Dans ces royaumes où l'alliance entre l'Église et le trône est une condition expresse de la sécurité et de la stabilité sociale, ils se détachent de manière menaçante. Que viennent-ils faire ? Compromettre la foi chrétienne ? Ce sont en tout cas des hérétiques, donc des ennemis. Pourquoi nos hommes ne peuvent-ils épouser leurs filles ? Qui sont ces gens ? Pourquoi ont-ils quitté leurs pays ? Pourquoi ne parlent-ils pas notre langue ? Ce sont des étrangers, donc, encore une fois, des ennemis.

Le fanatisme religieux chrétien n'est pas si religieux qu'il y paraît : il est d'abord culturel. À supposer, d'ailleurs, qu'on puisse établir des frontières tranchées entre le religieux et le culturel.

Bibliographie et notes critiques

1. Des trois tribus de juifs auxquelles il eut affaire en Arabie, les Banou Quaynoka, les Awas et les Banou Quorayza, Mahomet fit grâce aux deux premières et fit exécuter la troisième ; le nombre d'hommes exécutés (une seule femme fut également suppliciée) varie entre 600 et 900. L'hypothèse généralement admise pour expliquer ce massacre est que l'attitude de ces derniers lui avait valu des inquiétudes durant le siège de la ville par les Quoureyshites, ses ennemis (cf. Maxime Rodinson, *Mahomet*, Le Seuil, 1961). Toutefois, il n'avait rien de spécifique à reprocher aux Banou Quorayza. Leur avait-il tenu rigueur de ne pas prendre franchement son parti ? Toujours est-il que le massacre ne fut pas motivé par des raisons religieuses, mais plutôt politiques.

Quelques auteurs ont prêté à Mahomet l'intention originelle de fédérer les tribus et les communautés juives d'Arabie dans sa nouvelle foi. S'étant avisé de leur résistance, il y renonça.

2. À ne pas confondre avec Basra, en Mésopotamie.

3. L'anecdote est rapportée par l'historien arabe Tabarri.

4. Max L. Margolis et Alexander Marx, *A History of the Jewish People* (A Temple Book Atheneum, New York, 1973). Selon ces auteurs, la fondation de Yathrib remonterait au IVe siècle avant notre ère, et les juifs auraient été installés au Hedjaz depuis le VIe siècle avant notre ère, certains disent même depuis l'époque de David, voire de Moïse. Selon l'auteur arabe de la fin du XIIIe siècle Abou el-Faraj el-Isfahani (*Kitâb el Aghâni*, Le Caire, 1970), la tradition voudrait que les premiers occupants de l'Arabie aient été les Amalécites, ce que semble confirmer la phrase de Nom. XXIV, 20, qui les définit comme « les premiers de toutes les nations ». Cf. également Charles C. Torrey, *The Jewish Foundation of Islam* (Yale University Press, Yale, 1967).

Il faut rappeler aussi qu'après la brève conquête abyssine du royaume de Saba, au début du IVe siècle, un roi d'origine locale apparut en 375. Il inclut dans ses territoires le Dhou Raidân, le Hadramaoût et le Yamnât. Son successeur se convertit au judaïsme, par défi, croit-on, au pouvoir romain qui avait vainement tenté de contrôler cette clef d'accès à la mer Rouge. En 575, le dernier roi juif de Saba, Youssef Dhou Nouwas, fut assassiné par un Abyssin chrétien qui lui succéda et gouverna le royaume au nom du roi d'Abyssinie. Les établissements juifs du Hedjâz entamaient un déclin économique et politique, mais demeuraient néanmoins sur place, vivant entre autres du commerce de l'encens et de la myrrhe sur la route des parfums (Gordon Darnell Newby, *A History of the Jews of Arabia*, University of South Carolina Press, Columbia, 1988). Leur expropriation des grands points d'eau et des pâturages n'a pas été le fait soudain de Mahomet, comme certains textes le laisseraient croire : elle était déjà en cours (Michael Lecker, *Muhammad at Medina : A Geographical Approach*, Jerusalem Studies in Arabic and Islam, 6, 1985).

Ce qu'il faut retenir de ces événements, généralement méconnus du public, est qu'au temps de Mahomet, l'Arabie n'était certes pas un désert, mais le théâtre d'activités politiques et commerciales intenses ; une campagne de fouilles dans le Hedjâz en 1992 et 1993 a d'ailleurs révélé d'importants vestiges urbains. De plus, les juifs d'Arabie étaient alors profondément intégrés dans les sociétés locales et les Arabes les considéraient avec respect ; ils commençaient même à s'intéresser au mysticisme juif.

5. Par exemple, pour l'Ancien Testament, entre la soura I, 5 et le psaume XXVII, 2 ; entre la soura XXI, 105 et le psaume XXXVII, 29 ; pour le Nouveau Testament entre la soura VII, 48 et Luc XVI, 24. Les contacts de Mahomet avec les milieux juifs et chrétiens se reflètent dans l'interprétation — erronée — de certains passages de la Bible, par exemple dans la confusion entre Haman, ministre d'Ashavérus, et Haman, ministre du Pharaon ; entre Myriam, sœur de Moïse, et Myriam, mère de Jésus. Mahomet a également eu connaissance de certains textes littéraires de l'époque ; ainsi la description d'Alexandre comme « l'Homme aux deux cornes » est empruntée au *Roman d'Alexandre*, texte hellénistique alexandrin du IIIe siècle (faussement attribué à Callisthène), où Alexandre est ainsi décrit parce que son père Jupiter Ammon portait ces deux cornes. Le Coran comporte également des références aux Évangiles apocryphes et aux récits de la Haggadah. Ces parallélismes ont fait l'objet de plusieurs ouvrages d'exégèse.

Il semble également que Mahomet ait eu des contacts avec des « Esséniens », car il y en avait aussi en Arabie, des Mandéens ou sectateurs de Jean le Baptiste, des Docétistes.

6. De larges portions de la péninsule étaient pourtant sous leur contrôle théorique : la Perse tenait sous son pouvoir l'Arabie du Sud, le Yémen et le Hadramaout, et elle étendait son influence jusqu'à l'Arabie orientale. Byzance tenait le nord, le Sinaï, la Palestine, les territoires correspondant aujourd'hui à la Jordanie, à la Syrie, au Liban et à Israël, ainsi que la plus grande partie de la Mésopotamie.

7. *Semites & Antisemites*, Weidenfeld & Nicolson, Londres, 1986.

8. La tolérance religieuse est implicite dans la soura X, 98 : « Est-ce à toi de contraindre les humains pour qu'ils adhèrent ? » Et l'on en trouve des échos dans VI, 109 ; XLV, 14 ; LII, 45, entre autres sourates.

9. Cet apophtegme serait en contradiction avec une tradition musulmane qui voudrait que, sur son lit de mort, Mahomet ait déclaré que deux religions ne pouvaient pas coexister en Arabie et que le calife Omar ait donc chassé les juifs du Hedjaz vers la Syrie après les avoir expropriés. L'histoire est rapportée par Tabarri, de sources secondaires et même tertiaires et d'exactitude approximative. Il se peut que le calife Omar ait fait racheter des terres appartenant aux juifs, mais nous savons par bien d'autres sources que les communautés juives continuèrent à vivre au Hedjâz et dans le reste de l'Arabie après le calife Omar. Il n'y eut donc pas d'expulsion caractérisée des juifs d'Arabie. Cf. Gordon Darnell Newby, *A History of the Jews of Arabia From Ancient Times to Their Eclipse from Islam, op. cit.*

10. *Atlas of the Jewish World, op. cit.*

11. La dénomination hellénistique de « Barbares » et la qualification romaine correspondante, pourraient à première vue prêter à confusion, parce qu'elles laisseraient supposer que les Berbères descendraient des Goths, Wisigoths et Ostrogoths, enrôlés dans les armées romaines d'occupation de l'Afrique du Nord après la chute de Carthage ; ce qui, incidemment et un peu

facilement, expliquerait leurs traits décidément nordiques, perpétués jusqu'aujourd'hui. En réalité, le terme *Barabra* est beaucoup plus ancien que l'occupation romaine : on le retrouve dans des inscriptions égyptiennes de 1 700 et 1 300 avant notre ère, à l'époque où les tribus berbères du Sahara, de l'Atlantique aux oasis d'Égypte, étaient également connues sous les noms de Lebou, Mashoumasha, Tamahou, Tehennou et Kanaka, cités par Hérodote ; cette ancienneté élimine donc l'hypothèse « gothique ». De plus, les représentations des Berbères sur les monuments égyptiens depuis le xviiie siècle avant notre ère sont nettement celles des personnages de type « européen ». Force est donc d'évoquer une origine bien plus ancienne que celle des Goths et de rappeler l'occupation du Tassili par des Phéniciens au cours du IIe millénaire avant notre ère. Rappelons également que, s'ils les qualifiaient bien de « Barbares », les Romains appelaient aussi les Berbères Numides, Gétules et Maures. Augustin, le célèbre évêque d'Hippone, était berbère.

De nombreux historiens contemporains ont enrichi notre connaissance des Berbères, depuis la grande *Histoire des Berbères* de l'historien arabe Ibn Khaldoûn, qui date du xive siècle ; ce dernier, d'origine arabe, vécut presque toute sa vie au milieu des Berbères, pour lesquels il professe une grande admiration. Depuis 1945, on tend à appeler les Berbères *Imazighen*. Cf. Michael Brett et Elizabeth Fentress, *The Berbers* (Blackwell, Oxford, 1997).

12. On ne sait quasiment rien de Benjamin de Tudèle, sinon qu'il était juif, et négociant de pierres précieuses et que son *Livre des Voyages*, écrit entre 1159 et 1172, est une mine d'indications, sinon d'informations fiables, sur le monde méditerranéen et moyen-oriental de l'époque.

13. Un esprit contestataire régnait sans doute chez les juifs de Babylonie, car plusieurs clercs dissidents s'étaient déjà séparés de la *yeshiva* locale pour aller fonder une académie à Kairouan, au viiie siècle, ce qui éleva Kairouan au niveau de grand centre islamique du judaïsme.

14. *Dictionnaire encyclopédique du judaïsme, op. cit.*

15. Traduit de l'arabe par Salomon Munk (Verdier, 1979). Maïmonide peut se définir comme un spiritualiste théocentrique pour qui la raison est une voie d'accès à la connaissance de Dieu. Cette idée est reprise dans le *Traité de logique* (traduit de l'arabe par Rémi Brague, Desclée de Brouwer, 1995), dans lequel Maïmonide présente la logique comme un langage universel, ébauchant ainsi la proposition de la philosophie comme langage également universel. L'influence de Maïmonide fut considérable, en dépit (ou à cause) des controverses violentes qui se développèrent sur son œuvre bien après sa mort. On en retrouve la descendance jusque chez Spinoza. Il représente la première étape d'une « laïcisation » philosophique du judaïsme, qui s'est poursuivie jusqu'à notre époque.

16. *A History of the Jews, op. cit.*

17. Sur ce sujet, qui dépasse le cadre de ces pages, on consultera l'ouvrage approfondi de Nicole S. Serfaty, *Les courtisans juifs des sultans marocains xiiie-xviiie siècle, hommes politiques et hauts dignitaires*, préface de Haïm Zafrani (Bouchene, 1999).

18. Ce ne fut pas le seul autodafé du Talmud : Louis IX, Philippe III, puis Philippe IV en ordonnèrent chacun au moins un. Le pape Clément IV donna l'ordre au roi Jaime d'Aragon de confisquer toutes les copies de l'ouvrage, alléguant que « dans sa masse énorme... il y avait d'innombrables insultes et des blasphèmes détestables contre le Seigneur Jésus-Christ et sa très sainte mère. » Cf. Jeffrey Richards, *Sex, Dissidence and Damnation* (Routledge, Londres et New York, 1991).

19. Dans l'équipe de sept traducteurs désignée par le calife abbasside El Ma'amoûn, au IXe siècle, pour traduire Aristote, on compte deux juifs, Hounain ben Ishâq, le Johannitius des scolastiques chrétiens, et Ibn el-Nadîm, ainsi qu'un chrétien, Louka el-Balabakki. Cf. *Histoire générale de Dieu*, de l'auteur (Robert Laffont, 1997).

20. Une partie de ce déclin démographique doit être attribuée aux épidémies de peste noire, qui décima, estime-t-on, près d'un tiers des populations européennes. Des déclins démographiques, de causes encore incertaines, vu l'absence de données, semblent s'être produits à plusieurs reprises au cours de l'histoire, du moins selon les données disponibles. Ainsi, de 100 millions d'habitants en 1650, la population de l'Afrique décrût à 95 millions en 1750 et à 90 millions en 1800, alors que celle de l'Europe était, dans la même période, passée de 100 millions à 187 millions. De 1965 à 1975, le taux de fécondité, par ailleurs, a baissé de 10 à 20 % dans la plupart des pays du tiers monde, descendant de 34 % pour la Chine, et même de 47 % pour Cuba (*Population*, Encyclopaedia Britannica, *Géographie humaine*, Quid 96).

21. Le nom dérive de celui de l'oncle de Mahomet, El Abbas, du clan hashémite des Quouraychites.

22. Al Hakim bi Amr Allah, le « Caligula de l'Orient », est sans doute l'un des personnages les plus hauts en couleur d'une époque déjà pittoresque. C'est lui qui, en 1010, a fait détruire l'église du Saint-Sépulcre, à Jérusalem, déclenchant ainsi la fureur de l'Occident chrétien, mais il a fait également construire la Grande Bibliothèque du Caire, installée dans le palais des Fatimides. Tout en persécutant les chrétiens, il continua à leur confier, à eux et aux juifs, des postes de haute responsabilité. Gouverneur compétent de califat, il se laissa toutefois dévorer par la mégalomanie et dans la dernière année de son règne, en 1020, il revendiqua la divinité ! Son nom reste toutefois révéré en Islam, notamment à Alep et à Mossoul.

23. C'est l'opinion de certains historiens, tels E. Gutwirth (*Hispano-Jewish Attitudes to the Moors in the Fifteenth Century*, in Sefarad n° 49, 1989) et N. Roth (*Jews, Visigoths and Muslims in Medieval Spain : Cooperation and Conflict*, E. Brill, Leyde, 1989).

24. Les « Francs » en question sont tous les Européens, et pas seulement les Francs ; jusqu'aujourd'hui, en arabe, on désigne les Européens par le terme *Frang*. Cité par M. Cohen, *Under Crescent and Cross : The Jews in the Middle Ages* (Princeton University Press, Princeton, 1994).

25. Gérard Chaliand et Jean-Pierre Rageau, *Atlas des Empires* (Payot, 1993).

7.

L'exemple asiatique

PRÉSENCE ANCIENNE MYTHIQUE ET MOINS MYTHIQUE DES JUIFS AUX CONFINS DE LA TERRE — LES FALACHAS, JUIFS D'AVANT LE TALMUD — LA ROUTE DE LA SOIE ET L'ARRIVÉE DES JUIFS EN CHINE — LA SYNAGOGUE ORNÉE DE CITATIONS DE CONFUCIUS — LES BENE ISRAËL, DESCENDANTS DE NAUFRAGÉS — L'ABSENCE DE PERSÉCUTIONS EN ASIE ET LES LEÇONS DE L'EXEMPLE ASIATIQUE

La diaspora intérieure, évoquée au premier chapitre de ce livre, a poussé les juifs vers de nouveaux horizons bien avant les persécutions. On ne serait pas surpris d'apprendre qu'elle les aurait lancés vers les Amériques, en compagnie des Phéniciens, dont des thèses de plus en plus insistantes veulent qu'ils aient abordé outre-Atlantique au premier millénaire de notre ère. Tout au long des siècles, les légendes les plus folles courent sur des juifs, ceux des fameuses tribus perdues, bien sûr, qui auraient atteint les confins de la Terre. On croit en voir aux Amériques, en effet, et un certain Montezimos prétend avoir « rencontré au Pérou des Indiens juifs [1] ».

Ils ont, en tout cas, et les premiers, été beaucoup plus loin que d'autres et s'y sont installés. Ainsi des juifs d'Éthiopie, qui ne connaissent pas le Talmud, les Falachas. Transplantés en Israël en 1984, dans une clameur médiatique, ils se considèrent comme les descendants de la tribu de Dan, tribu en effet « perdue » ou à demi perdue depuis l'Exil à Babylone. Ils prétendent être présents en Éthiopie depuis Salomon, voire depuis la sortie d'Égypte. L'histoire nous a réservé bien des surprises : l'une et l'autre allégations sont plausibles. Si les Falachas ne connaissent pas le Talmud, c'est en tout cas qu'ils étaient absents d'Israël depuis le IIe siècle avant notre ère, date à laquelle on commença à collectionner les lois juives et leurs interprétations [2].

Quoi qu'il en soit, les juifs ont beaucoup voyagé et Christophe Colomb est l'un de leurs représentants emblématiques. Faut-il rappeler que « les juifs ont été au premier rang de ceux qui ont libéré l'Europe du carcan de la géographie chrétienne », comme le dit l'historien Daniel Boorstin [3] ? Le fameux *Atlas catalan*, réalisé en 1375 par le géographe juif Abraham Cresques, fut en effet le premier à offrir enfin des contours reconnaissables de l'Asie.

Un point est certain : le souffle de la diaspora les propulsa vers l'Asie. On a vu plus haut qu'ils y furent et y restèrent dès le VIe siècle avant notre ère. Le schéma de leur première installation était prémonitoire des installations ultérieures : ils y perdirent leur identité et se fondirent dans la population. Plusieurs auteurs du Cachemire déclarent, on l'a vu également, que leur peuple est d'ascendance juive.

La route de la soie leur ouvre dès le Ier siècle un domaine fructueux, car il y a beaucoup d'argent à gagner dans l'importation de ce tissu dont les Romains sont grands consommateurs : ils la paient, littéralement au poids de l'or. La teinture de la soie devient une spécialité juive à Tyr, à Palmyre, à Hiérapolis. Les juifs se font donc « armateurs de caravanes », marchands, interprètes, et pourquoi pas assureurs [4]. L'argent n'est cependant pas le seul moteur de l'exploration de l'Asie par les juifs ; il y a aussi le fameux mythe d'un royaume hébraïque oriental, celui dont les juifs en guerre contre Rome attendent en vain le secours militaire.

Au commerce de la soie s'ajouteront, au cours des siècles, ceux de la porcelaine, dont les souverains islamiques sont grands amateurs (les navires portant des juifs n'ont plus le droit d'aborder à Byzance), puis de la poudre, des pierreries, des animaux exotiques, des eunuques... La route de la soie, en effet, sert également à convoyer des marchandises collectées en Inde et en Insulinde, thé, corail et gemmes de Taprobane, nom ancien de Sri-Lanka, aloès, camphre et drogues diverses, dont l'opium, de Calicut, de Cochin, de Malacca. On sait par le géographe arabe Ibn Khourdazbih, probablement originaire de Bagdad, que les routes commerciales partant de Bagdad et se rendant en Chine sont fréquentées par des marchands musulmans et juifs [5], certainement aussi des nestoriens, des manichéens, des mazdéens.

Bien évidemment, les marchands juifs, comme les autres, établissent des comptoirs le long du parcours, dans les grandes étapes et en Chine même. Ils s'installent aussi dans les grands ports, comme Fou-tchéou et Canton. On n'en mesure l'importance qu'indirectement. À Canton, lors de la répression chinoise qui se produit vers 758, puis encore en 879, lors de la jacquerie de Houang Chao contre les souverains T'ang, cent vingt mille commerçants étrangers, chrétiens, musulmans et juifs furent massacrés, rapporte le voyageur arabe Abou Zayd [6]. Peut-être Abou Zayd veut-il dire que la communauté des marchands de Canton comptait cent vingt mille âmes, estimation d'ailleurs toute personnelle, et qu'elle fut décimée ; car cent vingt mille cadavres, cela fait quand même un massacre hors mesure. Toujours est-il que ce sont les premières mentions d'établissements de juifs en Chine. Nous ignorons à quelle époque ils remontent, mais ce ne furent pas les derniers.

En dépit de deux massacres en un peu plus d'un siècle, en dépit également du fait qu'au Xᵉ siècle la Chine de la dynastie des S'ong se ferma et que le commerce avec les étrangers fut officiellement interdit, les juifs ne s'en allèrent pas. Sans doute avaient-ils compris que les massacres n'étaient pas dirigés spécifiquement contre eux. Les communautés juives perdurèrent, aussi bien à l'intérieur que sur les côtes. « Les archives locales informent qu'au Xᵉ siècle, les juifs étaient actifs dans de nombreux domaines, dont le commerce, l'agriculture, l'armée et la fonction publique », écrit Nicholas de Lange [7]. Il existait une synagogue désormais célèbre à Kai Feng, capitale du Honan, au XIIᵉ siècle. Construite en 1163, elle fut rebâtie en 1653 par le mandarin juif Chao Ying Ch'en ; elle était encore debout au XIXᵉ siècle. Il y en eut d'autres, et nous savons qu'elles s'ornaient de citations de Confucius en chinois [8]. Pendant plusieurs siècles, les juifs entretinrent une véritable activité religieuse en Chine, dont témoigne notamment une Torah en chinois, écrite sur peau de chèvre et rescapée de l'inondation d'une synagogue par le fleuve Jaune en 1642. Quelques rares textes en hébreu antérieurs au XIIe siècle furent découverts à Touen-houang et près de Khotan, et, écrivent François-Bernard et Édith Huyghe, « "les juifs aux yeux bridés" qui excitent tant les imaginations pourraient descendre de ces juifs de Narbonne qui allaient jusqu'au Sind, à l'Inde et à la Chine tantôt par la mer Rouge, tantôt par le golfe Persique, selon Ibn Hourd [9] ». Les métissages, en effet, finirent par leur brider les yeux. Ne trouvant pas de juives à épouser, les voyageurs juifs se marièrent à des Asiatiques. Quant à la mémoire des enfants...

Le plus extraordinaire n'est pas que ces communautés n'aient pas fait l'objet de persécutions religieuses. Le confucianisme, comme le bouddhisme originel, était tolérant ; il n'est d'ailleurs pas une religion et certes pas une religion révélée, mais une philosophie ; judaïsme et confucianisme vécurent donc en bonne intelligence, leurs prescriptions morales étant très voisines. Non, le plus extraordinaire est que la tolérance chinoise aboutit à l'assimilation parfaite, puis la dissolution harmonieuse du judaïsme dans la culture chinoise au bout de quelques siècles.

Il en fut de même en Inde : quoique l'hindouisme soit bien une religion, et même une religion exclusive, il est resté tolérant jusqu'au XXe siècle [10]. Les premiers immigrants au nord furent sans doute les exilés qui demeurèrent sur place après la chute de Babylone, dans l'atmosphère de clémence généreuse de Cyrus et de Darius, puis qui essaimèrent en Bactriane, l'actuel Afghanistan, et au Cachemire. Plus au sud, les premiers et tragiques arrivants furent probablement les juifs qui partirent en bateau après les persécutions d'Antiochus IV Épiphane (175 – 163 avant notre ère). Ils embarquèrent à Élath, l'ancienne Écyon-Géber, et firent naufrage à une cinquantaine de kilomètres au sud de Bombay. Seules sept familles survécurent ; ce fut assez pour fonder une colonie qui existe à ce jour, dans les districts de Kolaba, de Bombay et de Shana, et qui comptait treize mille âmes dans les années 40, quinze mille dans les années 80. Ce sont les Bene-Israël, ou Enfants d'Israël, dits également les Juifs noirs de l'Inde.

Ils n'avaient sauvé du naufrage aucun de leurs livres et ils oublièrent rapidement l'hébreu, qui fut remplacé par le dialecte local, le marathi, et c'est en langue marathi que leur tradition s'est conservée et qu'elle a été recueillie en 1937 [11]. Mais ils n'oublièrent ni le repos du sabbat, ni la pratique de la circoncision, ni les prescriptions alimentaires juives et ni la shema. C'étaient le plus probablement des sépharades.

Une seconde vague d'immigrants rejoignit les Bene Israël à une époque indéterminée. La colonie qui en est née se divise actuellement en juifs de Goa, blancs, et de Kala, noirs. Il semble que ce soient ces derniers qui soient arrivés les premiers.

Des colonies de marchands juifs et arabes étaient implantées sur la côte occidentale de l'Inde depuis le xe siècle : on a retrouvé une partie de leur correspondance avec les marchands du Caire, à la célèbre *geniza*, ou synagogue, de la capitale égyptienne, qui fut un trésor de trouvailles sur l'histoire des juifs. Les juifs étaient traités avec un respect dont témoigne un document de 974-1055. Il s'agit d'une plaque de cuivre gravée en vieux tamil qui fait état des privilèges accordés à *Isuppu Irappan*, Joseph Raban : exemption de tous impôts et attribution des revenus de tout un quartier du port de Cranganore, sur la côte de Malabar [12]. Au début du XVIe siècle, de nouvelles vagues d'immigrants, probablement sépharades d'Espagne et ashkénazes d'Europe occidentale, arrivèrent d'Europe sur la côte occidentale de l'Inde, notamment à Cochin, et grossirent les établissements de marchands déjà existants. Entre 1820 et 1830, quelque deux mille sépharades arrivèrent de Bagdad, toujours sur la côte est [13]. La dernière vague remonte aux années 1930, chassée par le début des persécutions antisémites des pays totalitaires.

Ce qui est remarquable, c'est que tous ces juifs adoptèrent la division sociale en castes, conservée jusqu'à nos jours ; une caste supplémentaire se forma même, composée des enfants d'unions de juifs et d'esclaves concubines. Mais ils pratiquaient leur religion dans des synagogues séparées.

Le chapitre de la diaspora juive en Asie est le plus

souvent traité par les historiens du judaïsme comme une parenthèse pittoresque et dénuée de signification. Il me paraît au contraire comporter deux leçons essentielles.

La première réside dans le fait qu'aucune des communautés de Chine, ni de l'Inde ne fut persécutée pour des raisons religieuses. L'explication n'en réside certes pas dans la stabilité politique : depuis les premiers établissements de juifs en Chine jusqu'à la chute de l'empire, au XXe siècle, l'histoire de la Chine est une succession de convulsions violentes et de constante instabilité politique. Si l'histoire de l'Inde présente, depuis l'occupation britannique, puis l'indépendance, une certaine stabilité, elle n'a pas grand-chose à envier à celle de la Chine en matière d'agitation. Dans l'un et l'autre pays, les rébellions n'ont pas manqué : la révolte des Cipayes en 1857 ne le cède en rien à celle des Boxers en 1900 [14].

La pérennité des établissements juifs a été attribuée par quelques auteurs à la capacité d'adaptation des juifs à des circonstances très diverses. Cette capacité est certaine, encore qu'elle ne paraisse pas spécifiquement juive : les établissements chrétiens de l'Inde et nestoriens de Chine en ont également témoigné. Et l'adaptation des juifs n'a guère empêché les innombrables expulsions dont ils furent victimes en Europe.

Plus significatif est le fait qu'à la différence de ce qui s'est produit en Occident, les juifs n'ont jamais été persécutés, au contraire. En 1937, par exemple, un juif fut nommé maire de Bombay, qui était alors la capitale du judaïsme en Inde ; les juifs étaient pourtant de très loin minoritaires dans la ville, et cela n'entraîna pas de troubles notables. La pérennité en question me paraît donc tout devoir à la tolérance religieuse des populations. Le confucianisme, on l'a vu, est la tolérance même. L'hindouisme, le bouddhisme, le jinisme ne sont guère plus intolérants. Il se trouve toutefois que ce sont des religions non révélées (le bouddhisme si, mais à compter d'une adultération tardive) ; elles n'ont pas la conviction d'une vérité immanente et ne témoignent guère de dispositions à l'imposer. Quant à l'Islam, qui prévalut en Inde à partir de l'occupation moghole, il ne semble guère avoir troublé non plus les établissements juifs. On a vu que l'Islam était tolérant ; il le fut encore plus sous les Moghols (nom des Mongols musulmans qui occupèrent l'Inde) : « Chez les Mongols, il n'y a ni esclave, ni homme libre, ni croyant, ni païen, ni chrétien, ni juif : ils considèrent que tous les hommes appartiennent à la même espèce », écrivait le juif converti chrétien monophysite Bar Hebraeus (1226-1286).

La seconde leçon essentielle du chapitre des établissements juifs en Asie est que, contrairement à ce que soutiennent certains discours contemporains, les minorités ne suscitent pas nécessairement d'hostilité. Ce sont les idéologies qui sont racistes. Une fois de plus, l'antisémitisme est une émanation de l'idéologie, donc un phénomène culturel.

On se prend irrésistiblement à rêver à ce que furent ces périodes bénies de l'Asie où les gens avaient compris que l'existence est déjà assez difficile sans qu'on aille encore la compliquer par des haines pour des gens qui croient à un dieu différent. La leçon de la tolérance asiatique est encore plus amère en regard des chapitres qui suivent.

Bibliographie et notes critiques

1. François-Bernard Huyghe et Édith Huyghe, *Les Empires du Mirage* (Robert Laffont, 1993). La thèse de la présence de juifs dans les Amériques avant Colomb contrarie évidemment les notions « classiques » de la découverte de ce continent, aussi bien que celles de l'occupation unique des Amériques par des populations mongoloïdes du millénaire avant notre ère, mais l'une et l'autre gagnent en crédit au cours des décennies, soutenues par des travaux d'anthropologie et d'ethnologie (la thèse de l'occupation mongoloïde des Amériques semble battue en brèche par les travaux effectués sur l'Homme de Kennewick, qui suggèrent une occupation européenne des Amériques 25 000 ans avant notre ère (Roger Lewin, *Young Americans*, New Scientist, 17 octobre 1998). La Pierre de Metcalf, découverte en 1966 en Géorgie, indique tellement de corrélations entre les rites religieux des Indiens Yuchis et des juifs, et notamment les prescriptions du Lévitique, qu'il est pour le moins audacieux de n'y voir qu'une simple coïncidence (cf. Cyrus Gordon, *Before Columbus*, Crown Publishers, New York, 1971). Gordon récuse la thèse selon laquelle les Yuchis seraient une des « tribus perdues ». Point n'est besoin de recourir à cette thèse : les juifs de Palestine auraient très bien pu se joindre aux Phéniciens : l'écriture de la Pierre de Metcalf présente de nombreuses ressemblances avec l'écriture égéenne, d'origine phénicienne, de la seconde moitié du IIe millénaire avant notre ère. Le sujet dépasse toutefois le cadre de cet ouvrage.

2. Le Talmud comprend la Michnah, forme codifiée de la loi orale, donnée par Moïse sur le Sinaï, et la Gemarah, ensemble de discussions rabbiniques. La Michnah, transmise oralement, fut menacée d'être perdue jusqu'au IIIe siècle, où elle fut fixée par écrit par le rabbin Yehuda Hanassi, et le premier Talmud connu fut celui dit de Babylone, qui ne fut achevé qu'à la fin du Ve siècle de notre ère (cf. *Dictionnaire encyclopédique du judaïsme*, op. cit.). Il est donc possible que les Falachas se soient installés en Éthiopie à une période plus récente que celle qu'ils supposent, par exemple après la chute du royaume juif de Saba.

3. Daniel Boorstin, *Les Découvreurs* (Seghers, 1983).

4. On méconnaît généralement l'ancienneté de l'assurance : elle remonte pourtant à 4000 avant notre ère : les Babyloniens la pratiquaient déjà. On en retrouve aussi des preuves en Inde au VIIe siècle, en Grèce au IIIe siècle avant notre ère également... La pratique antique dérive de l'emprunt à la grosse, qui consiste à se faire prêter des fonds sur une opération commerciale, fonds qui étaient déposés chez un tiers faisant fonction de banquier. (Cf. *Assurances*, in *Les Grandes inventions de l'humanité*, de l'auteur, Bordas, 1988.)

5. Cf. René Khawam, *Les Aventures de Sindbad le Marin* (Phébus, 1985).

6. Cité par Cécile Beurdeley, *Sur les Routes de la Soie* (Office du Livre, Fribourg, 1985).

7. *Atlas of the Jewish World*, op. cit. En 1998, le spécialiste de la Chine

David Selbourne a publié *The City of Light* (Little, Brown, Londres) ; traduction d'un manuscrit du marchand juif Jacob d'Ancône, relation du voyage que celui-ci avait fait en Chine en 1270. Le voyageur italien y rapporte la présence de juifs dans le port de Quanzhou, alors nommé Zaitoun. L'authenticité de ce livre a suscité des controverses passionnées entre les sinisants, certains allant même jusqu'à accuser Selbourne d'avoir produit un faux. Il semble, toutefois, que l'authenticité de ce livre ait été confirmée par le Musée de la marine de Quanzhou. *The City of Light*, « La Cité de Lumière », constituerait donc une preuve supplémentaire de la présence de juifs en Chine au Moyen Âge.

8. D.D. Leslie, *The Survival of the Chinese Jews* (E.J. Brill, Leyde, 1972).

9. F.-B. Huyghe et E. Huyghe, *Les Empires du Mirage, op. cit.*

10. Les persécutions de chrétiens par les franges extrémistes des partis politiques de l'Inde semblent, en effet, avoir mis fin à une histoire ininterrompue de grande tolérance religieuse, et cela alors que les chrétiens de l'Inde ne représentent que 23 millions d'âmes — une paille en regard du milliard que compte la population.

11. Menachem Begin, *White Nights* (New York, 1977).

12. Hermann Kulke et Dietmar Rothermund, *A History of India* (Barnes & Noble Books, New York, 1986). Les auteurs mentionnent un long document rédigé par la guilde des marchands d'Ayyavole en 1055, qui témoigne d'un orgueil étonnant : « Célèbres dans le monde entier, parés de nombreuses qualités, la vérité, la pureté, la bonne conduite, la discipline, la compassion et la prudence ; protecteurs de la loi des vira-Bananju-dharmana [loi des marchands héroïques]... » Ils énumèrent ainsi leurs vertus et leur splendeur avec une éloquence pour le moins diserte.

13. Paul Johnson, *A History of the Jews, op. cit.*

14. Les Boxers commencèrent même à persécuter les chrétiens, qualifiés de « démons étrangers secondaires ». C'était le début de l'insurrection nationaliste chinoise.

8.

L'Europe des ghettos

LA POURSUITE DES PERSÉCUTIONS ET DES EXPULSIONS — LES MYTHES DU JUIF DIABOLIQUE ET DU JUIF ERRANT — LE DOUBLE EFFET DE LA RÉFORME — LA VOLTE-FACE ET L'ANTISÉMITISME DE LUTHER — LES MASSACRES DE CHMIELNICKI — L'AMBIVALENCE DE ROME ET DES PRINCES — LE STATUT DES JUIFS EN FRANCE ET LES ÉMEUTES D'ALSACE ET DE LORRAINE — LEUR STATUT DANS LES PAYS GERMANIQUES, EN ANGLETERRE ET EN RUSSIE — LA PEUR DU JUIF ET SES RAISONS

Dès le XVe siècle, le principal instrument de pouvoir et de survie aux mains des juifs, le métier de banquier, était largement passé dans les mains des chrétiens. En fait, cela faisait près de deux siècles que les chrétiens avaient passé outre aux interdictions ecclésiastiques, conciliaires ou synodales, et à la dénonciation de l'argent par saint Paul pour céder aux injonctions du bon sens : la morale se portait mieux dans la prospérité et celle-ci dépendait de bonnes finances. Cette prise de conscience se nuançait à coup sûr de jalousie à l'égard des juifs qui possédaient une vieille expérience dans ce domaine, mais enfin le sens des finances prévalut[1]. Un pamphlétaire français anonyme du XIVe siècle déplore toutefois que les chrétiens aient remplacé les juifs : ceux-ci paraissaient débonnaires, « débonères », comparés à leurs successeurs[2].

On eût pu espérer que les avanies infligées aux juifs prendraient alors fin. Il n'en fut rien. Comme ils étaient devenus inutiles et que les ordres catholiques s'étaient implantés partout, on les expulsa également de partout : de Vienne et de Linz, écrit Paul Johnson, en 1421, de Cologne en 1424, d'Augsbourg en 1439, de Bavière en 1442 puis en 1450, des villes de Moravie en 1454, de Florence et de toute la Toscane en 1494, et en 1500, du royaume de Navarre. D'Angleterre, il n'était plus question, puisqu'ils en avaient été chassés en 1290. D'Espagne, ils avaient déjà été chassés en 1492 et du Portugal, en 1496, dans des conditions, il est vrai, confuses. Partagé entre son catholicisme obligé et son intérêt, puisque les juifs rapportaient de l'argent au royaume, le roi Manuel Ier avait décidé que tous les juifs du Portugal seraient convertis de force, sans recours. En 1499, il fit fermer les frontières : les juifs ne pouvaient plus sortir. Ils se convertirent donc, du bout des lèvres, grossissant ainsi la masse des *marranes* ou juifs convertis, parfois crypto-juifs, du monde ibérique, cible élective de l'Inquisition. Peine perdue : en 1506, les massacres de Lisbonne aboutirent à la mort de deux mille juifs. C'étaient les « hérétiques » les plus visibles : juifs d'Orient, basanés, on les reconnaissait d'emblée, ils venaient d'ailleurs. La xénophobie renforçait l'intolérance religieuse et le racisme spontané.

De France, ils avaient déjà été chassés en 1394, après de sinistres combines supervisées par Philippe V. En 1321, visitant le Poitou, le roi entend des ragots selon lesquels les juifs, associés aux lépreux, sont responsables de la propagation de la peste : ils auraient payé les lépreux pour confectionner des drogues à base de sang humain, d'urine, d'herbes maléfiques, de têtes de serpents et de pattes de crapauds[3]. Pourquoi faire simple quand on peut faire compliqué ? Le roi ordonne aux baillis, sénéchaux et prévôts de prendre des sanctions, allant de l'arrestation à la saisie des biens des coupables. Tout est là : Philippe V a besoin d'argent. C'est toutefois sous le règne de son successeur, Charles VI, que les juifs sont chassés du royaume, sous peine de mort[4]. Ils disposent d'un mois pour recouvrer leurs créances. Ce délai ne suffisant pas, en 1397, afin de simplifier la procédure, les créances des juifs sont annulées de droit et les documents en attestant sont brûlés par des officiers royaux. Les chrétiens ressemblent alors furieusement à l'idée qu'ils se font des juifs, et ce ne sera d'ailleurs pas la dernière fois : jusqu'au XXe siècle, ils voleront et pilleront les juifs comme larrons en foire dès qu'ils en auront l'occasion.

Quelques juifs restèrent néanmoins — les plus riches, bien sûr, c'est-à-dire ceux dont le pouvoir avait besoin. Quant aux convertis, les marranes, ils ne furent pas tirés d'affaire pour autant : la Sainte Inquisition commença à s'y intéresser, en France comme ailleurs. Ces gens-là se disaient chrétiens, mais on savait bien qu'ils gardaient le judaïsme dans le cœur ; c'étaient en réalité des ennemis déguisés. Ils furent assimilés aux hérétiques par la papauté et le pas suivant consista à les accuser de satanisme. Les procès en cour ecclésiastique suivirent les procès d'intention. L'une des premières caricatures de juif connues, qui date de 1277, est anglaise, et porte l'inscription : *Abraham, fils du Diable* [5]. On n'en finirait jamais de détailler la nature diabolique des juifs. Les théologiens s'en mêlèrent : saint Thomas d'Aquin et saint Albert le Grand postulèrent que le Messie que les juifs attendaient ne pouvait être que l'Antéchrist et, comble de folie spéculative, que ce serait forcément un juif né à Babylone ! Bien entendu, l'Antéchrist serait l'instrument du diable et l'imagination populaire, s'emparant de ce thème que les curés prêchaient du haut de leurs chaires, fit de l'Antéchrist le fils du diable et d'une putain de Babylone, initié à la magie et aux arts de l'occultisme par les sorciers juifs. Il régnerait trois ans et demi. Ce fut à cette époque que, dans sa très chrétienne ferveur, Philippe III de France imposa aux juifs de porter une effigie cornue au-dessus de la rouelle. D'où l'idée populaire que les juifs cachaient une queue sous leur manteau et des cornes sous leur chapeau [6].

Ils furent évidemment chargés de tous les vices et tares : sodomites, sorciers, scrofuleux, hérétiques, empoisonneurs. En France, en Allemagne et en Espagne, l'Inquisition s'affaira à dresser les procès de cette vermine, le tout dans une confusion mentale et idéologique auprès de laquelle les procès de Moscou et l'antisémitisme nazi sont des modèles de clarté. Ainsi, au XIIe siècle, Walter Map, archidiacre d'Oxford, racontait comment les cathares invoquaient le diable, car il était évident qu'ils l'invoquaient :

« Vers la première veille de la nuit [...] chaque famille

attend en silence dans sa synagogue ; alors descend par une corde qui pend en leur milieu un chat noir de dimensions étonnantes. À sa vue, ils éteignent les lumières et ne chantent pas distinctement des hymnes, mais les murmurent, les dents serrées et se rapprochant de l'endroit où ils ont vu leur maître, le cherchent du toucher, et quand ils l'ont trouvé, l'embrassent [7]. »

Voilà donc le fin mot de l'affaire : les cathares étaient des juifs, puisqu'ils se réunissaient dans des synagogues, et inversement ! Où donc l'archidiacre avait-il vu que les cathares se réunissent dans des synagogues ? Peu importe, l'essentiel était dans l'amalgame juif – cathare – hérétique – lépreux. On creusait ainsi un réservoir de fantasmes méphitiques qui allait suinter vers l'inconscient collectif : il suffisait de torturer un suspect, et l'Inquisition ne s'en priva pas, il avouerait ce qu'on voudrait. L'inventaire de ces aveux fantastiques emplirait des volumes. « À Jürgensburg, en Livonie, en 1692, un homme de quatre-vingts ans, du nom de Thiess, que ses compatriotes considéraient comme un idolâtre, avoua aux juges qui l'interrogeaient qu'il était un loup-garou [8]. » Ce qui ressortirait de nos jours à la psychiatrie fait à l'époque figure de « preuves ».

C'est que le climat d'obscurantisme bigot et cagot, entretenu par la hiérarchie du haut en bas de l'Église : papes, théologiens, cardinaux, inquisiteurs, Dominicains, Franciscains et bas-clergé — surtout le bas-clergé dont on a pu mesurer en France, en plein XXe siècle, quel réceptacle de sottise il peut être parfois, le bas-clergé avec ses ineptes fables d'incubes et de succubes, de complots sataniques et de sorcellerie et ses soupçons d'hérésie — dure encore au XVIIe siècle [9]. Il perdure, d'ailleurs, sous une forme pasteurisée à la psychanalyse, au XXe [10]. Dans ce bréviaire hargneux et insane de la persécution religieuse, le *Malleus Maleficarum* ou *Marteau des Sorcières*, monument de l'imbécillité chrétienne qui servit pendant des siècles de bréviaire aux inquisiteurs et paranoïaques apparentés, l'on définit le crime des sorcières par l'infidélité : « Ou bien on dit non à la foi chrétienne reçue en figure, et c'est l'infidélité des juifs ; ou bien l'on dit non à la manifestation actuelle de la vérité, et c'est l'infidélité des hérétiques. » Entendons par là que tous les juifs sont susceptibles d'être infidèles, donc sataniques et faiseurs de maléfices. Et même, plus sataniques que les païens : « Les juifs péchèrent plus gravement que les païens : ils reçurent, en effet, la figure de la foi chrétienne dans l'ancienne Loi, qu'ils corrompirent en l'interprétant mal, ce que ne font pas les païens. » On appréciera l'image qui veut qu'on reçoive la foi chrétienne « dans la figure ». Même quand les juifs jeûnent, ils sont dans le mal : « Chez eux, tout cela est péché mortel [11]. »

Or, le *Malleus Maleficarum* connut un immense succès entre 1486, date de sa publication, et 1650. Une centaine de milliers de personnes firent en Europe, entre 1450 et 1750, l'objet de procès en sorcellerie [12], dont la plus grande partie fut condamnée à mort, noyée ou rouée. Il est impossible aujourd'hui de déterminer dans le nombre les juifs convertis des non convertis et des chrétiens, des faibles d'esprits et des innocents convaincus de « pactes avec le diable ». Mais un grand nombre de juifs y figurèrent sans qu'on puisse aujourd'hui établir s'ils furent condamnés à mort en tant que juifs ou en tant que convertis.

Du XVe au XVIIe siècle, l'attitude de la hiérarchie romaine fut déconcertante, évoquant une personnalité double : d'une part, certains papes assuraient les juifs de leur protection et de l'autre, l'Inquisition, les théologiens et le clergé les persécutaient. Tout se passait comme si l'Église n'avait plus à leur sujet ni doctrine, ni politique. Un Paul III, qui régna de 1534 à 1549, encouragea ainsi l'établissement à Rome des communautés expulsées de Naples par Charles Quint, et son successeur Jules III renouvela ces garanties. Or, pendant ce temps-là, l'Inquisition poursuivait ses exactions ; quel sens pouvait donc revêtir la protection pontificale ? L'Inquisition émanait directement du pouvoir pontifical ; n'importe quel pape eût pu mettre une sourdine à ses activités, sinon la dissoudre, mais aucun ne le fit [13].

La situation finit toutefois par se clarifier, mais pour le pire : deux mois après son avènement, le successeur de Jules III, Paul IV, ancien Grand Inquisiteur connu sous le surnom de « Fléau des juifs », entoura leur quartier d'un mur non seulement dans Rome, mais dans toutes les villes des États pontificaux. Il imitait ainsi le ghetto vénitien, avec ses restrictions sur le couvre-feu et la liberté de circulation dans les villes, afin d'empêcher la contamination des croyants par ces infidèles qu'étaient les juifs.

Entre-temps, le clergé et les théologiens attisaient le feu : le diable, qui est juif, puisque l'ennemi de Dieu, fait partie des tonneaux de leur boutique. Cela avait commencé avec saint Augustin : « En reniant le Christ, ils [les juifs] ont renié Moïse et les prophètes. En le détruisant, ils se sont eux-mêmes détruits et ont détruit la loi. » Aucune mention du reniement de Pierre, ni du fait que c'était Paul qui avait aboli la Loi, pas les juifs. On reprit le thème de l'Apocalypse de Satan, emprunté à l'*Apocalypse* (II, 9). On inventa un mythe, un de plus, celui du Juif errant, annonciateur de calamités, celui-là même qui aurait souffleté Jésus sur le Chemin de croix. L'évêque de Schleswig assura l'avoir vu dans une église de Hambourg en 1542. Comment sut-il que c'était *ce juif-là*, et comment s'expliqua-t-il sa survie pendant quinze siècles ? Mystère. Toujours fut-il que, dès lors, on vit partout ce fameux juif, la dernière fois à Londres en 1818. En réalité, on pouvait effectivement en voir partout : il restait des juifs dans le monde, oui, à ceci près qu'aucun n'avait souffleté Jésus [14].

Dans son ensemble, vers 1500, l'Europe était un continent maudit, fermé, meurtrier. Il n'y restait que peu de havres pour les juifs, et ils étaient très aléatoires, même si les édits d'expulsion n'entraînaient pas la disparition totale des communautés juives. Les juifs se réfugièrent donc dans les terres d'Islam, comme on l'a vu.

Au XVIe siècle, deux séismes de première grandeur modifièrent toutefois ce paysage sinistre, du moins pour les chrétiens : l'essor explosif de la Renaissance, ou plutôt *des* Renaissances, et la Réforme. La haute Renaissance, produit d'une culture de cour, du mécénat et de la prospérité des guildes, avait certes flatté l'hédonisme des princes et cardinaux mécènes, mais elle était restée essentiellement respectueuse des valeurs chrétiennes. La seconde Renaissance, elle, se caractérisa plutôt par l'émergence du sentiment de la réalité et la recherche de la raison.

Une tradition qui perdure à ce jour, fidèle à Jacob Burckhardt et à sa célèbre *Civilisation de la Renaissance*, voudrait que l'Europe ait alors découvert au monde la culture gréco-latine et surtout redécouvert l'humanisme gréco-romain. Cela n'est pas faux, mais ressemble tout de même à une interprétation idéologique de l'histoire selon l'optique du XIXᵉ siècle.

Il apparaît plutôt que plusieurs facteurs convergèrent vers une émancipation, d'ailleurs restreinte aux milieux cultivés, de l'aristocratie italienne pour commencer, ou du moins d'une partie de celle-ci. Les foyers de la Renaissance furent circonscrits à quelques riches cités italiennes avant de gagner le reste de l'Europe.

D'abord, les princes italiens commençaient à se lasser de l'arrogance politique et des ingérences du clergé d'obédience romaine dans leurs affaires ; ils témoignaient donc avec plus d'audace de leur volonté d'indépendance. Ensuite, l'instruction dispensée par des universités comme celles de Bologne, de Padoue et de Salerne étendit la notion de culture au-delà des cadres rigides de la scolastique et dans le domaine profane. Le regard des clercs, mais aussi des artistes, se porta vers les maîtres grecs et latins. « Je vais éveiller les morts ! » s'écriait Cyriaque d'Ancône, infatigable explorateur du monde antique. Le christianisme commença à subir le regard critique d'élites de plus en plus cultivées et donc portées au rationalisme et au scepticisme, mais aussi à l'expérimentation scientifique. Bref, les élites redécouvraient le monde réel. Le mouvement d'émancipation gagna rapidement la France, puis l'Allemagne, l'Espagne et enfin l'Angleterre. Dès la fin du XVᵉ siècle, l'invention de l'imprimerie en particulier permit la diffusion d'écrits profanes qui n'étaient plus soumis au bon vouloir des moines copistes et qui suscitaient la libre discussion des idées. Tout à la fois l'on redécouvrit la Bible et on la commenta plus librement.

Enfin, les milieux ecclésiastiques s'affinaient et les cardinaux se lançaient dans un mécénat privé, « moderniste », subventionnant peintres, poètes, philosophes, bref adoptant l'humanisme. Ce fut l'époque à laquelle on put prêter cette saillie au pape Léon X : « Quels bénéfices nous aura donc apportés cette fable du Christ ! » La passion pour le monde antique, élu comme domaine privilégié du Beau, du Bon et de la Raison, aboutit à une reconstitution idéalisée jusqu'à la fiction. Cette nouvelle vision du monde était censée renouveler le modèle chrétien ; en fait, elle le fit pâlir.

L'intérêt de la Renaissance pour notre propos est qu'elle fit office de contre-pouvoir à l'obscurantisme sourcilleux du bas-clergé, sorte de police cléricale omniprésente et ignare. Les juifs, eux, n'en retirèrent aucun bénéfice : rien ne pouvait paraître plus étranger à l'Athènes et à la Rome antiques réinventées par les pensionnaires des mécènes que le judaïsme. Les mauvais traitements qu'ils subirent dans tous les pays où la Renaissance fleurissait en témoignent amplement ; avec leurs caftans, leurs barbes non taillées, leurs *peot* (papillotes) et leurs phylactères, ils n'appartenaient décidément pas à la Nouvelle Athènes, ni à la Nouvelle Rome. On les cantonna de plus en plus dans des ghettos. En fin de compte, le culte des idéaux antiques rationalisa l'ostracisme dont ils étaient victimes, et la Renaissance enracina davantage l'antisémitisme. De plus, les complaisances de l'Église à l'égard de l'humanisme et de la contestation avaient leurs

→ limites : en 1600, l'Inquisition fit brûler en place publique l'érudit Giordano Bruno, pour ces raisons épouvantables qu'il n'aimait pas Aristote, ne croyait pas trop à l'immortalité de l'âme et répudiait toute métaphysique. Les vagabondages intellectuels et artistiques de quelques cardinaux ne suffisaient certes pas à affranchir les juifs de l'ostracisme chrétien. Ils étaient des hérétiques comme tous les autres, pires que les autres.

La Réforme, elle, eut des conséquences politiques presque immédiates : elle mit fin à l'hégémonie du Vatican sur l'Europe et lui arracha en quelques dizaines d'années toute l'Europe du Nord. Désormais, les décisions des conciles sur les juifs ne seraient plus appliquées automatiquement partout en Occident. La persécution était, en quelque sorte, décentralisée.

La Réforme aurait pu modifier rapidement la situation à l'avantage des juifs, mais elle ne le fit pas directement. Depuis le XVe siècle, l'autoritarisme, l'arbitraire et l'arrogance de la papauté, ainsi que le luxe ostentatoire et la corruption du haut clergé suscitaient une réprobation de plus en plus grande de la paysannerie et du peuple des villes. Les exécutions au bûcher de contestataires tels que Jan Hus et Girolamo Savonarola (ce dernier paradoxalement réhabilité en 1998, en même temps que Giordano Bruno) n'avaient été que des préludes. Au siècle suivant, la révolte se propagea comme un feu de brousse allumé en Allemagne par Luther, en Suisse par Zwingli, en France par Calvin, en Écosse par Knox. Catholiques et protestants tentèrent de gagner les juifs à leurs causes respectives. Prudents, les juifs déclinèrent ces avances : prendre parti pour les uns ou pour les autres eût été se faire des ennemis de plus, et ils n'en manquaient déjà pas.

La volte-face protestante fut désarmante de mauvaise foi. Luther avait commencé par dénoncer les persécutions chrétiennes des juifs, dans son pamphlet de 1523, *Dass Jesus Christus ein geborener Jude sei*, « Sur le fait que Jésus-Christ était un juif » :

« [Les catholiques] ont traité les juifs comme si c'étaient des chiens, et non des êtres humains. Ils n'ont rien fait d'autre à leur égard que les maudire et confisquer leurs biens. Je conseillerais et supplierais tout un chacun de traiter les juifs avec bienveillance et de leur enseigner les Écritures ; dans un tel contexte, nous pourrions espérer qu'ils viendraient à nous. [...] Nous devons les recevoir avec bienveillance et leur permettre de gagner leur vie comme nous. [...] Et si quelques-uns refusent, qu'importe ? Tout le monde n'est pas bon chrétien. »

En les flattant ainsi dans le sens du poil, il avait espéré que les juifs se rallieraient en masse à son christianisme, à lui. Ils rétorquèrent que le Talmud offrait une meilleure interprétation de la Bible que la sienne et l'invitèrent à se convertir. Or, Luther était un caractère sanguin, qui aurait selon la légende jeté son encrier à la face du diable : il vitupéra l'obstination des juifs en 1526, les fit expulser de Saxe en 1537, tenta de les faire également expulser du Brandebourg en 1543 (mais se heurta là à l'opposition du Grand Électeur) et la même année, visiblement ivre de dépit, écrivit ce qu'on pourrait considérer de nos jours comme une sorte d'introduction à *Mein Kampf*, l'un des textes antisémites les plus virulents dans un genre qui ne manque pourtant pas de fond, intitulé *Von den Juden und ihren Lügen*, « Des juifs et de leurs mensonges » :

« D'abord, leurs synagogues devraient être incendiées, et ce qui en reste devrait être enterré dans la poussière, de telle sorte que personne n'en voie une pierre ni un débris [...] Leurs maisons devraient être écrasées et détruites [...]

et ces vers empoisonnés devraient être condamnés aux travaux forcés et gagner leur pain à la sueur de leur nez... »

Propos qui ne tombèrent pas dans l'oreille de sourds. Ses disciples saccagèrent la synagogue de Berlin en 1572, réussirent à chasser les juifs du pays, et comme Calvin, lui, se montrait bien plus modéré à l'égard des juifs, ils l'accusèrent de philosémitisme.

Comme on le voit, même protestant, le clergé continuait de propager l'antisémitisme. Luther n'était pas différent, dans le domaine de l'antisémitisme, des moines de campagne catholiques et primaires qui croyaient défendre la religion de charité par la haine.

Mais le point le plus important de l'affaire est que Rome n'avait plus le consensus populaire (ni le privilège de la persécution des juifs), ni celui des princes. Le protestantisme se répandit sur tout le nord de l'Europe, Allemagne, Pays-Bas, Angleterre, Écosse, et bientôt la France. Le corps immense de la chrétienté se disloquait. La réaction n'en fut que plus féroce, comme en témoigne le massacre de la Saint-Barthélemy : commencé à Paris dans la nuit de 23 au 24 août 1572, à l'instigation de la politicienne Catherine de Médicis, possédée d'une haine hystérique contre l'amiral de Coligny, il gagna la province et ne s'arrêta que le 3 octobre de la même année ; il avait causé cinquante mille morts. Dans sa sottise sanguinaire, le pape Grégoire XIII fit allumer des feux de joie sur les collines de Rome. Cinquante mille chrétiens morts, et le vicaire du Christ exultait. Il ne voyait pas, à l'évidence, que les massacres n'étaient que les premières secousses du séisme qui allait dévaster l'Europe occidentale et incidemment, l'Église elle-même.

Saisies d'une fièvre fanatique, où politique et religion se le disputaient avec une rage inégalée, les puissances catholiques, celle de la Ligue catholique, et protestantes, celle de l'Union, s'affrontèrent dans une guerre qui dura de 1618 à 1648, la trop fameuse guerre de Trente Ans, au terme de laquelle l'Allemagne se retrouva exsangue pour près d'un siècle, et qui saigna aussi l'Europe de sa jeunesse, de la Castille à la Suède et de l'Alsace à la Lombardie. L'histoire est pleine de périls : l'étude de l'époque peut, quatre siècles plus tard, rendre définitivement antireligieux. Dans cet effroyable conflit, catholiques et protestants furent les juifs les uns des autres. Leur neutralité n'épargna cependant pas aux juifs la vindicte des uns, ni des autres. Pour les protestants, ils avaient rejeté la main tendue par Luther ; pour les catholiques, ils avaient fait preuve de déloyauté en ne prenant pas leur parti.

Le parallèle entre la guerre de Trente Ans, à coup sûr la plus meurtrière de l'histoire de l'Occident depuis la Renaissance, et les convulsions militaires et politiques qui entraînèrent la chute de l'Empire romain est irrésistible : dans les deux cas, le joug d'un pouvoir aux prétentions hégémoniques et centralisatrices est ébranlé par le caractère hétérogène des territoires qu'il couvrait. Dans les deux cas, l'hégémonie est brisée et de nouveaux équilibres se forment de manière irréversible. Au terme de la guerre de Trente Ans, la chrétienté était non seulement scindée en deux, mais encore divisée par l'hostilité entre catholiques et protestants. Rome avait perdu l'Europe du Nord. Son affaiblissement politique entraîna inévitablement celui de son pouvoir spirituel. Mais les juifs, et l'idée de la dignité de l'individu, faut-il le souligner, devaient attendre encore un siècle et demi avant d'en bénéficier.

On n'a pas, me semble-t-il, assez réfléchi, au pouvoir destructeur des convictions religieuses et à la malédiction que représente l'image d'un Dieu des armées, sans doute la plus blasphématoire de toutes.

Toutes les guerres ne sont certes pas causées par la religion, mais celle-là commença bien avec la question de la sécularisation des terres d'Église et la nomination des évêques protestants. Si l'on parlait religion, on parlait politique. Les juifs se félicitèrent de n'avoir pas pris parti, et surtout d'en avoir été absents. Ils se trouvaient, en effet, aux confins de ce monde-là, concentrés d'une part dans la Pologne-Lituanie et, de l'autre, dans l'Empire ottoman. Ce n'était pas que leur situation y fût enviable : les émeutes déclenchées contre les Polonais par le Cosaque Bogdan Chmielnicki en 1648-1649 provoquèrent quelques-uns des massacres de juifs les plus abominables d'une histoire déjà lourde en souffrances. Le témoin en fut le rabbin Nathan Hata Hannover.

« Aux uns on arracha la peau, leur chair fut jetée aux chiens, aux autres on coupa pieds et mains et on les jeta sur la route : des voitures passèrent dessus, des chevaux les foulèrent. [...] Nombreux furent les enterrés vivants ; on égorgea les enfants dans le giron de leur mère ; on dépeça d'autres en quartiers comme du poisson ; aux femmes enceintes on fendit le ventre, on en sortit les fœtus et leur en battit le visage ; à d'autres femmes, on ouvrit le ventre pour y placer des chats vivants ; elles étaient encore en vie et les chats leur fouillaient le ventre, et ils leur coupaient les mains de manière à ce que les victimes ne pussent chasser les chats de leur ventre. Des enfants étaient pendus aux seins de leurs mères, ils en embrochaient d'autres pour les rôtir au feu puis ils les apportaient à leurs mères pour qu'elles les mangent. [...] Des milliers de juifs furent tués au-delà du Dniepr, des centaines furent contraints de changer leur religion [15]. »

Ce n'était pas là un massacre exclusivement antisémite : les Polonais et surtout les prêtres subirent les mêmes traitements [16]. L'horreur ne comporta aucune leçon pour les Ukrainiens : de nouvelles jacqueries, celles des Haidamaks, enrôlant des Cosaques et se réclamant de Chmielnicki (alors mort depuis près d'un siècle), se produisirent entre 1740 et 1750. Les principales conséquences en furent la quasi-disparition de la communauté juive d'Ukraine et un nouvel exode, cette fois-ci vers l'ouest et le sud-ouest.

Néanmoins, les juifs continuèrent de résider dans les villes de Pologne et de Lituanie, bien au-nord de l'Ukraine évidemment, étant donné que la noblesse leur accordait désormais sa protection, consciente de l'intérêt de communautés actives et riches. Il en fut ainsi jusqu'au partage de la Pologne, au XVIIIe siècle entre la Prusse, la Russie et l'Autriche, au terme duquel le statut des juifs se détériora une fois de plus, du moins dans les nouveaux territoires russes et autrichiens.

Au lendemain de la guerre de Trente Ans, les pays catholiques ne modifièrent pas sensiblement leur attitude à l'égard du judaïsme. La France, en tout cas, n'en eut guère le loisir : onze ans de Fronde devaient suivre, renforçant apparemment l'absolutisme du roi catholique de droit divin, mais en fait le minant et préparant la Révolution française, premier événement libérateur du judaïsme civil [17]. Pour les catholiques de France, la cause était entendue : les juifs ne faisaient pas et ne feraient jamais partie du peuple français. Il était cependant évident que, sauf à envisager une « solution finale », les juifs étaient là et qu'il fallait s'en accommoder. On les maintint dans leurs ghettos et leur sujétion.

Dans les pays protestants, il en alla autrement. L'activité commerciale des pays allemands, notamment, était essentiellement fondée sur les corporations, et les juifs étaient considérés comme l'une de ces corporations. Or, le courant centralisateur et absolutiste qui prévalut après l'effondrement de l'Empire romain germanique et la guerre de Trente Ans tendit à imposer aux corporations des procédures légales et administratives uniformes [18].

Ce courant eut un double effet : d'une part, il donnait aux juifs un statut légal, de l'autre, il créait de nouvelles tensions entre eux et les États. Le protestantisme n'avait certes pas modifié l'état d'esprit du clergé et des populations, fussent-elles réformées ou luthériennes, et s'il fallait bien accepter désormais les juifs (qui pratiquaient de moins en moins l'usure), il paraissait nécessaire d'en limiter le nombre et le pouvoir [19]. Soutenues par les princes, les guildes s'insurgèrent aussi contre la concurrence que leur faisaient les juifs et demandèrent leur expulsion, et si celle-ci était refusée par le pouvoir, la persécution recommençait. Ainsi, en dépit de la protection princière, à Francfort-sur-le-Main dans le Hesse-Cassel, en 1614, les biens des juifs furent pillés à l'instigation des guildes fortement endettées auprès d'eux.

D'autre part, le même courant tendait à l'instauration d'un véritable statut civil pour les juifs, donc d'une certaine légalité. Ils en avaient d'ailleurs pris eux-mêmes l'initiative : dès 1603, ils avaient tenté d'unifier les communautés juives de l'empire et de créer une autorité qui servirait de médiateur entre l'empereur, les juifs et les communautés protestantes, à l'instar de ce qui s'était passé sous Charles Quint [20]. Tentative qui fut d'ailleurs torpillée. L'Empire entendait bien garder des juifs sous sa protection, mais non leur laisser la liberté totale de commerce [21].

L'idée répandue récemment par l'historien Daniel Goldhagen, d'un antisémitisme germanique de tradition résiste mal à l'examen. Dans la première moitié du XVIIIe siècle, en effet, il existe plusieurs États allemands, de cultures différentes et surtout partagés entre deux religions. Bien que les frontières varient alors très souvent, on peut résumer la situation ainsi : au sud, le royaume de Bavière et l'Autriche, qui sont de prédominance catholique, au nord les royaumes de Saxe, de Hanovre et de Prusse, qui sont de prédominance protestante. Or, leurs attitudes à l'égard des juifs sont très différentes. Les Hohenzollern — Prussiens et protestants — leur témoignent une tolérance restrictive certes, mais réelle, avec liberté de mouvement (sauf pour les juifs du duché de Posen, enlevé à la Pologne et annexé en 1793) et droit de résidence transmissible à un fils. Les Habsbourg d'Autriche, catholiques, les expulseront à deux reprises (de Vienne en 1670 et de Prague en 1744) et leur imposeront des « restrictions très sévères en matière d'activités, de résidence et de liberté de mouvement. Marie-Thérèse tenta maintes fois de réduire la population juive de Galicie en expulsant les vagabonds », écrivent ainsi Sylvie Anne Goldberg et Alex Derczansky [22].

C'est dans l'Europe germanique que l'opposition entre les princes et les autorités catholiques au sujet des juifs fut le plus évidente. De Frédéric III à Frédéric II de Prusse, l'attitude des souverains germaniques fut, en effet, ambivalente, semblant tantôt souffler le froid et tantôt le chaud. D'une part, ils ne souhaitaient pas déclencher de conflit ouvert avec le clergé et les populations qu'il excitait, mais de l'autre, ils voulaient garder les communautés juives qui contribuaient à la prospérité de leurs États. Ainsi, Maximilien Ier, qui régna de 1493 à 1519, chassa bien les juifs de Nuremberg, de Styrie et de Carinthie, mais il leur permit de s'installer dans le Burgen. Il fit mine de céder aux pressions des Dominicains, qui réclamaient la confiscation du Talmud, mais révoqua ensuite l'interdiction et soumit le livre à l'étude d'érudits. Après le pillage du quartier juif de Francfort, en 1614, l'empereur Matthias, qui régna de 1612 à 1619, fit arrêter le meneur, un maître de corporation nommé Vincenz Fettmilch, et ses complices, et le fit décapiter. On ne vit jamais ailleurs, ni précédemment, réaction aussi énergique, et il est donc vain d'alléguer d'une « tradition antisémite » allemande. L'antisémitisme existait bien, mais il ne connaissait ni frontières, ni bannières ; il constituait l'un des aspects de l'intolérance religieuse, qui est internationale et qui dure toujours.

En effet, l'antisémitisme européen et chrétien de l'époque ne peut être compris que s'il est replacé dans son contexte. Les catholiques ne toléraient pas plus les protestants que les juifs, et c'est pour des raisons religieuses autant que politiques que Philippe II d'Espagne avait lancé en 1588 la désastreuse Armada contre l'Angleterre : le pape Sixte V lui avait promis un million d'écus, somme formidable, pour monter l'entreprise. Il fallait ramener l'Angleterre et les Pays-Bas dans le giron catholique, avec la bénédiction du pape. Et l'échec formidable qui mit fin à la conquête catholique de l'Angleterre fut expliqué en termes théologiques : « Dieu retarde souvent la victoire de ceux qui lui sont fidèles [23]. » Si l'Armada avait atteint son but, les catholiques espagnols eussent massacré les protestants anglais avec au moins autant de hargne que les Français avaient massacré les protestants français lors de la Saint-Barthélemy. Car l'intolérance religieuse, elle, est sans limites : il a fallu attendre la fin du XXe siècle pour voir la paix s'instaurer en Irlande entre catholiques et protestants et, en Inde, en 1998, on persécutait les chrétiens avec une vigueur jadis inconnue [24].

Il faut également rappeler l'extraordinaire influence des théologiens catholiques dans l'Europe des XVIe et XVIIe siècles : ils ne toléraient aucune foi qui ne fût strictement catholique, apostolique et romaine. Les juifs se retrouvaient dans le même sac que les orthodoxes slaves ou les protestants : tous étaient également des suppôts de Satan et des « ennemis de Dieu ». Pour la première fois en Europe, la réaction de l'empereur Matthias mit en tout cas un terme pendant quelque temps à la virulence antisémite. Les feuilles d'opinion s'abstinrent de représenter les juifs de manière caricaturale. La communauté juive de Francfort put dès lors prospérer [25].

Mais il faut largement tempérer l'image de cette prospérité : elle était entachée d'indignités qui paraîtraient de nos jours intolérables. Au milieu du XVIIIe siècle, dans ce même Francfort, les juifs subissaient le couvre-feu tous les soirs et le dimanche, et ils n'avaient pas le droit de sortir de leur ghetto. Ils n'avaient pas le droit d'entrer dans les jardins municipaux, de se marier ni de fonder un commerce sans autorisation officielle, et ils étaient requis de lever leur chapeau et de céder le passage à n'importe quel chrétien qui le leur ordonnait [26].

À la même époque, l'attitude des Anglais oscille entre l'odieux et le ridicule. Croyant convaincu, Oliver Cromwell, « le bourreau de Charles Ier », l'ennemi des catholiques et des anglicans [27], fut aussi le premier à abroger en 1656 l'interdiction de séjour prononcée contre les juifs par Édouard Ier en 1290. Après quelque trois siècles et demi d'absence, les juifs reviennent donc. Pas en grand nombre, toutefois : cent cinquante ! À la restauration de la monarchie, Charles II, pourtant catholique, leur promet officiellement sa protection en 1664 et, en 1673, leur accorde la liberté de culte. Le préjugé antijuif demeure toutefois vivace : « En 1684, lors d'une affaire relative à la compagnie des Indes, on décrète que les juifs sont des infidèles étrangers, ennemis permanents de la Couronne qui les tolère seulement sur son territoire [28]. » C'est que l'obsession juive bat son plein : on ne compte à la fin du XVIIe siècle que six cents juifs sur la totalité du territoire britannique : des banquiers comme Samson Gideon ou Joseph Salvador, quelques médecins, comme Jacob de Castro Sarmento. Comme « ennemis de la Couronne », on eût pu trouver mieux ! Certes, il y avait des pauvres aussi, mais ce n'était pas le renversement du trône d'Angleterre qui les préoccupait.

Le phénomène fut pourtant européen et non pas seulement anglais : ainsi quand la République de Venise instaura son ghetto [29], en 1516, la ville ne comptait que quelques centaines de juifs ; en 1586, un recensement révéla le nombre de 1 684 juifs pour une population de plus de cent cinquante mille âmes, et, un demi-siècle plus tard, en 1633, ils n'étaient encore que 2 419 [30]. Il y avait dans la ville des Maures, des Slaves, des gens du nord, mais on ne les confina jamais, eux, à un quartier. C'est que les juifs n'étaient pas que des juifs, mais des symboles vivants du danger spirituel encouru par les citoyens chrétiens de la Sérénissime, obsédés d'espionnage, de complots et de trahisons et dont la vie sociale était régie par un sens quasi paranoïaque du secret.

La crainte du juif s'est enrichie au cours des siècles d'un nouveau motif : c'est, assure-t-on, un redoutable affairiste. Comptez vos doigts quand il vous serre la main. Plus souvent maintenu dans une situation précaire qu'autorisé à s'installer, éternellement à la merci d'un retournement d'humeur des autorités à son égard, il a été contraint à cultiver la seule arme à sa disposition : l'argent. Même après que les chrétiens ont pris sa succession dans le domaine de l'usure et qu'ils rivalisent largement avec les banquiers juifs, il a développé un talent commercial et financier exceptionnel ; il est plus prompt que les autres à saisir et exploiter les besoins d'une société, que ce soit en pierres précieuses ou en épices, en fourrures ou en chevaux de race. Il acquiert rapidement la prééminence dans ces commerces et réalise des bénéfices qui font l'envie des gens à l'esprit moins rapide. On le soupçonne donc de manigances ténébreuses, diaboliques même : ne connaîtrait-il pas le secret infernal de la transmutation de l'or ?

Il appartient également à une communauté pénétrée d'un sens aigu de la solidarité : les persécutions ont développé l'entraide plus que dans n'importe quelle autre communauté, la diaspora, et la difficulté des mariages interconfessionnels a étendu géographiquement cette solidarité : le juif de Londres a presque certainement un frère, un beau-frère ou un cousin à Amsterdam, celui de Paris, à Berlin ou Cracovie. Les juifs ont ainsi, et par la force des choses, tissé un vaste réseau informel de correspondants qui prêtent à leurs opérations financières une efficacité dont les non-juifs ne disposent pas. Le préjugé tenace contre leur entregent durera jusqu'au XXe siècle.

Il est donc impératif pour les autorités de l'époque de contenir les juifs : ils ne sont pas nombreux, mais si on leur laisse la bride sur le cou, ils domineront tout. Vieille obsession, qui semble plutôt refléter un sentiment d'infériorité.

Du point de vue démographique, l'obsession juive des Anglais n'est pas plus justifiée à la fin du XVIIIe siècle qu'à celle du XVIIe : l'Angleterre et le Pays de Galles comptent à l'époque un peu plus de huit millions d'habitants [31] et vingt-deux mille juifs, dont vingt mille ashkénazes et deux mille sépharades, soit quelque 0,25 % de la population. Mais quand, en 1753, la Chambre des Communes est appelée à voter la « Bulle juive », qui accorderait des facilités de naturalisation aux juifs installés dans le pays depuis plus de trois ans et dont les enfants sont nés en Angleterre, c'est le pandémonium : les Whigs sont pour, les Tories sont contre, la Chambre des lords est pour, mais les campagnes sont prises d'une crise de xénophobie. Des Anglais qui n'ont jamais vu un juif et seraient en peine d'en reconnaître un s'ils le voyaient s'alarment à l'idée d'une « invasion ». Et la loi est rejetée l'année suivante. Pis : le roi George III promulgue un édit stipulant que tous les officiers de l'armée, les fonctionnaires, les juristes et les membres du Parlement devront prêter serment en ces termes : « Sur ma foi de chrétien. » Un comble : la Société juive pour la promotion du christianisme parmi les juifs se constitue à Londres en 1807. Beaucoup de juifs se convertissent en effet. D'autres prospèrent et jouent un rôle de plus en plus grand dans les finances du pays. La question de la nationalité est réglée en 1826, sans toutefois que les juifs, comme d'ailleurs, tous les sujets anglais qui ne sont pas anglicans, accèdent aux pleins droits.

La Russie, elle, se trouve fort embarrassée par la conquête empoisonnée qu'elle a faite lors des deux derniers partages de la Pologne, en 1793 et en 1795 : en effet, ce qui reste de la Grande Lituanie, la Polésie, la Volhynie et la Podolie, désormais provinces russes, contiennent la plus grande communauté juive d'Europe. Contrairement à l'imagerie courante, ce ne sont pas des usuriers au nez crochu et en houppelandes graisseuses dont les revers sont battus par des nattes garnies de *peot* phylactères, mais des intendants de domaines, fermiers, meuniers, aubergistes, artisans ou colporteurs. Sagement, les Russes maintiennent le *statu quo*, et notamment l'autonomie des juifs. Ce sont les juifs eux-mêmes qui témoignent d'un manque de retenue déplorable, les factions des *hassidîm* et des *mitnaggedîm* s'entredéchirant sous les yeux des Russes [32].

Lors de sa grande réforme administrative, inspirée par les Allemands, et qui divisait la Russie en provinces, elles-mêmes divisées en catégories, Catherine II intégra les juifs dans les guildes. Mais les sièges des guildes se trouvaient dans les villes et, en 1782, marchands, c'est-à-dire juifs riches, et bourgeois, c'est-à-dire juifs moins riches, furent contraints de résider dans les villes. Cela aboutissait à l'expulsion des juifs des villages et des campagnes. En réalité, l'administration impériale visait à contenir les juifs. Le fantasme du « péril juif » existait là-bas également. Cela ne fut jamais aussi évident que dans l'interdiction du tsar Alexandre Ier : les juifs n'étaient pas autorisés à habiter les villages, fût-ce comme locataires.

Le cadre de ces pages se prête mal à l'analyse du fantasme russe de « la campagne » : le moujik est le fumier dont sort la fleur exquise de la nation. Il ne faut surtout pas le laisser contaminer par le juif. Là aussi, on l'entoure de murailles et on l'enferme dans des ghettos, en ville.

L'urbanisation progressive de l'Europe accroît le nombre et la densité de ces ghettos : Judengasse, Great Jewry Street, rue Payenne, de la Juiverie et autres.

Paysage sinistre. Vastes steppes ténébreuses battues par les tempêtes de la haine et, par temps calmes, habitées par les brumes méphitiques d'un antisémitisme larvé, d'un malaise indéfinissable. Est-ce un cancer ? Ou bien n'est-ce qu'une grippe ? C'est ce qu'il y a de pire : un état d'esprit. On massacre beaucoup moins de juifs depuis quelques décennies. Mais ils ne perdent rien pour attendre.

Ils ne sont cependant pas les seuls à subir la violence de l'Occident chrétien armé de la croix et du glaive : les Amériques commencent à la ressentir. Les *conquistadores* y ont commencé leur grand œuvre de massacres et d'expropriations. Pour les Aztèques, les Mayas, les Incas, comme pour les juifs, l'apocalypse est en route et elle durera des siècles. On écorche vif, on éventre, on décapite, on pille, on brûle, on viole ces bipèdes qui n'ont d'humain que l'apparence et qui croient à d'autres dieux, donc à des diables. Une fois de plus, xénophobie et racisme sont attisés par le fanatisme. Le monde sera chrétien et européen, ou bien il ne sera pas. L'Occident croit répandre la lumière et c'est le sang qu'il répand. Il prêche un Dieu de pauvreté, mais c'est l'or qu'il convoite.

Deux oasis de clarté dans ces ténèbres inférieures : la France de la Révolution et l'Amérique. Elles méritent à elles seules les chapitres suivants.

Bibliographie et notes critiques

1. Ce fut à la fin du XIVe siècle que l'usage des billets de change s'imposa de manière définitive. Les premiers chrétiens qui en prirent l'initiative furent les banquiers de Piacenza. Ils furent rapidement concurrencés par ceux de Sienne, de Lucques et de Florence, ce qui leur valut le surnom de « Lombards ».

2. Philippe Bourdrel, *Histoire des juifs de France* (Albin Michel, 1974).

3. Fadiay Lovsky, *Antisémitisme chrétien et mystère d'Israël* (Albin Michel, 1955).

4. Après les émeutes des « maillotins » contre les impôts en 1382, au cours desquelles les juifs de Paris furent violemment attaqués et leurs enfants arrachés à leurs parents et portés sur les fonts baptismaux, Charles VI, alors sous la régence du duc d'Anjou, prit une ordonnance qui leur était pourtant favorable. Le besoin d'argent le fit changer d'avis.

5. Jeffrey Richards, *Sex, Dissidence and Damnation*, op. cit.

6. Joshua Trachtenberg, *The Devil and the Jews* (Yale University Press, New Haven et Londres, 1943).

7. Walter Map, *De Nugis Curialium*, 1181-1192, cité par J. Richards in *Sex, Dissidence and Damnation*, op. cit.

8. Carlo Ginzburg, *Le Sabbat des Sorcières* (Gallimard, 1989).

9. Ajoutons que le Talmud, en dépit de son élévation morale et de sa richesse philosophique, n'est pas exempt de telles fables : on y lit ainsi que Chamath, le démon de l'huile, provoque l'acné et l'eczéma.

10. En janvier 1999, l'Église de Rome diffusait une version révisée du manuel des exorcistes, approuvée par le pape Jean Paul II le 1er octobre 1998. L'identification de Satan est, cette fois, soumise à des critères psychiatriques...

11. Henry Institoris et Jacques Sprenger, *Le Marteau des Sorcières* (Plon, 1973). Pour plus de détails sur la folie criminelle de la chasse aux sorcières, v. *Histoire générale du diable*, de l'auteur (Robert Laffont, 1993).

12. Brian P. Levack, *La Grande Chasse aux sorcières* (Champ Vallon, 1991). Un inventaire sommaire de H.C. Erik Midelfort recensait, en 1968, 509 ouvrages consacrés aux procès en sorcellerie. Levack en cite un très grand nombre. Je ne les ai pas tous consultés : au bout d'une vingtaine, la nausée naît de la répétition dans cette vaste et monstrueuse histoire de la folie et de l'infamie.

13. Fondée en 1232 par Grégoire IX, cette juridiction spécifiquement ecclésiastique fut confiée aux ordres mendiants et, pour commencer, aux Dominicains et aux Franciscains : les premiers inquisiteurs furent, collégialement en 1231, les Dominicains de Friesach et l'effroyable Conrad de Marbourg ; le premier inquisiteur en titre fut le Dominicain Albéric, qui se rendit en mission d'enquête en Lombardie, avec le titre d'*Inquisitor hereticae pravitatis*. Moins d'un siècle plus tard, l'Inquisition atteignait une violence inouïe, puisque la peine s'étendait aux enfants et petits-enfants des suppliciés, ainsi qu'en atteste le *Liber sententiarum inquisitionis* de Bernard Guidonis, tenu de 1307 à 1323. L'accusation d'hérésie s'étendait donc aux descendants des condamnés et les exposait à la confiscation de leurs biens. Il est notoire que les biens confisqués enrichissaient les chapitres locaux de l'Inquisition : celle-ci fonctionnait à la fois comme une Gestapo et comme une mafia. Elle ne devait pas tarder à servir d'instrument pour des règlements de comptes entre la papauté et les familles princières : c'est ainsi que le pape Boniface VIII, qui appartenait à la famille des Gaetani, éternellement en bisbille avec les Colonna, déclara que ceux-ci étaient des hérétiques, parce qu'ils contestaient son pouvoir séculier, et que Clément V, qui s'était, en 1309, indûment approprié la ville de Ferrare, au détriment de la famille d'Este, décréta que tous les Vénitiens étaient des hérétiques, parce qu'il s'était attiré leurs imprécations. Mais on ne pouvait évidemment pas envoyer au bûcher toute une famille et encore moins toute une ville, et bien souvent l'Inquisition ne servit qu'à animer une mascarade sinistre, destinée à masquer la cupidité des pontifes et des inquisiteurs plutôt qu'à pourchasser l'hérésie (cf. Paul-Daniel Alphandéry, *Inquisition*, Encyclopaedia Britannica).

Quand Napoléon supprima l'Inquisition en 1813, le Vatican protesta énergiquement, mais en vain. Elle siégea néanmoins jusqu'en 1908, puis son nom fut changé en Saint-Office. En octobre 1998, l'Église déclara se repentir, non de l'établissement de l'Inquisition, mais de ses bûchers.

14. Une fusion entre le Juif errant et le Juif Süss devait s'opérer au XVIIIe siècle. Le mythe de ce dernier dérivait d'un personnage historique, Joseph Süsskind, surnommé *Jud Süss*, banquier et conseiller économique du duc Karl Alexander de Wurtemberg à partir de 1732. Le duc s'était attiré l'hostilité des protestants à la suite de sa conversion au catholicisme et à cause de son projet de conférer au catholicisme l'égalité avec le protestantisme sur ses territoires ; la rumeur courut que le duc allait donc forcer tous ses sujets à se convertir au catholicisme. Quand il mourut, on arrêta le juif de cour Süsskind, qu'on tenait pour responsable des égarements du duc, et on le pendit le 4 février 1738, dans de grandes réjouissances locales (Ruth Gay, *The Jews of Germany — A Historical Portrait*, Yale University Press, New Haven et Londres, 1992).

15. In *Le Fond de l'abîme*, cité par Sylvie Anne Goldberg et Alex Derczansky, *Monde aschkénaze*, in *Dictionnaire encyclopédique du judaïsme*, *op. cit.*

16. Bien que *hetman* des Cosaques, Bogdan Chmielnicki était d'origine polonaise, donc chrétien. Ce fut la persécution polonaise qui le poussa à se réfugier chez les Cosaques, auprès desquels il avait combattu contre les Ottomans en 1646. Il devint prince d'Ukraine, mais ayant étendu ses ambitions à la Moldavie, qu'il comptait léguer à son fils, il se heurta aux armées polonaises et lituaniennes et fut vaincu en Beresteczko en 1651. Cf. *Bogdan Chmielnicki*, Encyclopaedia Britannica.

17. La Fronde de mai 1648 opposait, pour la première fois dans l'histoire de la France et de l'Europe, le parlement de Paris en tant que « parlement du peuple », au pouvoir politique et catholique de la royauté, représenté par le cardinal de Mazarin : le parlement s'opposait à l'impôt que prétendait lever Mazarin sur les officiers de justice de ce parlement, mais exigeait de surcroît l'annulation d'édits financiers antérieurs et demandait des réformes constitutionnelles. Le fait que cette rébellion ait obtenu le soutien de la Fronde des princes ne doit pas occulter le fait que l'élément déclenchant avait bien été le parlement, soutenu par le peuple de Paris. Par une coïncidence prémonitoire, la guerre civile qui s'ensuivit connut son tournant décisif à la Bastille, lorsque la Grande Mademoiselle dirigea les canons de la forteresse contre les ennemis du prince de Condé, défenseurs de Mazarin.

18. Cf. S. A. Goldberg et A. Derczansky, *Monde ashkénaze*, in *Dictionnaire encyclopédique du judaïsme, op. cit.*

19. Il s'agissait, en fait, de chasser les juifs pauvres.

20. Josel von Rosheim (env. 1478-1554) était le directeur et porte-parole des communautés juives de l'Empire germanique, reconnu comme tel par l'empereur, dont il obtint la protection de nombreuses communautés contre des persécutions. Il contrebattit l'influence de Luther, les menées antisémites du prince électeur Johann-Friedrich de Saxe et du réformateur Martin Butzer, autre antisémite notoire, qui menaçait les juifs de Hesse. Cf. Nachum T. Gidal, *Les Juifs en Allemagne de l'époque romaine à la République de Weimar* (Könemann, Cologne, 1998, en version française).

21. Il leur était interdit de vendre du tabac à fumer, mais non à priser, du cuir, de la laine, de l'alcool et des liqueurs, à l'exception du vin *kasher*. Ils étaient autorisés à commercer dans les pierreries, les métaux précieux (mais non de les fondre), les vêtements de luxe, les chevaux, les fourrures, la cire, le miel, le café, le thé, le chocolat.

22. V. note 16.

23. Leopold Ranke, *Histoire de la papauté pendant les seizième et dix-septième siècles*, Robert Laffont/Bouquins, 1986 (édition entachée des commentaires étonnamment partisans et réactionnaires d'un M. de Saint-Chéron, qui traite, par exemple, Elizabeth Ire d'Angleterre d'« hypocrite et sanguinaire »...). L'Invincible Armada — 7 000 marins et 17 000 soldats — avait été montée pour trois raisons principales : la déconfiture du parti catholique en Angleterre après la décapitation de Marie Stuart, qui contraria vivement la papauté, la vindicte de Philippe II contre l'Angleterre, qui soutenait depuis 1581 l'émancipation des Pays-Bas de la tutelle espagnole, et l'ambition de Philippe II de revendiquer la couronne de Marie Stuart, d'occuper l'Angleterre, de réoccuper les Pays-Bas et d'unifier tout le monde catholique sous la couronne espagnole.

24. Cf. Françoise Chipeau, « Les attaques se multiplient contre les chrétiens en Inde », *Le Monde*, 22 décembre 1998. Il n'y a en Inde que 23 millions de chrétiens, mais leurs bonnes œuvres irritent les fondamentalistes hindouistes de la Bharatya Janata.

25. Une riche bourgeoisie parvint à se former, dont l'un des représentants les plus célèbres fut Süsskind Stern (1610-1687), banquier, ancêtre des Rothschild de France, et des Stern, qui compte de nos jours de nombreux descendants dans l'aristocratie britannique (dont la comtesse Rosse, mère de Lord Snowdon, ex-époux de la princesse Margaret).

26. Ce fut la situation dans laquelle Meyer Amschel Rothschild, fondateur de la dynastie des Rothschild, parvint néanmoins à bâtir sa fortune. Amos Elon, *Founder — Meyer Amschel Rotschild and his time* (Harper Collins, Londres, 1997).

27. S. A. Goldberg et A. Derczansky, *Monde ashkénaze*, in *Dictionnaire encyclopédique du judaïsme, op. cit.*

28. En ce qui touche aux catholiques, il avait déclaré qu'il ne tolérerait jamais qu'on célébrât la messe sur le territoire anglais. Quant aux anglicans, ils étaient suspects de royalisme.

29. Le mot semble dériver de *getto*, l'ancien quartier de la fonderie de canons.

30. Giuseppe Trebbi, in *Storia di Venezia dalle origine alla caduta della Serenissima*, 8 vol. (Istituto della Encyclopedia italiana, Rome, 1997).

31. *England*, Encyclopaedia Britannica. En 1801, le royaume comptait quelque 8 900 000 habitants.

32. S. A. Goldberg et A. Derczansky, *Monde ashkénaze*, in *Dictionnaire encyclopédique du judaïsme, op. cit.*

9.

La liberté et les trois défis

LE « PROBLÈME JUIF » D'ALSACE, DE LORRAINE ET DES TROIS ÉVÊCHÉS ET LES ÉMEUTES QUI S'ENSUIVIRENT — LES DÉFENSEURS — PROCUREURS DE LA RÉVOLUTION : L'ABBÉ GRÉGOIRE ET ROBESPIERRE — JUDAÏTÉ OU LAÏCITÉ, LE DILEMME JUIF — BONAPARTE, PÈRE DU SIONISME ? — LE DÉFI DE LA NOTION D'ÉTAT — NAISSANCE DU RACISME « ANTHROPOLOGIQUE » — LE SERVICE RENDU PAR LA RÉVOLUTION À LA PAPAUTÉ

Dans la dernière décennie de l'Ancien Régime, un « problème juif » éclate en France : c'est celui des communautés ashkénazes d'Alsace, de Lorraine et des Trois Évêchés, Metz, Toul et Verdun. Géographiquement et moralement, ils sont coincés entre une France catholique et traditionnellement antisémite, et une Allemagne protestante qui est devenue antisémite. C'est la région dont partit d'ailleurs la première croisade, en 1096, et dont surgirent les premières manifestations d'antisémitisme religieux.

Depuis la Renaissance, en effet, dans tous les pays d'Europe, les juifs se trouvent figés dans une situation à peu près uniforme, en dépit des fluctuations que suscitent les humeurs des monarques ou les circonstances politiques : ils sont assignés à des limbes, un *no man's land* où ils ne sont citoyens d'aucun pays, sauf à s'être convertis. Des étrangers éternels, des minoritaires par excellence, qu'on tolère à la condition qu'ils se rendent utiles. Leur principale faiblesse est d'ordre historique : ils ne possèdent aucune unité, car la diaspora les a fragmentés depuis longtemps en une myriade de communautés qui n'atteignent parfois pas une centaine d'âmes et qui, de surcroît, sont divisées entre sépharades et ashkénazes, ne parlant pas la même langue et présentant peu d'affinités les uns avec les autres. Ils sont donc essentiellement vulnérables. Personne ne s'interroge sur leurs droits humains : il faudra pour cela attendre la Déclaration de 1789. La France n'y fait pas exception.

En 1780, on compte quelque 10 300 juifs en Alsace, mais leur nombre s'accroît rapidement des juifs venus d'Allemagne ; en 1784, ils sont 25 000 dans tout l'est de la France. Cette « prolifération » inquiète les catholiques, qui imposent pour la première fois une mesure dont on croira plus tard pouvoir attribuer l'invention au gouvernement de Vichy : la limitation des naissances. Celle-ci se fera par l'interdiction de mariage sans l'autorisation royale, et fait inouï, même hors des territoires de la domination royale. La situation des juifs est insupportable ; ils sont astreints à des impôts constants sur tout et sur rien : droit de péage corporel et d'admission à domicile de trois livres par jour et par tête à Strasbourg. Assujettis à une myriade de règlements, ils n'ont le droit de rien acheter ni vendre, leurs enfants leur sont arrachés par la force et baptisés — mais, baptisés ou pas, ils n'auront quand même pas le droit de se marier à des catholiques. Il est de surcroît interdit à des juifs et des chrétiens d'habiter sous le même toit.

Les juifs de Lorraine et des Trois Évêchés ne sont guère mieux lotis. On prétend leur reconnaître la liberté de commerce, mais ils n'ont pas, par exemple, le droit d'acheter une maison qu'ils n'habitent pas, ni une ferme qu'ils n'exploitent pas eux-mêmes. Ils ne peuvent évidemment pas employer de personnel chrétien. Bref, catholiques et juifs, tout le monde est mécontent. Le roi, informé, constitue une Commission spéciale [1] et, en 1784, exempte les juifs d'Alsace du péage corporel, mais maintient l'interdiction de mariage sans autorisation royale. Personne n'est satisfait. Les juifs, parce qu'ils n'ont quasiment rien obtenu hormis l'exemption du péage corporel ; les chrétiens parce que les juifs l'ont obtenue.

Relevons incidemment qu'en dépit de cette discrimination les juifs de France ne sont pas les plus à plaindre : ils disposent de la liberté de culte, qui est refusée aux protestants. Dans la seule ville de Bayonne on compte en 1735 treize synagogues [2], mais il n'y a pas un seul temple dans le pays. La France se veut un royaume catholique, et c'est avec une parfaite bonne conscience qu'elle applique l'ostracisme à ceux qui ne sont pas catholiques.

Les juifs de l'Est représentent à l'époque une puissance financière qui excède de loin et leur statut social et leur nombre. Lors des débats à l'Assemblée constituante, en 1789, l'abbé Maury agite le spectre de leur richesse. En Alsace, assure-t-il, « ils possèdent douze millions d'hypothèques sur les terres. Dans un mois ils seraient propriétaires de la moitié de cette province ; dans dix ans, ils l'auraient entièrement conquise, et elle ne serait plus qu'une colonie juive [3] ». C'est vraiment beaucoup dire : les juifs de l'époque représentent quarante mille âmes, dont la moitié dans l'est, sur une population de vingt-huit millions de Français. Néanmoins, Mgr de la Fare, évêque et député de Nancy, rapportera à l'Assemblée constituante que ses ouailles lui auraient déclaré : « Oui, monsieur, si nous venions à vous perdre, nous verrions un juif devenir notre évêque tant ils sont habiles à s'emparer de tout. » Et le prélat de s'opposer à ce qu'on admette dans les emplois publics et l'administration les juifs que le peuple « a en horreur ». On croirait entendre à l'avance les vitupérations haletantes de Louis-Ferdinand Céline sur la « youpinisation » de la France. Mais le prélat n'est sans doute pas seul à exagérer : le pays est absolument obsédé par le fantasme juif. Mille exemples en témoignent. La France récolte les fruits de la haine des juifs semée six siècles auparavant, lors de la première croisade, par les prédécesseurs de Mgr de La Fare.

À cette différence près, essentielle : le problème juif était passé des mains de la papauté et du clergé dans celles des hommes politiques. Le plus grand service que la révolution « athée » de 1789 rendit à la papauté fut de lui enlever le poids du problème juif. Ce que disaient les papes, dont le discours éveillait de moins en moins d'échos dans la France révolutionnaire, mais aussi dans les royaumes chrétiens européens, désormais immunisés contre les foudres pontificales, n'avait plus tellement d'importance :

c'était ce que les nations sentaient et disaient, qui comptait. À longue échéance, pourtant, les juifs n'allaient rien y gagner.

Cela étant, les discours de Mgr de La Fare ne sont pas dénués de causes. La France de l'Ancien Régime est certainement sous-développée financièrement, et elle continuera longtemps de l'être en raison de l'attitude moralisatrice viciée et pour tout dire hypocrite qu'elle entretient, à l'égard de l'argent. Tout le monde, notamment les officiers dans les villes de garnison, s'endette pour tenir son train et ne peut s'endetter qu'auprès des juifs. Ceux-ci sont les commanditaires de la vanité de l'Ancien Régime, royauté du paraître. Or, l'usure reprochée à ces derniers n'existerait pas si l'argent n'était pas si rare et s'il y avait davantage de prêteurs, donc de prêteurs chrétiens, donc des taux plus bas. Cela n'est pas le cas, parce que la religion interdit aux chrétiens de France le prêt sur intérêt et continuera de l'interdire sous l'Empire, sans songer que ce métier de prêteur, c'est elle-même qui l'a imposé aux juifs. On imaginerait alors que les juifs font florès sur l'usure, mais leurs communautés sont lourdement endettées auprès du Trésor, car ils ne parviennent pas à régler leurs dettes [4].

Des émeutes éclatent en Lorraine au début de 1788, à cause de l'augmentation du prix du pain. On accuse les juifs de spéculer ; ils possèdent, en effet, des greniers à blé. À Lunéville, à Pont-à-Mousson, à Nancy, à Lixheim, à Sarreguemines, on casse des vitres, on pille leurs greniers, on chasse des familles de leurs maisons, on tire des coups de feu dans les synagogues et on moleste ceux qu'on trouve dans la rue. La troupe est dépêchée sur place, mais les dispositions de la population à l'égard des juifs demeurent détestables. Les juifs, que le pouvoir royal, le peuple, le clergé et la populace avaient quasiment réussi à convaincre qu'ils étaient... des juifs, commencent à sortir de leur torpeur.

En décembre 1788, en effet, le roi avait convoqué les états généraux, et parmi les doléances que les représentants des états soumettent au monarque, il y a celle de leurs électeurs sur les juifs. Les juifs n'entendent pas rester muets et chargent l'un de leurs représentants les plus fortunés, Cerf-Berr, de prendre leur défense. Et les événements se précipitent.

En 1787, l'Académie royale des Sciences et des Arts de Metz avait ouvert un concours sur le thème : « Est-il des moyens de rendre les juifs plus utiles et plus heureux en France ? » Le souci qu'il exprime semble témoigner d'une remarquable ouverture d'esprit ; mais si ç'avait été le cas, le libellé du concours eût dû être : « Est-il des moyens de rendre les Français plus tolérants à l'égard des juifs en France ? » Car, on l'a vu au chapitre précédent, les juifs n'étaient pour rien, ni dans les émeutes, ni dans leur frustration. Leur condition en France est misérable. Même s'il est désormais lettre morte, le décret d'expulsion de Louis XIII n'a pas été abrogé ; Louis XIV n'a bien voulu tolérer que les juifs riches, comme le banquier Samuel Bernard ; Louis XV n'a guère témoigné de compassion particulière aux juifs, et si Louis XVI s'est laissé émouvoir par des juifs rencontrés sur la route, comme le rapporte une anecdote [5], il reste un roi catholique qui ne tolère ouvertement ni les protestants, ni les juifs et autres hérétiques. Ce serrurier amateur est en fait un totalitaire mou.

Mais enfin, l'on daigne s'intéresser au sort des juifs, qui créent tant de troubles dans le royaume. Il est des penseurs qui commencent à s'interroger sur les mauvais traitements qu'on leur inflige. Quelques philosophes des Lumières n'ont pas oublié les idées de Locke. À la fin du XVIIe siècle, en effet, l'*Essai concernant la tolérance (Epistola de Tolerantia)* de John Locke, philosophe anglais qui inaugura l'Âge des Lumières et de la Raison en Angleterre, et dont l'influence demeure vive jusqu'à ce jour, déclarait dans sa conclusion : « Ni les Païens, ni les Mahométans, ni les Juifs ne devraient être exclus des droits civils de la communauté à cause de leur religion. » Il n'y avait guère de « païens » en Angleterre et bien peu en Europe ; quelques poignées de musulmans dans les pays du sud, mais surtout des juifs. C'était une prise de position audacieuse pour l'époque, et elle éveilla de nombreux échos.

Deux ans plus tard, la Révolution françaisᵉ bouleversa fondamentalement le paysage. Elle est souvent présentée comme athée. Il n'en fut rien, et le théisme, s'il a dissous les pouvoirs des clergés, n'est pas l'athéisme. La Révolution fut anticléricale et antipapiste. La confiscation des biens du clergé, qui suscita la vindicte antirévolutionnaire du clergé au XIXᵉ siècle, faisait partie du sursaut révolutionnaire contre la féodalité. « L'Église, propriétaire d'une portion du territoire comme au Moyen Âge, écrit Alexis de Tocqueville dans *L'Ancien Régime et la Révolution*, pénétrait dans le gouvernement et avait partie liée avec lui. » Il était inévitable qu'elle souffrît du même discrédit que les ci-devant. Inévitable également qu'elle s'intéressât à ceux qui avaient été les âmes damnées des Bourbons très-catholiques : les juifs.

En 1789, ceux-ci trouvent à l'Assemblée constituante un défenseur inattendu en la personne de l'abbé Henri-Baptiste Grégoire. Lorrain, natif de Vého, curé d'Embermémil et représentant de Lunéville à l'Assemblée, frotté de jansénisme et d'idées libérales, il a vécu dans le voisinage des juifs et son cœur s'est empli de compassion pour eux, bien que sa foi catholique l'ait empêché d'entrevoir que leur misère et leurs souffrances étaient directement liées à l'intolérance de cette foi. Pour Grégoire, on peut améliorer le destin des juifs à la condition qu'ils se réforment et qu'on leur permette d'accéder à la lumière du Christ. Leur crainte de l'étranger est « un fruit de l'esclavage ». Ils doivent échapper à la tyrannie des rabbins, de même que les chrétiens se sont libérés de la tyrannie de Rome. Discours éminemment gallican, on le voit. Toutefois, Grégoire reprend à peu près l'idée ancienne que, s'ils sont traités avec bonté, les juifs se convertiront. Dans cet espoir, il demande donc leur émancipation civile. À ce prix, ils devront obligatoirement apprendre le français dans les écoles. Et les chrétiens devront modifier leur attitude à leur égard.

C'est l'un de ces discours teintés par l'égalitarisme humaniste des Lumières, comme on en trouve tant au XVIIIᵉ siècle, et qui donnerait à espérer que l'aube se lève enfin. Mais il trahit une confondante méconnaissance du judaïsme, associée à un mépris d'autant plus pernicieux qu'il se donne les gants de la bienveillance. Dans son *Essai sur la régénération physique, morale et politique des juifs* (tout un programme), il reprend des arguments déjà patinés par un usage séculaire sur « le relâchement moral » des juifs, le danger de les tolérer tels qu'ils sont à cause de leur commerce et de leur usure, « leur aversion pour les autres peuples », etc. Ce texte généreux avance qu'« on prétend parfois que les Juifs exhalent constamment une mauvaise odeur », et l'auteur en sait la cause : « la malpropreté, leur genre de nourriture » et des aliments qui sont évidemment « mal choisis ». On peut supposer, à la lecture de ce texte, que si les juifs mangeaient du porc, ils sentiraient moins mauvais. Il ne vient guère à l'esprit de l'abbé Grégoire que l'aversion des juifs pour les autres peuples pourrait être largement justifiée pour les mêmes raisons ; que Louis XIV ne prit qu'un seul bain dans sa vie, que la noblesse de Versailles abritait des poux dans ses perruques et déféquait dans les bosquets ; et surtout que, s'ils vivaient dans des conditions plus tolérables, l'hygiène des juifs en serait améliorée. Mais nous avons, en France, et dans des époques tout à fait proches, entendu d'autres discours de cette farine sur les odeurs de merguez à l'étage. L'abbé Grégoire tient les propos d'un raciste ordinaire. L'intérêt de sa plaidoirie réside dans les circonstances où il la prononce.

Plus graves que ces âneries désobligeantes sont les accusations que l'abbé Grégoire porte contre le Talmud, « cause de l'arriération morale du peuple juif » : « Ce vaste réservoir, j'ai presque dit ce cloaque où sont accumulés les débris de l'esprit humain... » Le Talmud est « la cause de l'infertilité du peuple juif », et la raison pour laquelle « ils n'ont que des idées empruntées ; et quelles idées... »[6]. L'abbé n'avait donc pas lu Spinoza, et, on ne lui en tiendra pas rigueur, ne pouvait prévoir ni Karl Marx, ni Max Weber, ni Alfred Einstein, ni Ludwig Wittgenstein, ni Gustav Mahler, esprits d'une grande banalité comme chacun sait.

L'*Essai* appelle donc à la réconciliation dans une sorte d'« Embrassons-nous Folleville » qui donnerait à rire si le sujet n'était aussi sérieux. En bref, pour peu que les juifs renoncent à leur religion, à leurs rabbins et se fassent baptiser, ce seront d'excellents Français, originaux, rieurs, propres et bien-odorants. Comme dit le dicton, avec des amis pareils, qui a besoin d'ennemis ? Pourtant, le plaidoyer que Grégoire prononça devant la Constituante eut des effets extrêmement positifs. D'autant que ce n'était pas le seul, dans une atmosphère qui n'était pourtant pas philosémite. Il modifia les esprits. Ce n'était pas facile.

Une illusion optimiste voudrait que les Encyclopédistes aient été hostiles à l'antisémitisme, comme à toute forme de discrimination raciale ; elle appellerait de fortes nuances. Voltaire, par exemple, fut carrément et ouvertement raciste. Dans son *Traité de métaphysique*, il écrit que les Blancs lui « semblent supérieurs aux Nègres, tout comme les Nègres sont supérieurs aux singes et les singes, aux huîtres ». Étrange système d'interprétation du monde. Il est vrai que son commerce de négrier, basé à Nantes, fit de lui « l'un des vingt hommes les mieux nantis du royaume [7] ». Car il était négrier.

Mais il écrit bien pire, à l'article *Anthropophages* (rien de moins !) de son *Dictionnaire philosophique* : c'est que les juifs sont « le peuple le plus abominable de la terre ». Il leur consacre d'ailleurs un article indépendant, *Juifs*, pour que nul n'en ignore : « Vous ne trouverez en eux qu'un peuple ignorant et barbare, qui joint depuis longtemps la plus sordide avarice à la plus détestable superstition et à la plus invincible haine pour tous les peuples qui les tolèrent et qui les enrichissent. » On savait déjà Voltaire antichrétien. Dans ses mémoires, le prince de Ligne, qui passa huit jours à Ferney en compagnie de Voltaire, écrit : « La seule raison pour laquelle M. de Voltaire s'est lancé dans de telles diatribes contre Jésus-Christ est qu'Il est né dans une nation qu'il déteste. » Autant dire que Voltaire n'était antichrétien que parce qu'il était antisémite. Si l'on vérifie d'un peu plus près les opinion de François-Marie Arouet, gloire de la culture française, on risque d'y trouver les prémisses de Charles Maurras.

Un autre avocat ardent de l'émancipation véritable fut Maximilien de Robespierre : « Les vices des juifs dérivent de la dégradation dans laquelle vous les avez plongés ; ils seront bons quand ils trouveront quelque avantage à être bons. »

Passons sur « les vices des juifs » et la « bonté » qu'ils n'ont pas ; l'accent est posé pour la première fois de l'histoire sur la responsabilité de la société à l'égard des juifs. La déclaration de Robespierre aura de longs échos. Le premier scrutin de l'Assemblée sur la citoyenneté des juifs, fin 1789, fut négatif : 403 « pour » et 408 « contre ». Mais en janvier 1790, le statut de « citoyens actifs » fut accordé à la communauté des juifs sépharades de Bordeaux, Dax et Bayonne, et refusé à celle des juifs ashkénazes d'Alsace, de Lorraine et des Trois-Évêchés. Après l'arrestation de

Louis XVI, les esprits gagnèrent en audace : le 27 septembre 1791, l'Assemblée nationale vota l'affranchissement de tous les juifs de France : ceux des régions qu'on vient de citer et ceux du Comtat Venaissin, établis principalement à Avignon et Carpentras. La population française officielle s'enrichissait de quarante mille âmes.

L'émancipation politique suivit l'émancipation civique et les armées françaises. Peu après la conquête de Padoue par les troupes françaises, en 1797, et la chute de la *podestà* vénitienne, le nouveau gouvernement central de la ville, imposé par les Français, décréta que le quartier juif ne serait plus désigné par « le nom barbare et dénué de sens de ghetto », mais par celui de *Via Libera*, « Rue Libre ». Immense symbole. Deux semaines plus tard, sur décret daté de « Fructidor, an V de la République Française et an I de la Liberté Italienne », les murailles du ghetto furent rasées, de telle sorte qu'il ne resta plus de trace de cette ancienne séparation des rues avoisinantes [8].

L'année suivante, Bonaparte lançait un appel aux juifs, les invitait à se joindre à lui dans l'expédition d'Égypte pour l'aider à reconquérir la Terre promise. Cet appel a été occulté par la suite, car il témoigne aussi bien de la duplicité opportuniste, « dialectique » diraient certains contemporains, de Napoléon, que de son génie.

L'appel ne nous est connu de façon certaine que par six lignes du journal officiel de l'époque, *La Gazette Nationale ou le Moniteur Universel* du 22 mai 1799 — dans le jargon utopiste de l'époque, le 3 Prairial de l'an VII. On peut le consulter à la Bibliothèque nationale, ou du moins ce qu'il en reste, dans sa fantastique et sans doute prémonitoire étrangeté :

Politique
Turquie

Constantinople, le 28 Germinal

> Bonaparte a fait publier une proclamation, dans laquelle il invite tous les Juifs de l'Asie et de l'Afrique à venir se ranger sous ses drapeaux pour rétablir l'Ancienne Jérusalem. Il en a déjà armé un grand nombre, et leurs bataillons menacent Alep.

On croit rêver. Bonaparte aurait-il été le premier sioniste ? Car le projet sioniste n'existait pas alors. L'information ne passa pas inaperçue ; elle fut reprise par d'autres journaux, comme *La Décade* du 29 mai 1799, qui publia un commentaire se concluant ainsi : « Il est très probable que le Temple de Salomon sera rebâti. » Le Temple de Salomon rebâti par un général de la République française ! Ce n'était pas un canard, puisque *Le Moniteur* revint sur l'information deux mois plus tard, le 29 juillet : « Ce n'est pas seulement pour rendre Jérusalem aux Juifs que Bonaparte a conquis la Syrie. » Il en ressortait que Bonaparte envisageait de marcher sur Constantinople afin de détenir une position clé à partir de laquelle il pouvait menacer Vienne et Saint-Pétersbourg.

Un document perdu pendant la Seconde Guerre mondiale ne nous est parvenu que dans une version traduite, patiemment reconstituée. Il se lit ainsi :

> Quartier général, Jérusalem, 1 Floréal an VII de la République française.
>
> Bonaparte, commandant en chef des armées de la République française d'Afrique et d'Asie, aux héritiers légitimes de la Palestine.
>
> Israélites, nation unique que, durant des millénaires, la soif de conquête et la tyrannie ont pu dépouiller de sa terre ancestrale, mais non point de son nom ni de son existence nationale ! [...] Alors debout dans la joie, vous les exilés ! Par une guerre sans exemple dans les annales de l'histoire, guerre engagée pour son auto-défense par une nation dont les territoires héréditaires étaient considérés par l'ennemi comme un butin à partager arbitrairement et selon leur bon plaisir par un trait de plume des chancelleries, cette nation venge sa propre honte, ainsi que la honte des peuples les plus lointains, oubliés depuis longtemps sous le joug de l'esclavage ; elle venge aussi l'ignominie qui pèse sur vous depuis près de deux mille ans... [...]
>
> Héritiers légitimes de David !
>
> La grande nation qui ne fait pas de trafic d'hommes ni de territoires à la différence de ceux qui ont vendu vos ancêtres à

tous les peuples (Joël, IV, 6) fait ici appel à vous, non pas, certes, pour que vous fassiez la conquête de votre patrimoine ; mais simplement pour que vous preniez possession de ce qui a été conquis, et qu'avec la garantie et l'aide de cette nation, vous en restiez les maîtres... »

Le document est long ; on nous permettra de ne pas le citer ici dans son intégralité. Le ton est napoléonien. Le calcul également, et c'est ce qui prête quelque vraisemblance à ce texte déconcertant. Dans un rêve digne d'Alexandre, Napoléon envisage de mettre en échec l'Empire ottoman par la création d'un État juif dans la Palestine qu'il lui aura arrachée, et dès lors, de tenir en respect, par des alliés fondamentaux — les juifs souverains — l'Autriche et la Russie. La générosité révolutionnaire se double d'une stratégie politique parfaitement cohérente avec le personnage du général Bonaparte.

Que se passa-t-il ensuite ? Simplement, Napoléon ne put prendre Saint-Jean-d'Acre. La conquête de la Palestine se révélait impossible. Il avait préjugé de ses forces et publié l'appel aux juifs avant de mettre le siège. Il ne disposait pas de la Palestine et ne pouvait l'offrir aux juifs dans sa magnanimité calculatrice. Ultime indignité : les juifs avaient servi de pions [9].

Néanmoins, une main avait été tendue et les juifs ne pouvaient la refuser. Les sanctions éventuelles étaient déjà évidentes ; l'émancipation accordée en 1791 avait déjà suscité une réaction non plus antisémite au sens strict du mot, mais anti-judéo-chrétienne. Le théisme libéral des Lumières répugnait, en effet, à voir n'importe quelle religion franchir les enceintes sacrées de la République. Les idées d'un autre philosophe anglais, Thomas Hobbes (1588-1679), jadis exilé à Paris, y avaient porté des fruits nombreux. Pour Hobbes, l'idéal politique était un État séculier qui tenait dans une main le glaive politique et dans l'autre le sceptre d'une Église nationale, ce qui, il faut le souligner, convenait déjà aux tendances gallicanes et antipapistes de la chrétienté française, mais ne présageait pas de l'évolution des idées républicaines.

Les libertaires de 1789 allaient plus loin, en effet, et refusaient tout statut officiel à la religion, car l'État ne devait pas être confondu avec la société civile. Libre à celle-ci ou à des parties de celle-ci de pratiquer une religion si elles le voulaient, mais elles le feraient alors de manière totalement indépendante. Cela se comprend sans peine en théorie et en pratique. En théorie, la monarchie de droit divin ayant été abolie, l'union du trône et de l'Église l'était aussi. En pratique, le souvenir des guerres de religion n'avait abouti qu'à scinder la France en camps ennemis. La religion d'État étant néfaste à la République, les religions n'auraient plus droit de cité qu'à titre volontaire, sans le secours, ni l'intervention de l'État. Or, le judaïsme représentait pour les révolutionnaires la pire des religions, puisqu'elle avait donné naissance à presque toutes les autres. Comme l'écrit Bernard Lewis, le crime des juifs n'avait pas été de tuer Jésus, mais de lui avoir donné naissance [10]. Les juifs allaient servir de boucs émissaires à l'anticléricalisme tous azimuths. Et celui-ci était virulent : Voltaire n'était certes pas le seul de son opinion.

À peine échappés aux griffes de l'antisémitisme religieux et admis dans la légalité républicaine, les juifs se trouvaient confrontés à trois dangers de première grandeur. Le premier était la laïcité, qu'en 1998, plus de deux siècles plus tard, le grand rabbin de France trouvait « intolérante » (à propos du fait que les autorités religieuses n'avaient pas été consultées sur le Pacte civil de solidarité, ou Pacs) [11]. La laïcité était une notion entièrement neuve en Europe et dans le monde, à laquelle les juifs n'étaient nullement préparés : toute la culture juive est d'essence religieuse. Pressés de répondre aux aspirations révolutionnaires d'abolition de la religion, ils étaient sommés de renoncer d'un coup à leur identité même, puisque toute l'histoire et la morale juives sont fondées sur l'adhésion à la Loi. Non seulement ils ne pourraient plus observer le sabbat, mais encore ils devraient renoncer à leur autonomie juridique, puisque l'autorité rabbinique avait jusqu'alors tenu lieu d'autorité juridique et même judiciaire, comme on l'a vu dans le système des dévolutions encore en vigueur à l'époque dans de nombreux pays d'Europe. Faute de quoi, les juifs se reléguaient eux-mêmes dans une sorte d'Ancien Régime propre, à l'égal de ceux qui se jugeaient chrétiens avant d'être républicains. En bref, on leur concédait l'égalité, la liberté et la fraternité à condition qu'ils renoncent à leur judaïté. On leur offrait donc un baptême laïc. « Vous existerez, mais à la condition de renoncer à votre mémoire. »

Le deuxième danger était celui de l'État-nation. Notion ancienne, fréquemment évoquée dès le XVIe siècle par Machiavel et par Jean Bodin, auteur d'un ouvrage de première grandeur, *La République*, paru en 1576, l'État-nation était resté jusqu'en 1789 un concept parmi tant d'autres, une idée, presque une utopie, dans un Occident constitué de royaumes où l'on se souciait bien plus de la prospérité des princes que de celle de leurs sujets. Ou de principautés électives, comme la République de Venise, si peu républicaine et si élégamment « féodarchique ». La Révolution française lui conférait soudain une réalité tellement explosive qu'on n'a pas fini de l'appréhender, fût-ce à son déclin, et qui allait totalement bouleverser l'Occident, philosophiquement et politiquement. C'est ce concept, en effet, qui allait inspirer la guerre d'indépendance américaine et donner naissance à la première puissance économique et politique du XXe siècle, les États-Unis d'Amérique [12]. L'État-nation exigeait des citoyens l'allégeance à un concept suprême, le bien public, auquel il convenait de sacrifier ses particularismes, linguistiques, religieux ou autres. Jules Grévy est l'un des représentants les plus éminents de cet idéal, au nom duquel on allait demander aux juifs — ou plus exactement, exiger d'eux — non seulement de renoncer au yiddish, mais encore de cesser de se distinguer comme « des juifs » et d'entretenir une judaïté archaïque [13].

Il est sans doute difficile, en cette fin du XXe siècle, où l'Europe se prépare à abolir ses frontières et où les médias tendent à créer une sorte de culture internationale, de se représenter le bouleversement intellectuel et psychologique entraîné à l'époque par l'avènement de ce concept. Jusqu'alors, les Européens avaient été conscients d'appartenir à des provinces et des cultures locales, mais non à des États au sens moderne du mot. Lombards et Vénètes, par exemple, avaient été aussi bien autrichiens qu'italiens, les Ukrainiens étaient tantôt polonais, tantôt russes, tantôt autrichiens. Mais, au fur et à mesure que les frontières tendaient à se stabiliser (et l'histoire de l'Europe montre une évolution caractéristique continue vers la constitution de grands États-nations), cette idée faisait son chemin. Au point qu'à la fin du XVIIIe siècle Emmanuel Kant pouvait déclarer : « On ne peut pas causer de plus grand tort à une nation que de lui enlever son caractère national et les idiosyncrasies de son esprit et de son langage. » Formulation malheureuse entre toutes, puisqu'elle allait ériger le célèbre valétudinaire de Königsberg en protecteur du nationalisme.

L'idée d'État-nation s'imposa donc comme un fait naturel, immanent, inéluctable, fondement de la dignité individuelle et collective. Longtemps limitées aux frontières de la ville où de la province, les consciences de l'identité s'étendirent désormais jusqu'aux franges de l'abstraction, aux frontières d'un État que la plupart des habitants n'avaient d'ailleurs jamais vues. Le changement qui s'ensuivit devait jouer un rôle déterminant dans l'attitude des pays à l'égard des juifs.

L'instruction obligatoire fut certes le plus grand bienfait offert par la laïcité à un judaïsme qui moisissait de plus en plus dans des traditions peureuses et qui, s'il eût continué sur sa lancée, eût peut-être abouti à sa propre disparition par pure et simple dégénérescence culturelle. Mais elle diffusa par ailleurs le concept d'État-nation, qui se révéla bien plus menaçant. Personne ne prévoyait alors qu'il engendrerait l'une des pires maladies politiques de tous les temps, le nationalisme, qui fut presque fatal au judaïsme, sans parler du fait qu'il saigna l'Europe au cours de trois guerres successives (1870, 1914-18 et 1939-45). De Hobbes à Déroulède, et de Déroulède à Hitler, le chemin est, en effet, étonnamment court : la Patrie et le Drapeau allaient immanquablement mener à ressusciter la notion mérovingienne et potentiellement assassine du « droit du sang » (que l'Allemagne réunifiée n'a aboli qu'en 1998).

Le troisième danger allait grossir les deux autres par effet de convergence, et ce n'était pas le plus négligeable : la naissance de l'anthropologie. Issue du scientisme encyclopédique, illustré à l'étranger par des géants tels que Alex von Humboldt, Carl von Linné et Johann Gottfried Herder, sans parler une fois de plus de Kant, le sage qui interrompit sa promenade quotidienne sous les tilleuls de Königsberg quand on lui apporta les nouvelles de la Révolution française, l'anthropologie, ou science de la race humaine, fut à ses débuts l'un des ramassis les plus extravagants de toutes les scories mentales dont la découverte du monde pouvait joncher des esprits piqués de science. Elle sévit sous ses formes les plus aberrantes jusqu'au début du XXe siècle. L'une de ses plus illustres émanations, la phrénologie, illustrée par César Lombroso, entendait définir les capacités mentales des humains par la forme de leur crâne. Célèbre chasseur de « dégénérés », Lombroso mérite l'immortalité pour avoir décelé chez Socrate, Darwin et Dostoïevski une « physionomie crétineuse », ainsi que pour ce constat transcendant : « Le génie est une psychose dégénérative du groupe épileptique. » Conclusion qui a le mérite de démontrer que Lombroso n'était pas un génie. Ce fut sur ces bases fantastiques que les nazis s'attelèrent dans les années 30 à la tâche de vérifier l'origine aryenne par la mesure du crâne. Folie du pays de Nietzsche : on jugea de l'« aryanité » par la mesure de l'angle allant de la pointe du nez au centre des oreilles !

L'anthropologie aboutit également au concept, scientifiquement aberrant au regard de la génétique contemporaine, de « races humaines ». C'était encore plus préjudiciable aux juifs que les crétineries de Lombroso.

Un coup d'œil circulaire sur les idées du temps en ce domaine ne peut qu'emplir l'esprit d'une désolation consternée. Pour Herder, par exemple, les Noirs étaient une « race inférieure », incapable de civilisation. À peu près exactement, soit dit en passant, ce que les auteurs musulmans du Moyen Âge disaient des Blancs nordiques, dont ils estimaient qu'ils avaient été créés par Dieu pour servir d'esclaves aux autres. Et exactement le contraire de ce que soutenait Humboldt : « En maintenant l'unité de l'espèce humaine, nous rejetons nécessairement la déplorable distinction entre des races supérieures et des races inférieures [14]. »

Cela n'y changea pas grand-chose. En 1853, un voyageur romancier et écrivain de qualité, Arthur, comte de Gobineau, auteur du roman élitiste *Les Pléiades*, publia un ouvrage d'une ignorance et d'une prétention qui eussent pu paraître divertissantes s'il n'avait été lourd d'aussi sinistres conséquences, l'*Essai sur l'inégalité des races humaines*. Gobineau n'était certes pas un anthropologue et n'eût jamais songé à se livrer à la marotte du temps, l'étude comparative des capacités crâniennes (celle des dauphins est supérieure à celle des humains), mais un diplomate piqué de belles-lettres. Ses idées étaient qu'il y avait trois races, la jaune, la noire et la blanche, que le « génie d'une race » est inné et que seule la race blanche est capable de culture, mais que sa capacité est épuisée parce que sa composition « raciale » n'est plus pure.

C'est là une fulminante collection de contre-vérités scientifiques. Il n'y a pas de « race blanche », ni « noire », ni « rouge », ni « jaune », mais seulement des caractéristiques pigmentaires qui tiennent à la mélanogenèse du derme et à des structures culturelles. On ne peut parler de race, sauf à dire n'importe quoi, que lorsqu'il n'y a pas interfécondité entre une race supposée et l'autre ; or, un Bantou peut très bien s'apparier avec une femme Aïno ou un Mandchou avec une Marseillaise. L'histoire et l'ethnologie ont démontré depuis que l'ensemble des populations européennes qu'on désigne sous le nom de « race blanche » a subi tellement d'invasions au cours des millénaires qu'il serait frivole d'y chercher un seul phylum. Le réservoir indo-européen a déversé en Europe, depuis la fin de la dernière glaciation, des ethnies tellement différentes qu'elles ne se reconnaissaient même pas à quelques siècles de distance, les vagues les plus récentes des Celtes, par exemple, massacrant les établissements plus anciens. Quant aux autres « races », elles sont tout aussi fictives : des découvertes récentes donnent fortement à penser que les Amériques ont été peuplées il y a vingt-cinq mille ans par des migrations européennes avant de l'être par les peuplades mongoloïdes [15].

N'importe, l'idée de « race », et notamment celle d'une « race juive », flattait les consciences, autant que les inconscients, dans le sens du poil. En 1803, un demi-siècle avant Gobineau, un obscur pamphlétaire allemand, Friedrich Grattenauer, mettait les Allemands en garde :

« Que les juifs soient une race tout à fait particulière ne peut être nié par les historiens et les anthropologues, selon l'assertion ancienne, mais généralement valide que Dieu les a punis en les affligeant d'une odeur exceptionnellement mauvaise, ainsi que de plusieurs maladies héréditaires et d'autres détestables infirmités. Cela ne peut être entièrement prouvé, mais d'autre part ne peut être nié, même si l'on tient compte de toutes considérations téléologiques[16]. »

Gobineau n'est sans doute pas « un antisémite »

— tout juste antisémite comme tout le monde à l'époque — mais ses idées sur la pureté raciale sont assorties d'inductions qui paveront la voie aux racistes des XIXe et XXe siècles, car, à l'idée déjà fausse de race, il associe des caractères psychiques et intellectuels : ainsi, la race aryenne, élite venue de l'Inde, aurait donné naissance aux « Teutons » (deux fictions en une seule proposition, les « Aryens » et les « Teutons »[17]), possesseurs des vertus de la noblesse, de l'amour de la liberté et du culte de la spiritualité. Les juifs ne sont pas désignés, mais l'immense phalange des chercheurs et intellectuels qui emboîteront le pas à Gobineau, les Robert Knox, James Hunt, Hippolyte Taine, Georges Vacher de Lapouge, Otto Amon et autres ne vont guère tarder à leur prêter des « caractères psychologiques raciaux ». Les inductions de Gobineau sont inversées : si tel caractère, comme la « noblesse », est associé aux « Aryens », son absence apparente chez un individu signifiera que celui-ci n'est pas vraiment un « Aryen »[18].

La sous-culture occidentale débouche ainsi dans l'un de ces vastes terrains d'épandage où se déversent jusqu'à nos jours banalités et idées toxiques quasiment indégradables : les Français sont frivoles (Pascal et Rimbaud, par exemple), les Allemands sont brutaux (comme Schubert et Brahms), les Italiens ont la joie de vivre (comme Leopardi et Moravia), les Russes sont mystiques (comme Staline et Eltsine), les Noirs ont le rythme dans le sang (comme Mandela et Richard Wright), etc. Les juifs sont évidemment fourbes, intéressés, vénaux et traîtres (comme Einstein, Mahler et Wittgenstein). Une anxiété commune à tous les racistes la « dégénérescence », allait prendre un tour particulièrement sinistre un siècle plus tard.

Une interprétation déterministe (ce rationalisme des indigents) du monde unira racisme et darwinisme sous le joug du constat suivant : les choses sont ce qu'elles sont parce qu'elles ne pouvaient pas être autrement. Les races inférieures le sont en fonction de facteurs héréditaires et leur infériorité est l'expression d'une justice divine immanente. La fin de la traite des Noirs coïncide avec l'avènement de l'esclavagisme mondial de l'ère coloniale. Africains, Asiatiques, Arabes et assimilés seront assujettis à la race blanche, parce qu'elle est « supérieure ». Les juifs sont partout et nulle part ; ils ne seront donc pas colonisés ouvertement, mais de l'intérieur.

Laïcité, État-nation et « race », les juifs ne pouvaient maîtriser tant de périls. Les deux premiers constituaient des réalités dont les juifs s'accommodèrent tant bien que mal, mais le troisième était une fiction contre laquelle ils étaient impuissants. L'inexistence des « réseaux occultes » du pouvoir juif fut ici démontrée de façon éclatante : les juifs étaient démunis de la plus périlleuse façon. Ils avaient cru pouvoir prospérer dans un monde chrétien. Lourde erreur.

Bibliographie et notes critiques

1. Philippe Bourdrel, *Histoire des Juifs de France*, op. cit.

2. *Juifs*, in Jean de Viguerie, *Histoire et Dictionnaire du temps des Lumières, 1715-1789* (Robert Laffont / Bouquins, 1995).

3. Ph. Bourdrel, *Histoire des Juifs de France*, op. cit.

4. Id.

5. « En 1814, sept cent cinquante contribuables messins, répartis à travers toute la France, étaient encore inscrits aux « rôles ». La liquidation définitive n'interviendra qu'en 1860. Les héritiers Cerf-Berr, par exemple, sont redevables en Alsace de soixante mille livres, les Moch, de cinq mille cinq cents. » Ph. Bourdrel, *Histoire des juifs en France*, op. cit.

6. Ruth F. Nescheles, *The Abbé Grégoire, 1737 — 1781 — The Odissey of an Egalitarian* (Greenwood Publishing Corporation, Westport, Conn., 1964).

7. Cf. Léon Poliakov, *Histoire de l'antisémitisme* (Le Seuil, Paris, 1991).

8. Sous la direction de Pierre Birnbaum et Ira Katznelson, *Paths of Emancipation, Jews, States and Citizenship* (Princeton University Press, Princeton, 1995).

9. L'affaire de la proclamation de Napoléon pose plusieurs questions.
. D'abord, et outre les deux informations du *Moniteur*, est-elle bien réelle ? On peut le penser sur la base de divers documents, dont la dénonciation anonyme de l'agitation des messianistes juifs de Prague, en 1799, causée par le général Bonaparte, qui « nourrissait leur superstition ».
. Qu'est devenu le *document original* et pourquoi Bonaparte n'y fit-il jamais plus allusion ? Il est possible qu'il ait été détruit par Bonaparte au retour de sa campagne, l'appel ayant souffert d'un cuisant démenti militaire.
. L'idée de restaurer un État juif en Palestine était-elle une invention de Napoléon ? Il ne le semble pas : « Il circulait en France, exactement à cette époque, un appel des juifs italiens, intitulé *Lettre à nos Frères*, proposant la restauration des juifs en Palestine », écrit Paul Giniewski dans l'analyse la plus complète et la plus concise de cet étrange épisode de l'histoire napoléonienne (*L'État juif de Napoléon*, Historia, décembre 1986).

10. *Semites and Antisemites* (Weidenfeld & Nicolson, Ltd., Londres, 1986).

11. Le projet du Pacs ne concerne, en effet, que les instances de la législation républicaine, tout comme le mariage civil ; il ne ressortit donc pas aux compétences des organisations religieuses, qui n'ont pas à se prononcer publiquement à ce sujet, comme l'ont pourtant fait en 1998 la Conférence des évêques de France et le grand rabbin.

Un débat, certes considérable, s'ouvre sur le point de savoir si la laïcité, qui est le lieu de rencontre de toutes les confessions et qui, en l'occurrence, fut la force principale qui ouvrit aux juifs les portes de la légalité civile républicaine, peut être « intolérante » ou bien « rigoureuse ». Et si l'intolérance de l'intolérance et de toutes prémisses d'intolérance est bien une intolérance.

12. L'analyse de ce concept, qui dépasse évidemment le cadre de ces pages, est magistralement réalisée dans le vol. VIII de la *New Cambridge Modern History, The American and the French Revolution, 1763-1799* (Cambridge University Press, Cambridge, 1965). Les anciennes colonies anglaises d'Amérique n'avaient qu'un modèle pour constituer leur nouvelle entité nationale, et c'était celui de la République qu'avait définie la Révolution française, et dont l'Américain Tom Paine fut l'un des plus ardents partisans.

13. Il existait dans l'est de la France des écoles hébraïques, à Metz Ettendorf, Biesheim, Westhoffen en Alsace (Ph. Bourdrel, *Histoire des juifs en France, op. cit.*), mais elles ne dispensaient qu'un enseignement religieux et en hébreu, entretenant évidemment l'insularité linguistique et l'ignorance du monde.

14. Rebaptisée « ethnologie », l'anthropologie moderne n'a hélas pas perdu en route, dans la première moitié du xxe siècle, les préjugés déjà dénoncés par Humboldt. Je me permets de renvoyer le lecteur à la longue analyse que j'ai consacrée, dans mon *Histoire générale de Dieu* (Robert Laffont, 1997), aux aberrations racistes de quelques-uns des plus éminents ethnologues modernes (dont, paradoxalement, des juifs). L'extraordinaire, la confondante et raciste conviction européo-centriste de la supériorité de la « race blanche » sur les peuples « primitifs » mérite d'y être confrontée aux massacres de l'ex-Yougoslavie, qui ne le cèdent en rien à ceux des Hutu et des Tutsi.

15. Roger Lewin, *Young Americans* (The New Scientist, 17 octobre 1998). Ajoutons que les tentatives de constituer une colonie « aryenne », comme le firent au Paraguay, en 1883, quelques illuminés allemands illettrés, menés par la virago mégalomane, faussaire et plus tard hitlérienne, la déplorable Elisabeth Nietzsche, aboutit à la création d'un groupement de dégénérés et de crétins : la sélection d'individus « aryens » et blonds de la Nueva Germania du Rio Aguayra-umi n'avait, un siècle plus tard, produit que des débiles intellectuels et physiques. Faussaire invétérée des textes de son frère Frédéric, Elisabeth n'avait réussi qu'à compromettre un philosophe de génie, exécrateur des antisémites de surcroît. V. Ben Macintyre, *Forgotten Fatherland* (Macmillan, Londres, 1992).

16. *Wider die Juden : Ein Wort der Warnung an alle unsere christliche Mitbürger*. Cf. Léon Poliakov, *Le mythe aryen : essai sur les sources du racisme et du nationalisme*, 1971.

17. Il n'existe pas, à ce jour, de preuve qu'il y ait jamais eu une ethnie Arya distincte, et encore moins que les Aryas soient originaires de telle ou telle autre partie du monde. Tout ce qu'on peut dire est qu'il existait un ensemble, à l'origine restreint, de populations ou tribus qui parlaient la même langue, dite indo-aryenne. Ils se seraient, en l'état actuel des connaissances, concentrés sur les hauts plateaux de l'Iran (dont ils n'étaient cependant pas les premiers occupants), en Afghanistan et en Mésopotamie et, de là, ils auraient déferlé en inva-

sions successives, vers le nord de l'Inde et à l'ouest, au IVe millénaire avant notre ère, vers l'Europe. Là, ils se seraient constitués en ethnies distinctes dans les bassins du Dniepr et du Donetz au cours d'une halte. Anthropologiquement, ils se distinguaient par un teint clair et des yeux bleus, qui s'expliquent sans doute par un isolement génétique et l'expression de gènes récessifs. Guerriers, éleveurs de chevaux petits et rapides, ils ont modelé les sociétés européennes des millénaires suivants. Adorateurs de dieux masculins, témoignant d'un mépris caractérisé pour la femme, riches de la technologie la plus avancée de l'époque, ils sont à l'origine de la plupart des peuplades qui ont colonisé l'Europe au cours du dernier millénaire.

Quant aux Teutons, Pythéas de Marseille (Massalia), le navigateur quelque peu affabulateur, les mentionne bien au IIIe siècle avant notre ère ; ils constituent une tribu celtique, branche des Helvètes, qui ne fut connue qu'assez tard par les Romains, quand, en 103, ils furent chassés d'Espagne par les Celtibères et allèrent grossir les troupes des Cimbres. Les désigner, comme le fait Gobineau, comme les seuls descendants des « Aryens », est de l'anthropologie de bazar : ils n'en étaient que les arrière-petits-enfants, comme d'innombrables peuplades européennes.

18. Ajoutons que ce racisme durable se fondait aussi sur la supériorité de l'homme sur la femme. Un certain Virey, médecin de son état, affirmait au XIXe siècle que « toute la constitution morale du sexe féminin dérive de la faiblesse innée de ses organes » (in Lucian Boia, *Entre l'ange et la bête de l'Antiquité à nos jours*, op. cit.).

10.

Amérique, Amérique !

AMÉRIQUE LATINE : LES PROMESSES DES COLONIES ET LES EXACTIONS DE L'INQUISITION — LA TOLÉRANCE ANGLAISE — FAIBLESSE NUMÉRIQUE DES IMMIGRANTS JUIFS — L'INDUSTRIALISATION DES ÉTATS-UNIS ET LA NAISSANCE DE L'ANTISÉMITISME AMÉRICAIN — WASPS, HÉGÉMONIE CHRÉTIENNE ET BLANCHE ET RACISME — HENRY FORD ET CHARLES LINDBERGH, HÉRAUTS DE L'ANTISÉMITISME AMÉRICAIN — LE NUMERUS CLAUSUS CANADIEN — ÉMEUTES DE 1917 ET JUIFS « DISPARUS » DE LA DICTATURE MILITAIRE EN ARGENTINE.

L'Ancien Monde devenait étouffant. C'est alors que les juifs s'avisèrent de la découverte de leur coreligionnaire Colon en 1492, l'année précisément où terrifiés eux-mêmes par les imprécations d'un fou sanguinaire qui dirigeait la Très Sainte Inquisition de l'Église — Torquemada —, le roi et la reine d'Espagne avaient signé le décret d'expulsion de tous les juifs qui refusaient de se convertir. Les premiers qui prirent le large pour y émigrer, au milieu du XVIe siècle, furent ceux qui en étaient géographiquement le plus proches et qui entendaient évidemment parler, dans les ports d'Europe et d'Afrique occidentale, de ces contrées démesurées, forêts géantes, montagnes frisant le ciel et plaines sans fin qu'habitaient des populations cuivrées ; c'étaient les *marranes*, ces convertis que l'Inquisition n'en finissait pas de persécuter en dépit de leur conversion, parce qu'elle soupçonnait qu'ils n'avaient abjuré leur foi que sous la menace du bûcher et d'un crucifix changé en glaive. Ils espéraient, ils voulaient espérer que la police des chrétiens n'avait pas fondé un chapitre au-delà des mers et qu'ils pourraient donc, là-bas, reconquérir leur dignité.

Comme il était normal, ils allèrent d'abord en Amérique latine, là où l'on parlait leurs langues. L'Espagne tenta de leur interdire ses territoires d'outre-mer ; peine perdue. D'abord, ses volontés y étaient moins respectées que dans la métropole ; ensuite l'esprit d'entreprise des juifs était un bien plus précieux que le bénéfice des imprécations sataniques de Torquemada.

Toutefois, les espoirs des immigrants « nouveaux chrétiens », c'est-à-dire juifs convertis, *conversos*, ou marranes furent assez vite déçus : l'Inquisition savait que les colonies d'Amérique du Sud abritaient beaucoup de marranes, notamment des Portugais. Elle n'allait certes pas abandonner les terres de la Couronne sans surveillance, ni se laisser influencer par la crainte de contrarier ses intérêts. Il faut, en effet, rappeler qu'elle s'appropriait sans autres scrupules les biens des « coupables » et n'avait aucune raison de laisser la Couronne profiter seule des richesses coloniales. En 1570, elle établit son premier tribunal à Lima ; l'année suivante, elle en établissait un autre à Mexico, en Nouvelle-Espagne, et en 1610, un troisième à Carthagène, dans l'actuelle Colombie. Ces tribunaux couvraient évidemment tout le territoire, qui pouvait être immense, puisque l'autorité du tribunal de Lima s'étendait non seulement au Pérou, mais également à ce qui représente l'Argentine et le Chili actuels.

Seul le Brésil, récemment découvert (1502), et dont l'exploitation avait été paradoxalement confiée à un marrane, Fernando de Noronha, échappa pendant quelques décennies (jusqu'en 1591) aux « visites épiscopales » des émissaires de l'Inquisition. Le premier gouverneur général du Brésil, Thomas de Souza, délégué là-bas en 1549, était probablement un marrane comme Noronha. En 1577, l'interdiction espagnole d'émigration faite aux juifs fut abrogée parce que tombée en désuétude. La couronne n'eut d'ailleurs qu'à s'en féliciter : colons nés, les juifs développèrent l'agriculture et le commerce sur une grande échelle. Sans doute leur prospérité personnelle et leur génie de l'entreprise devaient-ils leur nuire une fois de plus, et certes pas la dernière. Ils possédaient la plupart des plantations sucrières et dominaient le commerce de pierres précieuses et semi-précieuses ; c'était assez pour faire des jaloux. En 1654, ils furent expulsés du Brésil.

L'Inquisition, entre-temps, s'activait contre les marranes : ils réussissaient trop bien et devenaient trop riches ou trop influents, les dénonciations ne pouvaient manquer d'affluer. En janvier 1639, 81 personnes furent arrêtées, dont 63 furent condamnées au bûcher. Les arrestations de marranes se poursuivirent et, bien évidemment, ils commencèrent à quitter ces terres où le succès leur valait la haine [1]. Ils ne partirent pas tous, mais essaimèrent dans les autres colonies de la Couronne, dans les Caraïbes et l'Amérique du Sud [2].

L'histoire se répéta, avec quelques variantes toutefois. De même que les musulmans avaient offert l'asile aux juifs chassés des terres chrétiennes, conscients d'y trouver leur propre intérêt, les gouverneurs des autres colonies européennes s'empressèrent d'accueillir les juifs dans ces territoires qu'il fallait exploiter, affermer, cultiver, miner, développer commercialement. C'étaient essentiellement les colonies anglaises, car la France des Bourbons avait chassé les juifs des siennes en 1683. Convertis ou non, les juifs furent ainsi les premiers, à St. Thomas, dans les actuelles îles Vierges, et à La Barbade à créer de vastes plantations de canne à sucre. L'un des pères fondateurs des États-Unis, Alexander Hamilton, qui fut aussi son premier secrétaire du Trésor, naquit ainsi à Nevis, en 1757, de l'union naturelle du planteur et aristocrate anglais James Hamilton et d'une juive, Rachel Faucett Levine, et fit ses études à l'École juive de Charlestown. La Couronne d'Angleterre, s'alarmant de la présence de trop de juifs dans les Caraïbes, crut une fois de plus devoir y remédier et les faire expulser, non plus pour des raisons religieuses, mais politiques ; en effet, ces juifs exilés du Brésil étaient légalement espagnols, et l'Espagne et l'Angleterre étant en guerre, les marranes étaient donc des sujets ennemis. Mais, en 1671, le gouverneur assura le roi qu'il n'avait pas plus utiles sujets que les juifs et les Hollandais et fournit l'argument suivant : « Ils ont des marchandises et des correspondants [3]. » La cupidité des gentils triompha de la religion. Il suffisait pour cela qu'aucune Très Sainte Inquisition n'y mît son grain de sel ; or, les protestants n'en avaient pas. Les juifs restèrent.

Combien étaient-ils ? Quelques centaines au minimum, cinq milliers au maximum. Les chiffres du temps sont modérément fiables. Le nombre des juifs expulsés d'Espagne se serait monté à quelque cent cinquante mille, dont cinquante mille se convertirent plutôt que de risquer l'aventure ; de la centaine de milliers restants, cinquante-cinq mille seraient allés chercher refuge chez les Ottomans et les musulmans d'Afrique du Nord, le reste se dispersant entre les pays d'Europe, l'Asie et l'Afrique. Cinq mille seulement seraient partis pour les Amériques [4]. Ce chiffre paraît évidemment très faible et pourtant, il est confirmé par les données disponibles : en 1800, on ne comptait dans toute l'Amérique du Nord que trois mille juifs (pour une population totale présumée de quatre millions d'âmes) [5]. Et, à titre indicatif, « un recensement effectué en 1645 dans le Brésil hollandais dénombrait » 1450 juifs sur un total de 12 703 personnes, dont 2 899 Blancs, écrit Samy Katz [6]. Il faut rappeler que les périls de la traversée de l'Atlantique aux temps de la marine à voile et les inconnues des conditions de vie que les immigrants trouveraient dans leurs nouveaux pays étaient assez dissuasifs.

Les débuts ne furent guère prometteurs : lorsqu'en 1654 le navire français armé en corsaire, la *Sainte-Catherine*, débarqua vingt-trois juifs, expulsés du Brésil par les autorités espagnoles, dans le port alors nommé Nieuw Amsterdam et l'île de Manahatta (achetée en 1626 par Peter Minuit aux Indiens Canarsee pour vingt-six dollars), le gouverneur de la colonie, alors calviniste, Peter Stuyvesant, protesta auprès de la Compagnie néerlandaise des Indes occidentales contre l'arrivée de représentants de ce qu'il appelait « cette race trompeuse », dont « la religion abominable » vénérait « les pieds de Mammon ». Les colons du temps — et de plus tard, d'ailleurs — étaient des racistes à tout crin, comme en témoigne leur comportement à l'égard des « sauvages » qu'étaient les Indiens. Le racisme antisémite s'exportait donc comme les autres et ce fut tout juste si les juifs, dénués de tous droits et interdits de construire une synagogue, furent autorisés à rester. La situation ne changea qu'en 1664, lorsque la ville tomba aux mains des Anglais et fut rebaptisée New York. Les juifs d'outre-mer se virent attribuer par les Anglais les mêmes droits que ceux de la métropole [7] — ce qui ne signifiait cependant pas qu'ils jouissaient des mêmes droits que les chrétiens.

Le nombre de juifs immigrants demeura toutefois faible. Ils se concentrèrent sur la côte Est : à Newport, où ils s'installèrent en 1677, à Philadelphie en 1745, à Charleston en 1750. À la veille de la guerre de l'Indépendance, ils n'étaient que deux mille ; de 1775 à 1825, leur population doubla, mais en dépit des lois d'encouragement à l'émigration des juifs votées par le Parlement anglais en 1740 [8], elle serait restée négligeable si les convulsions de la politique européenne ne les avaient chassés vers des rivages plus tolérants. Les réactions antisémites qui suivirent les défaites napoléoniennes, décrites au chapitre suivant, entraînèrent, surtout pour les jeunes générations, l'abandon accéléré du vieux continent. À partir de 1830, l'émigration juive prit son élan ; en 1840, la population juive des nouveaux États-Unis passa à 15 000 âmes et quarante ans plus tard, elle en comptait 250 000. À la fin du XIXe siècle, 120 000 juifs de la seule Allemagne avaient émigré aux États-Unis.

Les premiers immigrants, venus d'Espagne, avaient été des sépharades ; ils furent rapidement noyés par la déferlante des ashkénazes de l'Europe du Nord. Ils avaient été des commerçants, des banquiers et des agriculteurs ; à partir de 1848, leurs enfants devinrent des représentants de la bourgeoisie aisée, universitaires, médecins, chimistes, physiciens, théologiens, rabbins aussi. Ils arrivaient de plus en plus jeunes. Ils acceptaient pour commencer des métiers humbles ou pénibles : colporteurs, quincailliers, épiciers, bûcherons, agriculteurs, pionniers dans l'Ouest — le Far West. Puis, leurs bases acquises, ils déployaient leurs talents. Commerçant dans le Middle-West en 1852, Lazarus Straus était devenu assez prospère pour faire venir sa famille, et ses fils accédèrent à la notoriété nationale : l'aîné Isidor fut élu au Congrès, le puîné Nathan, devint commissaire à la Santé de l'État de New York, le cadet, Oscar Salomon, ambassadeur et l'une des influences majeures dans la fondation de la Société des Nations. Et tous trois philanthropes. Ce n'est là qu'un exemple : les Oppenheim, Kahn, Warburg, Loeb, Kuhn, Sulzberger (fondateur du *New York Times*) Guggenheim, Seligman, Gimbel, et bien d'autres constituèrent une haute bourgeoisie parfaitement assimilée par une population elle-même venue en grande partie de pays étrangers. Ils fondèrent également des structures sociales et financières qui permettaient d'accueillir les vagues successives d'immigrants, notamment ceux venus d'Allemagne. Et il y en avait ! Fondé en 1901, le Comité d'assistance des juifs allemands, ou *Hilfsverein der deutschen Juden*, devait organiser l'émigration de deux cent mille juifs des pays de l'Est vers l'Amérique [9].

La tolérance américaine à l'égard des juifs à partir du XVIIIe siècle s'explique par quatre facteurs. Le premier est le besoin de main-d'œuvre qu'avait cet immense pays et qui, lors de la construction des chemins de fer de l'Ouest, par exemple, le contraignit à importer des milliers de Chinois. Tout immigrant qui possédait quelque savoir-faire dans quelque domaine que ce fût était assuré de trouver rapidement de l'emploi. Par-dessus le marché, la majorité des immigrants juifs étaient jeunes (« 70 % des émigrés en provenance du Wurtemberg, par exemple, avaient moins de trente et un ans [11] ») et particulièrement capables.

La deuxième raison est qu'avant la guerre de l'Indépendance le besoin de main-d'œuvre se combina, dans l'esprit des autorités anglaises, avec le désir plus ou moins avoué d'expédier outre-Atlantique leur « trop-plein » de juifs — d'où les lois anglaises de 1740, qui autorisaient aussi la naturalisation des juifs dans les colonies.

La troisième est que les immigrants se regroupaient entre eux, dans des villes, des communautés rurales, des États, où ils reconstituaient des microcosmes de leurs pays d'origine. Irlandais, Écossais, Hollandais, Allemands, Russes, se mariaient entre eux, construisaient des églises de leurs rites, entretenaient leurs types de cultures et leurs fêtes. Ces communautés frayaient donc assez peu entre elles ; les causes de friction s'en trouvaient réduites et les juifs n'eurent pas de peine à s'établir, à construire des synagogues, des cimetières et à créer des commerces.

Quatrième et dernière raison : les sectes religieuses proliféraient particulièrement en Amérique, terre vierge, et il n'existait pas de communauté assez grande pour exercer de fortes pressions sur les juifs ni les contraindre à la conversion ou les persécuter.

Les juifs n'étaient évidemment pas les seuls à émigrer vers l'Amérique. En 1910, cinq millions d'Allemands — chiffre énorme, quasiment incroyable — avaient quitté leur patrie pour d'autres terres, dont 90 % pour l'Amérique ; les 120 000 juifs allemands cités plus haut ne représentaient donc que 4,1 % du total [11]. À l'aube de l'ère de la marine marchande, tous ces gens embarquaient à Hambourg, Brême ou Liverpool sur des bateaux d'une capacité de mille passagers, les lignes allemandes offrant, à la différence de leurs concurrentes anglaises et américaines, des repas chauds pour que les voyageurs n'eussent pas à emporter leur nourriture avec eux, et garantissant leurs clients contre « la saleté, la licence » et ce danger particulier qu'étaient « les Irlandais » qui embarquaient sur les paquebots anglais. La différence entre les juifs et les autres étaient que ceux-là fuyaient la discrimination et l'antisémitisme plus ou moins larvé qui régnaient alors en Europe, ceux-ci fuyant simplement la pauvreté.

Le monde moderne prit avec l'exode des juifs vers l'Amérique un virage dont l'importance semble mal mesurée aujourd'hui encore, et qui fut tout à l'avantage de l'Amérique et au détriment du vieux continent. Les juifs trouvèrent en Amérique deux éléments inappréciables que l'Europe ne leur avait jamais offerts : la tolérance, d'une part, c'est-à-dire la capacité d'exploiter librement et pleinement les dons qu'ils avaient développés dans le malheur ; l'immense potentiel du pays lui-même, d'autre part. L'arrivée des juifs en Amérique ressemble à un conte fantastique où un génie comparable à Ariel viendrait éveiller un géant, les deux accomplissant ainsi des prouesses. La contribution des générations successives d'émigrés juifs au développement des États-Unis dans tous les domaines, commercial, financier, économique, scientifique et artistique est inestimable, elle a inspiré des ouvrages nombreux et ne fait pas l'objet de ces pages-ci. Elle n'est citée que parce qu'elle est, dans une mesure impossible à estimer, le produit de l'antisémitisme, d'abord chrétien, puis nationaliste.

On ne peut omettre de mentionner, fût-ce incidemment, le rôle des promoteurs juifs dans l'une des industries les plus spécifiquement américaines, le cinéma. Ce fut en grande partie grâce à des Samuel Goldwyn, William N. Selig, Jesse Lasky, Louis B. Mayer, Adolph Zukor et autres que Hollywood devint l'un des centres du rayonnement culturel international.

Le développement de l'antisémitisme américain peut donc surprendre dans un pareil contexte. Mais l'Amérique était réceptive aux courants idéologiques prévalents dans le reste de l'Occident, et notamment aux idées pseudo-scientifiques sur les races. Reposant sur le genre de considérations quantifiées et normatives dont elle était friande, elles devaient séduire d'autant plus les masses que celles-ci avaient l'expérience « visuelle », donc apparemment irréfutable, des Indiens et des Noirs. Le rôle néfaste de la science dans le racisme de l'époque est souvent sous-estimé et le poids du racisme et de l'intolérance est trop souvent rejeté à l'excès sur la religion. Ce furent bien des théories « raciales » aberrantes et non ses convictions religieuses qui portèrent un Alexis Carrel à défendre l'eugénisme, de même que ce furent des considérations pseudo-scientifiques et non religieuses qui induisirent plus tard une démocratie modèle telle que la Suède à stériliser de force 63 000 personnes entre 1935 et 1975. Si l'on était « légitimement » raciste à l'égard des Indiens et des Noirs, on était tout aussi fondé, en bonne conscience, à se montrer raciste à l'égard des juifs.

L'antisémitisme s'implanta d'autant plus facilement que l'Amérique témoignait même, dans certains cas, d'un esprit réactionnaire caractérisé, comme en témoigna en 1925 le scandaleux procès Scopes. Thomas Scopes était un professeur de sciences dans une école secondaire de Dayton, Tennessee. Il fut condamné à cent dollars d'amende, somme alors élevée, pour avoir enseigné la théorie de l'évolution des espèces, l'évolutionnisme étant interdit par les lois de l'État du Tennessee comme contraire à l'enseignement de la Bible. Le procès plaça les autorités judiciaires dans un embarras considérable, parce que, d'une part, elles ne voulaient pas contrevenir aux opinions des fondamentalistes, selon lesquelles la Bible était l'autorité scientifique suprême, et que de l'autre, elles ne voulaient pas non plus se couvrir de ridicule en rejetant l'évolution des espèces et plus encore en déniant le droit à la liberté d'opinion. L'affaire Scopes s'est hélas renouvelée dans l'État du Kansas en 1999.

Ces considérations théoriques entraînèrent des effets particulièrement pervers avant, pendant et après la Première Guerre mondiale. En effet, dès la fin du XIXe siècle, les États-Unis étaient passés de l'âge agricole à l'âge industriel et de l'état de pays agraire à celui de pays citadin. Cette double révolution avait entraîné une extension chaotique des villes et en particulier des quartiers ouvriers, où vivait la main-d'œuvre des industries. Or celle-ci était composée en majorité d'immigrés, parmi lesquels une forte proportion de juifs. Il fallait en finir avec ces « ghettos » insalubres qui offensaient la sensibilité de la bourgeoisie protestante, catholique et blanche.

Ce fut alors, en 1921, que le Congrès décida d'organiser l'immigration en fixant des quotas, idée louable à ceci près qu'elle se fondait sur des critères « raciaux » et qu'elle se donnait pour but de maintenir « la prépondérance raciale du groupe de base américain » ; autrement dit, c'était une mesure raciste inspirée par le nationalisme identitaire. Son but réel était de maintenir l'hégémonie des Wasps ou *White Anglo-Saxon Protestants* sur le pays, et de contenir l'immigration juive, entre autres. Ce qu'elle fit effectivement [12].

Les États-Unis répudiaient donc leur dette à l'égard des juifs et, comme on le verra dans la troisième partie de cet ouvrage, ils allaient, sur les mêmes principes, témoigner, pendant la Seconde Guerre mondiale, d'une indifférence, voire d'une cruauté déconcertantes à l'égard des juifs qui fuyaient le nazisme [13].

Car il s'était alors développé un antisémitisme américain. Les communautés européennes qui s'étaient reconstituées aux États-Unis avaient emporté leurs attitudes culturelles dans leurs bagages, tout comme les Pères fondateurs, d'ailleurs — et, parmi celles-ci, l'antisémitisme, mi-religieux, mi-politique. Religieux, puisqu'ils étaient restés fidèles à leurs religions d'origine ; politique, parce que le nationalisme américain s'était affirmé depuis la guerre de l'Indépendance, bien qu'il pût difficilement se comparer aux nationalismes agressifs européens. Ce n'était pas un antisémitisme déclaré, mais non-dit et plutôt ségrégationniste. Il prenait sa source dans deux grands courants :

l'un, dans le sud-ouest, était constitué de populistes liés aux mouvements agrariens qui gardaient encore fraîche la mémoire de leur défaite dans la guerre civile, responsable de l'émancipation des Noirs et de la ruine des grands latifundiaires ; l'autre, dans le nord, était constitué des Wasps, et notamment de l'aristocratie des *Brahmins* de la côte Est (ces représentants de l'élite du pouvoir dont les Américains n'admettaient l'existence qu'avec réticence, jusque récemment).

Les deux courants étaient politiquement conservateurs, et donc hostiles à la communauté juive, dans laquelle existait un fort courant syndicaliste, socialiste et communiste, voire anarchiste. Même s'ils ne lisaient pas le yiddish, les Américains protestants ne pouvaient ignorer une presse dans cette langue qui comptait, dès la fin du XIXe siècle, quelque cent cinquante titres, parmi lesquels le quotidien *Abend Blatt*, ouvertement marxiste, *Di Arbeiter Tseitung*, plus modéré, mais néanmoins socialiste, *Forverts*, progressiste, le mensuel *Hamer*, communiste, créé en 1924, *Di fraye Arbeter Shtime*, anarchiste. Mais ils ne manquaient pas non plus de gens capables de les informer et de les traduire pour eux. Même si le commerce et l'industrie américains comptaient de grands patrons juifs, les mouvements de grève successifs déclenchés entre 1909 et 1914 par les syndicats de travailleurs à prédominance juive, comme l'International Ladies Garments Workers de New York, créé en 1900, ne pouvaient qu'alarmer les grands patrons protestants et le capitalisme américain en général.

De fortes tensions agitaient le climat social de la première moitié du siècle aux États-Unis. C'était l'époque des briseurs de grève et des affrontements armés dans les conflits du travail. Et aussi d'une justice plus encline à favoriser les puissances établies que ses contestataires, comme en témoigna l'affaire Sacco et Vanzetti, dont le crime réel se résumait à ce qu'ils étaient immigrés et anarchistes [14]. La présence manifeste de groupes juifs importants dans les mouvements progressistes provoqua un durcissement des attitudes de la droite américaine.

Le ségrégationnisme qui interdisait par exemple, aux juifs l'accès des clubs de Wasps prit un tour plus virulent et nettement antisémite. Ainsi le magnat de l'auto Henry

Ford lança un hebdomadaire, *The Dearborn Independent*, tiré à des centaines de milliers d'exemplaires et chargé de diffuser les thèses absurdes du Protocole des Sages de Sion. Le krach boursier de 1929 et le New Deal mis en œuvre par Roosevelt en 1932 pour remédier à la formidable crise sociale causée par ce krach, entretinrent un antisémitisme latent de la droite. Le krach fut attribué aux capitalistes juifs, et la coloration socialiste du New Deal, qui assujettissait dans une certaine mesure les intérêts privés à l'intérêt national fut mise au compte des nombreux juifs dans l'entourage du président. Comme ç'avait été le cas en Allemagne sous l'Empire, puis sous la République de Weimar, il se forma aux États-Unis un stéréotype selon lequel le juif était socialiste.

Il était certain que le juif se situait — et se situe toujours, en principe — aux antipodes du nationalisme identitaire, qui d'ailleurs le rejetait. Il était également certain que, victime héréditaire de sociétés féodales, puis des nationalismes, il œuvrait chaque fois qu'il en avait l'occasion pour une société plus juste, d'où son attirance naturelle pour le socialisme. Mais il est tout aussi certain que le juif n'était en aucune sorte l'ennemi du capitalisme ; le phénoménal succès de juifs tels que ceux qui sont cités plus haut, dans la finance, l'industrie ou le commerce en témoigne. Bref, le juif n'était ni de droite ni de gauche par détermination génétique, mais il était évidemment impossible pour les Américains comme pour le reste du monde d'admettre que, pour reprendre une formule connue, les juifs se recrutaient « dans le civil ». La cohésion, l'entregent et l'efficacité de ces communautés qu'ils voyaient réussir à partir de quasiment rien renforçaient le sentiment obscur que les juifs avaient des « traits » spécifiques, non culturels, mais héréditaires [15].

L'avènement du fascisme en Italie, et surtout du national-socialisme en Allemagne, raviva l'antisémitisme américain. Celui-ci fut entretenu jusqu'à l'entrée en guerre des États-Unis par une partie des vastes communautés américaines d'origine allemande, par la propagande du *Bund* nazi, très active, et en plus de Ford, par des gens tels que Charles Lindbergh, sympathisant avéré des nazis [16], le célèbre prêtre catholique Coughlin, virulent propagandiste nazi, William Ward Ayer, pasteur de l'église baptiste du

Calvaire à New York, et plusieurs autres issus des diverses droites américaines. La diffusion des informations sur les persécutions non seulement des juifs, mais également des chrétiens par les nazis en Europe contraignit les pro-nazis à mettre une sourdine à leurs diatribes. L'entrée en guerre des États-Unis, ainsi que l'interdiction du Bund nazi et l'assimilation de tout propos pro-nazi à une propagande ennemie, finirent par les museler.

Il n'en resta pas moins que l'antisémitisme, forcé de prendre le maquis, persista sous une forme diffuse dont le principe du numerus clausus dans les universités, les hôpitaux, les administrations publiques et privées fut l'expression la plus évidente. La sourde peur des chrétiens américains d'une « judaïsation » des États-Unis est impossible à quantifier. Elle exigerait à elle seule une étude spécifique qui dépasse de loin le cadre de ces pages. On peut toutefois en vérifier la réalité dans l'impossibilité pour les communautés juives américaines de faire admettre les juifs d'Europe de l'Est, en dépit de la mort certaine qui les attendait dans les camps nazis, et cela bien que les quotas d'immigration fussent déficients [17]. On peut donc postuler un antisémitisme « passif », mais non moins meurtrier pour autant. L'évolution de la situation des juifs aux États-Unis sera exposée dans le dernier chapitre.

L'histoire des juifs au Canada ressemble beaucoup à la précédente. La royauté française leur avait interdit l'installation en Nouvelle-France et ce fut seulement quand les Anglais conquirent le pays en 1759 qu'ils purent s'y rendre. Leur nombre demeura infime : ils n'étaient que 107 en 1831 et leur population actuelle se monte à quelque 350 000.

Leur population était en principe trop faible pour susciter des réactions antisémites, mais l'expansion démographique exceptionnelle des juifs dans la première décennie de ce siècle (400 % entre 1901 et 1910), les remarquables succès de leur politique communautaire à Montréal et à Toronto, d'autre part, alarmèrent le reste de la population. Leur ascendant, non seulement sur les premiers immigrants juifs, mais encore sur les populations locales dans les domaines de l'éducation, de la culture, du syndicalisme, de la politique, suscita un antagonisme dont l'effet le plus net fut de limiter, à partir de 1927, l'immigration venant d'Europe de l'Est (« à l'exclusion de la réunification des familles », écrit Mikhael Elbaz [18]). Les effets ultérieurs de cet antisémitisme furent plus détestables encore qu'aux États-Unis : « Le sentiment antijuif au sein de la population verrouilla l'entrée des juifs au Canada. Ainsi, de 1933 à 1945, tandis que les États-Unis et de nombreux pays d'Amérique latine acceptaient chacun plus de 100 000 réfugiés, le Canada en recueillera moins de 5 000, malgré les campagnes du Congrès juif canadien. »

Le choc de la découverte des camps nazis à la fin de la guerre, les premiers décomptes des morts juifs qui avaient péri atrocement, et notamment les preuves que les nazis avaient également persécuté des chrétiens eurent le même effet international : l'antisémitisme déclaré ou tacite offensait désormais la décence. En 1962, le gouvernement canadien cessa de sélectionner les émigrés selon des critères « raciaux ». C'est la politique qui se poursuit actuellement.

À l'exception de la période d'occupation espagnole de l'Amérique du Sud, qui prolongeait les exactions chrétiennes contre les juifs en Europe, les Amériques ne connurent donc presque pas de déferlements de violence antisémites entraînant morts d'hommes et spoliations. L'exception est représentée par l'épisode sanglant qui advint en Argentine, après la révolution bolchevique de 1917. Les élites argentines, fortement hostiles au bolchevisme, s'en prirent aux juifs originaires de Russie, à la suite d'une grève générale où l'on crut discerner des menées communistes. Des juifs furent malmenés et dépouillés « au vu et au su de la police » [19]. L'Argentine, comme le Brésil, avait accueilli après 1945 un très grand nombre de juifs et l'importance de leurs communautés suscita évidemment l'antagonisme des nazis réfugiés dans le premier de ces deux pays. L'antisémitisme argentin devait perdurer de nombreuses années, en dépit des tentatives de Perón pour le contrôler dès 1949 : lors de la dictature militaire instaurée en 1976, le sentiment antijuif flamba et quelque 20 000 juifs figurent actuellement parmi les « personnes disparues » sous les régimes des généraux Viola et Gualtieri [20].

L'antisémitisme des Amériques constituerait donc un pâle reflet de l'antisémitisme européen. Est-ce dû à l'éloignement des foyers dévorants de la haine qui sévissait en Europe aux mêmes époques ? C'est plausible. Mais il est plus vraisemblable que les colons chrétiens éprouvèrent une solidarité avec les immigrants juifs qui, du nord au sud, étaient venus partager leurs conditions de vie et participer à la création d'un monde nouveau. Au pis, l'antisémitisme importé dans les bagages des chrétiens se traduisait par une indifférence coupable à l'égard des réfugiés qui, au milieu du XXe siècle, fuyaient les persécutions nazies. Au mieux, il se manifestait par une ségrégation plus ou moins avouée, dont les conséquences seront analysées à la fin de cet ouvrage.

Bibliographie et notes critiques

1. Samy Katz, *Amérique Latine*, in *Esquisse de l'histoire du peuple juif, Dictionnaire encyclopédique du judaïsme, op. cit.*

2. Les premiers territoires sur lesquels ils semblent d'être fixés sont le Venezuela et le Pérou.

3. Cecil Roth, *A History of the Marranos* (Jewish Publication Society of America, New York, 1932) ; Paul Johnson, *A History of the Jews, op. cit.*

4. Max I. Dimont, *Jews, God and History* (Mentor Books, New York, 1994).

5. Nicholas de Lange, *Atlas of the Jewish World, op. cit.* Lange ne précise pas si ces quatre millions incluaient les Indiens, ce qui paraît douteux. En effet, sur les 147 tribus indiennes survivant en Amérique du Nord au xxe siècle, une tribu telle que les Chippewas comptait au milieu de ce siècle 32 000 individus (*Les Indiens des deux Amériques*, de l'auteur, Tallandier, 1973). Or, quand on connaît l'extraordinaire décroissance démographique des Indiens d'Amérique du Nord depuis la colonisation (en 1853, on comptait quelque 100 000 Indiens dans le seul État de Californie et en 1906, selon l'*Encyclopaedia Britannica*, il n'en restait que 19 000), on peut raisonnablement estimer la population indienne d'Amérique du Nord vers 1800 à deux millions d'âmes.

6. *Amérique Latine, op. cit.*

7. Joseph J. Blau et Salo W. Baron, *The Jews in the United States : 1790-1840*, 3 vol. (Columbia University Press, New York, 1963).

8. Ces lois encourageaient la naturalisation des juifs dans les colonies. Elles étaient partiellement inspirées par le besoin de communautés actives dans les domaines commercial et financier dans les colonies, mais aussi par le souhait de voir les juifs quitter le pays.

9. Nachum T. Gidal, *Les Juifs en Allemagne, op. cit.* ; Joseph J. Blau et Salo W. Baron, *The Jews in the United States : 1790-1840, op. cit.* ; Paul Johnson, *A History of the Jews, op. cit.*

10. Rachel Ertel, *États-Unis*, in *Esquisse de l'histoire du peuple juif, Dictionnaire encyclopédique du judaïsme, op. cit.* Cette jeunesse des immigrants est un trait qu'on retrouve parmi ceux qui arrivèrent au début du siècle : 70 % de ceux qui étaient arrivés entre 1900 et 1914 étaient âgés de quatorze à quarante ans.

11. Ruth Gay, *The Jews of Germany — A Historical Portrait, op. cit.*

12. Le McCarren Walter Act, c'est-à-dire la loi sur l'immigration et la naturalisation de 1952, qui renforçait le Johnson-Reed Act de 1924, ne fut aboli qu'en 1965.

13. Robert W. Ross, *So it Was True : the American Protestant Press and the Persecution of the Jews* (University of Minnesota Press, Minneapolis, 1980).

14. L'agitation causée dans les milieux judiciaires américains, depuis leur arrestation en 1921 pour un crime dont il apparaît qu'il fut commis par la bande Morelli, jusqu'à la demande de révision de leur procès en 1959, témoigne amplement des carences et de la partialité de la procédure qui les envoya à la mort en 1927.

15. Force est, dans un domaine qui participe à la fois de la « psychologie des foules » et de l'ethnologie, d'évoquer des expériences personnelles. Familier des États-Unis depuis 1960, j'ai pu maintes fois constater dans des conversations que les non-juifs y prêtent aux juifs des « traits psychologiques » héréditaires. Cette illusion n'est d'ailleurs pas toujours péjorative, elle est souvent aussi admirative, certains de mes interlocuteurs regrettant de ne pas être juifs, ce qui, croyaient-ils, leur aurait permis de faire de meilleures affaires...

16. Au cours d'un dîner officiel à Berlin, en 1938, le maréchal Goering lui offrit une médaille en or, au titre de la reconnaissance de sa valeur par la Luftwaffe, et Lindbergh l'accepta, ce qui lui fut évidemment reproché par la suite (A. Scott Berg, *Lindbergh*, Macmillan, New York, 1998).

17. Les États-Unis avaient, entre 1933 et 1941, admis 150 000 juifs d'Allemagne (Rachel Ertel, *États-Unis, op. cit.*) ; ils refusèrent d'aller au-delà, en dépit de la certitude que ceux qu'ils rejetaient étaient ipso facto condamnés à mort.

18. Canada, in *Esquisse de l'histoire du peuple juif, Dictionnaire encyclopédique du judaïsme, op. cit.*

19. Nicholas de Lange, *Atlas of the Jewish World, op. cit.*

20. Id.

11.

La machine infernale et les promesses trahies du XIXᵉ siècle

LA RÉVOLUTION ÉMANCIPATRICE — LES AMBIGUÏTÉS DE NAPOLÉON — LA QUESTION JUIVE PASSE POUR LA PREMIÈRE FOIS DU RELIGIEUX AU POLITIQUE — LES ÉMEUTES HEP ! HEP ! ET AUTRES NÉFASTES CONSÉQUENCES DE WATERLOO — L'ASCENSION SOCIALE DES JUIFS APRÈS LA RESTAURATION ET LES APPARENCES DE TOLÉRANCE À L'ÉGARD DES JUIFS EN FRANCE, EN ANGLETERRE ET EN ALLEMAGNE, ET LES EXEMPLES DES ROTHSCHILD, DES FRÈRES PÉREIRE, DES WORMS, DE MONTEFIORE ET DES DÉPUTÉS JUIFS ALLEMANDS — LES TROIS AFFAIRES — LE PROBLÈME DU SOCIALISME ET LA QUESTION JUIVE — LE PRINCIPE DE NATION ET SES SÉQUELLES — L'ANTISÉMITISME DE MARX ET D'ENGELS — LA FAUSSE ÉNIGME DES JUIFS DÉNONCÉS ENSEMBLE PAR LA DROITE ET LA GAUCHE.

L'effet de la Révolution le plus important pour les juifs non seulement de France, mais du monde entier, avait été l'émancipation : l'acquisition des droits civiques, l'accession à l'instruction primaire, secondaire et supérieure et la liberté de mouvement avaient apparemment fait d'eux des citoyens comme les autres. La France servait de modèle aux autres nations et même celles qui ne l'imitaient pas étaient pressées par l'aristocratie, quand elle était évoluée, ainsi que par les intellectuels, d'en tenir compte, sous peine de paraître arriérées.

En France encore, les régimes qui avaient succédé à l'Empire, la Restauration, la monarchie de Juillet, puis la République — ne s'étaient pas risqués à revenir en arrière et à remettre en cause les droits acquis des juifs. Néanmoins, l'insertion officielle de ceux-ci dans la nation n'entraînait pas de fait leur assimilation, puisqu'ils y mettaient eux-mêmes une limite logique : la liberté de rester juifs. L'égalité des droits n'entraînait-elle pas la liberté de culte ? Un épisode administratif de l'Empire est révélateur de leur situation. Le 20 juillet 1808, l'un des quatre décrets impériaux intéressant les juifs, confirmé par circulaire, rend l'état civil obligatoire pour ceux-ci, mais dans des termes significatifs :

« Nous avons décrété et décrétons ce qui suit : ceux des sujets de notre Empire qui suivent le culte hébraïque et qui, jusqu'à présent, n'ont pas eu de nom de famille et de prénoms fixes, seront tenus d'en adopter dans les trois mois suivant la publication de notre présent décret, et d'en faire la déclaration par devant l'officier de l'état civil de la commune où ils sont domiciliés. » [...] Article 3 : « Ne seront pas admis comme noms de famille aucun nom tiré de l'Ancien Testament, ni aucun nom de ville [1]... »

L'avertissement est clair : l'Empire, ni la France d'ailleurs ne veut que la communauté juive de France soit trop visible. L'état civil est une occasion de les assimiler de force, fût-ce superficiellement. Les juifs qui portent le même nom depuis longtemps sont autorisés à le garder, mais ils sont également autorisés à en changer, ce qui constitue une invitation tacite. Or, beaucoup préfèrent garder des noms hébraïques, « adoptant souvent leur prénom comme patronyme [2] ». Mais en tout cas ils refusent, une fois de plus, de renoncer à leur identité. Ils le refuseront souvent par la suite. À propos de l'étoile jaune, le juif Robert Weltsch écrivit dans la *Jüdische Rundschau* du 4 avril 1933 un article célèbre, « Portez-la avec fierté, la tache jaune ! » (*Tragt ihn mit Stolz, den gelben Fleck !*)

La volonté de Napoléon d'assimilation des juifs était fondée sur un principe autoritaire, typique de son sentiment de supériorité politique et culturelle, comme en témoigne le projet impérial de leur imposer des mariages mixtes : il faudra désormais compter un mariage avec un chrétien pour deux mariages entre juifs. Ce projet se heurtera néanmoins à l'opposition irréductible du sanhédrin dit « de Napoléon » [3]. L'antisémitisme tacite de l'empereur, passé maître ès ambiguïtés et qui a depuis longtemps oublié son généreux projet de reconquête de la Palestine, n'est toutefois pas d'inspiration religieuse, mais politique. Les juifs y prennent-ils garde ? Et les chrétiens ?

C'est que la différence est considérable. Un virage a été pris avec la Révolution : la question juive a été déplacée du religieux au politique. Pour la première fois, la situation des juifs européens ne dépendait plus directement, ni uniquement des préférences ou intolérances des autorités chrétiennes. C'était apparemment un grand progrès pour les juifs : on pouvait au moins traiter avec le politique, alors que c'était auparavant impossible avec le religieux. Toutefois, la transition ne s'effectue pas en un clin d'œil. Dans l'intervalle, l'antisémitisme traditionnel, enraciné depuis des siècles, devient plus menaçant, bouillonnant comme une marmite de sorcière.

Au nord et de l'autre côté du Rhin, la République batave a émancipé à son tour les juifs. Naturellement, les pays germaniques sous domination napoléonienne, dans le royaume de Westphalie et dans la ville hanséatique de Hambourg, suivent l'exemple. En Prusse, le 11 mars 1812, un édit royal a accordé l'égalité civile aux juifs, sauf en ce qui concerne l'accès à la fonction publique, sur lequel le roi se réserve un droit de regard ; Frédéric-Guillaume III refuse, en effet, d'admettre dans l'administration les juifs décorés de la Croix de Fer, en raison de « la bassesse originelle de la morale juive ».

Waterloo sonna le glas des acquis juifs. L'humeur européenne changea : cet empereur n'avait été porté au pouvoir que par la Révolution des impies — la faute à Voltaire ou la faute à Rousseau, selon les goûts. Au terme du congrès de Vienne, le même Frédéric-Guillaume III interdit aux juifs l'accès des écoles et des universités et congédia les professeurs juifs ; il n'était pas question d'encourager « ces gens » à semer leurs idées séditieuses dans la jeunesse. Napoléon avait doté les États allemands d'une constitution française et, en 1809, le grand-duché de Bade avait, lui aussi, accordé l'égalité civile aux juifs. Mais, toujours au terme du congrès de Vienne, la constitution de la fédération des États allemands décréta que les États dotés d'une constitution française pouvaient abroger les droits accordés aux juifs. Tous ne le firent pas, néanmoins, et les juifs entreprirent de récupérer les droits qu'on leur avait retirés. Mais la lutte s'annonçait dure.

Les populations des États allemands, habitués à tenir les juifs sous une sujétion infamante, se dressèrent contre l'émancipation et des émeutes éclatèrent en 1819. À Würzbourg, le quartier juif fut pillé et des juifs tués. Cependant, fait nouveau, ce n'était pas la populace qui menait ces exactions, ni le clergé, mais les étudiants, hérauts de l'intolérance politique, qui criaient « Hep ! Hep ! Hep ! » acronyme de *Hyerosolyma Est Perdita* : « Jérusalem est perdue ». Les émeutes Hep ! Hep !, comme on allait les appeler, devaient avoir des conséquences psychologiques profondes sur les juifs allemands ; elles leur donnèrent le sentiment désespéré que l'antisémitisme était décidément irrémédiable et déclenchèrent la grande vague d'émigration vers l'Amérique qui n'allait plus s'arrêter et qui allait amputer, non seulement l'Allemagne, mais les autres pays européens d'une partie de leurs élites.

Dans les territoires italiens aussi, en Lombardie, en Vénétie, en Sardaigne, les droits nouveaux des juifs étaient annulés. Les États pontificaux leur retiraient la liberté de mouvement. En Russie, toutefois, leur situation s'était considérablement améliorée depuis l'accession au trône du tsar Alexandre Ier. En 1802 fut constitué un comité d'études sur la question juive et, en 1804, il fut décrété que les juifs seraient admis dans les écoles russes, polonaises et allemandes, et même, que les écoles juives seraient maintenues. En échange, il était interdit d'utiliser l'hébreu et le yiddish dans tous les documents intéressant des juifs ; seuls ceux qui parlaient les langues du pays seraient admis à la fonction publique... même à celle de rabbin. Toutefois, les oukases antérieurs qui interdisaient aux juifs d'habiter les villages furent maintenus, sauf sur les territoires désignés par l'administration impériale : les juifs pouvaient acheter des terres à condition de les exploiter eux-mêmes et ils pouvaient également s'installer sur des terrains désignés par le gouvernement.

La situation était à peu près tolérable. Mais naturellement, une réaction antinapoléonienne, antilibérale et antisémite se déclencha en Russie aussi après la chute de l'Empire ; elle participait de l'état d'esprit de la Sainte-Alliance entre les monarques de Prusse, d'Autriche et de Russie. La réaffirmation de l'identité chrétienne qui, par-dessus l'orthodoxie, le protestantisme et le catholicisme, rejetait l'« esprit français », synonyme d'athéisme, n'était évidemment pas de bon augure pour les juifs. Les effets de ce revirement ne furent cependant pas aussi violents en Russie qu'en Alsace et dans les États germaniques, même si de nombreuses mesures impériales prirent un tour despotique : ainsi de la conscription obligatoire pour les juifs, décrétée en 1827, sous le règne de Nicolas Ier : c'était là une façon de les contraindre au baptême, puisque l'armée n'admettait que des chrétiens. On pouvait espérer de la sorte réduire considérablement les communautés juives en une ou deux générations, sinon les dissoudre complètement dans l'eau bénite. Ces communautés s'alarmèrent de voir leur jeunesse masculine arrachée à leur culture [4] ; elles émigrèrent vers les régions exemptées de la conscription, comme les provinces de Pologne et la Bessarabie [5].

Le mouvement réactionnaire russe gagnait cependant de l'ampleur et, en 1843, les juifs, considérés de plus en plus comme des éléments étrangers, furent expulsés de Kiev, avec interdiction d'installation dans une zone de cinquante verstes autour des villes et des bourgades [6].

On eût pu en déduire que la transition de la question juive du religieux au politique n'avait pas changé grand-chose. Erreur : le renouveau de l'antisémitisme religieux n'avait été qu'une brève rechute ; il était supplanté progressivement par un antisémitisme idéologique qui s'en émancipait de plus en plus. On détestait désormais le juif parce qu'il était différent, et non plus par conviction chrétienne. Ce fut en France, et sous un gouvernement pourtant réactionnaire, que l'émancipation des juifs reprit son élan.

Mais cela s'effectua de manière incidente. En 1818, les juifs d'Alsace sont remis sur la sellette, à propos d'une affaire financière qui risque de devenir économique. L'un des quatre décrets impériaux de 1808, appelé par les juifs le « Décret infâme », limitait sévèrement les intérêts d'usure et rendait possible d'annuler des créances juives sur des chrétiens [7]. Ravivées après les désastres de deux invasions, ces créances menaçaient, en effet, de ruiner les

chrétiens. Les juifs protestent et, un demi-siècle après Louis XVI, Louis XVIII ordonne une nouvelle enquête. Les deux Chambres rejettent la reconduction du décret de 1808 [8].
Les juifs peuvent reprendre confiance. Le monde est moins menaçant qu'autrefois. Certains membres de leurs communautés ont atteint à une respectabilité et un pouvoir qui les ont élevés aux plus hauts échelons des États européens. Mayer Amschel Rothschild est conseiller du prince-électeur Guillaume Ier de Hesse ; le baron Carl von Rothschild est membre du parlement prussien ; Sir Moses Montefiore est une personnalité du monde des affaires anglais ; Disraëli (converti à sa naissance) est chef du Parti conservateur anglais. En 1853, les juifs sont autorisés à siéger à la Chambre des communes, avec Lionel de Rothschild comme premier député juif. En France, Achille Fould est ministre des Finances de 1840 à 1852, les Worms règnent sur le transport et l'armement maritime, les frères Péreire, qui ont déjà pignon sur rue avec leur banque populaire, le Crédit Mobilier, sur les chemins de fer, et des juifs — Heine, Meyerbeer, Offenbach... — brillent d'un éclat international dans les arts et les lettres. Exception faite de l'épisode islamique, c'est la première fois depuis la chute de Jérusalem que le judaïsme peut faire valoir au grand jour ses mérites sociaux, économiques, intellectuels et artistiques.

Les juifs affluent à Paris : ils étaient cinq cents pendant la Révolution, ils sont vingt-cinq mille en 1870. Et ils s'enhardissent, comme on le voit lors de trois affaires célèbres : l'affaire Isidore, l'affaire Thomas et l'affaire Mortara.

L'affaire Isidore est déclenchée en 1839 par un rabbin de Phalsbourg, Lazare Isidore, qui, prié de prêter serment au tribunal, refuse de jurer sur la Torah, *more judaico*, à l'intérieur de la synagogue la plus proche comme l'usage en était resté. Citoyen français, il demande à jurer sur Dieu, comme les chrétiens et les protestants. Pour le tribunal, évidemment, le fait qu'un juif jure sur Dieu n'a aucune valeur, comme si Yahweh n'était pas Dieu. Isidore est traduit en justice. Il choisit un jeune avocat, Adolphe Crémieux. D'instance en appel et d'appel en cassation, l'affaire dure sept ans. Le 3 mars 1846, la cour d'appel donne raison à Crémieux et Isidore, et le serment juif est aboli.

L'affaire Thomas, elle, est sanglante : en février 1840, le père Thomas, supérieur des Capucins de Damas, disparaît en même temps qu'un de ses domestiques juifs. Le mythe du meurtre rituel refait surface : le juif aurait voulu offrir à ses coreligionnaires un sacrifice de sang chrétien. Chérif Pacha, gouverneur d'Égypte, et donc de Syrie, sous le règne du khédive Mohamed Ali, fait arrêter des juifs au hasard. On en torture quelques-uns. Ils avouent n'importe quoi, donnent des noms de notables qu'on s'empresse d'arrêter également. Des émeutes antijuives éclatent à Damas, mais aussi à Beyrouth et à Smyrne. L'affaire prend une tournure internationale. Crémieux, l'avocat d'Isidore, et Sir Moses Montefiore (l'un des précurseurs du sionisme, créateur d'établissements agricoles juifs et d'œuvres charitables en Palestine), s'en émeuvent ; ils alertent leurs gouvernements. Le secrétaire d'État au Foreign Office, Lord Palmerston, promet d'intervenir rapidement, mais Thiers cherche à se ménager l'Égypte. Crémieux et Montefiore prennent la tête d'une délégation et s'embarquent pour Alexandrie. Le khédive calme le jeu et fait libérer les prisonniers juifs, blanchis du même coup des accusations qui pesaient contre eux.

L'affaire Mortara éclate en 1858 quand la communauté juive de France apprend qu'un jeune juif de Bologne, Mortara, citoyen des États pontificaux, a été baptisé à l'âge de sept ans par une servante chrétienne, le Saint Office et, dit-on, Pie IX lui-même ayant ensuite donné l'ordre de l'enlever à sa famille [9]. Depuis les deux précédentes affaires, la communauté juive internationale a pris conscience de sa force nouvelle et le manifeste avec éclat. Et d'autant plus qu'une certaine déjudaïsation est en cours : n'a-t-on pas vu, en 1842, le fils même du grand rabbin Deutz et son gendre, Drach, également rabbin, se faire baptiser ? Beaucoup de juifs lassés de la discrimination finissent, en effet, par se convertir. Et le mouvement s'étendait à toute l'Europe : en 1823, Henri Heine (juif converti) écrivait à son ami Immanuel Wolhwill :

« Nous n'avons plus la force de porter une barbe, de jeûner, de haïr et, par cette haine même, de survivre. C'est le motif de notre Réforme. Ceux qui reçoivent leur culture et leur inspiration de comédiens veulent donner au judaïsme une nouvelle scène et de nouveaux décors, afin de porter plus rapidement le colleret blanc [d'un ministre protestant] au lieu d'une barbe [...] D'autres voudraient un peu de christianisme évangélique sous une enseigne juive et fabriquent un *talles* [châle de prière] avec la laine de l'agneau de Dieu, se taillent une veste dans les plumes de la colombe du Saint-Esprit et des caleçons dans l'amour chrétien. Et ils finiront dans la banqueroute et leurs descendants s'appelleront Dieu, Christ & Co. Avec un peu de chance, cette firme ne durera pas longtemps [10]. »

Le poète faisait là allusion au mouvement réformiste qui s'amorçait et qui, en 1842, à Francfort, allait pousser les *Reformfreunde*, réformistes extrémistes, jusqu'à rejeter l'autorité du Talmud, la circoncision, l'attente du Messie et la promesse de retour dans la Terre promise. À la même époque, Samuel Holdheim déclarait que les juifs n'étaient ni une nation, ni un peuple, et proposait qu'on célébrât le sabbat le dimanche. On pourrait constituer un vaste florilège de propositions émanant de juifs et visant à banaliser le judaïsme. Le danger devint évident pour plus d'un : le confort social risquait d'éroder le judaïsme plus sûrement que la persécution et le christianisme, d'absorber le judaïsme en quelques décennies. Les communautés juives s'alarmèrent.

L'intervention juive dans l'affaire Mortara est donc énergique. Sir Moses Montefiore se rend à Rome pour demander la restitution du jeune Mortara ; en vain. L'empereur d'Autriche François-Joseph intervient auprès du pape ; en vain. Napoléon III fait de même ; en vain. Le mouvement catholique animé par Louis Veuillot prend les juifs à partie. Mortara entre dans les ordres, n'en sortira pas et mourra en 1940, prélat de Sa Sainteté à Liège [7]. Si l'antisémitisme n'est plus dans les mains de la papauté, celle-ci tient à manifester le peu de pouvoir temporel qui lui reste, quitte à résister à des empereurs, et ne néglige pas l'intérêt d'un coup de griffe de temps à autre.

Personne ne semble toutefois y avoir pris garde : le caractère international des trois affaires prélude à la grande affaire, l'affaire Dreyfus, qui éclatera quelques années plus tard. L'antisémitisme entend prendre sa revanche grâce à un scandale destiné à discréditer les juifs devant les opinions. Comme on le verra au chapitre suivant, la transition du religieux au politique n'a fait que rendre l'antisémitisme plus dangereux.

En dépit de l'échec essuyé dans l'affaire Mortara et de maints autres, les juifs, confiants dans les institutions et les gouvernements, continuent de plaider et de se battre pour une pleine accession aux droits civils, qu'ils n'ont toujours pas acquise dans toute l'Europe, bien que leur condition se soit beaucoup améliorée. Ils deviennent de plus en plus visibles. Ainsi, lors des émeutes de 1848 à Berlin, les juifs de Dresde en appellent publiquement à l'opinion allemande. On peut lire dans le *Allgemeine Zeitung des Judentums* du 20 mars :

« Les convulsions qui, parties de l'ouest, ont gagné toute l'Europe civilisée, nous appelant à la liberté et à l'indépendance, nous émeuvent nous aussi, citoyens israélites de Saxe. Nous aussi prenons une part, et une part active, dans le combat pour le bien le plus sacré de l'humanité, étant donné que nous nous sentons, avec non moins d'enthousiasme que nos frères chrétiens, allemands et saxons. Nous prenons part à la lutte pacifique par des moyens légaux, tout de même que d'innombrables israélites ont risqué leurs vies en 1813 pour la libération de l'Allemagne du joug étranger. Mais nous plaidons pour nos propres droits, non seulement du gouvernement, mais de vous aussi, nos frères chrétiens, le peuple saxon [...] Les citoyens et les résidents israélites de Saxe se sentent égaux à tous les autres, de par leur éducation morale et intellectuelle, égaux selon les statuts éternels de la raison et de l'humanité ; nous nous tournons vers vous, nos frères chrétiens, et espérons que vous n'accepterez plus ces lois discriminatoires [...] qui établissent des différences entre les droits des citoyens [11]. »

C'était là s'avancer beaucoup : les émeutes antisémites de Francfort ne dataient que d'une trentaine d'années et l'interdiction de célébrer les offices juifs au temple Beer à Berlin ne dataient, elles, que de vingt-cinq ans [12]. Aussi, quand, l'année suivante, en avril 1849, une délégation du nouveau parlement pangermanique de Francfort, dirigée par le juif converti Eduard Simson et le non-converti Johann Jacoby, député de Königsberg, alla offrir au roi Frédéric-Guillaume IV de Prusse la couronne des États allemands unis, celui-ci la refusa avec hauteur. Sans doute fût-ce pour des raisons idéologiques : un monarque de droit divin se refusait à devenir un roi élu comme Louis-Philippe. Mais les termes qu'il employa pour expliquer son refus à son ambassadeur à Londres, Carl Josias von Bunsen, sont particulièrement disproportionnés : « Un roi légitime, par la grâce de Dieu, ne ramasserait pas une pareille rondelle pétrie de boue et d'argile. » La rondelle en question était évidemment la couronne offerte par Simson. L'année suivante, la constitution de l'État de Prusse renouvela le statut d'égalité civile des juifs de l'État, mais aussi la déclaration du père du souverain : la Prusse était un État chrétien et les juifs ne pouvaient accéder à des fonctions officielles, être professeurs d'université ou officiers de l'armée.

Même s'ils avaient eu « leur » révolution de 1848, les États allemands n'avaient pas eu celle de 1789, et les succès des juifs, alliés à leur expansion démographique, commençaient à y réveiller de vieux ferments antisémites, sans doute attisés par le voisinage de la Russie. Rien qu'en Prusse, la communauté juive atteignait 200 000 âmes, ce qui en faisait la communauté la plus puissante des États allemands. En 1871, la population juive de Berlin avait sextuplé depuis 1837, pour atteindre 36 000 âmes ; en Bavière, celle de Francfort avait triplé, et celle de Munich quintuplé avec 3 000 âmes ; en Hanovre, celle de Hambourg, quasiment doublé à 13 000 âmes, celle de Breslau presque triplé avec 14 000. La Bavière comptait 50 000 juifs.

Une expansion aussi rapide ne pouvait manquer d'alarmer des populations héréditairement habituées à ce que les juifs fussent des gens de seconde classe, expression courante dans l'Allemagne du temps : *zweite Gesellschaft*. Certes, les juifs ne représentaient dans la majorité des pays européens, France comprise, que de 1,25 à 1,50 % de la population, mais ils étaient soudain socialement « visibles », et cela d'autant plus que la majorité d'entre eux étaient des commerçants. Les interventions internationales de juifs éminents, comme Crémieux et Montefiore, relancèrent les hypothèses éternelles de « conspiration juive », attribuées évidemment à la « juiverie internationale ». L'obsession n'a pas cessé jusqu'à ce jour, comme on sait.

Tout semblait entrer enfin dans l'ordre. Illusion.

Une formidable mécanique s'était mise en marche, qui allait se révéler bien plus dangereuse pour les juifs d'Europe que ne l'avait été l'Inquisition : le conflit entre les doctrines socio-économiques qui allait aboutir au clivage entre les gauches et les droites — et révéler le véritable *deux ex machina* : le principe de nation, ainsi que sa séquelle, le nationalisme.

D'abord favorables aux juifs, les idées de justice sociale, que la Révolution française avait libérées, comme le génie de la lampe d'Aladin, étaient rentrées dans la même lampe avec l'Empire et plus encore, après l'échec de l'épopée napoléonienne, la Restauration et l'échec des Cent Jours. Il en allait de même dans le reste de l'Europe après le congrès de Vienne et la constitution de la Sainte-Alliance. Déjà fermement campée sur ses positions, la réaction se crispa. Et plus encore quand la révolution industrielle ébranla ses assises et que le socialisme devint menaçant.

La révolution industrielle avait, en effet, créé en Europe, au début du XIXe siècle, un vaste prolétariat urbain qui vivait dans une misère abjecte. La critique sociale repartit de plus belle, pour parachever l'œuvre entreprise par la Révolution de 1789. Le judaïsme se trouva emporté dans un débat auquel il se serait, de prime abord, jugé étranger, mais dans lequel il s'engouffra à son insu. Ce débat se ramenait au non-dit suivant : les juifs étaient pour la plupart des défavorisés ; fallait-il leur venir en aide ? Pour commencer, toutefois, il ne fut pas question des juifs, mais des pauvres, entité quasi abstraite qu'on ne voyait réellement surgir dans les rues qu'à l'occasion des émeutes et que la police ou l'armée avaient vite fait de repousser dans leurs antres.

Il y avait, certes, des théoriciens, en France, en Allemagne, en Angleterre, en Russie : Fourier, Saint-Simon, Louis Blanc, Proudhon, Blanqui, Cabet, Fichte, les hégéliens de gauche tels que Feuerbach, Bauer, Hess, Owen, Bakounine... Animés de la même conviction qu'il fallait instaurer une plus grande justice sociale, ils en proposaient chacun un modèle différent. On demeurait là dans le domaine des idées. Mais la première conscience qui informa réellement l'opinion publique de la misère du prolétariat fut, en Angleterre, Charles Dickens, avec son roman *Oliver Twist*, paru en 1837-1838 (où l'on trouve d'ailleurs une saisissante caricature de juif, Fagin). Le roman était, à l'époque, un véritable outil d'information et l'équivalent de la télévision en cette fin de XXe siècle. L'ouvrage connut un succès retentissant et suscita la consternation : il apprenait à l'aristocratie et, à la bourgeoisie que les faubourgs des grandes villes étaient hantés par une faune à peine humaine constituant une flétrissure insupportable sur la face d'une société qui se voulait et se croyait chrétienne. Le sentiment qu'il « fallait faire quelque chose » devint pressant, peut-être par effet de la compassion sociale, plus sûrement par la crainte de la menace que représentaient ces masses défavorisées. Situation qui se répéterait dans les grandes villes des États-Unis trois à quatre décennies plus tard, quand les élites découvriraient avec scandale les quartiers insalubres où croupissait le prolétariat qui constituait la main-d'œuvre de leurs industries et commerces florissants.

Le plus important pour notre propos était que le débat sur l'injustice sociale allait s'élargir et que la sensibilité socialiste venait de naître. Les juifs, dont les idéaux de justice étaient d'autant plus vifs qu'ils avaient tant souffert de l'injustice, ne pouvaient s'abstenir d'y participer. Jusqu'alors, les pauvres avaient été l'affaire de la morale, des dames charitables et de leurs bonnes œuvres. Ils devenaient l'affaire des politiciens et des théoriciens. Juifs compris.

Toujours en Angleterre, mais ce n'était certes pas le seul pays où cette conscience sociale nouvelle apparaissait, on avait pensé à remédier à la situation des pauvres par les célèbres *Poor Laws*, les « Lois pour les pauvres » de 1834. Entre autres, les *Poor Laws* avaient institué les *workhouses* ou « maisons de travail », plus correctement qualifiées de « camps de travail », dont les pensionnaires devaient porter un uniforme spécial, étaient séparés de leur famille et de leur milieu et dont les cadavres, après leur mort, pouvaient être disséqués. Comme on le voit, il est des inventions sinistres qui sont plus anciennes qu'on l'eût soupçonné.

Les *workhouses* représentaient la première « solution à la pauvreté », mais surtout la manière autoritaire dont le capitalisme réagissait à la pauvreté. L'effet de ce ghetto social fut déplorable, outre que honteux, et il fut surtout corrosif pour les bonnes consciences. Disraëli condamna les *workhouses* dans un discours électoral de 1837 : « J'estime que cette loi [les *Poor Laws*] a déshonoré notre pays plus que ne l'a jamais fait aucune autre inscrite dans nos annales. Tout à la fois crime moral et énormité politique, elle proclame à la face du monde qu'en Angleterre la pauvreté est un crime [13]. »

Mais les *Poor Laws* lançaient également l'idée de l'État-providence, c'est-à-dire de l'intervention de l'État en faveur des pauvres, qui allait susciter des débats de sourds jusqu'en cette fin du XXe siècle. Pour les uns, l'État-providence enfonçait les pauvres dans l'inaction et les infantilisait ; pour les autres, c'était la béquille sans laquelle il était impossible de réhabiliter les paralytiques. On peut incidemment juger du délabrement moral de la chrétienté à l'époque, d'après cette opinion de Thomas Malthus (1766-1834), exprimée à la fin du XVIIIe siècle : « Un homme qui est né dans un monde déjà possédé, s'il ne peut obtenir de ses parents la subsistance qu'il peut justement leur demander, et si la société n'a pas besoin de son travail, n'a aucun droit de réclamer la plus petite portion de nourriture et de fait, il est de trop au banquet de la nature [14]. »

En principe, les juifs n'étaient nullement partie prenante dans le clivage qui s'effectuait inexorablement entre le capitalisme et les consciences critiques de gauche. C'était là un débat qu'ils n'avaient pas déclenché et dans lequel ils n'avaient pas de position fondamentale, puisqu'à leurs propres yeux ils comptaient aussi bien que le reste de la société européenne des riches et des pauvres. Mais puisqu'il était ouvert, ils ne pouvaient s'abstenir d'y participer. Ceux de France, d'Angleterre et surtout d'Allemagne militèrent dans les phalanges d'intellectuels qui plaidaient pour la justice sociale. N'était-ce pas au triomphe de ces idées de justice, lors de la Révolution de 1789, qu'ils devaient le commencement de leur émancipation ? En toute candeur, ils participèrent donc aux mouvements sociaux : dans tous les foyers de la révolution, à Paris, à Berlin, à Vienne, ils coururent en grand nombre au secours de la liberté, réunions, manifestations et barricades.

C'était l'erreur qu'ils allaient répéter pendant la Première Guerre mondiale. Ils s'étaient trop vite cru intégrés.

En Allemagne, à Berlin, Leopold Zunz évoqua en termes ardents les victimes juives de la révolution de mars, exprimant le double sentiment d'appartenir en même temps au peuple allemand et au peuple juif. L'illusion pouvait se fonder sur des progrès inimaginables un siècle auparavant : ainsi le parlement de Francfort comptait plusieurs juifs, dont le vice-président de la première Assemblée nationale, Gabriel Riesser. L'échec de la révolution de 1848, qui fut également celui des aspirations juives, devait durcir les positions dans un sens comme dans l'autre. En Prusse, par exemple, la monarchie édicta une constitution dans laquelle le christianisme était une fois de plus désigné comme religion d'État. L'hostilité latente à l'égard des juifs y était toujours vive, comme en témoigne en 1850 le précurseur du sionisme, président de la communauté juive de Cologne, Moses Hess : « À cause de la haine qu'on nourrit contre lui, le juif allemand s'efforce sans cesse de se défaire de tout ce qui l'identifie comme tel [15]... »

Parler de socialisme revenait *aussi* à poser le problème suivant : fallait-il donc que les classes riches réhabilitassent les juifs ? Et pour quoi faire ? Ces gens étaient des étrangers. Le socialisme prit ainsi une teinture juive et les juifs, une teinture socialiste. Juifs et socialistes ensemble revêtirent aux yeux des classes dirigeantes le visage d'ennemis de l'ordre établi, de revendicateurs qui allaient entraîner des impôts supplémentaires. Entre-temps, la justice sociale avait été oubliée ; elle ne pouvait englober les juifs, puisqu'ils ne faisaient pas vraiment partie de la société.

L'hostilité antijuive prit cependant une dimension internationale en raison de la diffusion croissante de la presse et des échanges également croissants entre les mouvements et les intérêts politiques. Pour l'opinion réactionnaire européenne, les juifs avaient participé aux tentatives de renversement de l'ordre social pour s'y imposer, tandis que, pour les milieux socialistes, les juifs jouaient un double jeu, car ils comptaient dans leurs rangs des ploutocrates cherchant en réalité à s'emparer des rênes du pouvoir. N'avait-on pas vu, à Paris, James de Rothschild verser d'une main cinquante mille francs-or pour les victimes des barricades de 1848 ? Et de l'autre verser deux cent cinquante mille francs-or au ministre de l'Intérieur, Ledru-Rollin, à des « fins patriotiques » ? N'était-ce pas lui, qui, à Vienne, avait permis à Metternich de fuir la ville, embrasée par les émeutes ? N'était-ce pas par le socialisme, ennemi du progrès puisqu'il voulait appauvrir les riches industriels, que les juifs s'étaient imposés en Allemagne sur la scène politique ? Par qui avaient-ils donc été représentés, si ce n'était par des Ferdinand Lassalle, Eduard Lasker, Leopold Sonnemann, Ludwig Bamberger ? Après la défaite de 1870, on dira pareillement que les juifs se gorgent du sang de la France et font de l'argent sur son malheur : la garantie des cinq milliards exigée par l'Allemagne, et qui est très largement assurée par Alphonse de Rothschild et sa banque, apportera aux Rothschild de Paris et de Londres une commission de cinq millions trois cent mille francs de l'époque [16].

Les divergences entre les diverses nuances de socialisme et de capitalisme s'élargirent à la mesure d'un fossé, puis d'une vallée et furent éternisées par la publication du *Manifeste communiste* de Karl Marx et Friedrich Engels en décembre 1847. Le quiproquo prit également des proportions monstrueuses. Karl Marx, juif converti et raciste convaincu [17], tenait depuis plusieurs années des propos d'un antisémitisme virulent dans ses articles de la *Rheinische Zeitung*. Dans le premier de ces articles, qui date de 1842, intitulé *Sur la question juive*, il écrivait que « la traite est le vrai Dieu des juifs » [...] L'argent est le Dieu jaloux d'Israël en face duquel nul autre ne saurait exister » [18]. Ce qui ne l'empêcha pas de prêcher l'apocalypse et l'instauration imminente du règne de la justice (ouvrière), à l'instar d'un prophète, mais d'un prophète sans Dieu : il annonça la révolution neuf fois, mais aucune ne fut la bonne [19]. Ces vitupérations servirent de prétexte à renforcer le vieil antisémitisme des Slaves et prirent un tour doctrinal après la révolution de 1917 : Marx et Engels l'avaient dit, donc c'était vrai. Ce fut ainsi que l'antisémitisme fut enraciné dans le Parti communiste russe et le reste jusqu'à ce jour, comme on a pu le vérifier en novembre 1993 [20].

La droite et la gauche étaient donc toutes les deux hostiles aux juifs pour des raisons antinomiques. Mais l'une et l'autre étaient pareilles aux masques grecs, l'un hilare, l'autre éploré, qu'on pendait au-dessus des scènes des théâtres grecs : elles étaient les symboles d'une tragédie nommée Nation. Le conflit latent allait s'exacerber dans les décennies suivantes et prendre un tour de plus en plus meurtrier, et pas seulement pour les juifs.

Bibliographie et notes critiques

1. Cité par Ph. Bourdrel, *Histoire des juifs de France, op. cit.*

2. Id.

3. Après une réunion de notables, le 26 juillet 1806, où il fut traité des lois matrimoniales juives, de l'attitude des juifs à l'égard de l'État, de l'autorité de leur institutions autonomes, de l'usure, des commerces et professions, Napoléon réunit le « Grand Sanhédrin », dit « Sanhédrin de Napoléon », avec une pompe toute napoléonienne (l'administration avait même décidé des nouveaux costumes des rabbins, transformés tacitement en fonctionnaires d'Empire) le 9 février 1807. En fait, l'Empire y imposait sa volonté aux juifs, abrogeant les dispositions religieuses et politiques qui avaient régi « le peuple d'Israël en Palestine lorsqu'il avait ses lois, ses pontifes, ses magistrats ». Le sanhédrin ne put que s'incliner, sauf en ce qui touchait aux mariages mixtes. En fait, le chef du « Sanhédrin de Napoléon », Joseph David Sintzheim, avait suivi l'avis de celui qui était alors considéré comme le chef du judaïsme orthodoxe européen, Moïse Sofer, de Presbourg, adversaire déclaré de l'« assimilationnisme ».
Napoléon freinait de la sorte l'intégration engagée par la Révolution. Toutefois, il dotait les communautés juives d'une structure juridique qui existe encore à ce jour et qui a prouvé son utilité : le consistoire. Cf. *Sanhédrin de Napoléon, Dictionnaire encyclopédique du judaïsme, op. cit.* Le consistoire était la première organisation légale à harmoniser les activités des juifs avec les lois françaises. C'était lui, par exemple, qui délivrait l'une des deux patentes à tout juif qui désirait exercer un commerce.

4. « Arracher » est bien le mot, l'administration impériale ayant eu recours à ceux qu'on appelait des chasseurs d'enfants ou *khappers*, à qui l'on avait fixé des quotas de conscrits à recruter et qui capturaient littéralement les jeunes juifs pour les envoyer à l'armée.

5. Les enfants inscrits dans les écoles publiques étaient exemptés de la conscription, ce qui entraîna une vague d'inscriptions massives dans les écoles gouvernementales (S.A. Goldberg et A. Derczansky, *Monde achkénaze*, in *Dictionnaire encyclopédique du judaïsme, op. cit.*)

6. La *Haskalah*, mouvement juif dit « des Lumières », qui avait commencé au XVIIIe siècle et qui plaidait pour une évolution du judaïsme dans le sens d'une adaptation au monde contemporain, influença l'administration tsariste en la persuadant que les juifs éclairés présentaient une utilité pour le pays. La traduction de cette influence, décriée par les traditionalistes orthodoxes, fut que Nicolas Ier distingua entre les juifs « utiles » — banquiers, artisans et agriculteurs — et les « superflus ». Ce fut un juif « utile », Simon Poliakov, qui dirigea la construction du réseau ferroviaire russe en utilisant la main-d'œuvre juive locale.

7. La reconduction de l'édit napoléonien, toujours en vigueur, avait été proposée par le marquis de Lattier, représentant de la Drôme, ce qui soulève

un point constitutionnel d'actualité : en effet, cela signifiait que la royauté s'estimait virtuellement et juridiquement solidaire de l'Empire.

8. La pratique n'a cependant pas disparu du monde civilisé, puisqu'on apprenait en 1998 que des milliers de jeunes Indiens du Canada avaient été enlevés d'autorité, de 1950 à 1980, placés dans des écoles chrétiennes où l'on ne parlait que l'anglais et le français... et exposés à des « sévices sexuels » comme on dit pudiquement. (Alain Gerbier, « Le martyre oublié des Amérindiens », *Libération*, 9 novembre 1998.)

9. Heinrich Heine, *Briefe* (Friedrich Hirth, Mayence 1950).

10. Les récits de ces affaires sont fondés sur l'ouvrage de Ph. Bourdrel, *Histoire des juifs de France*, op. cit.

11. *Allgemeine Zeitung des Judentums*, 20 mars 1848, in Ruth Gay, *Jews of Germany — A Historical Portrait* (Yale University Press, New Haven and London, 1992).

12. Le banquier Jacob Herz Beer, père de Giacomo Meyerbeer, avait ouvert sa vaste résidence de Berlin à des congrégations du sabbat qui pouvaient rassembler quelque quatre cents personnes, et qui attiraient des juifs qui, depuis vingt ans, avaient été isolés du judaïsme. Ces réunions avaient duré de 1814 à 1823, jusqu'au jour où la police, excipant d'un décret royal inopiné, y mit fin.

13. In *The Idea of Poverty*, cité par Albert O. Hirschmann. *Deux siècles de rhétorique réactionnaire* (Fayard, 1991).

14. *Essai sur le principe de population*, 1798.

15. *Rome et Jérusalem* (Éd. du Lérot, Paris, 1981).

16. Ph. Bourdrel, *Histoire des juifs de France*, op. cit.

17. Issu d'une famille qui comptait des érudits et des rabbins, Karl Marx fut cependant baptisé à l'âge de six ans, sur la volonté de son père. Ses relations, d'abord tendues, puis carrément empreintes d'aversion à l'égard de sa mère, l'engagèrent dans un antisémitisme résolu (Nachum T. Gidal, *Les juifs en Allemagne*, op. cit.). Il s'agit là, pour le jeune Marx, sans parler de son père, d'un cas exemplaire de la haine de soi que l'antisémitisme peut insuffler dans les caractères faibles et qui est une conséquence de ce racisme.

18. Marx ne devait plus jamais se départir d'un antisémitisme forcené, même à l'égard d'amis qui lui avaient offert l'hospitalité, comme le socialiste berlinois Ferdinand Lassalle, qu'il traita de « youpin » et de « nègre juif », alléguant qu'il descendait d'un des nègres qui avaient suivi Moïse dans l'Exode. Car Marx était également raciste, et de la plus morne farine. Aménités qui lui valurent d'être à son tour traité de « juif honteux » par d'autres révolutionnaires tels que Dühring et Bakounine. Guère gêné par la contradiction, il conseillait néanmoins à sa fille Éleanor, dite « Pussy », d'aller écouter des conférences sur les prophètes juifs...

19. En 1849, 1850, 1851, 1852, « entre novembre 1852 et février 1853 » (on appréciera la précision), en 1854, en 1857, en 1858 et en 1859. Cf. Paul Johnson, *A History of the Jews*, op. cit.

20. Le 3 octobre 1993, le général communiste russe Albert Makachov déclarait publiquement à Moscou, à l'occasion du putsch : « Si je meurs, on expédiera au moins dix *jidi* [juifs] dans l'autre monde. On a une liste ! » Un mois plus tard, éclatait une crise parlementaire à la faveur de laquelle on découvrait la survivance en Russie et en Sibérie d'un vif antisémitisme. On observera que le chef de file des néo-bolcheviks, Vladimir Jirinovski, dont on connaît les discours antisémites forcenés, est lui-même d'origine juive, de même que le premier ministre Evguéni Primakov. (Véronique Soulé, « L'antisémitisme russe à voix hautes », *Libération*, 11 novembre 1998).

III.

L'ANTISÉMITISME NATIONALISTE

1.

L'explosion française de la Belle Époque

L'AFFAIRE DREYFUS ET LES MENACES DE GUERRE CIVILE DE 1898 — L'IL-
LUSION DE LA « BELLE ÉPOQUE » — PSYCHOSE FRANÇAISE ET REÁLITÉ
DE LA MENACE ALLEMANDE — L'ÉGLISE ASSIÉGÉE ET L'AFFAIRE DES
CONGRÉGATIONS — L'ALLIANCE DE L'ÉGLISE ET DES DROITES — LE
CONCEPT DE « NATION », MASQUE DU *DEMOS*, ET SA TOXICITÉ — L'ANTI-
SÉMITISME DE LA DROITE DANS LE MIROIR DE MAURRAS — L'ANTISÉMI-
TISME AMBIGU DE LA GAUCHE DANS LE MIROIR DE JAURÈS.

Les mémoires sont souvent courtes. Quarante-deux ans avant la concentration des juifs de France au Vél' d'Hiv', le 16 janvier 1898, en pleine Belle Époque, quelque 20 000 personnes défilent à Paris, de la place Vendôme à Montmartre, en criant « Mort aux Juifs ! » La police leur barre l'accès du 184 boulevard Haussmann, où habite la famille du capitaine Dreyfus, et de la rue de Bruxelles, où habite Émile Zola. Le motif en est, on le devine, la publication du *J'accuse !* de ce dernier, paru trois jours auparavant dans *L'Aurore*. Le pamphlet de Zola, en effet, est spontanément interprété comme une défense du judaïsme à travers le juif Dreyfus, qu'un complot tortueux de l'armée a fait inculper de haute trahison.

Tout Paris est investi par des manifestants [1]. Ceux-ci ne se contentent pas de clameurs : ils cassent fenêtres et vitrines des boutiquiers juifs ou soupçonnés de l'être.

Toutes les classes sociales sont représentées dans la rue, du vicomte au mitron. Et même des lycéens et des collégiens de Louis-le-Grand, d'Henri-IV, de Rollin, qui savent surtout des juifs ce que leur en disent leurs parents. La manifestation reprend dans l'après-midi du lendemain. Un meeting organisé au *Tivoli-Hall* réunit la fine fleur, mais aussi les quatre-saisons, des nationalistes et des antisémites. Et ce n'est pas un ramassis de quelques poignées d'agités : trois mille personnes à l'intérieur, trois mille à l'extérieur, qui s'étalent de la place de la République jusqu'au quai de Valmy. Ils sont venus à l'appel d'Edouard Drumont, d'Henri de Rochefort, de Maurice Barrès, de Gustave Cuneo d'Ornano, d'Albert de Mun, de boulangistes de toutes nuances, de bonapartistes, de républicains, tous communiant dans l'antisémitisme[2]. L'appel était placardé sur d'innombrables murs de Paris.

Ce n'est pas le texte de Zola dans *L'Aurore*[3] qui a soudain fait germer chez tous ces gens l'antisémitisme, comme une grippe. Celle-ci couvait de longue date. Depuis la défaite de 1870 et la Commune.

Certes, l'article de Zola remet tout en cause, et notamment Esterhazy, qui vient d'être accusé d'être le vrai traître, et le colonel Henry, deux personnages clés de l'inculpation de Dreyfus[4]. Grâce à des fuites dangereuses divulguées dans la presse, l'opinion antisémite, masse irrationnelle et bestiale, devine confusément qu'Esterhazy et Henry sont des personnages ténébreux, dont la loucherie de basse fosse a servi les calculs à la fois débiles et crapuleux de l'armée. S'ils tombent et que Dreyfus soit innocenté, les antisémites risquent de perdre une des grosses batailles, peut-être la plus grosse, de la guerre aux juifs, et l'armée sera discréditée. De fait, à la condamnation d'Henry, six mois plus tard, un commentateur des réactions de l'armée déclarera : « C'est pire que Sedan. »

Rétrospectivement, on peut dire que ni février 34, ni mai 68 n'ont suscité en France autant de troubles que février 1898. L'agitation gagne tout le territoire et s'étend même jusqu'aux trois départements d'Algérie. À Alger, à Boufarik, à Oran, ce sont de véritables émeutes qui déferlent, et là des juifs sont tués, des policiers sont blessés. L'Algérie est, en effet, l'un des sièges de l'antisémitisme colonial et c'est d'ailleurs la seule région où le sang coule. Les Algériens s'en mêlent.

L'Affaire Dreyfus, « l'Affaire » tout court, comme on dira, met la République en danger. Celle-ci se sait fragile : gouvernée par des partis — eux-mêmes à la botte de factions et d'intérêts particuliers coloniaux, agricoles, bouilleurs de cru, enseignants laïcs — elle est à la merci de la rue. Les fantômes de la Commune ne se sont certes pas évaporés. Même les modérés tiendront rigueur aux juifs d'être à la source de cette nouvelle crise. Le gouvernement craint une guerre civile et une Saint-Barthélemy des juifs.

Car ce n'est pas seulement une affaire d'espionnage qui fait monter la fièvre, c'est que le « traître » est un juif. Et qu'une grande partie de l'opinion française s'attache à forger une identité nationale qu'elle estime menacée et dont les juifs sont évidemment exclus de principe. Qu'est-ce qui menace donc cette identité ? En premier lieu, l'Allemagne, dont l'expansionnisme et le militarisme agressif ont été encouragés par la victoire de 1870. Le Kaiser est convaincu que les puissances occidentales, Angleterre et France notamment, tentent de l'enfermer dans un étau. L'Allemagne se réarme donc activement et, suivant le conseil de Moltke, elle ne construit plus de forteresses, mais des voies ferrées, pour rendre les transports de troupes plus rapides.

Aujourd'hui, l'hypothèse d'une guerre entre les puissances européennes paraît invraisemblable, et l'exacerbation des sentiments nationalistes de l'époque peut sembler ridicule. Mais si l'on se replace dans le contexte historique et psychologique international de l'époque, il en va tout autrement. L'Europe entière vit dans la psychose de l'état de siège : Allemagne, Angleterre, Italie, Espagne, Autriche, Russie, tous ces pays peuvent, sur un soudain caprice, déclencher un conflit majeur. Cette psychose est, de surcroît, justifiée : quand Zola publie son *J'accuse !*, seize années seulement séparent la France de l'horreur de la Grande Guerre. Dans cet état d'esprit, chaque pays compte les siens et conclut que les juifs n'en font pas partie.

La Belle Époque est par ailleurs un des leurres les plus creux de l'histoire récente : c'est un can-can macabre dans l'antichambre de l'horreur. Comme l'a magistralement démontré Peter Gay, elle est habitée par la haine [5]. Pas seulement celle des pays entre eux et des majorités sociales à l'égard des communautés étrangères, mais des groupes sociaux et religieux entre eux. Après avoir proclamé que « la France est décadente », éternel refrain des fanatiques qui s'apprêtent à faire gémir les lendemains, Édouard Drumont, grand chantre de l'antisémitisme, déclare dans *La France juive* que « tout protestant est à moitié juif ». Tous les pays d'Occident, États-Unis compris, déplorent à longueur d'année la décadence morale, l'égoïsme et l'influence destructrice des groupes étrangers, dont les juifs, mais pas eux seulement. C'est un état d'esprit extraordinairement tenace. Ainsi, au début de la Seconde Guerre mondiale, un sondage Gallup révélait que la majorité des Américains estimaient que la France et l'Angleterre étaient des pays corrompus auxquels l'occupation allemande ferait le plus grand bien [6]. On verra dans un chapitre ultérieur le détail de cette obsession de la force et de la « pureté » raciale évidemment.

Par ailleurs, la France blessée par l'abolition de la monarchie, la Commune et Sedan, porte le deuil d'une image idéale qu'elle se fait d'elle-même, celle d'un royaume lumineux et moral dominé par l'Église, le roi — le « bon roi », il va sans dire — l'aristocratie, la vertu, la prière, le travail, le respect, la famille, où les petites têtes blondes se lèvent vers les têtes chenues le soir après le labeur pour leur tendre un broc d'eau. Cette France imaginaire, où Jeanne d'Arc est quasiment contemporaine de saint Louis et de Pie IX, n'a jamais existé que dans les tableaux de Greuze revus par l'imagerie sulpicienne ; c'est une de ces fictions historiques comme le XIXe siècle en fabriquera à la chaîne, sur la base de mythologues adoubés des prestiges de « la tradition » [7]. Les juifs n'y participent ni historiquement, ni culturellement, ni religieusement. Les clichés hérités du Moyen Âge sont ressuscités dans une époque où l'on exalte évidemment « le Moyen Âge chrétien », « le siècle des cathédrales », l'« ardeur des croisades », etc. Les juifs sont des « infidèles ». Le Vatican attendra un siècle avant de répudier le qualificatif de « déicide ».

L'Église eût certes été mieux inspirée de s'écarter de ce déferlement indescriptible de haine, mais pour une fois qu'elle tenait la République et la laïcité au collet, elle n'allait pas laisser passer l'occasion. Elle était incapable de voir que le sort du capitaine Dreyfus ressemblait étrangement à celui d'un juif qui avait vécu deux mille ans plus tôt. L'Esprit saint ne soufflait sans doute pas en 1898. Mais il faut également dire que l'Église de France traverse l'un des moments les plus difficiles de son histoire. La République et la laïcité ont, depuis dix ans, entrepris contre elle une guerre franche. Les jésuites sont de nouveau en première ligne : le 15 mars 1879, Jules Ferry, ministre de l'Enseignement, a obtenu de la Chambre des députés, et par une écrasante majorité (363 voix contre 144) le vote d'une loi dont l'article 7 exclut les « congrégations non autorisées » de l'enseignement public ou libre. La loi est rejetée de justesse par le Sénat. Mais l'année suivante, deux décrets sur l'enseignement supérieur entraînent la dissolution de la Compagnie de Jésus. Le 15 juin, les jésuites sont expulsés du 33 rue de Sèvres, à Paris, sous la surveillance du préfet de Paris ; les autres congrégations non approuvées sont également dissoutes. L'indignation est considérable parmi les catholiques et les droites.

À peine minoritaire, la droite, qui a toujours prôné l'alliance du trône et de l'autel, s'insurge, accuse évidemment les juifs, les francs-maçons et les athées. L'Église s'allie naturellement à elle et enrichit le chœur des antisémites. C'est là un grand pan de la toile de fond de l'affaire Dreyfus.

L'esprit républicain, la laïcité, la séparation de l'Église et de l'État, voilà les grands maux dont, selon les droites françaises, la France souffre. Une montagne de textes en témoigne. On en prendra un au hasard, l'un des plus lénifiants, le discours du cardinal Langénieux, archevêque de Reims, lors de la célébration du quatorzième centenaire du baptême de Clovis, en 1896 donc. Après avoir souhaité « agenouiller [la France] dans un même hommage de foi et de patriotisme », le prélat se situe sur le plan mystique : « N'y a-t-il pas [...] à la base de notre vie nationale, un pacte divin qui consacre notre constitution sociale et lie nos destinées à celles de l'Église de Jésus-Christ ? Ce pacte a été la loi de notre histoire : toujours la France a souffert quand elle a trahi sa mission et toujours le Dieu de Clovis, de Charlemagne et de saint Louis a béni son peuple quand il a été fidèle aux engagements de son baptême. [...] Nous voulons que la France rejette les doctrines du mensonge et qu'elle réprouve l'œuvre d'athéisme qui la divise et qui l'épuise [8] ! »

Et de souhaiter évidemment « ramener la France [...] qui se repent, qui souffre et qui espère [...] à ses traditions » pour « assurer un meilleur avenir à notre chère patrie ». L'autorité ecclésiastique empêcha certainement le président Félix Faure (venu à Reims inaugurer une statue de... Jeanne d'Arc) d'observer que les croisades et la révocation de l'Édit de Nantes n'avaient pas été des moments particulièrement bénis de l'histoire de France. C'était l'époque où le « petit père » Combes, ce « nain à tête de rat » comme l'appellera plus tard Georges Bernanos, était ministre de l'Instruction publique et des Cultes. D'où « la souffrance et le repentir ».

En d'autres lieux et par d'autres voix, le catholicisme français sera beaucoup moins lénifiant. Ainsi, *La Semaine catholique* de Toulouse écrit tout net : « Disons et redisons qu'Alfred Dreyfus n'est pas français. Il est juif et franc-maçon. Ces deux hontes gravées sur son front suffisent pour expliquer sa félonie [9]. » C'est clair : la nationalité française interdit d'être juif. *La Croix*, qui se proclame « le journal le plus antijuif de France » [10], n'est guère plus modérée et loue l'exemple du tsar, qui les chassait de son armée et de son pays.

L'affaire Dreyfus sert donc de détonateur à la fureur explosive de la droite. Ce n'est pas seulement Paris qui s'agite et ferait, comme dirait Feydeau, une grossesse nerveuse, mais la France entière : Brest, le centre, la Lorraine, Marseille, Toulouse, Bordeaux, la Vendée et l'Algérie, alors constituée de trois départements français. C'est toute la France qui éclate d'un antisémitisme sauvage lorsque Zola, auquel l'armée a intenté un procès, est condamné à un an de prison et trois mille francs d'amende (la peine sera annulée par la cour d'appel). « Le verdict condamnant Zola au maximum de la peine a été accueilli par des manifestations d'un indescriptible enthousiasme », rapporte *Le Matin*. Des villes qui, d'ordinaire, se couchent tôt, comme Pau, Dinan, Caen, s'agitent tard dans la nuit pour crier « Mort aux juifs ! » « À Caen et Cherbourg, les voyageurs de commerce expulsent des hôtels où ils séjournent des commerçants juifs », rapporte Pierre Birnbaum. De Nantes à Verdun, de Clermont-Ferrand à Lille, de Reims à Cherbourg, la presse, les murs, les cabarets reflètent une bouffée nationale de haine du juif dont la fureur et la vulgarité restent stupéfiantes un siècle plus tard. Les injures de charretier fusent : « Youpin, youtre, youde, queue-coupée ». Les expressions « complot juif », « juiverie cosmopolite internationale », « syndicat juif » tournent au lieu commun.

La droite a l'avantage, parce qu'elle dispose d'une artillerie formidable constituée par la majorité de la presse — *La Libre parole, L'Éclair, L'Écho de Paris, Le Petit Parisien, La Patrie, Le Gaulois, Le Jour, Le Petit Journal* — sans parler de la presse catholique, *La Croix, La Revue du Pélerin*.

Sur les murs de Nancy est placardée une affiche :

> Des patriotes comme Drumont et Morès depuis plus de dix ans nous dénonçaient LE PÉRIL JUIF ;

> Ils démasquaient les accaparements, les coups de Bourse d'une vile poignée d'Hébreux vomis sur la France par tous les ghettos d'Allemagne. [...] Français, la Patrie est en danger !

Des plumitifs anonymes publient un faire-part imaginaire de Zola :

> Vous êtes prié d'assister au convoi, service et enterrement du pornographe, défenseur du traître Dreyfus, qui auront lieu à Porc-en-Truie :

> **Émile Zola**

> Décédé en cour d'assises, au Palais de Justice, à Paris, à l'âge de cinquante-huit ans, à la suite d'une longue et douloureuse scandalite aiguë causée par un ramollissement cérébral, joint à une indigestion de galette israélite.

> L'illustre écrivain, avant sa mort, avait toutefois eu le temps de se faire circoncire, ce qui ne l'a pas empêché de s'en aller *ad patres*.

De la part de Salomon Prépuce, Baronne (Lévy) d'Ange, Barons Isaïe Kahn-Hulf, Kohn-Naas, Nathan Komun-Cerf, Sordulac, Boule-de-Juif, Grattmoiloss, Kifeltruc...

Une vague de crapulerie verbale et comportementale déferle sur la Fille aînée de l'Église. D'infamie également : on commence à se demander si Untel est juif ou non, c'est une préfiguration débridée de ce que sera la France sous l'Occupation. Délations et déprédations ne le cèdent en violence qu'à la vilenie des intellectuels antidreyfusards, journalistes, pamphlétaires, chansonniers, publicistes et pamphlétaires de tout poil.

La police ne sait où donner de la tête devant les provocations, Quand la preuve de la machination ourdie par l'armée devient patente, les antisémites ne reconnaissent pas pour autant leur erreur, même les plus cultivés d'entre eux. Après le suicide du colonel Henry, et avec la mauvaise foi dont il s'est rarement départi, Charles Maurras commencera par supposer, dans *La Gazette de France*, qu'Henry s'est tranché la gorge « pour éviter la guerre, peut-être ». Maurras s'affirme déjà comme le fédérateur des droites, rôle qu'il conservera jusqu'à la libération de Paris, et que ne lui disputeront que peu de chefs, de brève durée. Et il aura ces mots indécents, reflets du totalitarisme qui finira par l'habiter : « Je ne veux pas rentrer dans le vieux débat, innocent ou coupable. Mon premier et dernier avis là-dessus avait été que, si Dreyfus était innocent, il fallait le nommer maréchal de France, mais fusiller une douzaine de ses principaux défenseurs pour le triple tort qu'ils faisaient à la France, à la paix et à la raison. »

Autrement dit, les défenseurs de l'innocent devaient être sacrifiés parce qu'ils avaient troublé l'ordre public...

Plusieurs années plus tard, Maurras détaillera cette opinion scandaleuse : « Ce traître de Dreyfus, en lui-même, n'est plus rien du tout quand on le compare à *l'idée* qui a rendu son triomphe possible et même facile : à cet état d'esprit des Français du XIXe siècle, état d'esprit quasi religieux et que nous appelions pour cela, dès 1897, le dreyfusianisme [...] Doctrine [...] caractérisée par un rendez-vous général de toutes les erreurs qui sacrifient l'ensemble au détail, la société à l'individu [11]... »

Ce texte date de 1908, soit quelque dix ans après l'Affaire. Dreyfus en lui-même n'a pour Maurras aucune importance : son tort est d'avoir fait valoir les droits de l'individu contre ceux de la société. On relèvera le détail, qui est d'une importance capitale : la condamnation de l'individualisme. Maurras ne cite pas l'autre tort majeur de Dreyfus, celui d'être juif, mais on l'entend assez. Car le théoricien de l'Action française entretient une vision médiévale des juifs. Sept ans auparavant, il a écrit, en effet :

« L'idée antisémite doit être définie la première idée organique et positive, la première idée contre-révolutionnaire et naturaliste qui ait, depuis cent ans, joui chez nous d'une popularité vraie et forte. [...] Quand la Loi et l'État favorisent la spoliation financière des autochtones et leur dépossession administrative, quand les nouveaux venus, groupés, disciplinés, avec leur loi et leur rite particuliers, viennent déposséder les anciens citoyens, c'est un scandale et un malaise si profonds que la religion politique dont les Français avaient l'habitude séculaire, cette vieille religion de 89, est balayée d'un juste soupir de colère et de rébellion [12]. »

Tout y est : le caractère « contre-révolutionnaire » de l'antisémitisme, sa nature « positive », l'archaïsme de l'éthique révolutionnaire, « cette vieille religion de 89 » qu'une juste colère suffit à balayer. Que veut-il dire par « spoliation » et « dépossession » ? Certes pas que les juifs soient des voleurs, car l'argument serait trop grossier pour être admis ; non, ce qu'entend Maurras est que l'argent que gagnent les juifs, même à la sueur de leur front, et les positions sociales et politiques qu'ils conquièrent, même par leur valeur, ne peuvent pas être légitimement mérités, car ils ne sont pas français.

Le thème de référence est la nation, et c'est là d'ailleurs que Maurras, comme tous les penseurs de la droite d'hier, d'aujourd'hui et de toujours, est intrinsèquement anti-humaniste : il récuse l'idée d'une culture universelle ; pour lui, une culture est nationale et non pas universelle, « cosmopolite », comme on dit alors avec dédain. Paul Bourget, séide de Maurras et idole de la jeunesse de droite, écrira d'ailleurs un roman célèbre intitulé *Cosmopolis*, portrait d'une société qui a perdu « ses racines ». Et c'est pourquoi Maurras comme toute la droite, Henri Béraud,

Léon Daudet et les autres, rejoindront de fait l'idéologie du national-socialisme quarante ans plus tard. Pour les nazis, en effet, la culture n'est rien si ce n'est la *Kultur*, expression spécifiquement nationale des valeurs traditionnelles. Il va de soi que la nation impose le sacrifice de l'individu comme celui de l'individualité. À cette époque, devenue incompréhensible, inimaginable, de nos jours, il suffit de prononcer le mot « patrie » pour galvaniser les plus mous et donner la chair de poule aux plus cyniques. C'est le vrai Dieu du monde moderne [13].

L'idée de nation est devenue depuis la Révolution française — et même pour les nouveaux royalistes, qui exècrent pourtant avec rage tous les acquis de cette révolution — le principe suprême de l'existence. On n'en a pas assez mesuré, on n'en mesurera jamais assez les ravages, si l'on n'affronte pas le fait que l'idée de nation identitaire quand elle est considérée comme un concept fermé, invariable, comporte un principe anti-éthique : elle est essentiellement la justification du rejet de *l'autre* et du meurtre de masse, comme le XXe siècle — le plus sinistre de tous — le démontrera amplement, *ad nauseam*, avec les cinquante millions de morts de deux guerres européennes, avec les massacres d'un million et demi d'Arméniens, les trente millions des morts des purges, des famines et des goulags soviétiques, les six millions de morts des camps nazis et les millions de morts des guéguerres qui n'ont pas fini de saigner l'humanité sur les cinq continents, des Ibo à l'Indonésie de Suharto (cinq cent mille morts), de l'ex-Yougoslavie à Timor, de l'Indochine à l'Irlande, du Nicaragua au Cambodge, de l'Afganistan à l'Angola. Et partout.

L'idée de nation est le masque d'un *demos* xénophobe, toujours prompt à transformer la foi en fanatisme et l'enthousiasme en fureur. L'émotion du *demos* tourne spontanément à l'émeute et la somme des individus qui le composent est inférieure à celle de leurs humanités. Ce n'est pas seulement à Paris qu'on put le vérifier pendant les sinistres journées de janvier 1898 : on l'avait déjà vu pendant les émeutes de la Révolution, on devait le revoir en maintes autres, de la prise du Palais d'Hiver de Saint-Pétersbourg à la Nuit de Cristal de 1938 et aux massacres du Rwanda de 1997. À la fin, l'idée de nation peut se changer en l'incarnation même de l'infamie accouchée dans le sang, en la renonciation aux principes éthiques les plus élevés. La plus triste preuve en est déjà donnée par l'aveu d'un des vrais héros du XIXe siècle, l'un des plus purs pourtant, Abraham Lincoln, champion de la lutte contre l'esclavagisme, mais déjà gagné lui aussi par l'infection nationaliste : en pleine guerre civile, il déclare qu'il est prêt à admettre l'esclavagisme pour sauver l'Union [14].

L'idée de nation, qui rallie les masses, appelle en elle-même le tyran, lequel ne peut que flatter les chevaux fous qui le traînent, éternellement prêts à le renverser et à fouler son cadavre au premier virage dangereux. Staline, Mussolini, Hitler, Franco, Salazar, Tito, Mao Zedong, Kim Il Sung, Pol Pot, Ne Win, et tous les tyrans et tyranneaux que le siècle des nationalismes par excellence — le XXe — assemblera dans la plus sinistre galerie de monstres de toute l'histoire. Tous écraseurs de minorités, koulaks, républicains et démocrates, Tibétains, bourgeois, mais les juifs surtout. Les Français aspireront à être de « vrais Français », les Anglais, de « vrais Anglais », les Hongrois, de « vrais Hongrois » et ainsi de suite, tous saisis par la folie obsessionnelle des héritages culturels sacrés.

Mais à l'époque, on ne peut le voir. Ou du moins, les « grands penseurs » du temps ne peuvent le voir. Ils sont enfermés dans le délire logique par lequel ils organisent un héritage culturel presque entièrement fabriqué, mythique, mythologique et mystificateur, et à l'égard duquel ils ne peuvent se comporter que comme des fils pieux, en France comme ailleurs.

Toute la fin du XIXe et le début du XXe siècle sont infectés par l'idée de l'« authenticité », qu'ils projettent sur la patrie et le monde. Ces longues décennies de la syphilis que sont le XIXe et le début du XXe en particulier sont hantées par la « dégénérescence » de la « race », l'« amollissement fatal » causé par les « influences étrangères » (entendez les juifs, leurs femelles immorales et les métèques) et l'abandon des « vertus viriles ». Les censeurs-mentors-patriotes n'en finissent pas de dénoncer la jeunesse oublieuse des « traditions ancestrales », dévoyée par le libre exercice de la sexualité (qui inspirera l'interminable crise de nerfs qu'est la « Cacanie » de Robert Musil dans *L'Homme sans qualités* et les théories de Freud). Les plus grands esprits y cèdent : François Arago avait déjà proclamé en 1836 que le transport des troupes par chemin de fer entraînerait l'« émasculation » des troupes, et jamais en retard d'une myopie, Philippe Pétain déclarerait un siècle plus tard, en 1939, que l'« impuissance des tanks était frappante » (le maréchal Foch avait déjà déclaré, en 1911, que les avions étaient « des jouets intéressants, mais sans valeur militaire ») [15]. C'est également l'époque (1886) où de nombreux propriétaires d'immeubles parisiens crièrent à « la tyrannie socialiste » quand on les contraignit de raccorder leurs immeubles au tout-à-l'égout, allant jusqu'à y voir une menace pour « les libertés civiques », et où de nombreux savants défendirent avec acharnement les cabinets à la turque (on installait de plus en plus de cabinets de toilette avec sièges, inventés à l'École Monge en 1883), justement parce qu'ils étaient malcommodes et « bibliques », accusant les toilettes assises de favoriser la dissémination de la syphilis et la masturbation [16]...

En réalité, il est impossible de comprendre la tragique fermentation de l'antisémitisme à la fin du XIXe et au début du XXe siècle, cette fermentation dans laquelle grouillent déjà les germes des persécutions nazies, si l'on ne saisit pas la « grande peur des bien-pensants », pour reprendre, mais à rebours, l'expression fameuse de Georges Bernanos : l'Europe est tétanisée jusqu'au crétinisme médical par la peur de la nouveauté, synonyme pour elle de désordre, et de la révision de ses pseudo-traditions chrétiennes, qui doivent plus à l'antisémite Drumont et à des papes séniles avant l'heure qu'au juif Jésus. Frileuse et haineuse, xénophobe et passéiste, l'Europe est crispée jusqu'au spasme par tout ce qu'elle ignore. Elle opposera un rejet dédaigneux ou hargneux, selon les cas, à tout ce qui dérange ses habitudes, au juif (converti) Bergson, au juif Einstein, à tous les juifs porteurs d'une idée nouvelle [17]. En fait, ce qu'elle ignore, c'est que sa dégénérescence, qui est bien réelle, est causée justement par son repli sur elle-même et la suffocation qu'elle s'impose à respirer les miasmes de sa terreur. Elle ignore que c'est cette terreur même qui va causer les massacres de deux guerres, comme elle pousse des rats rendus fous par des injections d'adrénaline à s'entre-tuer dans une cage de laboratoire. Pionniers, électrons libres, vibrions et ludions, les juifs sont de plus en plus ressentis dans ce contexte sinistre comme les ennemis congénitaux. Ils ne tarderont pas à le payer, comme Bardamu, le héros de l'antisémite hystérique Louis-Ferdinand Céline, dans le *Voyage au bout de la nuit*.

Maurras est l'un des parfaits représentants de cette psychose. Son idéal politique est celui d'une cité athénienne, ou du moins de la représentation qu'il s'en fait et qui est calquée sur *La République* autoritaire de Platon, muée pour la circonstance en royauté, et la *Politique* d'Aristote. Ce n'est qu'accessoirement qu'il est raciste, et l'un des virages principaux qu'il impartira à la droite dès le début du siècle est de rejeter « l'aryanisme, le sélectionnisme, l'aristocratisme de Gobineau [comme] de dangereuses nuées [18] » — parti que suivra d'ailleurs son disciple Jacques Bainville. Ces prétextes, dont il subodore la fausseté, sont trop inférieurs à sa cause. Et son antisémitisme s'explique en grande partie — mais pas entièrement — par le fait qu'il tient les juifs pour une « nation » et que celle-ci étant différente de la nation française, elle doit être rejetée hors des frontières. Comme ils poursuivent leurs propres fins, les juifs sont donc ingouvernables. De plus, n'ayant pas les traditions « humanistes » et « nationales », ils corrompent la culture par leurs innovations et leur « modernisme » est intolérable [19].

Le plus paradoxal sans doute est que la gauche ou plutôt les gauches, dont les théories sont pourtant antinomiques, partagent l'idéologie antisémite avec la droite. L'image idéale et souvent idéalisée de la gauche moderne, forgée en Europe après 1945, ne peut occulter les circonstances de sa naissance : réaction antiféodale en 1789, relancée par la révolution industrielle au début du XIXe siècle contre l'exploitation des ouvriers, elle est née du même tuf culturel que la droite. Les différences entre droite et gauche, radicales dans le domaine social, sont sublimées en politique par l'idée de nation. Proudhon écrit ainsi : « Le juif est l'ennemi du genre humain. Il faut renvoyer cette race en Asie ou l'exterminer [20]. » Exécration qu'on retrouve jusque dans les délires de Baudelaire : « Belle conspiration à organiser pour l'extermination de la race juive. »

Contrairement à une idée trop répandue, le fantasme de l'extermination n'est pas spécifique de la droite : il est national et international : l'Allemagne national-socialiste (et le mot socialiste conserve là tout son sens) du XXe siècle sera en réalité le théâtre d'un projet pan-européen.

La gauche dénonce également le fameux « modernisme ». Arthur Huc, directeur de *La Dépêche du Midi*, quotidien radical de grande influence, reprochera aux juifs ce modernisme dont la tour Eiffel est le symbole [21]. *L'Œuvre*, mensuel de gauche qui sera lancé huit ans après le scandale du *J'accuse !*, portera sous son titre la mention « Pas un Juif n'est abonné à *L'Œuvre* [22] ». Mieux que *La Croix* ! Une part de la gauche, impossible à évaluer un siècle plus tard, est antidreyfusarde. Mais, avec une remarquable clairvoyance tactique, Jean Jaurès inverse le courant, galvanise ses disciples pris de court et fait campagne en faveur de Dreyfus. Il présente celui-ci comme le « témoin vivant des mensonges militaires, de la couardise politique, des crimes de l'autorité » ; il n'aura de cesse que Dreyfus n'ait été réhabilité. L'Affaire est pour lui une cause qu'il faut dissocier du « problème juif » et qui démontre l'oppression d'une classe sur une autre ; c'est dans ce sens qu'il la présente. L'Affaire devient donc l'abcès de fixation d'un pays en proie à la fièvre de la peur, la peur de tout, de l'Allemand, de l'Anglais (« la perfide Albion » de Bainville), de l'Italien, du Chinois, du Polonais, de l'Américain et, bien sûr, du juif, omniprésent et protéiforme. Les dreyfusards sont vite identifiés par les antidreyfusards à des ennemis de la patrie, et les antidreyfusards à des complices de la tyrannie militaro-bourgeoise-ploutocrate.

Ce qui n'empêche pas Jaurès d'être, à sa façon, antisémite : s'il refuse, à l'instar de Maurras, de prêter crédit aux théories anthropologiques du racisme de Gobineau, qu'un Drumont exploite largement à la même époque, il s'empresse de « dénoncer dans l'action juive un cas particulièrement aigu de l'action capitaliste [23] ». Les mots finissant par perdre leur sens, Jaurès qualifiera son adversaire électoral, le marquis de Solages, qui s'est distingué par une campagne violemment antisémite, de « l'un des plus beaux spécimens de la juiverie chrétienne [24] ». Ce qui est quand même un comble : on est « juif » même quand on ne l'est pas ! Et même lorsqu'on attaque les juifs.

Le point a désorienté plus d'un historien, et jusqu'à notre époque : comment Jaurès peut-il donc tenir le même discours que Maurras sur les juifs ? C'est que l'un et l'autre appartiennent au même courant, celui du nationalisme identitaire, même s'ils se situent aux extrémités opposées du spectre politique. La philosophie nationaliste transcende le politique — et brouille souvent les idées des observateurs, rendant toute discussion impossible. C'est ainsi que Mussolini est marxiste dans sa jeunesse ; il considère Marx « comme le plus grand théoricien du socialisme » et le marxisme comme « la doctrine scientifique de la révolution des classes [25] ». D'où, également, la difficulté de situer idéologiquement, par la suite, des personnages comme Marcel Déat, qui venait du socialisme, et Jacques Doriot, qui venait du communisme, et qui rallièrent le régime de Vichy : ils faisaient partie de ces nombreux activistes qui rejoignaient la « droite révolutionnaire » définie par Zeev Sternhell [26]. Ils ressortissent au même phénomène que la paradoxale « droite prolétarienne » du début du siècle [27].

Quelques hommes restent apparemment lucides, dont Clemenceau, qui écrit dans *L'Aurore* : « Avec les républicains de gouvernement triomphant sous la botte de l'état-major, l'Église trompette la guerre religieuse contre les juifs, les protestants et les athées [...] C'est bien d'antisémitisme qu'il s'agit, chacun peut le voir. S'il n'y a pas de loi pour Dreyfus, c'est qu'il est juif, voilà tout. » Clemenceau se laisse pourtant aller lui-même à des propos indignes : la même année 1898, il a invectivé « le juif crasseux » au « nez crochu » [28]. Il ne voit pas encore assez loin : ce n'est pas l'Église qui est à l'origine de cette fulmination antisémite, c'est le nationalisme. Même s'il en était conscient, il ne pouvait cependant le dénoncer : on l'a vu plus haut, dans l'optique du XIXe siècle finissant, le sentiment national et le patriotisme sont sacrés. Ils constituent des postulats incontestables et la base même de l'éthique : un homme qui n'est pas patriote est un pauvre hère, un raté, un déficient, voire une vermine, en tout cas pas un Français. Et bien évidemment, un juif ne peut pas être patriote.

On peut s'interroger sur l'antisémitisme ambigu de la gauche, qui compte pourtant de grands humanistes tels que Jaurès. Il tient à deux facteurs simples. Le premier est que la gauche est laïque et que les juifs ne sont pas disposés à renoncer au judaïsme ; or, il n'y a aucune raison de faire exception pour eux et de les autoriser à maintenir un enseignement religieux alors qu'on ne le consent pas aux chrétiens. La seconde est que le monde des grands capitalistes compte beaucoup de grands industriels et banquiers juifs et que la conscience populaire n'assimile pas le juif au travailleur français ordinaire. Les juifs sont peut-être plus étrangers encore sous la République qu'ils ne l'étaient sous la royauté.

La fièvre finit par s'apaiser à la fin de l'année 1898. Au soulagement de beaucoup, la Saint-Barthélemy des juifs n'a pas eu lieu. La gauche n'est cependant pas vaccinée contre l'antisémitisme : du socialisme sortira bientôt un courant qui produira le fascisme italien, un autre produira le marxisme-léninisme, tous deux antisémites, pour des raisons différentes.

Tel est le sombre héritage légué par la Révolution de 1789 à ses héritiers républicains : Dieu a été remplacé par l'État-nation. L'hystérie de la droite de 1898 est la même que celle des croisés de 1096, à cette différence près que l'identité nationale a remplacé ce Dieu qui fut, jadis, la première incarnation de son identité. Et là commence le grand égarement dont les juifs seront en fin de compte les victimes.

Bibliographie et notes critiques

1. L'inventaire détaillé des manifestations donné par Pierre Birnbaum dans *Le moment antisémite — Un tour de la France en 1898* (Fayard, 1998) indique, en effet, que peu de quartiers furent épargnés.

2. Id.

3. En vérité, les éléments de la tromperie avaient été exposés en détail dès le 6 novembre 1896, soit quatorze mois plus tôt, par l'écrivain Bernard Lazare dans son manifeste *Une erreur judiciaire*, qui publiait des pièces du dossier que l'armée voulait tenir secret. L'évidence du montage criminel se faisait jour ; les antidreyfusards étaient bien conscients qu'un renversement de situation en faveur de Dreyfus était toujours possible et que les conséquences en seraient pour eux dévastatrices. Cependant le *J'accuse !* constituait une mise en demeure intolérable pour le gouvernement et l'état-major.

4. Peut-être « l'Affaire » comporte-t-elle encore des points ténébreux, mal élucidés près d'un siècle plus tard. Elle a fait couler assez d'encre, et je ne m'y attarderai ici que parce qu'elle a été l'abcès de fixation de l'antisémitisme français à la fin du XIXe siècle.

Rappelons brièvement l'essentiel : la femme de ménage Bastian, qui travaille en fait pour l'armée française, découvre dans les corbeilles à papier de l'ambassade d'Allemagne un bordereau rédigé par un officier stagiaire de l'état-major français. Ce document semble rédigé de la main d'Alfred Dreyfus. On arrête ce dernier et l'armée « justifient » son arrestation en fabriquant des faux destinés à compromettre Dreyfus pour de bon. Le principal coupable est le colonel Henry (qui avait fait appel au faussaire et escroc juif Moïse Leeman...). Là-dessus, la même dame Bastian découvre dans les mêmes corbeilles de l'ambassade d'Allemagne un « bleu » — c'est-à-dire un pneumatique — que les renseignements attribuent à l'attaché militaire Schwarzkoppen. Celui-ci, rapporte l'histoire, aurait eu l'intention d'expédier ce message au commandant français Marie-Charles-Ferdinand Walsin Esterhazy, 27 rue de La Faisanderie. Personne, ni aux renseignements, ni à l'état-major ne semble s'étonner de cette attribution à Schwarzkoppen : les initiales de la signature, C.T., ne lui correspondent pourtant pas.

Coup de théâtre : une analyse graphologique montre que le fameux bordereau est de la main d'Esterhazy, personnage pour le moins louche, coureur, couvert de dettes. L'enquête a été conduite par le colonel Picquart. Dreyfus devrait donc être innocenté et Esterhazy, inculpé à sa place. Il n'en est rien : le chef de l'état-major, le général de Boisdeffre, expédie Picquart en Afrique du Nord. En effet, l'état-major, déjà alarmé par le pamphlet de Bernard Lazare, qui démontre les truquages de l'armée, estime impossible de disculper Dreyfus devant l'opinion publique, sauf à se discréditer gravement. Autre comble, Picquart est arrêté pour avoir essayé de faire triompher la vérité.

Mais Esterhazy passe en jugement, et c'est à ce moment que se déclenche l'agitation des premières semaines de 1898. Henry, également inculpé sur les ordres de Cavaignac, puis mis aux arrêts, se tranchera la gorge le 30 août 1998. Dreyfus, lui, reste au bagne et, grâcié au but de quatre ans, ne sera innocenté qu'en 1906.

Cette bien ténébreuse affaire, digne d'un Fantômas, comporte beaucoup d'étrangetés, à commencer par la désinvolture extravagante prêtée au personnel de l'ambassade d'Allemagne, qui jetterait au panier des pièces aussi compromettantes que le bordereau d'Esterhazy et le bleu adressé à celui-ci, sans parler du fait que le bordereau aurait été annoté de la main même de... l'empereur Guillaume II. Les Allemands ne sont pas des andouilles au point d'ignorer que les services français fouillent leurs poubelles, car ils fouillent eux-mêmes celles des ambassades dans leur pays. Une pièce telle que le bordereau eût été serrée dans un coffre, et l'on n'a pas, à mon avis, assez analysé le rôle de ce personnage romanesque qu'était la dame Bastian.

Selon Henri Giscard d'Estaing, longuement cité par Ph. Bourdrel, il est possible que le commandant Esterhazy ait travaillé pour une haute personnalité de l'armée française, « sans doute le général Mercier », qui se serait servi de lui pour communiquer aux états-majors allemand et italien des renseignements tronqués, bref pour faire de l'« intox ». L'enquête déclenchée dans l'armée sur la découverte du fameux bordereau serait donc le résultat d'un manque stupéfiant de coordination (à moins que la découverte de ce bordereau n'ait été une machination déclenchée par des gens de l'état-major pour compromettre le général Mercier). Ainsi s'expliquerait en tout cas l'étonnante indulgence dont bénéficia Esterhazy, qui ne fut que réformé et qui dut quitter l'armée, alors que, auteur du bordereau qui démontrait sa trahison, il eût dû passer devant le Conseil de guerre et subir le sort de Dreyfus, c'est-à-dire être envoyé au bagne. Dans une lettre étonnante à Waldeck-Rousseau, le général Galliffet demandait qu'on mît « pour toujours hors de cause les officiers généraux ou autres qui ont été mêlés à cette malheureuse affaire. Il faut leur ouvrir les portes de l'oubli. »

La conclusion semble être que, embarrassée par les fuites, et répugnant à admettre qu'elle employait des agents doubles, l'armée ait décidé de « faire porter le chapeau » à Dreyfus, juif et peu apprécié de ses collègues. L'affaire Dreyfus n'est pas une affaire qui a accidentellement mis un juif en cause, mais c'est une affaire qui a été déclenchée par la volonté de mettre un juif en cause.

Pour mémoire, le colonel Henry, dénoncé comme auteur du truquage, se suicida le 30 août de la même année. En décembre 1898, le journal d'extrême droite *La Libre parole* ouvrit une souscription en faveur de la veuve du colonel Henry, afin de lui permettre de poursuivre en justice « le juif Reinach ». Compassion ou manifestation d'hostilité à Dreyfus, Maurice Barrès donna cinquante francs, Paul Valéry trois, François Coppée, Pierre Louÿs, Paul Léautaud y furent aussi de leur obole. Un certain abbé Gras donna cinq francs et ajouta cette note : « Pour une descente de lit en peau de youpin, afin de les piétiner matin et soir. » À la décharge des lettres françaises, on relèvera que le directeur de l'Institut Pasteur, Émile Duclaux, des professeurs du Collège de France, Charles Péguy, Anatole France, André Gide, Jules Renard, Octave Mirbeau, s'engagèrent en faveur de Dreyfus. (Ph. Bourdrel, *Histoire des Juifs de France*, op. cit.).

5. *La culture de la haine, hypocrisies et fantasmes de la bourgeoisie de Victoria à Freud*, 1993 (Plon, 1997).

6. Le premier sondage effectué dans l'opinion publique américaine en septembre 1939, après les déclarations de guerre de la France et de la Grande-Bretagne à l'Allemagne donna les résultats suivants :

pour l'entrée en guerre immédiate aux côtés de l'Angleterre, de la France et de la Pologne : 2,5 % ;

pour se tenir complètement à l'écart du conflit, mais vendre à tout le monde, Allemagne comprise, sur la base du *cash and carry* : 37,5 % ;

pour rester à l'écart de toute nation en guerre sans même faire de commerce avec elle sur la base du *cash and carry* : 29,9 %.
C'est-à-dire que 67,4 % des Américains préféraient laisser la France et la Grande-Bretagne aux prises avec l'Allemagne, seuls 2,5 % jugeant nécessaire d'entrer en guerre à leurs côtés. Et quand Roosevelt demanda au Congrès, en 1940, d'armer la marine et l'armée américaines, l'illustre Lindbergh qualifia ses propos de « bavardage de détraqué ».

7. L'un des exemples les plus significatifs de cette mythologisation est celui de Louis IX, saint Louis, point d'ancrage idéologique d'innombrables historiens d'une légendaire « France chrétienne ». Dans sa remarquable histoire-biographie, *Saint Louis* (Gallimard, 1996), Jacques Le Goff écrit : « Saint Louis est une création de Joinville », puis finit par conclure que le sénéchal de Champagne (Joinville) était quand même fiable et que saint Louis était le dernier roi saint. On eût pu néanmoins espérer que cet éminent historien approfondirait la notion de « sainteté », après avoir décrit un monarque qui négligeait sa femme et ses enfants, mais certes pas sa mère, la redoutable Blanche de Castille, passait la plus grande partie de ses journées et de ses nuits en prières et dévotions, qui s'autoflagellait à plaisir, interdisait de rire le vendredi, n'en finissait pas de laver les pieds des premiers venus et autres excentricités dictées par une foi singulièrement vétilleuse, sans parler du fait qu'il avait imposé le port de la rouelle à tous les juifs. Sans doute ne faut-il pas trop s'en étonner, le monarque étant à la merci des Dominicains, antisémites acharnés comme on l'a vu dans les chapitres précédents. Il fut canonisé avec une étonnante célérité, un quart de siècle après sa mort.

Osera-t-on ajouter une apostille à ce remarquable ouvrage ? Que peut donc être, au regard de l'historien en quête d'une « histoire totale », une « sainteté » qui entretient l'antisémitisme le plus primitif ? Cela entend-il que la sainteté implique la haine ? Pour ma part, et en tant que chrétien, il me semble que saint Louis à lui seul justifierait la psychanalyse moderne : il ressemble furieusement à un masochiste fanatique, victime d'une image punitive du christianisme et précurseur à la fois des hystériques que furent les Flagellants de Séville et de ces ayatollahs que la conscience contemporaine accable de sa plus véhémente réprobation.

8. Patrick Demouy, « Le baptême de Clovis » (*Historia*, avril 1988).

9. 6 janvier 1895. Cité par Pierre Birnbaum, *Le moment antisémite — Un tour de la France en 1898, op. cit.*

10. Les temps ont changé. À partir de 1927, *La Croix*, qui avait écrit que Dreyfus était « l'ennemi juif trahissant la France » et qui voulait faire « étriper » Zola, « le nouveau Judas », tempéra ses invectives, sous l'influence du P. Merklen. Jugé à la Libération et bénéficiant d'un non-lieu, le journal a reparu en février 1945. À l'occasion du centenaire du *J'accuse !* (11-12 janvier 1998) son rédacteur en chef, Michel Kubler, a publié un éditorial de repentir, qui comporte des passages assez singuliers, puisqu'il attribue « les lignes mortifères » publiées pendant des années à « nos grands frères Assomptionnistes et laïcs ». Et il ajoutait : « Nulle personne, nulle communauté n'a d'avenir tant qu'elle rejette le peuple dont elle est née. » Faudrait-il entendre par là que, pendant les deux millénaires où elle persécuta les juifs, l'Église n'avait pas d'avenir ?...

11. *Action Française*, n° 23, avril 1910, in *Dreyfus, Dictionnaire politique et critique*, 4 vol. À la Cité des Livres, Paris, 1932-33.

12. *Gazette de France*, 11 février 1901, in *Juif (la question juive), Dictionnaire politique et critique, op. cit.*

13. *L'Église et la démocratie*, L'Action française, 1er novembre 1905, in *Dictionnaire politique et critique, op. cit.*

14. « Nous ne faisons pas de la nation un Dieu, un absolu métaphysique, mais tout au plus, en quelque sorte, ce que les anciens eussent nommé une déesse. » Charles Maurras, *Dictionnaire politique et critique, op. cit.* On se demande ce que Maurras, « machiste » avant l'heure, inclut dans ce changement de sexe de la divinité.

15. Christopher Cerf & Victor Navasky, *Experts speak* (Pantheon Books, New York, 1984).

16. *Les grandes inventions du monde moderne*, de l'auteur (Bordas, 1989).

17. Rédacteur en chef adjoint pendant vingt-cinq ans (jusqu'en 1994) d'une revue scientifique, j'ai dû subir les lettres et invectives de lecteurs qui me tançaient d'importance parce que cette revue accordait du crédit aux théories « fumeuses » du « juif Einstein ».

18. Cité par John Patrick Diggins, *Max Weber — Politics and the Spirit of Tragedy* (HarperCollins, 1997). Diggins met en parallèle la notion de moralité chez Max Weber avec l'aveu de Lincoln, dégageant un absolutisme moral qui est l'antithèse même de l'éthique.

19. L'accusation de « modernisme » faite aux juifs sera tenace : en 1930, l'impérissable critique réactionnaire français Camille Mauclair s'en prenait dans *Les métèques contre l'art français*, dédié à « Rosenschwein, Lévy-Tripp, Trouderat » (Éditions de la Nouvelle Critique) aux « théoriciens du judéo-germanisme pictural », tout en insistant plus loin sur le fait qu'il ne considérait pas « des Belges, des Tchèques ou des Latins des deux mondes » comme des étrangers...

20. Cité par Alain Brossat dans *Le Corps de l'Ennemi — Hyperviolence et démocratie* (éd. La Fabrique, 1998). Cet ouvrage, de même que celui de Marc Crapez, *Naissance de la gauche*, (Michalon, 1998), indiquent également que, contrairement à d'autres idées reçues, le républicanisme n'est pas toujours synonyme de démocratie et que ni l'un ni l'autre ne sont non plus synonymes fondamentaux de tolérance.

21. 5 mars 1898. Cité par Pierre Birnbaum, *Le moment antisémite. Un tour de la France en 1898, op. cit.* Une grande partie des célébrités des lettres et des arts, sans distinction de parti, mais peut-être pas sans arrière-pensée antisémite, avait aussi protesté contre la Tour, parmi lesquelles Charles Gounod, François Coppée, Alexandre Dumas fils, Leconte de Lisle, William Bouguereau, Victorien Sardou, Charles Garnier, Jules Meissonnier.

22. Lancée en 1904 par Gustave Téry, d'abord sans autre orientation définie que l'antisémitisme, *L'Œuvre* hésita entre l'anarchisme et le nationalisme (Claude Bellanger, Jacques Godechot, Pierre Guiral, Fernand Terrou, *Histoire générale de la presse française*, t. III, P.U.F. 1972). Ce serait à partir de 1911 qu'elle aurait mis la mention en question en exergue, une fois passée l'affaire Dreyfus (Léon Poliakov, *Histoire de l'antisémitisme*, t. III, *op. cit.*).

23. Jean Rabaut, *Jean Jaurès* (Perrin, 1971/1981), cité par François Huguenin, *À l'école de l'Action française* (J.C. Lattès, 1998). Pour Jaurès, « les juifs ont joué un rôle particulièrement aigu » dans la désagrégation de la société arabe, « féodale et patriarcale ». (Ph. Bourdrel, *Histoire des juifs de France, op. cit.*)

24. *Au pied du Sinaï*, cité par Léon Poliakov, *Histoire de l'antisémitisme*, *op. cit.*

25. Vero Eretico (pseudonyme de Mussolini), *Socialismo e Socialisti* (La Lima, 30 mai 1908), cité par Zeev Sternhell, Mario Sznajder et Maia Asheri, *Naissance de l'idéologie fasciste* (Fayard, 1989). Mussolini changera cependant d'opinion après la lecture de la traduction italienne de *Au-delà du fascisme*, du théoricien belge Henri de Man.

26. *La droite révolutionnaire* (Gallimard/Folio/Histoire, 1997).

27. Sans doute faut-il aussi prendre en compte le réel écœurement que la IIIe République inspirait à l'époque aux ouvriers qui avaient le radical Clemenceau en horreur, aux bourgeois, qui avaient pris en grippe des hommes politiques opportunistes. À maints égards, en effet, la France de 1900 à 1939 évoque la République de Weimar. De gauche ou de droite — et les changements de camp s'opéraient avec une fluidité déconcertante — la nation entra dans celui du nationalisme identitaire, antisémite en premier et dernier ressort, de 1900 à 1940.

28. *La Dépêche de Toulouse*, 22 avril 1898, Cité par Pierre Birnbaum, *Le moment antisémite — Un tour de la France en 1898*, *op. cit.*

2.

L'illusion allemande et la crise de l'Occident

L'ÉMANCIPATION DES JUIFS EN 1871 — RÔLE ÉMINENT DES JUIFS DANS L'EXPANSION INDUSTRIELLE, COMMERCIALE ET SCIENTIFIQUE DU REICH — UN GESTE SYMBOLIQUE : LES SOLDATS JUIFS DE L'ARMÉE ALLEMANDE ONT CONGÉ OFFICIEL POUR LA CÉLÉBRATION DU YOM KIPPOUR — LA PUISSANCE FINANCIÈRE DES JUIFS DANS LE REICH — LE RÔLE DES JUIFS DANS LA NAISSANCE DE L'OPPOSITION SOCIALISTE À L'EMPIRE — LES RAVAGES MATÉRIELS ET PSYCHOLOGIQUES DE LA DÉFAITE DE LA GRANDE GUERRE — RÔLE DES JUIFS DANS LA RÉVOLUTION DE 1918, SPARTAKISME ET RÉPUBLIQUES « POPULAIRES » DE BAVIÈRE — LES RANCŒURS DE LA NATION ALLEMANDE CLAIRVOYANCE DE FRÉDÉRIC NIETZSCHE

L'un des pays où les juifs eurent, surtout à la fin du XIXᵉ siècle, le plus profond sentiment d'avoir été acceptés est, à coup sûr, l'Allemagne. Sans doute cela tint-il à un paradoxe : le pouvoir royal, puis impérial, contrôlait beaucoup mieux que la République les débordements publics d'antisémitisme. La droite n'avait pas à découdre avec un parti opposé, puisque la gauche n'existait pratiquement pas. Les monarques allemands témoignaient certes de réserve, sinon d'hostilité latente, à l'égard des juifs, mais en tant que rois chrétiens, ils revendiquaient aussi le statut de protecteurs de tous ceux qui résidaient sur leurs terres, juifs compris.

Les traditions de discrimination antisémite prévalurent bien un temps, en Prusse par exemple, sous Frédéric II, mais elles furent rapidement adoucies par des hommes comme le comte Hoym, ministre de Silésie, célèbre pour sa tolérance, qui accorda les pleins droits civiques à vingt-quatre familles juives et des droits partiels à cent soixante autres (il n'y en avait pas beaucoup plus). Métayers, négociants ou banquiers, selon leur classe sociale, les juifs purent mener en Prusse une existence paisible, et ce fut apparemment sans trop rechigner que la population les laissa transformer Breslau en centre de culture talmudique international. Dyhernfurt, près de Breslau, vit paraître dès 1771 le premier journal, rédigé en hébreu d'Allemagne, la *Dyhernfürter privilegierte Zeitung*. D'autres imprimeries publiaient des livres en hébreu ou en judéo-allemand.

Souvent décrite comme le berceau de l'antisémitisme, la Prusse fut au contraire particulièrement tolérante. La preuve en est que, vers 1840, elle comptait à peu près les deux tiers de la population juive d'Allemagne, constamment enrichie par les émigrés d'Ukraine, soit 200 000 âmes pour un total de 350 000 juifs [1].

Ils pouvaient construire leurs synagogues (appelées « temples »), célébrer leurs fêtes et maintenir leurs traditions. Dans le sud catholique, la présence des juifs fut moins bien tolérée, comme en témoignèrent les émeutes « Hep ! Hep ! » de 1819 décrites plus haut. Mais enfin, une fois passée la réaction qui suivit la fin de l'Empire français, le sort des juifs en Allemagne parut s'être stabilisé. Peut-être les autorités allemandes des divers États encouragèrent-elles le courant du réformisme juif. Représenté par Abraham Geiger (1810-1874), ce courant s'efforçait de libérer le judaïsme du légalisme rigide et de la casuistique qui avaient prévalu depuis l'établissement du Talmud de Babylone, et cela en recourant à la raison et à la recherche historique [2]. La recherche talmudique empruntait les mêmes chemins académiques que l'université ; elle se revêtait de la respectabilité doctorale dont les milieux lettrés allemands étaient si friands [3]. Les juifs allemands cessaient progressivement de parler yiddish pour se servir d'un allemand correct.

La formation de l'Empire allemand sous la férule

d'Otto von Bismarck, en 1871 et la guerre franco-prussienne de 1870-1871 [4], marquèrent une étape de plus dans l'émancipation des juifs allemands : sept mille d'entre eux servirent dans l'armée allemande. Douloureux paradoxe : tandis que les juifs de France étaient taxés d'étrangers, ceux d'Allemagne se battaient en effet contre la France. Le 5 octobre 1870 et le lendemain, sur édit du général von Manteuffel, les soldats allemands stationnés devant Metz eurent congé pour célébrer le Yom Kippour. « Nous, juifs allemands, sommes allemands et rien d'autre », proclamait le journal religieux juif *Israelit* en 1870 [5]. L'Allemagne admettait l'existence des juifs non seulement sur son territoire, mais dans son armée, et elle respectait leur religion. Certes, elle imposait encore plusieurs restrictions à leur entrée dans la fonction publique et à leurs activités : ils n'avaient toujours pas le droit de posséder des terres, leur exclusion des guildes leur interdisait l'artisanat et, s'ils avaient été admis dans la fonction publique, ils ne pouvaient devenir procureurs de l'Empire.

L'industrie, néanmoins, leur restait ouverte. Les juifs y firent merveille. Alors que la population juive de Berlin ne représentait que 3 % du total, la moitié des industriels de la capitale étaient des juifs. Il en allait de même pour le reste de l'Allemagne : Heinrich Caro, petit chimiste dans l'industrie naissante de l'aniline, devint en 1866 l'un des fondateurs du géant I.G. Farben. Les frères Loewe fondèrent des usines de production de machines à coudre en 1869, puis se lancèrent dans la fabrication de tramways, d'autos et, plus tard, d'aéroplanes. À la fin du XIXe siècle, la pyramide économique des communautés juives s'était inversée : c'étaient les riches qui étaient les plus nombreux et les pauvres, le moins. La théorie d'un antisémitisme latent dans la société, telle que la propose Daniel Goldhagen [6], n'est pas spécifique de l'Allemagne ; elle existe dans les autres pays européens, et bien au contraire, l'antisémitisme allemand semble avoir été modéré, si l'on en juge par les chiffres : en 1807, les juifs possédaient 30 des 52 banques de Berlin, et en 1862, 550 des 662 banques de Prusse étaient détenues par des juifs [7]. Quand l'industriel Georg von Siemens et le banquier Adalbert Delbrück, non juifs, voulurent développer la Deutsche Bank en 1870, année où le sentiment nationaliste allemand était pourtant à son pic, ils invitèrent le juif Ludwig Bamberger en tant que fondateur et directeur. Bamberger n'était pourtant pas un personnage « recommandable » : il passait pour révolutionnaire et avait été banni d'Allemagne pour sa participation aux insurrections de 1848. Néanmoins, ce fut le même Bamberger qui, l'année suivante, fut élu au premier Reichstag de l'Empire.

La Dresdner Bank, la plus puissante après la Deutsche Bank, avait été fondée par le juif Eugen Guttman. Et quand le chancelier Otto von Bismarck eut besoin d'un banquier en 1859, il demanda « un banquier juif ». On lui recommanda Gerson Bleichröder et, à la fin de la guerre franco-prussienne de 1870, celui-ci fut invité par le roi de Prusse à faire partie de la délégation allemande qui allait discuter des dommages de guerre à la conférence de Versailles. En 1872, Bleichröder fut anobli par le roi. Il était le premier juif dans ce cas ; il y en eut d'autres.

Ce n'étaient certes pas là des signes d'hostilité aux juifs. En tout cas, pas de la part des milieux dirigeants, de l'administration, ni de la bourgeoisie. Si l'antisémitisme avait été si puissant en Allemagne au XIXe siècle et au début du XXe, comme l'avance un Goldhagen, les pouvoirs publics n'eussent pas laissé se constituer les empires de presse allemands de Leopold Sonnemann, fondateur du *Frankfurter Zeitung* en 1866, de Rudolf Mosse, fondateur de la *Berliner Tageblatt* en 1871, de Leopold Ullstein, fondateur du *Berliner Abendpost* en 1887, du *Berliner Illustrierte Zeitung* en 1894 et du *Berliner Morgenpost* en 1898. Ils n'eussent pas laissé non plus un Abraham Oppenheim, de Cologne, devenir en 1835 vice-président de la Compagnie des chemins de fer rhénans, la première à relier Cologne à Anvers, ni le baron Maurice de Hirsch à fonder en 1869 l'Orient Express, qui allait de Constantinople à Vienne, ni Albert Ballin devenir président de la Hamburg-Amerika Linie, plus connue sous le nom de HAPAG, l'une des premières compagnies de navigation au monde. Ballin était un ami personnel du Kaiser Guillaume II [8].

Leur puissance financière, plus grande en Allemagne que dans tout autre pays d'Europe, trouvant un débouché naturel dans l'industrie, les juifs participèrent de manière essentielle à l'industrialisation du Reich. Bismarck ne s'y trompa pas : la Loi organique de 1864, qui accordait

« l'égalité civile aux citoyens de religion israélite », confirmée par la loi de 1869 sur l'égalité des confessions aux plans civil et civique, fut étendue à toute l'Allemagne après la proclamation de l'Empire en 1871. Ils étaient 600 000 en 1910, soit 1 % de la population, qui s'élevait à 60 millions.

Leur civisme paraissait irréprochable, même s'il n'était pas du goût de tous. Ils en protestaient peut-être un peu fort, ce qui faisait qu'on les qualifiait ironiquement de citoyens juifs de confession allemande, mais enfin, ils n'appartenaient plus à la « nation juive ». L'Union centrale des citoyens allemands de religion juive, la *Centralverein deutscher Staatsbürger jüdischen Glaubens*, qui réunissait 70 000 membres, sans compter les 200 000 autres indirectement affiliés par des organisations satellites, avait abandonné la définition étroite du judaïsme en faveur d'une interprétation correspondant à l'état d'esprit des juifs séculiers attachés à leur héritage culturel, comme le relève Ruth Gay. Confiante dans la protection de l'État impérial, la Centralverein encourageait les juifs à rester juifs en vertu du droit juridique qu'ils en avaient.

Deux événements vinrent bouleverser ce paysage pacifique. Le premier fut l'arrivée sur la scène d'une jeune génération qui n'avait pas les mêmes raisons de satisfaction que celle qui avait vu l'émancipation. Ayant bénéficié de meilleures conditions de vie et d'une éducation supérieure, elle se voyait néanmoins opposer les barrières d'un préjugé plus ou moins tacite. Pour elle, en dépit de l'amélioration de la condition des juifs dans l'Empire, la question juive n'était pas réglée. Une partie de cette jeunesse adhéra au sionisme, auquel Theodor Herzl avait officiellement donné forme avec le congrès de Bâle de 1897. Une autre se lança dans des activités politiques et milita notamment dans... les groupes nationalistes allemands [10].

Des prises de position aussi ouvertes constituaient une attitude audacieuse, quelques années à peine après que Bismarck eut accordé aux juifs l'égalité des droits. Le même Ludwig Loewe, évoqué plus haut comme industriel, fabricant de machines à coudre et de fusils, se fit élire député au Reichstag en 1878 et milita dans le parti du Progrès, socialiste, contre Bismarck (à la suite de quoi, Bismarck interdit le parti social-démocrate). Bamberger, autre député, militait aussi contre la politique impérialiste et militaire de Bismarck. Confronté de plein fouet à un antisémitisme que la protection impériale avait tenu en sommeil, il démissionna en 1894 de son siège de député. Paul Singer, autre député juif, représentait le mouvement ouvrier berlinois, dont il devint l'un des chefs avec August Bebel et Karl Liebknecht. Élu au Reichstag, il dénonça également l'exploitation ouvrière et fut expulsé d'Allemagne en 1886, en raison des lois antisocialistes, de même qu'Éduard Bernstein, théoricien de la social-démocratie. Les deux derniers disposaient d'une certaine influence : Singer était le fondateur de la *Volksblatt*, Bernstein, du *Berliner Volkzeitung*. Le moins qu'on pût en dire, est que leur public était antibismarckien.

Incidemment, l'orientation socialiste d'une partie de l'intelligentsia juive allemande s'accordait avec l'idéal sioniste.

Par ailleurs, et ce fut la seconde raison de trouble, les juifs commençaient à devenir très visibles, trop sans doute. Non plus par leurs lévites et leurs phylactères, mais par leur influence dans l'État — sans parler de la rébellion de leurs hommes politiques contre le gouvernement impérial. Pour témoigner de leur reconnaissance sociale, les communautés juives des grandes villes firent bâtir des synagogues monumentales (réalisées, d'ailleurs, sur les plans d'architectes chrétiens, car il n'y en avait pas de juifs, d'où leur déconcertante ressemblance avec des basiliques romanes, des églises gothiques ou des temples protestants). La dernière construite avant 1914, de style néo-classique, à Levetzowstrasse, à Berlin, inaugurée en avril 1914, pouvait accueillir deux mille personnes. Confiante dans les institutions de l'Empire, la jeunesse commença à manifester une certaine agressivité à l'égard de ceux qui se seraient laissés aller à de la malveillance à son égard : « En 1886, un groupe d'étudiants juifs de Breslau constitua un club d'escrime afin de pouvoir soutenir des duels contre des gens qui les auraient offensés », écrit Ruth Gay. Leur bannière portait les mots *Nemo me impune lacessit*, « Personne ne m'offense impunément. »

Athlétiques, élégants et sûrs d'eux, les jeunes juifs ne ressemblaient certes plus du tout aux caricatures d'une ou deux décennies auparavant. Ils incarnaient un nouveau judaïsme, comme on ne l'avait jamais vu depuis l'Empire romain, face à une conscience nationale allemande archaïque et exclusive, comme toutes les consciences nationales qui se formaient dans le reste de l'Europe. Car — et le point reste à ce jour, à mon avis, insuffisamment analysé — toutes les consciences nationales se constituent à partir d'un passé mythifié [11].

L'antisémitisme allemand tel qu'il devait se développer jusqu'à l'avènement du nazisme débuta toutefois dans les milieux intellectuels, grands conservateurs et souvent producteurs de mythes. Des pamphlets tels que *Gegen Juden*, « Contre les Juifs », de Grattenauer, puis ceux de l'universitaire réputé Wolfgang Menzel circulaient depuis plusieurs années, dénonçant les travers de la nouvelle bourgeoisie juive, évidemment mal à l'aise entre les mœurs des gentils qu'elle avait dû adopter en peu d'années, et ses traditions ancestrales. Le succès international du poète Henri Heine, juif baptisé, mais guère converti, l'un des maîtres incontestés de la langue allemande, exaspérait particulièrement les intellectuels, en raison de ses vues franchement péjoratives sur les Allemands :

> La Russie et la France règnent sur des terres
> La Grande-Bretagne sur les mers,
> Nous régnons sur le nuageux royaume des rêves,
> Où il n'est point de rivaux,

écrivait-il en 1830.

Et, dans la même veine, en 1855 : « Quant à l'Alsace et à la Lorraine, je ne puis pas les incorporer aussi facilement que vous le faites à l'Empire allemand. Les gens de ce pays tiennent fortement à la France, à cause des droits civiques qu'ils ont gagnés à la Révolution française [12]... »

Ses descriptions des Allemands n'étaient pas moins caricaturales que celles des juifs par les Allemands : « Ce sont toujours les mêmes manteaux gris avec le col haut et rouge (le rouge signifie le sang français, chantait autrefois Koerner dans ses dithyrambes guerriers). C'est toujours le même peuple de pantins pédants, c'est toujours le même angle droit à chaque mouvement, et sur le visage, la même suffisance glacée et stéréotypée. »

Pantins, pédants, pharisiens, philistins, c'en était décidément trop, et Heine fut mis au pilori. Les juifs avec lui, d'ailleurs.

« Baptisés ou pas, c'est tout un. Nous ne détestons pas la religion des juifs, mais les nombreuses et détestables caractéristiques de ces Asiates, et parmi elles leur impudence et leur présomption fréquentes, leur immoralité et leur frivolité, leur comportement bruyant et leur approche si souvent basse de la vie [...] Ils n'appartiennent à aucun peuple, aucun État, aucune communauté ; ils errent dans le monde comme des aventuriers, flairant autour d'eux [...] et ils restent là où ils trouvent de grandes occasions de spéculer. Quand tout va tranquillement et selon la loi, ils trouvent cela inconfortable », rétorquait Éduard Meyer, l'un des pamphlétaires antisémites. Mais Heine était mort depuis plusieurs années que la querelle se poursuivait. L'un des antisémites les plus influents des années 1870, Heinrich von Treitchske, déclarait dans son *Histoire de l'Allemagne au XIXe siècle* [13] que l'Allemagne en était lentement venue à comprendre que les saillies du poète ne pourraient jamais correspondre à l'esprit allemand. « L'esprit allemand » avait donc conscience d'une identité [14], mais en tout cas, il percevait ou croyait percevoir une vertu révolutionnaire dans le rejet de la tolérance des juifs. Et cette vertu allait dans le « sens historique » d'une affirmation nouvelle de l'identité [15]. On reconnaît là un nouvel avatar du concept d'État-nation décrit plus haut.

L'unification de l'Allemagne imprimait un élan formidable à un faisceau confus d'aspirations qui avaient jusqu'alors émané de populations très diverses. Les anciens royaumes allemands avaient été surtout unis par la langue. Aux autres égards, catholiques du sud et protestants du nord, Poméraniens et Bavarois, Westphaliens et Silésiens étaient aussi différents que peuvent l'être de nos jours, par exemple, les Irlandais et les Anglais, ou bien encore les Siciliens et les Lombards. Tout à coup se matérialisait l'idée d'une nation puissante, susceptible de revendiquer une seule culture. L'Empire devenait plus grand que la somme de ses parties. Ses sujets y trouvèrent un nouveau motif de fierté.

On en vit les répercussions dans les nouveaux pamphlets et conférences d'antisémites tels qu'Eugen Dühring, Paul de Lagarde, Wilhelm Marr, inventeur comme on l'a dit dans les premières pages de ce livre, du mot « antisémite ». Ce n'était plus en raison de leur non-christianisme qu'on rejetait les juifs, mais parce qu'ils étaient porteurs d'une maladie raciale qui menaçait de contaminer la vitalité de la race allemande. Ce que pouvait bien être cette « maladie raciale », nul ne l'a jamais su et les tenants de cette thèse l'ignoraient sans doute eux-mêmes : la langue allemande se prête particulièrement à ces approximations éloquentes mais brumeuses, *rassische Krankenheit* sonne plus convaincant en allemand qu'en anglais ou en français, mais reste tout aussi creux.

Comme le relève Gordon A. Craig [16], ce discours confus était enrobé dans une masse d'emprunts à des anthropologues (comme en France à la même époque, avec aussi peu de fondement et tout autant de mauvaise foi et d'absence de rigueur scientifique), des biologistes (qui n'avaient rien à dire sur le sujet parce que la biologie n'a aucune compétence sur les religions et qu'on n'avait pas encore découvert l'ADN, grand annulateur du concept de races humaines), des psychologues (encore moins qualifiés), des théologiens (les derniers qui fussent compétents en la matière), qui lui prêtaient une apparence d'autorité scientifique. En termes clairs, des intellectuels opéraient, pour la première fois dans l'histoire de l'Allemagne, une fusion entre la *Kultur* et le racisme, mal barbouillée de science et aboutissant à un résultat alarmant : l'identification de la culture à une production anthropologique. Les juifs n'étaient pas assimilables parce que leur « nature » était le produit d'une « culture raciale » dangereuse pour la race allemande. Relevons au passage que ces concepts, qui furent repris et développés par le national-socialisme avec les répercussions qu'on sait, continuent d'être assez couramment utilisés par divers groupuscules à la fin du XXe siècle, non seulement en France, en Angleterre et en Allemagne, mais en ex-Yougoslavie, en Russie, et même aux États-Unis.

Ces élucubrations pédantes présentent l'intérêt historique d'indiquer l'évolution des idées antisémites, mais elles doivent être considérées du même œil que celui du biologiste qui examine une culture de bactéries dans une boîte de Petri. Contrairement aux thèses d'un Goldhagen [17], elles n'étaient nullement reprises par la masse des gens : leur outrance même les desservait. Les juifs étaient assez répandus dans la population pour que chacun pût voir qu'ils ne passaient pas leur temps à empoisonner les puits, qu'ils parlaient un excellent allemand et qu'ils élevaient leurs enfants comme tout le monde. Ils avaient une religion et la célébraient dans des temples tout à fait convenables, voire somptueux. Bien malin qui aurait pu prévoir qu'un demi-siècle plus tard il ne resterait que décombres de ce paysage.

L'hypothèse d'un antisémitisme psychopathique répandu dans toutes les couches de la population allemande dès les dernières décennies du XIXe siècle est exagérée au point d'en être fausse. La vérité est sans doute plus simple : les juifs d'Allemagne n'avaient accédé aux droits civiques que depuis 1871 et, de ce fait, ils retenaient évidemment l'attention des populations, toujours promptes à juger si les nouveaux élus méritaient ou non leurs privilèges tout frais ; c'est là un point de psychologie des foules volontiers méconnu des historiens ultérieurs, comme il l'était des juifs eux-mêmes à l'époque. À la fin des années 1870, l'historien Theodor Mommsen, scandalisé par les écrits antisémites de son collègue Treitschke, déplorait l'impossibilité de remédier à l'antisémitisme par la raison ; « C'est inutile, complètement inutile..., écrivait-il. C'est une horrible épidémie, comme le choléra, qu'on ne peut ni expliquer ni guérir. » Mais peut-être était-ce alors un peu tôt, huit ou neuf ans seulement après l'admission officielle des juifs dans la société allemande, pour juger de l'enracinement de l'antisémitisme.

Et d'autant plus qu'à la même période un accident qui ne devait rien aux juifs ni aux Allemands avait soudain ravivé les préjugés antisémites. Dans les années 1870, plusieurs banqueroutes entraînées par celle du magnat juif de l'industrie Bethel Henry Strousberg en 1873 vinrent à la fois ternir la réputation de savoir-faire des financiers juifs et ranimer, cette fois-ci dans la population courante, les clichés sur le civisme des juifs. Quand ils avaient réussi, ceux-ci étaient des exploiteurs et, quand ils se ruinaient, c'étaient des filous. Strousberg avait fondé une compagnie de chemins de fer qui devait construire des voies ferrées en Roumanie. Ce pays ne put honorer ses encours. En 1873,

Strousberg se trouva en faillite, entraîna d'autres compagnies à sa suite et un krach boursier s'ensuivit.

L'affaire comportait un trait désastreux : Strousberg et plusieurs de ses associés étaient juifs et la bulle financière créée par le succès des entreprises industrielles et financières, non juives aussi bien que juives, avait attiré de nombreux petits investisseurs. Mais elle avait également attiré pas mal d'aigrefins qui avaient profité de la frénésie spéculative. Les petits porteurs se trouvèrent donc ruinés. De cette aventure, le public ne retint que la responsabilité des juifs, négligeant le fait que le député juif Eduard Lasker avait publiquement mis en garde l'opinion contre la fragilité de la bulle financière, et que ce fut la banque Bleichröder & Cie, également juive, qui avait circonscrit les dégâts [18].

En 1893, il y avait en tout cas un Parti antisémite en Allemagne et il détenait treize sièges au Reichstag. Il n'en reste pas moins qu'il serait excessif, sinon faux, de laisser entendre, comme Goldhagen le fait, que l'antisémitisme actif avait pénétré toute la population [19]. La mémoire historique doit s'interdire dans de tels cas d'être sélective, sous peine d'erreurs fondamentales d'appréciation. Force est de recourir à des comparaisons avec l'époque contemporaine : les treize sièges du Parti antisémite ne revêtaient pas une importance supérieure à la détention de quelque 15 % des voix par le Front national en France au début de l'année 1998. La preuve en est que si l'« antisémitisme éliminationniste », pour reprendre l'expression de Goldhagen, avait dominé l'Allemagne wilhelminienne, l'essor des communautés juives n'eût pu se poursuivre comme il le fit jusqu'à la chute de la République de Weimar.

L'antisémitisme existait en Allemagne en 1914 comme dans le reste de l'Europe ; il était, comme dans le reste de l'Europe, comparable à une infection latente dont rien ne laissait prévoir qu'elle pût devenir dévastatrice. Les discours antisémites démentiels d'un Hermann Ahlwardt [19] n'étaient ni plus ni moins virulents que les vociférations d'un Édouard Drumont. Il n'en demeure pas moins que la participation des minorités juives à l'essor industriel, financier et économique allemand se poursuivait d'autant plus vigoureusement que le pays tout entier y trouvait son compte et que l'opinion s'en avisait. L'accès des juifs aux universités offrait à l'Empire une brassée d'inventions scientifiques et techniques signées de juifs : le principal avion durant la guerre 1914-1918, le *Taube*, avait été conçu par le juif Edmund Rumpler (1872-1940), et le phonographe, le disque et le microphone avaient été inventés par le juif Émil Berliner (1851-1929), fondateur de la Deutsche Grammophon-Gesellschaft, la célèbre firme toujours en activité de nos jours. Benno Strauss (1873-1944) avait participé à la mise au point de l'acier inoxydable aux usines Krupp, dont il avait été l'un des directeurs jusqu'en 1934. Paul Ehrlich (1854-1915), l'un des plus grands pionniers de la biologie moderne, avait inventé la méthode de coloration des bactéries, qui fit faire un bond à la bactériologie moderne, la chimiothérapie et le premier remède connu contre la syphilis, le 606 — Salvarsan [20]. La liste est longue. Et comment oublier Albert Einstein, natif d'Ulm, même si, après son passage frustrant au gymnasium Luitpold de Munich, il partit s'installer à Zürich [21] ? Les juifs étaient décidément trop précieux pour l'Allemagne wilhelmienne.

Et puis survint la première apocalypse, la Première Guerre mondiale, qui dévasta l'Allemagne à tous les points de vue — social, politique et psychologique. Et pas seulement l'Allemagne, mais le monde entier.

Les juifs n'y étaient pour rien. L'horreur de tout le XXe siècle, cette horreur qui a chauffé les flammes de l'antisémitisme à la température de l'enfer, fut l'illusion darwinienne des faibles ; celle qui croit que le monde est une jungle où triomphe seule la raison du plus fort. Ce fut l'ère de l'antidémocratisme et des césarismes. Le théâtre principal en fut certes l'Allemagne, parce que ce fut là que le nazisme exerça ses ravages, mais le tuf européen tout entier était prêt à accueillir les germes de l'intolérance.

Une époque se déchiffre dans sa culture ou, plus précisément en l'occurrence, dans ses écrits. En France, par exemple, les élites intellectuelles étaient nettement dominées dans le premier quart du XXe siècle par des écrivains préfascistes [22] tels que Maurice Barrès, Charles Péguy et Charles Maurras, pour ne citer que les plus célèbres, mais sans oublier Louis-Ferdinand Céline. Chacun y développait sa thèse : les disciples de Péguy celle du spiritualisme populiste, ceux de Barrès, une culture traditionaliste et

« nationale » — en fait nationaliste et bien plus proche de la *Kultur* allemande que de la culture comme l'entendait Goethe —, ceux de Maurras, un néoclassicisme qui permettrait de rejeter la modernité, porteuse des germes désagrégateurs du cosmopolitisme et de valeurs étrangères. Tous étaient, au fond, habités par une aspiration à l'ordre, un ordre bien « français », qui évoque trop souvent le totalitarisme pour y être étranger, et hostiles à cette démocratie qui donnait trop commodément la voix à des éléments parasites. Céline, lui, constitue un cas à part, dont l'après-guerre a enflé démesurément l'importance [23].

On sera peut-être surpris de trouver dans ces phares le nom de Péguy, dreyfusard et républicain militant. Mais si sa défense de Dreyfus est indéniablement sincère, son républicanisme, lui, est plus que douteux, comme on peut en juger par ces lignes, entre autres : « Cet affreux système républicain... le seul qui demeurera dans le monde moderne, le moins populaire, le moins profondément peuple qui ait jamais été ou que nous ayons vu au monde, et surtout le moins républicain, règne incontesté dans l'histoire [24]. »

Étrange lamento ! La dissociation, chez Péguy, du républicanisme et de la démocratie sous le signe du « peuple », évoque, en effet, l'idéologie fasciste bien plus que l'idéologie républicaine classique, et sa république mystique ressemble curieusement à la monarchie de principe que défendait Maurras. Les deux s'inscrivent dans le nationalisme identitaire, évoqué au chapitres suivant, par opposition au nationalisme démocratique. Cet apparentement fut la raison pour laquelle, d'ailleurs, les fascistes français se référèrent si souvent à Péguy. Son orientation ne signifie certes pas que, fasciste, il fût devenu antisémite, mais qu'il appartenait bien au courant qui devait favoriser la large adhésion de la France occupée au régime de Vichy.

Barrès et Maurras, eux, annonçaient plus clairement l'antisémitisme et le racisme français, non seulement parce qu'ils étaient antidreyfusards patentés et antisémites militants, mais en ce sens que leur idéologie même était celle de l'exclusion. Pour eux, et le plus clairement pour Maurras, politique et culture étaient indissolublement, organiquement liées ; elles étaient les matrices qui conféraient son identité à l'individu. Entendons par là que les juifs (et tous les autres étrangers) ne pouvaient être français, puisque leurs traditions étaient différentes de la culture française. Ce discours, d'une dévastatrice imbécillité sous son apparent bon sens, voulait donc que les Américains, composés d'Anglais, d'Allemands, d'Irlandais, de Français, de Hollandais, d'Asiatiques, d'Africains, d'Orientaux — surtout de ces Orientaux contre lesquels Maurras dirigeait sa hargne [25] —, sans parler des Indiens, n'existassent tout bonnement pas. Que n'avait-il lu Tocqueville !

Néanmoins, ce discours influença des générations d'intellectuels et d'écrivains.

Mais une époque se déchiffre aussi bien dans ses mouvements sociaux, et les thèmes de fascisme classique se retrouvent dans un moment bien oublié de l'histoire d'avant-guerre, le fascisme paysan français des années 30, représenté par les Chemises vertes d'Henri Dorgères et ses Comités de défense paysanne. Tout y est : nécessité d'arracher la patrie aux politiciens corrompus et l'économie aux juifs profiteurs, rejet de la démocratie parlementaire, mythe de « la France profonde », etc [26].

En Italie, dès le début du siècle, une fermentation intellectuelle et sociale produit un phénomène singulier, qui est de jeter le syndicalisme, par tradition antimilitariste, dans le courant d'un activisme antirationaliste et belliciste, sous l'influence évidente du théoricien français Georges Sorel et de son ouvrage le plus célèbre, *Réflexions sur la violence* [27], en fait une apologie de la violence. On obtient ainsi le « syndicalisme révolutionnaire », qui prend forme sous l'influence de penseurs tels que Arturo Labriola, Paolo Orano et Giuseppe Prezzolini. Après maints avatars, dont une collusion avec le futurisme de Marinetti, véhément admirateur de Mussolini, ce mouvement réellement révolutionnaire et antinationaliste évoluera une quinzaine d'années plus tard vers le pôle opposé du fascisme.

Des répercussions tardives et très atténuées de ce courant essentiellement continental atteindront le monde anglo-saxon dans les années 20 ; les représentants les plus connus en sont le peintre et écrivain anglais Wyndham Lewis et le célèbre poète américain Ezra Pound, mussolinien fervent qui sera interné après la guerre 39-45 pour ses déclarations profascistes à la radio de Rome pendant la guerre.

L'Occident est alors en proie à une fièvre générale. Trois symptômes y sont le plus apparents. Le premier est l'arrogance nationaliste due à l'expansion coloniale. L'Europe chrétienne tient sous son joug près de la moitié du monde : la quasi-totalité de l'Afrique, le sous-continent et le sud-est asiatiques et la plus grande partie de l'Océanie. De plus, elle exerce une tutelle indirecte sur de nombreuses régions, comme l'Amérique centrale et le Moyen-Orient. L'homme blanc a le sentiment d'être le plus puissant représentant de l'humanité.

Ensuite, l'instabilité sociale et politique, qui va s'exacerber à partir de la révolution russe de 1917 et de la révolution allemande de 1918. Un sentiment apocalyptique flotte, bien reflété par l'ouvrage célèbre d'Oswald Spengler, écrit en 1914 et publié en 1918, *Le Déclin de l'Occident* ; ce sentiment est renforcé par l'évolution rapide des techniques, qui ont bouleversé les modes de vie traditionnels (l'auto, le téléphone, la radio), ainsi que par le pressentiment de guerres imminentes. La crispation qui s'ensuit favorise la naissance des nationalismes identitaires, qui seront inévitablement antisémites.

Enfin, une vague d'irrationalisme déferle sur le monde, dont les théories de Bergson sur l'élan vital, la psychanalyse et la découverte de l'inconscient, le futurisme, le dadaïsme, puis le surréalisme sont les reflets plus ou moins exacts. La culture des Lumières est en crise, et avec elle le système des valeurs hérité du xviiie siècle.

Rien de tout cela n'est favorable à la tolérance.

Bibliographie et notes critiques

1. Nachum T. Gidal, *Les Juifs en Allemagne, op. cit.*, Le chiffre est toutefois sujet à révision, certaines sources indiquant une population nettement inférieure ; d'autres, supérieure.

2. Abraham Geiger, *Allgemeine Einleitung in die Wissenschaften des Judentums, Nachgelassene Schriften* (Berlin, 1872) ; Ruth Gay, *Jews of Germany, a Historical Portrait* (Yale University Press, 1992).

3. En mai 1872, la Hochschule für die Wissenschaft des Judentums ouvrit ses portes à Berlin (d'abord dans quelques chambres louées) et donna des cours avec la collaboration d'historiens tels qu'Eugen Täubler et Ismar Elbogen, de linguistes tels que Franz Rosenthal, de sociologues tels que Franz Oppenheimer. C'était le modèle des cursus universitaires allemands.

4. Elle commença par la formation de la Confédération de l'Allemagne du Nord, qui unifiait les principautés allemandes au nord du Main.

5. Ruth Gay, *Jews of Germany, a Historical Portrait, op. cit.*

6. *Hitler's Willing Excecutioners* (Alfred A. Knopf, Inc., New York, 1996). Goldhagen écrit ainsi, dans le contexte du XIXe siècle et en préambule au projet « éliminatoire » que les Allemands auraient fomenté de longue date, que « le modèle cognitif de l'ontologie qui sous-tendait la vision mondiale essentialiste, raciste et nationaliste (*Volkisch*) contredisait et n'admettait pas sa contrepartie chrétienne selon laquelle toutes les âmes pouvaient être sauvées par le baptême... » Goldhagen soutient également que, même convertis, les juifs étaient considérés comme restant inexorablement juifs.
Mais, sur le problème spécifique de la conversion, les faits infirment sa théorie : dès qu'ils étaient convertis, les juifs étaient considérés comme chrétiens. Ainsi, Éduard Gans, l'un des fondateurs de la Société pour la culture et la science des juifs, se convertit en 1825 et fut admis l'année suivante à l'université de Berlin, jusqu'alors fermée aux juifs. Nommé professeur *ordinarius*, c'est-à-dire à part entière, Gans conserva ce poste jusqu'à sa mort en 1839. À l'époque wilhelminienne, le baptême continua de sanctionner le changement de statut du juif, sans quoi l'on ne voit guère pourquoi 12 000 juifs se seraient convertis entre 1880 et 1910 (Ruth Gay, *Jews of Germany, a Historical Portrait, op. cit.*).
Goldhagen ne semble pas avoir eu connaissance des écrits d'Édouard Drumont à la même époque, qui étaient autrement plus féroces et qui drainaient bien plus de monde.

7. Ruth Gay, *Jews of Germany, a Historical Portrait, op. cit.*

8. Ces éléments sont empruntés à Ruth Gay, *Jews of Germany, a Historical Portrait, op. cit.*

9. Id.

10. Nachum T. Gidal, *Les Juifs en Allemagne*, op. cit.

11. Ce sujet peut sembler ici accessoire, mais il mérite quelque considération, au moins dans le cadre du nationalisme qui déclencha la troisième vague historique de l'antisémitisme : toutes les célébrations nationales, des plus sincèrement républicaines aux plus extrémistes, célèbrent un passé qui tend à figer les attitudes mentales. Je n'en veux pour exemple qu'en France la célébration de l'Armistice du 11 novembre 1918, qui mit fin à la première des effroyables tueries du XXe siècle et qui est présentée comme une victoire de la patrie sur l'Allemagne. Exemple que renforce l'émoi semé par les propos du Premier ministre, demandant qu'on associât à cette cérémonie du souvenir les mutins de 1917.

12. *Germania, Poëmes et légendes*, in *Œuvres complètes* (Calmann-Lévy, 1880).

13. *History of Germany in the Nineteenth Century*, introduction et commentaires critiques de Gordon A. Craig (University of Chicago Press, Chicago, 1975).

14. Paul Lawrence Rose, *Revolutionary Antisemitism in Germany, from Kant to Wagner* (Princeton University Press, Princeton, 1990).

15. Peter G. J. Pulzer, *Die Enstehung des politischen Antisemitismus in Deutschland und Österreich*, 1850-1914 (Gütersloh, 1966). Il n'est pas douteux que les tenants de la pureté culturelle et raciale de l'Allemagne (et de l'Autriche) se considéraient comme authentiquement révolutionnaires dans le sens historique qui découlait des théories de Hegel. Ce sentiment, qui on le verra, infusa quasiment inchangé toute l'idéologie du IIIe Reich, continua d'être perçu comme « révolutionnaire » pendant les années 1933-1945. Il faisait que les intellectuels nationalistes se percevaient comme les hérauts (et héros) d'un activisme inspiré par des valeurs authentiques, en réaction contre une bourgeoisie frappée d'amollissement. Incidemment, c'étaient les mêmes convictions qui animaient les marxistes à la même époque. Seules les conditions économiques décidèrent du triomphe du national-socialisme contre le communisme. Mais, par un cruel paradoxe, l'Allemagne devait se trouver après 1945 divisée en deux pays par deux interprétations différentes du « sens de l'histoire » selon Hegel.

16. Gordon A. Craig, *The Germans* (Penguin Books, Londres, 1982/1991).

17. Citant Klemens Felden, auteur dont je n'ai malheureusement pu retrouver la trace, qui avait dans *Die Uebernahme des antisemitischen Stereotyps*, recensé cinquante et un auteurs et publications antisémites entre 1861 et 1895, Daniel Goldhagen, dans *Hitler's Own Executioners*, op. cit., assure y avoir, lui, recensé vingt-huit solutions au problème juif, dont dix-neuf appellent à l'élimination physique des juifs (ch. 4, *The Evolution of Eliminationist Antisemitism in Modern Germany*). L'amalgame du nombre des auteurs et pamphlets (*Fifty-one prominent antisemitic writers and publications*) est peu conforme aux disciplines historiques : combien y avait-il d'auteurs et combien de pamphlets ?

Car la formulation laisse suspecter que certains auteurs avaient publié plusieurs pamphlets. Mais ce n'est pas la seule fois que Goldhagen sollicite les écrits aux limites de la bonne foi qu'on est en mesure d'espérer dans une thèse aussi provocatrice que la sienne : il rapporte plus haut qu'« un grand pourcentage des antisémites ne proposaient aucune intervention », ce qui l'étonne... Donc, ceux qui appelaient à l'élimination des juifs étaient une minorité.

L'interprétation littérale du passé à travers des sources récentes est déjà un exercice périlleux, parce qu'il consiste à trouver ce qu'on cherche et pas autre chose ; encore faudrait-il ne pas aggraver les risques d'erreur par des distorsions. Si l'Allemagne avait été possédée depuis 1861 par un antisémitisme aussi fervent que celui que décrit Goldhagen, et dont Hitler, toujours selon Goldhagen, n'aurait été que l'allumette dans une poudrière, on comprendrait mal que, jusqu'à la *Kristallnacht*, les juifs n'en aient rien su. À la limite, on pourrait avancer que Goldhagen considère que les juifs étaient inconscients du danger depuis près de soixante-dix ans, ce qui ne serait guère un compliment. On comprendrait encore plus mal que les autorités de l'Empire, puis de la République de Weimar, sans parler des populations, n'aient rien fait pour enrayer la prospérité des juifs quasiment jusqu'à l'avènement du national-socialisme.

En réalité, les pamphlets hystériques que recense Goldhagen ne représentaient que les opinions d'une frange extrémiste, et les présenter comme les actes d'accusation de la nation allemande tout entière équivalait à nier une loi fondamentale de la sociologie, qui est l'inertie des masses. Cf. également Norman G. Finkelstein et Ruth Bettina Birn, *A Nation on Trial — The Goldhagen Thesis and Historical Truth* (Henry Holt and Compagny, New York, 1998).

Un détail pittoresque, mais révélateur, de la réserve des « Allemands ordinaires » à l'égard des extrémistes nazis est donné dans l'anecdote suivante : Quand Hitler et ses acolytes tentèrent le fameux coup de la brasserie Burgerbräukeller, à Munich, en novembre 1923, pour imiter Mussolini, la direction de la brasserie lui adressa une facture pour 143 bocks, 80 verres, 98 tabourets, deux lutrins et 148 couverts cassés à la suite des incidents qui s'ensuivirent. (David Clay Large, *Where Ghosts Walked : Munich Road to the Third Reich*, Norton, Londres, 1997).

Comme l'a clairement indiqué Saul Friedländer dans *L'Allemagne nazie et les juifs*, t. I, *Les années de persécution (1933-1939)*, trad. M.F. de Paloméra (Le Seuil, 1997), les « Allemands ordinaires » étaient certainement antisémites, mais ils restèrent réticents à l'égard des persécutions des juifs. Et, pour en donner une preuve immédiate, même quand le boycottage des boutiques et produits juifs fut mis en œuvre, en 1933, leur clientèle traditionnelle d'« aryens » continua à les fréquenter. Pendant les cinq ans qui suivirent, ce système fonctionna mal.

18. Gordon A. Craig, *The Germans* (Penguin Books, Londres, 1982/1991).

19. Instituteur chassé de son poste pour escroquerie, devenu démagogue, il recommandait que les juifs fussent déclarés étrangers sur le sol allemand, ainsi que leur exclusion de la vie publique et culturelle, voire la confiscation de leurs biens et leur déportation. Néanmoins, il ne rassembla qu'une audience médiocre, rapporte Gordon A. Craig (*The Germans*, op. cit.).

20. Ehrlich décrivit dès 1885 le rôle des vacuoles du protoplasme cellulaire et introduisit le concept des récepteurs cellulaires, qui ne devaient revêtir leur importance qu'à l'avènement de la biologie moléculaire dans le dernier tiers du XXe siècle. Il imagina aussi, à la même époque, la possibilité de tuer des

cellules malades en les privant d'oxygène et de sang, idée qui conserve toute son actualité plus d'un siècle plus tard. Cf. C.H. Browning, *Émil Behring and Paul Ehrlich : Their Contributions to Science*, Nature, vol. 175, 1955.

21. Le jeune Einstein subit, comme tous les autres étudiants juifs, des vexations au gymnasium Luitpold. Mais comme le rappelle son biographe Ludwig S. Feuer dans *Einstein and the Generation of Science* (Basic Books, Inc., New York, 1974), la cause de son départ fut « le déroulement rigide et classique des études et la discipline militaire » qui régnaient dans cet établissement, ainsi que l'insistance de ses professeurs pour qu'il quittât ce lycée. Les preuves qu'il était et se sentait chez lui en Allemagne sont nombreuses : il se trouvait à Berlin lors de la capitulation du Commandement suprême allemand et de la révolution de 1918, et il se trouvait à Nauheim, hôte de Max Born, en septembre 1920, en dépit des attaques antisémites dont il fut l'objet de la part de certains physiciens allemands jaloux de sa notoriété (*The Born-Einstein Letters, 1916-1955*, lettres 21 et 81, Macmillan, Londres, 1971).

22. La référence au fascisme dans le terme « préfasciste » doit bien s'entendre ici telle que l'idéologie et l'histoire l'ont défini, c'est-à-dire celui de socialisme corporatiste centralisé, bien distinct du national-socialisme, nationalisme dictatorial d'orientation socialiste embryonnaire (on sait que les efforts des frères Strasser pour diriger le nazisme vers le socialisme furent mis en échec par Goebbels). Les termes « fascisme » et « nazisme » sont souvent employés de façon indistincte, donc erronée.

23. Il est loisible de s'étonner de la faveur exceptionnelle, de la quasi-canonisation dont Céline continue à jouir, même parmi des esprits pourtant peu suspects d'antisémitisme, et contrairement à d'autres auteurs qui pourtant ne manquaient pas de talent : Henri Béraud, Léon Daudet, Lucien Rebatet (à l'exception de Drieu La Rochelle, dont le sort littéraire fut plus enviable). Ce livre n'est pas un ouvrage de critique littéraire ; je dirai donc seulement que Céline m'apparaît par le style comme le fils naturel de Zola, porteur à son insu d'une « modernité » de l'écriture que beaucoup se sont échinés à imiter. Sa drôlerie sinistre n'est toutefois pas à ce point supérieure à celle d'un Pierre Desproges qu'il faille l'ériger en géant littéraire. La pensée de Céline, en revanche, est inexistante, à l'exception de son antisémitisme et de son racisme, dont on trouvera le résumé dans ce tombereau d'ordures qu'est *L'École des cadavres*.
On ne citera pas ici le déplorable Robert Brasillach, dont le « beau Gerhardt Heller », agent de la Propagandastaffel à Paris, rapporte avoir entendu le propos suivant sur les juifs : « Ils devraient tous être tués, même les petits enfants. » (*Un Allemand à Paris, 1940-44*, Le Seuil, 1981.)

24. *Clio : Dialogue de l'Histoire et de l'âme païenne*, (1912-1914), (Gallimard).

25. On peut juger de l'aberrante interprétation de l'histoire selon Charles Maurras, dans cette optique, par le passage suivant :
« Toutes les crises modernes importantes ont un caractère oriental : bibliques en esprit ou juives à travers leurs acteurs au XVIe siècle, la Réforme allemande, la Réforme anglaise et la Réforme française ; puis aux XVIIIe et XIXe siècles les trois révolutions françaises entre la Terreur et la Commune ; et finalement au XXe siècle, les convulsions de Moscou, Madrid et Barcelone révèlent le même trait plus ou moins apparent, mais fondamental, elles expriment

ou bien un hébraïsme intellectuel ou bien des actes hébreux dans la chair et dans le sang. » (Cité par David Carroll, *French Literary Fascism, Nationalism, Anti-Semitism, and the Ideology of Culture*, Princeton University Press, Princeton, 1995.) Luther, Cromwell, Robespierre « hébreux », on s'empresserait de rire de propositions aussi ineptes, n'était l'influence passée de Maurras.

26. Cf. Robert O. Paxton, *French Peasant Fascism, Henri Dorgères's Greenshirts and the crises of French agriculture, 1929-1939* (Oxford University Press, 1998). Enrôlé dans la Corporation paysanne de Vichy en 1941, pétainiste et nationaliste farouche, il fut pourtant relégué progressivement dans l'ombre en raison de ses désaccords avec Laval et Déat. Personnage balzacien, Dorgères était l'un des derniers surgeons d'une France paysanne que l'urbanisation croissante et l'industrialisation de l'agriculture allaient détrôner de son antique place d'honneur.

27. Librairie Marcel Rivière, 1907. Sorel exerça une profonde influence sur Mussolini.

3.

1933-1945 : l'erreur et l'horreur

L'INJUSTE ACCUSATION DE COMPLICITÉ ENTRE LE VATICAN ET LES DICTATURES EN MATIÈRE DE PERSÉCUTION DES JUIFS — LES MALADRESSES DE PIE XII EN REGARD DES 700 000 JUIFS QU'IL A SAUVÉS — ABSURDITÉ DES ACCUSATIONS DE DANIEL GOLDHAGEN CONTRE L'ÉGLISE — CONTRASTES ENTRE LE FASCISME ITALIEN ET LE NAZISME — POURQUOI L'ALLEMAGNE ? — IMPRUDENCES DES JUIFS PENDANT LA GUERRE — L'HUMILIATION ALLEMANDE ET LA MONTÉE DU NAZISME — L'EXACERBATION DES NATIONALISMES ET L'EUROPE DES CÉSARISMES — L'ANTICHRISTIANISME DE HITLER — LES CATHOLIQUES ALLEMANDS MENACÉS D'ÊTRE RÉDUITS AU STATUT DES JUIFS — LA VIE SOUS LE IIIe REICH — LES SHYLOCK NAZIS — ANTISÉMITISME ET INDIFFÉRENCE DES AMÉRICAINS VIS-À-VIS DE L'EUROPE — LES IGNOMINIES DE LA DROITE FRANÇAISE — IRONIE ET PARADOXES DE L'HISTOIRE : LE MATÉRIALISME CAPITALISTE — LE NATIONALISME ET LA RÉSISTANCE FRANÇAISE

L'un des mythes les plus tenaces, mais aussi les plus faux et les plus pernicieux dans les histoires de l'antisémitisme est que, dans les deux pays où se creusèrent les matrices du fascisme et du nazisme, les chrétiens furent les complices plus ou moins tacites de la persécution des juifs. Ce mythe procède du raisonnement suivant : l'Italie et l'Allemagne étaient des pays chrétiens et, pour avoir toléré l'horreur, il fallait bien que les chrétiens — catholiques et protestants — fussent consentants. Naturellement, les chrétiens sont, dans la même erreur, rejetés dans les franges d'une « droite capitaliste » totalitaire. On retrouve cette erreur dans divers ouvrages, dont celui de Daniel Goldhagen, *Hitler's Willing Executioners* [1], déjà cité. Cet auteur écrit ainsi que, dans l'Allemagne moderne, « l'Église catholique en tant qu'institution était entièrement et publiquement antisémite ». Conclusion : l'antisémitisme est toujours causé par le christianisme.

Ce sont là les prémisses, gravement infondées, d'une nouvelle guerre de religions et ils faussent le débat. Le christianisme ne peut être mis en cause dans les déchaînements antisémites du XXe siècle que par l'attitude suspecte du pape Pie XII. Le grand incitateur de l'antisémitisme au XXe siècle fut le nationalisme, le plus souvent associé au capitalisme.

J'ai moi-même, en d'autres lieux [2], déploré que Pie XII n'ait pas quitté Rome pendant la guerre pour retrouver sa liberté de parole. D'autres ont justement critiqué son progermanisme particulièrement maladroit : exprimer en allemand sa joie à l'ambassadeur d'Allemagne en raison des succès militaires allemands en 1940 est exactement le contraire de ce qu'on attend d'un pasteur des chrétiens [3]. Eugenio Pacelli, pape Pie XII, ne pouvait ignorer que l'Allemagne de Hitler n'était pas celle de Bach et de Goethe et que le Führer exécrait l'Église [4]. Mais il s'en faut de beaucoup que les chrétiens dans leur ensemble aient aspergé le fascisme et le nazisme d'eau bénite, même si quelques prélats un peu trop diplomates, volontiers opportunistes, nationalistes et antisémites de base se sont laissés aller dans les années noires à des propos et des complaisances indignes. Jean-Paul II, entre autres, n'a pu oublier qu'il risquait tous les jours sa vie lorsqu'il faisait ses études de théologie à Cracovie, ville qui vivait sous la terreur nazie [5].

La vérité est que Mussolini et Hitler étaient deux anticléricaux et antireligieux véhéments. Mussolini l'était de famille : son père Alessandro, né en 1854, était athée et anticatholique. Le jeune Benito exécra le collège Saint-François-de-Sales où il fut mis en pension à l'âge de neuf ans : il jeta même un encrier à la tête du père supérieur. La brochure *Il Trentino visto da uno Socialista* (« Le Trentin vu par un Socialiste »), publiée en 1908, fourmille d'imprécations contre l'Église, « ce grand cadavre » et le Vatican, « cet antre d'intolérance ». Il récidivera en 1914 dans une autre brochure. Le fascisme ne sera guère plus pieux : lors du premier congrès fasciste, le 9 octobre 1919, l'écrivain futuriste Marinetti exige « l'expulsion de la papauté hors de l'Italie et la dévaticanisation de l'Italie » ; la même année, Mussolini demanda la confiscation des biens de l'Église. Certes, la monarchie et les institutions du pays ont cédé devant le futur Duce. La trop fameuse Marche sur Rome est une comédie : c'est en pleine connaissance de cause que le roi et l'armée ont remis le pouvoir à Mussolini le 28 octobre 1922. Mais le Vatican, non. Dans l'encyclique *Urbi arcani Dei* de la même année 1922, le pape Pie XI appelle les catholiques à la vigilance. Quatre ans plus tard, il condamne le principe de l'État totalitaire. Dans le bras de fer entre Mussolini et le pontife, le premier remporte cependant une victoire qui n'a rien à voir avec la question juive : le pape reconnaît que Rome est bien la capitale de l'Italie [6].

Poursuivant néanmoins le conflit larvé avec le Vatican, Mussolini déclarera à la Chambre, le 14 mai 1929 que, « dans l'État, l'Église n'est pas souveraine, elle n'est même pas libre... » L'année suivante, il traitera le christianisme de « secte juive ». Jusqu'à la fin, il ne se départira pas de son anticléricalisme et anticatholicisme. Paradoxalement, et pendant plusieurs années, il ne sera pourtant pas antisémite : le 13 mai 1929, il déclarait : « Il est ridicule de songer, comme on l'a dit, qu'il fallait fermer les synagogues ou la Synagogue. Les juifs sont à Rome depuis le temps des Rois ; peut-être fournirent-ils des vêtements après l'enlèvement des Sabines ! Ils étaient cinquante mille du temps d'Auguste, et ils demandèrent à pleurer sur le cercueil de Jules César. Ils resteront sans être inquiétés [7]. »

En 1934, encore, rapporte Gérard Sylvain, il disait que Rome pouvait regarder avec pitié certaines doctrines qu'on enseigne au nord de l'Europe, où les gens ne savaient encore ni lire ni écrire quand Rome avait déjà César.

Le *Lavoro fascista* écrivait la même année : « Le Fascisme répudie ces excès de symbolisme, ce faux mysticisme qui caractérisent l'hitlérisme, de même qu'il écarte délibérément la conception raciste, bonne tout au plus pour un élevage de poules et de chevaux ! Le Fascisme est conscient de cette vérité que Rome n'a pas été fondée sur le concept de la race, mais sur celui de la civilisation, à laquelle les actuels disciples de Hitler doivent d'être un peuple civilisé [8]... »

Certes, Mussolini changea d'avis sous la pression de Hitler, et fit promulguer les deux décrets raciaux de 1938. Néanmoins, l'Italie fut l'une des puissances de l'Axe et des territoires assujettis où, durant la Seconde Guerre mondiale, on comptera le moins de victimes de la persécution antisémite : de 7 000 à 7 500 [9] — bien moins qu'en France, par exemple. Les juifs italiens furent protégés par une grande partie de la population, notamment dans les couvents, et les juifs français trouvèrent même au-delà des Alpes, durant les années noires, une sécurité plus grande qu'en France. Contrairement à Vichy, qui dépassa de loin les volontés de l'occupant dans sa chasse aux juifs, l'Italie témoigna d'une résistance exceptionnelle à l'antisémitisme. Alors qu'en 1943, les autorités françaises et allemandes bombardaient les Italiens de demandes de leur livrer les juifs (de 20 000 à 30 000) réfugiés dans les zones du territoire français placées sous leur autorité, les autorités italiennes firent la sourde oreille. L'invasion de la Sicile, la chute de Mussolini et son remplacement par le maréchal Pietro Badoglio mirent fin aux espoirs de la police française et de la Gestapo de s'emparer de ces réfugiés. Ce fut alors, après l'armistice entre l'Italie et les Alliés, le 3 septembre 1943, que Français et Allemands se rabattirent sur les juifs naturalisés après 1927 présents sur le territoire français et que Pierre Laval signa une loi qui en livrait 16 600 aux nazis [10].

Il n'est certes pas question d'exonérer ici globalement le fascisme, mais simplement de rappeler que la complicité unanime du christianisme avec les antisémites durant la Seconde Guerre mondiale est une fiction honteuse. Les attitudes des chrétiens à l'égard des juifs furent très différentes selon les circonstances et les cultures. Le peuple italien résista bien mieux que le français aux incitations à la haine ; la leçon mérite d'être méditée. L'Italie n'a donné ni Papon, ni Eichmann, ni aucun de leurs séides.

En revanche, l'hostilité entre le national-socialisme allemand et les chrétiens était d'une tout autre intensité.

L'aversion de Hitler pour les prêtres était notoire. « La calotte ! Le fait d'apercevoir un de ces avortons en soutane me met hors de moi déclarait-il en 1942. Le christianisme constitue la pire des régressions qu'ait pu subir l'humanité, et c'est le juif, grâce à cette invention diabolique, qui l'a rejetée quinze siècles en arrière. Seule la victoire du juif par le bolchévisme serait un mal pire encore [11]. »

La véhémence de la diatribe ressortit évidemment plus à la psychanalyse, voire à la psychiatrie, qu'à l'analyse historique. Rappellera-t-on que Hitler était régulièrement dopé aux amphétamines et que Hermann Goering était cocaïnomane, sans parler des autres ? Goering avait (faussement) résumé les raisons de l'antichristianisme autant que de l'antisémitisme nazi dès 1930 : « L'homme en noir a fait le guet pendant que le marxisme cambriolait la maison allemande. » Accusation qui reflète bien l'angoisse de la majorité de la nation allemande pendant la révolution de 1918. Mais accusation inique : ni les catholiques, ni les protestants n'avaient de sympathie pour le marxisme athée. La calomnie avait cependant une vraie raison politique : le catholicisme allemand s'incarnait dans un parti politique, le *Zentrum*, qui risquait de barrer la route du pouvoir au national-socialisme et à Hitler. Heinrich Brüning, chancelier de la République de Weimar de 1930 à 1932, avait été le chef du Zentrum. Les catholiques sont alors les adversaires, sinon les ennemis du national-socialisme, surtout depuis l'encyclique de Pie XI, *Non abbiamo bisogno*, du 4 juillet 1931, qui condamne le fascisme, « statolâtrie païenne » ; or, le fascisme est le modèle qui inspire alors Hitler. Les nazis savent bien qu'ils n'ont rien à attendre du christianisme, catholique ou protestant. Alfred Rosenberg, leur théoricien, n'a-t-il pas écrit : « L'Église se sert de sa doctrine d'amour pour pratiquer une politique de gouvernement et de puissance. Elle a formellement déclaré la guerre à l'esprit germanique lorsqu'elle a lancé sa formule : un seul troupeau et un seul pasteur ! Si cette pensée avait remporté une victoire absolue, l'Europe ne serait plus qu'une masse de centaines de millions d'hommes sans caractère, gouvernés avec la crainte bien réglée des supplices de l'Enfer [12]... »

Certes, les réactions des catholiques au péril nazi, qu'ils pressentent sans en imaginer évidemment l'imminence et l'effroyable portée, ne brillent guère par leur intelligence. Rosenberg a beau jeu de rappeler qu'en 1923, Pie XI a évoqué pour l'Allemagne alors accablée, la nécessité de « racheter la triste apostasie qui l'avait séparée de l'Église romaine quatre cents ans plus tôt ». Car, en 1923, l'Église ne s'était pas encore résignée au protestantisme. Et la même année, le *Bayerische Kurier*, organe du Zentrum, écrivait que « la défaite de 1918 avait été voulue par la justice immanente qui avait frappé le peuple allemand, parce qu'il n'avait pas voulu plier devant l'autorité instituée par Dieu, c'est-à-dire la papauté », comme le rappelle André Lama [13]. Rien, plus que ces discours superstitieux, ne pouvait blesser un nationalisme exacerbé par la défaite de 1918, dont chacun portait encore le poids moral et financier. Le résultat fut que les catholiques désertèrent progressivement le Zentrum.

Cette défection ne suffit pas à calmer la vindicte des nazis. Dès les élections de mars 1933, qui lui donnèrent le pouvoir en Allemagne, Hitler chargea Goering « de saper les catholiques, écrit Lama. Nombre d'entre eux sont arrêtés, leurs orateurs sont empêchés de s'exprimer, leurs fonds confisqués et leurs journaux saisis... [...] La loi du 7 avril 1933, portant sur la fonction publique, établira une certaine discrimination à l'encontre des fonctionnaires catholiques. » La chose est peu connue : les catholiques se trouvèrent donc menacés d'être rabaissés au statut des juifs, tous unis par Hitler dans la même exécration. Un concordat avait bien été signé entre Hitler et Pie XI (qui avait délégué pour la circonstance le cardinal Pacelli, futur Pie XII), en juillet 1933. Le pape était pressé de limiter les dégâts ; les catholiques pouvaient espérer retrouver un statut d'Allemands à part entière, mais si la liberté de culte leur était garantie, la liberté d'expression, elle, était annulée ; les institutions catholiques se retrouvèrent muselées et réduites aux œuvres de charité. Hitler s'en vanta : « Nous avons chassé les prêtres du terrain politique et les avons renvoyés dans leurs églises. »

Les catholiques restèrent néanmoins suspects : lors de la purge du 30 juin 1934, où Ernst Röhm fut assassiné et ses SA éliminés, des catholiques firent aussi les frais de la fureur nazie : « Le Dr. Erich Klausener, directeur de l'Action catholique, Adalbert Probst, directeur des Jeunesses catholiques, Fritz Gerlach, éditeur du journal *Der Weg*, "Le Chemin", le prêtre Stempfle » furent « liquidés » eux aussi, parce qu'ils avaient critiqué le régime, rappelle encore Lama. En 1935 et 1936, catholiques allemands et nazis s'opposeront à plusieurs reprises et le clergé se verra reprocher de disposer de fonds à l'étranger. L'encyclique *Mit brennender Sorge* (« Avec un chagrin brûlant ») de mars 1937 condamna l'idéologie nazie et la réaction du régime fut de créer un service, confié à Reynhard Heydrich, chargé de lutter « contre les Églises politiques, les sectes et les juifs ». Le but poursuivi depuis 1933 par le nazisme était bien d'affaiblir jusqu'à la liquidation l'Église catholique. Une fois de plus, les catholiques se voyaient assimilés aux juifs et « la question catholique » se posait en Allemagne autant que « la question juive ». Seulement, on ne pouvait évidemment pas arrêter tous les catholiques pour les déporter, car ils étaient trop nombreux. Pour les vœux de Noël 1937, Pie XI déclara que l'Allemagne était en pleine persécution [14]. Et, à partir de la crise tchécoslovaque, il attaqua même ouvertement les théories raciales du nazisme.

Les accusations d'un Daniel Goldhagen selon lesquelles « l'éclatante absence de toute protestation significative ou de désaccord exprimé en privé [...] ne devrait être considérée ni comme le résultat du "lavage de cerveau" des Allemands par les nazis ni de l'incapacité des Allemands à exprimer leur désapprobation du régime [...] parce que les documents sur cette époque ne confirment ni l'une ni l'autre allégation », ces accusations donc, sont mal fondées en ce qui concerne l'Allemagne, qui est le sujet de son étude. Entre maintes autres preuves de réaction, le 21 mars 1937, « tous les curés d'Allemagne donnent lecture à leurs ouailles de l'encyclique *Mit brennender Sorge* [15]. Goldhagen ignorait-il qu'en 1939 les catholiques étaient arrêtés dans les Sudètes comme « ennemis de l'État » [16] ? L'Église était passée dans les rangs des persécutés.

Le point essentiel de ces accusations, non seulement celles de Goldhagen, mais celles qui sont dirigées plus ou moins tacitement depuis plus d'un demi-siècle contre la nation allemande, est qu'elles posent la question d'une éventuelle culpabilité collective allemande. Selon les thèses qu'elles soutiennent, un pays entier aurait consenti plus ou moins activement à la liquidation de six millions de juifs, se livrant ainsi au massacre le plus monstrueux jamais perpétré de mémoire d'homme. Allemands et chrétiens amalgamés seraient donc des monstres constitutifs et, selon Goldhagen, ils constitueraient tous un peuple de *kapos* meurtriers.

S'il en était ainsi, et si la haine du juif était viscéralement ancrée chez les Allemands, on peut se demander, comme l'ont fait d'autres auteurs — juifs, de surcroît [17] — pourquoi ils ne s'étaient pas insurgés contre l'État wilhelminien qui, lui, protégeait les juifs. Dans ce cas-là, écrivent Norman G. Finkelstein et Ruth Bettina Birn, « le sang juif eût dû couler dans les rues » depuis longtemps. Ce type d'accusation fait bon marché du fait que Hitler, dont l'antisémitisme était avéré dès avant son accession au titre de chancelier, ne fut élu qu'avec 33 % environ des voix et qu'aucun sondage ne permit par la suite de mesurer sa popularité réelle.

L'énormité même de l'allégation de Goldhagen suffit à la déconsidérer, car, dans ce cas, il faudrait juger aussi tous les Russes comme responsables des quelque trente millions de morts de l'ère léniniste-stalinienne, tous les Cambodgiens responsables des quelque deux millions de morts perpétrés par les Khmers rouges. Dans la logique de ces accusations, il faudrait donc, dans un nouveau Nuremberg, passer en jugement la totalité de la nation allemande, interdire l'usage de la langue allemande et bannir la seule mention du mot « Allemagne ». De telles accusations me paraissent ressortir à la mentalité totalitaire : elles procèdent d'une variété nouvelle de génocide, le « génocide intellectuel ». De plus, elles n'expliquent rien : elles obnubilent définitivement le débat. Pourquoi les Allemands ? Pourquoi eux seuls ? Pourquoi les juifs ? C'est ainsi qu'on en revient à la question posée dans les premières lignes de cet ouvrage : pourquoi ?

En effet, les accusations si commodément lancées dans une période de paix, où l'on n'imagine pas, ne peut pas imaginer, ce que fut la vie quotidienne, ne tiennent pas compte de l'appareil policier et militaire qui encadre la totalité de l'Allemagne. La domination du parti national-socialiste sur l'État allemand — car il y avait quand même un État allemand, détail souvent négligé par les historiens — avait progressivement donné aux nazis le contrôle absolu non seulement de la vie publique, mais également de la vie privée. Les documents réunis par Jeremy Noakes [18], par exemple, permettent de vérifier que, contrairement à des assertions hâtives et tendancieuses, la totalité des Allemands étaient loin d'approuver le nazisme ; les rapports des services de sécurité, la *Sicherheitdienst*, démontrent l'espionnage serré, souvent fondé sur la délation (comme ce serait plus tard le cas dans la République démocratique allemande). L'eussent-ils voulu, les Allemands chrétiens ne disposaient d'aucun moyen pour s'opposer à la Shoah : ils essayaient d'abord de sauver leur peau et priaient pour une victoire qui leur éviterait l'apocalypse, tout en sachant, depuis la fin 1943, qu'elle était impossible. L'Allemagne était devenue pour eux un gigantesque camp de concentration. Ainsi, les enfants que les autorités se préparaient à évacuer en cas d'avance alliée, selon les plans de la *Kinderlandverschikung* ou KLV, étaient eux aussi cantonnés dans des camps soumis à une discipline féroce. Des milliers de femmes allemandes employées dans les usines de guerre, et parfois de vieilles femmes, furent envoyées dans des camps de travail pour des infractions mineures, parfois pour avoir entretenu des rapports sexuels avec des travailleurs des pays occupés, non juifs pourtant. Et les travailleurs des usines de guerre qui commettaient des erreurs étaient fusillés : dans la seule année 1943, le régime en exécuta 5 336 pour « sabotage ». Jusqu'en juin 1944, le Parti voulait contrôler jusqu'au déroulement des conversations entre des gens qui se rendaient visite : une circulaire adressée aux centres locaux du Parti dictait les formules que les « bons Allemands » devaient échanger entre eux [19] !

Demander à une population qui vivait dans ces conditions de s'insurger contre l'extermination des juifs relève du délire, et en tout cas de l'ignorance historique la plus grossière, sinon de la malveillance primitive. Toutefois, cette extraordinaire distorsion de la réalité historique a pris des proportions planétaires.

Rien ne permet aussi bien de vérifier que l'antisémitisme nazi était de nature essentiellement nationaliste et que le christianisme n'y était pour rien, quels qu'eussent été ses bévues, ses compromissions et ses silences. Il faut l'affirmer ici avec force : l'antisémitisme de la première moitié du xxᵉ siècle fut d'inspiration exclusivement nationaliste [20]. La participation de chrétiens et de quelques-uns de leurs représentants dans les clergés catholique et protestant n'y change rien : le christianisme et les chrétiens peuvent aussi compter des nationalistes qui prirent des positions étourdies, aberrantes, immorales ou franchement criminelles, selon leurs tempéraments et les circonstances [21]. Sans doute aussi, par tactique, en raison de la peur que leur inspirait le matérialisme athée marxiste.

Comment en arriva-t-on là ? Comment un peuple abandonna-t-il son destin aux mains de quelques poignées de meurtriers ?

L'histoire de la montée du nazisme a été écrite maintes fois ; mais ses prémisses, qui sont tout aussi importantes, sont peu connues. Tandis qu'à Versailles les vainqueurs, français, anglais, italien et américain, débattaient depuis juin 1919 du sort de l'Allemagne en son absence, puisqu'elle avait été formellement exclue, l'objet même de leur festin se désagrégeait.

En effet, le 3 novembre 1918, neuf jours avant la signature de l'armistice à Rethondes, l'Allemagne était déjà entrée en guerre civile. Les marins de la flotte à Kiel s'étaient révoltés et l'insurrection gagna rapidement Lübeck, Hambourg, Brême, Hanovre, Munich. Elle se transforma en révolution. Deux jours avant l'armistice, Guillaume II abdiqua. Le socialiste Scheidemann décréta la République à Berlin. Il s'en fallait que l'ordre fût rétabli : les spartakistes, antenne des bolcheviks, essayaient d'instaurer la dictature du prolétariat sur les décombres du Reich. C'était grave pour les Allemands ; ce l'était aussi pour les juifs. Qui retrouvait-on dans ce mouvement ? Karl Liebknecht, Rosa Luxemburg, Clara Zetkin : des juifs, auxquels avait été associé quelques années auparavant le député social-démocrate juif Paul Singer (mort en 1911). Or, le groupe Spartakus s'était distingué tout au long de la guerre par son attitude résolument antimilitariste : en 1915, il avait dénoncé comme une trahison le ralliement du parti social-démocrate, le SPD, à l'effort de guerre. Après 1916 et l'exclusion de Liebknecht du SPD et en pleine guerre, Spartakus avait participé aux mouvements de grève qui se déclenchèrent dans l'Allemagne, et notamment en avril 1917. On voyait les « patriotes » à l'œuvre.

L'image des juifs subit là un coup meurtrier. Mais ce n'était pas le seul. L'épisode de la République des conseils de Bavière, en 1918, tentative sécessionniste où des hommes politiques juifs avaient joué un rôle prééminent, leur aliéna une bonne partie des nationalistes. C'était ainsi un juif, Kurt Eisner qui, le 8 novembre 1918, avait proclamé la République sociale et démocratique de Bavière, apparemment inconscient de ce que le seul fait d'être juif l'exposait aux hostilités de la droite et de la gauche. « Pour les communistes, écrit Nachum T. Gidal [22], Eisner était le suppôt de la bourgeoisie. Pour la droite, c'était un bolchevik juif, "un sale Prussien". En fait, Eisner était totalement indifférent au judaïsme. »

Quatre mois plus tard, la garnison de Munich tente un coup d'État. Les communistes décrètent la Deuxième république des conseils, où des commissaires du peuple dictent leur volonté de gouverner de manière autonome et évidemment communiste. Le comité de direction compte de nouveau des juifs : Gustav Landauer, Eugen Leviné, Ernst Toller, collaborateur d'Eisner. Les deux premiers seront assassinés, le troisième se suicidera en 1939.

Il est possible que l'Allemagne ait été, de tous les pays du monde, celui auquel, dans l'histoire moderne, les juifs se sont le plus intimemement et passionnément identifiés. D'où les risques extraordinaires qu'ils ont pris en œuvrant si ouvertement à la modification de son destin, et notamment à l'avènement d'une république socialiste. Les Hugo Haase, Gustav Landauer, Oskar Cohn, Otto Landsberg, Bernhard Falk et tous les autres, trop nombreux pour être cités ici, se sont engagés après la Première Guerre mondiale dans la refonte de l'Allemagne comme si c'était réellement leur pays. Beaucoup d'entre eux abdiquèrent pratiquement leur judaïté. Il n'est pas indifférent que le principal rédacteur de la constitution de la République de Weimar, et qui en fut ensuite ministre de l'Intérieur, ait été Hugo Preuss. Il restera un jour à expliquer ce roman d'amour tragique entre les juifs et l'Allemagne.

Il n'en demeure pas moins qu'ils œuvraient sur un terrain explosif et qui, de fait, explosa un quart de siècle plus tard. La nation, déjà humiliée par toutes les épreuves consécutives à la défaite de 1918, l'occupation d'une partie de son territoire, l'abdication de son empereur, se sentit menacée cette fois de l'intérieur. Elle trouvait des juifs dans les principales tentatives de sédition. Ce fut donc à partir de 1919, dans le pays le plus dévasté qu'on eût jamais vu en Europe depuis la guerre de Trente Ans, politiquement, économiquement, financièrement, socialement et surtout psychologiquement, que l'antisémitisme allemand prit le tournant sinistre dont on sait l'issue.

Martin Buber avait été conscient du rôle prééminent des juifs dans la révolution allemande. Il écrivit en novembre 1918 dans le mensuel *Der Jude* que « de tout temps, ils ont cru à un "devenir", à une "terre nouvelle", à la transformation de tout ce qui les entoure ». Mais celui qui avait d'emblée saisi le plus exactement la situation des juifs dans le monde moderne avait été Frédéric Nietzsche. « Tout le problème des juifs, écrit-il, n'existe que dans les États nationaux, en ce sens que, là, leur activité et leur intelligence supérieure, le capital d'esprit et de volonté qu'ils ont longuement amassé de génération en génération à l'école du malheur, doit arriver à prédominer généralement dans une mesure qui éveille l'envie et la haine, si bien que dans presque toutes les nations actuelles, et cela d'autant plus qu'elles affectent le nationalisme, se propage cette impertinence de la presse qui consiste à mener les juifs à l'abattoir comme les boucs émissaires de tous les maux possibles et privés [...] Toute nation, tout homme a des traits déplaisants, même dangereux : c'est barbarie de vouloir que le juif fasse exception[23]. »

L'Allemagne, hélas, n'était pas constituée de nietzschéens. Dès 1919, l'essentiel du décor de la tragédie ultérieure était campé.

Le mois qui suivit la révolution, en décembre 1918, les spartakistes fondèrent le Parti communiste allemand, le DKP. Le chaos se poursuivait et atteignait une intensité alarmante : une grève générale éclata à Berlin à l'instigation du DKP. L'instauration en Allemagne d'un régime bolchevik semblait imminente ; elle ne fut évitée que par un accord hâtif, conclu en secret, dans la nuit du 9 au 10 novembre 1918 entre le socialiste Ebert et le général Groener. Les troupes gouvernementales investirent Berlin le 15 janvier 1919 à minuit. Ce fut le début de la Semaine sanglante....

Pour les spartakistes, le cauchemar commence, écrit l'un des meilleurs historiens de cette époque, Pierre Benoist-Méchin [24]. Ils sont traqués de quartier en quartier, refoulés vers les cours des immeubles et fusillés par groupes de quinze ou de vingt. Une véritable chasse à l'homme s'établit dans la ville. Et ceux que l'on recherche le plus activement, ce sont naturellement les chefs, Rosa Luxemburg et Liebknecht. » Comme c'était prévisible, Liebknecht et Luxemburg furent retrouvés ce soir-là à l'hôtel Eden, et assassinés peu après. Ils n'eussent pas pu témoigner plus éloquemment de leur hostilité à la notion la plus chère à l'Allemagne humiliée, qui était celle de la nation. Une semaine après Liebknecht et Luxemburg, le 21 janvier, Eisner était assassiné par le comte Arco Valley. La République des conseils de Bavière était dissoute.

Et la conférence de Versailles n'avait pas encore commencé.

Quand les délégations des Alliés, dirigées par Clemenceau, Lloyd George, Orlando et Wilson, se mirent au travail, ils n'avaient visiblement rien compris aux événements ; pis, ils creusèrent des millions de fosses à venir [25]. En effet, le 28 avril 1921, la Commission des réparations estima que la dette de guerre de l'Allemagne était de trente-trois milliards de dollars, soit dix milliards de livres sterling, soit encore cinq milliards de francs-or, théoriquement payables deux jours plus tard, le 1er mai 1921 (article 233) [26]. Trente-trois fois exactement le montant des dommages que l'Allemagne avait demandés à la France en 1871. L'Alsace-Lorraine revenait à la France. Et la Rhénanie était occupée [27].

L'année suivante, il eût suffi de quelques dollars pour payer la totalité de la dette allemande, si celle-ci avait pu être réglée en marks-papier : à la stabilisation de la devise allemande, en novembre 1923, un dollar valait, en effet, 4,2 milliards de marks-papier...

Un nouveau chaos s'installa Le chômage sévit et l'inflation atteignit bientôt des records astronomiques. Rentiers et retraités furent ruinés en quelques mois, la misère s'installa et menaça la santé publique et l'enfance. Proclamée en 1919, la République de Weimar, ainsi nommée parce que c'est dans cette ville que sa constitution avait été établie, était déconsidérée d'avance pour la raison essentielle qu'elle avait consenti aux *diktats* de Versailles. C'est l'Allemagne pathétique, grotesque et sinistre décrite, par exemple, par l'artiste satirique allemand George Grosz dans *Ein kleines Ja und ein grosses Nein* (« Un petit Oui et un grand Non »), avec ses rues parcourues d'invalides de guerre traînant leurs pilons et leurs manches vides, et de prostituées [28].

La République de Weimar a été traitée avec beaucoup de condescendance et de dérision à l'extérieur même de l'Allemagne ; elle l'a bien mérité. C'était une façade politique campée par des tièdes, inconscients de la violence avec laquelle la marmite infernale bouillonnait sous leurs pieds et plaquée sur des ruines parcourues d'ombres menaçantes, comploteurs, revanchards, idéologues de tout poil, ambitieux à la petite et à la grande semaine, les uns patriotes, les autres aventuriers. Des corps francs étaient apparus partout pour défendre la nation contre les milices rouges et la dictature du prolétariat qu'avaient voulu instaurer les Liebknecht et Luxemburg. C'étaient eux qui avaient amené les drapeaux rouges hissés par les spartakistes sur les principaux édifices de Berlin ; les nationaux-socialistes ne l'oublieraient pas quand ils prendraient le pouvoir en 1933. Un fait est certain : ils étaient tous nationalistes.

Leur cause, et notamment celle des partisans de Hitler, sembla affaiblie par le miracle économique de 1924-1928, réalisé grâce au Plan Dawes. La prospérité eût-elle continué que l'Allemagne weimarienne eût sans doute prolongé pacifiquement l'Empire. Il n'en fut rien : la crise de 1929 rejeta brutalement le pays dans les affres de la dévaluation de 1923, inflation, chômage, etc. Les folies des banquiers de Wall Street préparèrent donc l'avènement du national-socialisme. Le même capitalisme qui devait ériger l'Allemagne en rempart contre le communisme favorisa indirectement l'avènement des chemises brunes porteuses de la swastika inversée (invention de la *Thule Gesellschaft*, organisation raciste) et d'une poignée de criminels enragés.

La Reichswehr avait montré son rôle de gardienne de la nation, notamment en Bavière et en Prusse, écrasant la sédition partout et capable d'« éliminer » les juifs là où ils étaient le plus dangereux, comme à Berlin, pendant la révolution. Elle ruminait sa revanche pendant que le peuple remâchait l'amertume ressentie quand il avait assisté au retour des armées vaincues sur les ponts de ce Rhin qui avait vu passer les légions de César et les hordes d'Attila.

Il existe assez de preuves de l'épouvante plus ou moins avouée que l'URSS inspirait au monde pour ne pas croire que la majeure partie de l'Occident se félicita secrètement de la reconstitution de l'armée allemande à partir des vestiges qu'en avait laissés la guerre. Il n'y avait pas de quoi. Déjà, pendant la guerre, les soldats du front ne croyaient plus à la légitimité de leur combat ; quand ils rentrèrent dans leurs foyers, accablés par la défaite, ils trouvèrent un pays agité de soubresauts sinistres.

« Le temps vint où chacun avait à lutter entre l'instinct de conservation et les injonctions du devoir [...] Un dur combat s'engageait, fait de tiraillements contradictoires, et seule résistait une dernière année de conscience », écrivait le fantassin de 1re classe Adolf Hitler, du 16e régiment d'infanterie bavaroise [29]. L'épreuve allemande ne s'était pas achevée avec l'armistice : de retour chez lui, le soldat « devient aussitôt la proie de la propagande révolutionnaire, comme l'écrit Benoist-Méchin [30]. Il voit de longs cortèges parcourir les rues, le drapeau rouge en tête, et chantant :

Frères, en avant, vers le soleil et la liberté ! »

Il voudrait obéir au devoir. Mais où réside le devoir ? Dans la défense d'une société impériale qui n'est plus que le corps sans tête d'une monarchie qui a entraîné le pays au désastre, ou bien dans une aventure bolchevique dont les plus sages avertissent les jeunes qu'elle est commandée par l'étranger ?

C'est dans ce contexte, en effet, que s'imposa le Parti national-socialiste. Avec 230 députés, il était devenu une force croissante, non seulement au parlement, le Reichstag, mais également dans toute l'Allemagne. Appelé au pouvoir par le chancelier Hindenburg le 30 janvier 1933, Adolf Hitler redonnait confiance au pays. Et pas seulement au pays, mais à l'étranger. En 1935, l'homme qui devait incarner l'infamie pour la seconde moitié du XXe siècle, inspirait à celui qui allait devenir son plus redoutable adversaire, Winston Churchill, les lignes suivantes :

« Il n'est pas possible de se former une idée juste d'un personnage public qui a atteint les dimensions considérables d'Adolf Hitler avant que l'œuvre entier de sa vie soit sous nos yeux. Bien qu'aucune action politique ultérieure ne puisse racheter des actes immoraux, l'histoire est pleine d'hommes qui ont atteint le pouvoir par des méthodes dures, âpres et même effrayantes, mais qui, néanmoins, ont été considérés comme de grandes figures, enrichissant l'histoire de l'humanité, quand leurs vies ont été révélées dans leur totalité. [...] L'histoire de cette lutte [de Hitler, écrit Churchill se référant à *Mein Kampf*] ne peut être lue sans admiration pour le courage, la persévérance et la force vitale qui lui ont permis de défier, de se concilier ou de vaincre toutes les autorités ou résistances qui lui ont barré le chemin [31]. »

Or, ces lignes étaient rédigées et publiées après la Nuit des Longs Couteaux de 1934 et alors que l'antisémitisme s'était déchaîné en Allemagne depuis 1929 [32]. Hitler inspirait confiance à une grande partie de l'Occident, acquise au cynisme de la Realpolitik résumé dans la formule : « Qui veut la fin veut les moyens » et si bien exprimée soixante-dix ans plus tard dans la formule de Mao Zedong : « Qu'importe qu'un chat soit noir ou gris, pourvu qu'il attrape les souris ». Le capitalisme occidental craignait le marxisme plus que tout au monde, et les juifs en firent les frais. Il ne commença à s'opposer à Hitler que lorsque celui-ci menaça de rafler la mise, c'est-à-dire la totalité de l'Europe, et ce ne fut qu'alors que les États-Unis entrèrent en scène. Le national-socialisme était d'abord socialiste, crime capital, notamment aux États-Unis, où le banquier John Pierpont Morgan refusait de parler à Franklin Roosevelt, coupable d'avoir mis en œuvre le New Deal « socialiste » pour tirer son pays de la crise de 1929, et qu'il appelait « le Rouge de la Maison Blanche ».

Entre-temps, le national-socialisme progressait en Allemagne, fort de la confiance que lui accordaient, non seulement les Allemands, mais des personnalités influentes de l'étranger, et non seulement un Winston Churchill, mais encore un Charles Lindbergh, figure légendaire et ardent propagandiste du nazisme aux États-

Unis. Les Allemands ne pouvaient moins faire que de rendre les honneurs à l'homme qui les avait sauvés du bolchevisme, qui avait restauré la prospérité et la fierté nationales et auquel même l'étranger rendait hommage, et quel hommage ! Ce fut ainsi que le nazisme s'implanta en Allemagne. On connaît la suite : l'instauration d'une mentalité d'état de siège par un redoutable appareil de propagande doublé d'un non moins terrifiant appareil policier et militaire.

Rétrospectivement, la paranoïa de l'autoritarisme allemand apparaît incompréhensible. À cette époque, imprégnée, infectée, par les césarismes, elle était au contraire parfaitement compréhensible et elle s'éclaire dès qu'on examine le contexte. À l'est, Staline avait transformé l'URSS en forteresse, à l'ouest, Franco faisait triompher sa dictature en Espagne et Salazar, depuis 1932, asseyait la sienne au Portugal sur une prospérité économique inconnue depuis 1854. Au sud, Mussolini semblait avoir restauré la Rome impériale. Depuis 1920, la régence de Horthy imposait une autre dictature en Hongrie et, en Roumanie, la Garde de Fer de Codreanu, ouvertement pro-allemande, prenait modèle sur les SA nazis. Depuis 1926, la Grèce était passée presque sans interruption de la dictature de Pangalos à celle de Metaxas, et depuis 1924 la Turquie vivait sous celle de Moustafa Kémal. Encore, ce décompte n'inclut-il pas les innombrables mouvements fascistes ou préfascistes dans ce qui demeurait de démocraties, du rexisme de Léon Degrelle en Belgique au NSB national-socialiste d'Anton Mussert aux Pays-Bas, du parti fasciste de Vidkun Quisling en Norvège aux Chemises noires d'Oswald Mosley en Grande-Bretagne. L'Europe entière était, soit déjà sous la botte des totalitarismes, soit prête à l'être avec enthousiasme. Il n'était que normal, pensait-on à l'extérieur de l'Allemagne, qu'un grand pays tel que l'Allemagne fût assujetti à ce qu'en termes euphémistes on appelait à l'époque « un régime fort ».

On peut dire qu'au lendemain de la Grande Guerre et surtout après la crise de 1929, l'Occident entier vit dans la peur. A-t-on assez évoqué le Grand Soir dont les communistes menaçaient les « bourgeois » ! Les nationalismes se sont, en effet, exacerbés, quasiment tétanisés, jusqu'à se changer en totalitarismes. En dépit de l'effroyable hécatombe qu'elle a causée, la guerre n'a rien enseigné aux consciences nationales, en France comme ailleurs ; nul n'a entendu la voix des mutins de 1917 dont le souvenir, quatre-vingts ans plus tard, allait pourtant agiter encore la politique française, opposant les tenants d'un nationalisme archaïque aux partisans de l'autonomie de l'individu [33]. Bien au contraire, le conflit a enflammé les esprits et attisé les haines. Une vigilance pathologique à l'égard de l'étranger imprègne les cultures. Un être humain n'est plus qu'un « national » de tel ou tel pays. La naissance de l'URSS et la dissémination de ses têtes de pont dans les pays occidentaux par le truchement des partis communistes locaux ont conféré au communisme une imminence effrayante, qui a largement contribué à l'avènement du IIIe Reich par l'alarme suscitée chez les nationalismes capitalistes. Dès lors, les antagonismes s'inscrivent dans un vaste conflit idéologique.

Et les juifs se trouvent isolés dans la tempête qui s'annonce : traditionnellement rejetés, souvent expulsés, toujours étrangers, ils n'ont pas de camp. Ils sont encore plus honnis par les nationalismes que jadis par les religions chrétiennes.

Même aux États-Unis, et alors que les juifs y semblent généralement admis et respectés, on voit apparaître des courants antisémites violents, qui associent les juifs aux communistes. Ainsi, en 1933, B.L. Bridges, secrétaire général de l'Arkansas Baptist Convention, estime publiquement que « Herr Hitler » a raison de persécuter les juifs, que les juifs sont des « trublions des nations » (*disturber of nations*) et que « personne, mis en face des faits, ne peut douter que le communisme est juif ». Et l'année suivante, la Baptist World Alliance, la plus puissante force religieuse des États-Unis, tient son congrès annuel à Berlin, geste chargé d'un symbolisme évident [34].

Parmi bien des traits communs, il en est un que partagent tous les totalitarismes : le culte des mythes apparentés de l'identité nationale et de la pureté. C'était ainsi au nom de la pureté de l'État communiste que la presse soviétique, aux ordres de la bureaucratie, prolongeait la tradition du fameux faux de la police tsariste, le *Protocole des Sages de Sion*. Dès les années 20, elle répéta inlassablement, fidèle au juif apostat et antisémite Karl Marx, que les juifs étaient obscurantistes, malhonnêtes, conspirateurs, liés à l'étranger, fascistes et bellicistes. Elle prolongea longtemps cette tradition : le 27 septembre 1959, alors que les horreurs des camps allemands avaient depuis bien longtemps été révélées au monde, la *Dniestrovskaïa Pravda* de Tiraspol, en Moldavie soviétique écrivait : « Le judaïsme n'est pas seulement dirigé contre la compréhension scientifique du monde, il représente également une force hostile aux intérêts du peuple [35]. »

Mais c'était en Allemagne que le mythe de l'identité nationale allait atteindre son paroxysme le plus meurtrier. Le système mis en place par Hitler visait à « réparer » la profonde blessure infligée à l'Allemagne par la défaite de 1918, ressentie par lui et la cohorte de revanchards pathologiques qui l'entourait comme une humiliation personnelle et qui avait abouti à la résolution : « Plus jamais cela ! » Or, le « Plus jamais cela ! » désignait, non pas le massacre de 14-18, mais la défaite de l'Empire contresignée par la République de Weimar, cette république que, dans leur simplisme, les nazis avaient assimilée aux cosmopolites, aux démocrates et surtout aux juifs, tous agents de « l'ennemi ». La signature même de la paranoïa est la hantise du complot, la folie de la persécution. Soudards épais comme Ernst Röhm, Hermann Goering, Martin Bormann, Heinrich Himmler, ou junkers drapés dans leur orgueil offensé, comme Dönitz, von Ribbentrop, von Papen, ils croyaient s'héroïser dans un fantasme wagnérien, alors qu'ils s'enfonçaient dans une paranoïa criminelle. La guerre leur offrit l'occasion de réaliser la vengeance dont rêvent tous les paranoïaques.

La folie de la réaction dépassa la douleur de l'orgueil blessé. Lentement, un fantasme prit corps dans les esprits de la minorité qui s'était emparée du pouvoir en Allemagne : la purification. Si le pays avait été vaincu, c'est qu'il avait été affaibli par des éléments étrangers. Les nazis y englobèrent tous ceux que, sur la foi de la pseudo-science qu'ils cultivaient — astrophysiciens délirants comme Hörbiger, qui croyait que le ciel était plein de glace, anthropologues de fantaisie comme Eugen Fischer, directeur de l'Institut Kaiser-Wilhelm de Berlin et tenant des théories racistes sur l'aryanisme, médecins sadiques comme Josef Mengele —, ils tenaient pour des corps étrangers, ennemis de la « race allemande » : communistes et trisomiques 21, opposants de divers bords et alcooliques, gitans et syphilitiques, homosexuels et débiles, et surtout les juifs. Ces derniers passaient aux yeux des nazis pour tout cela à la fois : dégénérés, communistes, homosexuels, alcooliques, etc. Ils étaient les boucs émissaires désignés par la haine délirante de Hitler.

Selon les psychanalystes, le fantasme de la purification serait un avatar du narcissisme [36]. Pour les nouveaux chefs du III⁰ Reich, l'image qu'ils se faisaient de leur pays, et à laquelle ils s'identifiaient, était blessée et souillée ; ils décidèrent de la restaurer en éliminant ces « souillures ». C'était, d'ailleurs, le fantasme de tous les nationalistes européens de l'époque, mais les nazis, isolés dans leur théâtre de songe, le poussaient à son paroxysme. Dans un premier temps, de 1933 à 1938, et surtout depuis la Nuit de Cristal, leur agressivité alla croissant et prit un tour de plus en plus meurtrier, mais sans obéir à un programme global d'extermination, dont il fut question pour la première fois publiquement en 1939. Apparemment, ils visaient surtout à expulser les juifs hors d'Allemagne (ce fut pourquoi les lois de Nuremberg, votées en 1935, firent de ces derniers des étrangers dans leur propre pays). À la veille de la guerre, les deux tiers des juifs allemands étaient partis et, en 1941, il n'en restait plus dans le pays que 170 000 [37]. L'Allemagne était donc presque *Judenfrei*. Le régime étudia même avec ses diplomates la possibilité d'expédier tous les juifs restants dans une terre lointaine : Afrique (Madagascar) ou Asie. La guerre ayant éclaté, ce furent huit millions de juifs qui se trouvèrent dans les territoires contrôlés par les Allemands. Il n'était plus question de les expulser et Hitler mit en œuvre la menace d'extermination révélée dans son discours du 30 janvier 1939.

Toutefois, le fantasme de la purification est incompréhensible sans une composante explosive, celle-là même qui donne sa spécificité allemande à la Shoah : le nihilisme. Ce phénomène, plus idéologique et sans doute plus psychologique que philosophique, a suscité une littérature importante. De toutes les analyses, la plus pénétrante, la plus complète aussi, me paraît être celle de Leo Strauss [38]. Seul Strauss, en effet, a clairement décrit le caractère du nihilisme allemand : ce n'est pas « le désir de tout détruire, soi-même y compris, mais le désir de détruire quelque chose de *précis* : la civilisation *moderne* »[39]. Les prémisses, déjà présentes dans la pensée occidentale de la fin du XIXe siècle, prirent leur coloration la plus sinistre après la guerre de 1914-1918 : la mentalité d'assiégés, à forte teinture paranoïaque, qui régnait déjà dans l'Allemagne wilhelminienne, se nuança du sentiment que l'Allemagne était victime du monde environnant. Quel était ce monde ? Le monde moderne, dont les juifs étaient les agents.

On retrouve dans la littérature allemande du temps de nombreux reflets de cette disposition d'esprit, dont Strauss souligne qu'elle était surtout émotionnelle : du *Déclin de l'Occident* d'Oswald Spengler aux *Réprouvés* d'Ernst von Salomon et aux *Falaises de marbre* d'Ernst Jünger, sans oublier Martin Heidegger, nommément désigné par Strauss et dont la dénonciation d'une entité floue nommée « technique » faisait étrangement écho à l'exécration de la modernité professée par les intellectuels nazis[40]. *Les Réprouvés* est peut-être le plus significatif et le plus représentatif de ces ouvrages du point de vue émotionnel. L'auteur y raconte l'organisation et l'exécution du complot, auquel il participait, pour l'assassinat de Walther Rathenau, ministre de la Reconstruction du gouvernement de Weimar. Rathenau, en effet, projetait l'électrification de l'Allemagne ; il fut assassiné en 1922[41]. Juif et industriel cosmopolite, Rathenau incarnait déjà la haine des nihilistes allemands pour le juif et la modernité.

Ce fut la combinaison délétère de l'aspiration à un régime autoritaire — qui était européenne — avec la volonté de purification et le nihilisme, spécifiquement allemands, qui jeta les nationaux-socialistes dans la folie et leur fit franchir le pas du meurtre collectif le plus inconcevable de l'histoire. Saisis par la théâtralité propre aux hystériques, ils accomplirent leur psychodrame sanglant devant un peuple en état de transe et impuissant.

À partir de quel moment les nazis établirent-ils leur projet de « solution finale » ? Il apparaît que, contrairement à une idée répandue, ils aient adapté leurs projets à l'évolution de la guerre, par approximations successives[42]. Une date décisive peut cependant être avancée : c'est le démarrage des installations de gazage, « notamment à

Chelmno et à Belzec » à la fin de 1941 (et en 1942 à Auschwitz), pour reprendre les indications de Philippe Burrin [43]. Le plan général n'était toutefois pas encore arrêté, et il est possible que les nazis, qui avaient commencé par envisager l'expulsion des juifs, se soient trouvés dans l'impossibilité de le faire quand ils eurent occupé la plus grande partie de l'Europe. Une indication en ce sens est admise par la majorité des chercheurs et des historiens depuis plus de vingt ans : le 20 janvier 1942, Hermann Goering organisa une conférence sur la planification de la « solution finale » dans une villa de Wannsee, faubourg de Berlin. Le président en était Reynhardt Heydrich et le secrétaire, le lieutenant SS Adolf Eichmann [44]. L'ampleur de la tâche avait pris les nazis de court. Il fallait en finir rapidement avec les juifs.

Un point est certain : les Allemands s'efforcèrent de mener leur opération en secret. Une indication en est la hantise de trahison qui s'empara de Hitler et de ses proches quand les premières informations sur les exécutions en masse de juifs furent publiées à l'extérieur.

Par une ironie sinistre, les nazis rivalisant d'infamie avec le célèbre juif imaginaire de Shakespeare, Shylock, avaient espéré vendre leurs juifs. En 1939, ils avaient demandé 25 millions de livres sterling — somme énorme pour l'époque — à la Grande-Bretagne et autant aux États-Unis pour leur livrer des juifs, non sans avoir évidemment dépouillé ceux-ci de tous leurs biens. C'était le plan préparé par le banquier du Reich, Hjalmar Schacht. La première « livraison » devait comprendre 150 000 juifs. Le plan capota à cause de l'opposition ultérieure de Hitler, dominé par son obsession de génocide [45].

Plus d'un demi-siècle plus tard, l'entreprise d'extermination nazie prend toujours de court l'esprit, incapable de concevoir l'inhumanité autant que l'atrocité d'un massacre perpétré de sang-froid trois années durant. Il n'existe toujours pas d'histoire complète de l'holocauste qui fasse autorité : trop de lacunes subsistent à trop d'égards. Les archives allemandes sont sûrement loin d'avoir livré tous leurs secrets. Ainsi, il est étrange que les documents donnant des ordres d'exécution de la « solution finale » soient si peu nombreux et qu'on n'en ait pas un seul signé de Hitler. On est en droit de penser qu'il existe des caisses d'archives compromettantes, non seulement pour les nazis, mais encore pour bien d'autres, qui dorment dans le monde.

Le plus déconcertant est que les persécutions des juifs furent bien rapportées par les presses étrangères dans les années où elles pouvaient encore en parler, mais sans aucune référence à la « solution finale », qui était pourtant évidente [46]. Évidemment, dans les pays assujettis aux césarismes qui sont énumérés plus haut, il était déconseillé de publier des informations qui pouvaient desservir les nazis ou les petits césars locaux. En dehors des presses scandinaves — danoise, suédoise et norvégienne — pour lesquelles « la question juive » est quasiment exotique et fait l'objet de rapports surtout dans les ministères et les ambassades, tandis que leurs pays s'efforcent discrètement de sauver autant de juifs qu'ils le peuvent [47], il ne reste de presse libre que dans deux ou trois pays d'Europe : la Grande-Bretagne, la France et la Belgique.

La presse anglaise, sensibilisée à « la question juive » par la déclaration Balfour de 1919, qui avait pour la première fois depuis l'Empire romain, donné un foyer aux juifs — et en Palestine, de surcroît — se montre certes émue par les persécutions nazies, mais le Foreign Office estime que l'Holocauste est une hypothèse incroyable et sans doute l'effet d'une « exagération hystérique ». La BBC reçoit en 1941 les instructions de ne pas mettre plus l'accent sur les souffrances des juifs que sur celles de n'importe quel autre peuple sous la domination nazie. Il ne fallait pas attirer l'attention sur les juifs, estimait-on, de peur de déclencher une vague d'antisémitisme dans un pays soumis à de sévères restrictions [48].

Des germes d'antisémitisme infestaient, en effet, le pays. Ceux que disséminait, par exemple, Sir Oswald Mosley, chef de la British Union of Fascists de 1932 à 1940. À la tête d'une milice de Chemises noires qui défilait fréquemment dans les quartiers à prédominance juive de l'East London, portant bannières et insignes de style nazi, Mosley était d'autant plus dangereux qu'il était soutenu par le grand patron de presse Lord Rothermere, propriétaire de l'*Evening News*, du *Daily Mail*, du *Daily Mirror* et du *Sunday Pictorial*, quatre journaux à grande diffusion.

Et Rothermere avait entretenu des rapports d'amitié avec Benito Mussolini et Adolf Hitler [49].

Ce dernier point prouvait qu'il y avait dans le public anglais une large frange qui n'était pas hostile à l'antisémitisme. En témoignait par ailleurs l'existence de divers groupuscules de droite plus ou moins extrêmes, tels que l'Anglo-German Fellowship, The Link, la Nordic League, la National Socialist League, les Britons, sans parler du People's Party de Lord Tavistock.

Les mêmes germes étaient disséminés par quelques autres personnalités telles que le capitaine A.H.M. Ramsay, membre du Parlement, qui fut aussi le seul député britannique interné pendant la guerre. Chef du Right Club, petit magma proto-fasciste, Ramsay fut officiellement accusé d'avoir été désigné par Hitler comme le gauleiter du Royaume-Uni en cas d'occupation du pays. En réalité, il semble qu'il était un aventurier et un extravagant, entouré d'une café-society d'alter ego, dont quelques militaires agités, un amiral à la retraite devenu maître d'hôtel, et pas mal d'imposteurs. Impliqué dans une rocambolesque affaire d'espionnage, il fut arrêté, passa la guerre en prison et n'en sortit qu'en 1944 [50].

Plus grave, sans doute, était l'existence d'une cohorte d'aristocrates opposés à un conflit avec l'Allemagne, dont le roi Edouard VIII, plus tard duc de Windsor, fut le plus illustre représentant, de son accession au trône en 1935 à son abdication en 1938. Pendant et après sa royauté, ce dernier avait, en effet, exprimé à plusieurs reprises son admiration pour Hitler et le IIIe Reich [51], et une partie de l'opinion anglaise, imprégnée de l'esprit de Munich, était prête à beaucoup de concessions pour éviter la guerre ; les juifs n'eussent pas pesé d'un grand poids dans un tel contexte et la prudence du gouvernement à l'égard des informations sur les persécutions des juifs s'explique sans doute, sinon se justifie dans une certaine mesure.

La presse française, en revanche, ne paraît pas considérer ces persécutions comme méritant une attention particulière. La presse de droite, bien sûr — *Gringoire, Candide, Je suis partout, L'Action française* — n'en a cure. La presse de gauche, elle, *L'Humanité, l'Œuvre, Ce soir*, sent arriver le pacte germano-soviétique comme un arthritique sent venir l'orage. Aucune réaction internationale, donc : le monde civilisé semble admettre que les juifs sont des humains de second ordre.

En dépit d'une germanophobie croissante [52], qui apparaît chez Maurras, Rebatet, Georges Blond, Robert Brasillach, P.A. Cousteau, Pierre Gaxotte et les autres au fur et à mesure que l'agressivité nazie s'affirme, la presse de droite ne perd pourtant pas une occasion de coup de dents contre les juifs, pourtant victimes des nazis, en des termes où la frénésie de haine le dispute à l'odieux :

« L'antisémitisme bouleverse le ghetto et il a raison. On s'est beaucoup attendri sur le menu peuple juif. C'est au milieu de sa pouillerie, de son apparente humilité, que se conservent intacts les dangereux ferments, les préceptes cyniques d'où sortent les révolutions et les grandes spoliations... » écrit par exemple Lucien Rebatet dans *Je Suis Partout*, le journal que dirige Brasillach et dont il a fait, selon ses propres termes, « l'organe officiel du fascisme international » [53]. Ce n'est pas son seul « exploit » : il enverra à Cousteau une lettre de Vienne où il décrit avec jubilation « une véritable danse du scalp sur les cadavres des juifs de Vienne [...] Si intelligents que soient nos fidèles lecteurs, il est des manifestations de cruauté dont ils pourraient être surpris que nous disions qu'elles sont tout simplement admirables [54] ».

C'est peu de dire que la droite de l'époque exècre la démocratie. Un Gaxotte, par exemple, estime qu'« il y a dans les fascismes étrangers beaucoup trop de démocratie pour notre goût. C'est l'Allemagne et l'Italie qui ont déconsidéré le fascisme [55] ».

Un réductionnisme primaire, travers encore courant à la fin du XXe siècle, résumerait sans doute les lignes qui précèdent en disant que les juifs ont fait les frais des peurs du capitalisme mondial devant le spectre du communisme. Ce serait évidemment faux, parce qu'excessif, mais il y aurait quand même une grande part de vérité dans cette simplification outrancière. Il est vrai que la résurgence du monstre militariste allemand sous les bannières frappées de la croix gammée, caricature cauchemardesque de l'armée allemande, fut indépendante de la volonté d'un Occident pantelant, lui-même épuisé par la Grande Guerre. Hitler accéda au pouvoir grâce à la complaisance névrosée de cet Occident vainqueur, sinon grâce à son appui actif. Il existait pourtant, en 1938, assez de preuves que le IIIe Reich était un épisode psychiatrique de l'histoire, une maladie politique à l'infection apocalyptique pour qu'on dût s'y opposer. L'horreur nazie, qui devait creuser au fer rouge des cicatrices douloureuses même dans les consciences des chrétiens, était assez prévisible pour que, en 1938, dernier arrêt avant l'enfer, Munich eût pu être évité et Hitler tenu en respect. Mais l'impuissance de l'Occident avait été démontrée lors de la guerre d'Espagne et, à Munich, il était représenté par des personnages aussi pitoyables que Neville Chamberlain et Edouard Daladier, loques politiciennes sorties des garde-robes d'une Grande-Bretagne en guêtres et d'un radical-socialisme français courtelinesque — deux caniches édentés devant un loup [56]. Pis encore, l'enthousiasme d'étourneaux qui accueillit Daladier au retour de Munich, alors que, grâce aux vestiges de lucidité qui lui restaient, il s'attendait à être lynché, témoigne assez de la lâcheté irrémédiable des États qu'ils représentaient, Chamberlain, son parapluie et lui.

Et surtout, au fond de leur cœur, les nationalismes européens, tels qu'ils s'étaient constitués depuis le XIXe siècle, étaient antisémites. L'Amérique, passablement antisémite elle aussi, et surtout infestée jusqu'au plus haut niveau par des sympathies tacites pour le nazisme, sommeillait, exsangue, épuisée par les orgies de cupidité de ses spéculateurs et guère encline à intervenir, ni en faveur des démocraties, ni des juifs [57]. Elle opposa à ces derniers le mur glacé de ses lois sur l'immigration, comme en témoigne l'indigne odyssée du paquebot *Saint-Louis* à l'été 1939. Parti de Hambourg avec 900 passagers juifs, le *Saint-Louis* entra finalement en rade de La Havane, à Cuba. Ses passagers étaient tous munis de visas parfaitement en règle pour une période de quatre-vingt-dix jours. Mais les autorités cubaines, dont il faut rappeler qu'elles étaient directement sous la férule américaine, refusèrent de les laisser débarquer. Le *Saint-Louis* se rendit ensuite à Miami, où les passagers se heurtèrent au même refus. Le navire retourna à Hambourg et la majorité de ses passagers périt plus tard dans des camps de concentration.

Les juifs, n'est-ce pas, n'appartenaient pas encore à la race humaine. On les avait toujours persécutés : quoi de neuf ? On n'allait quand même pas prendre de risques pour eux. Il fallait sauvegarder la patrie.

Par un paradoxe effroyable, les mêmes nations chrétiennes qui avaient honni les juifs parce qu'ils ne s'occupaient que d'argent, cet argent au commerce duquel ils les avaient eux-mêmes condamnés, sacrifiaient aujourd'hui les juifs à l'argent, leur capital, leur petit pécule. Plus juifs que les juifs, ils crurent pouvoir dormir tranquilles, laissant le loup de garde Hitler manger les juifs, puisqu'il les défendait contre l'ours Staline. Puis le loup commença à mordre ceux qu'il était censés protéger et, là, il fallut se rebiffer.

Il faut ici se féliciter de ce que le nazisme aveuglât. À commencer par Hitler, qui interdit la physique relativiste du juif Einstein. Cette fulminante et bienheureuse sottise avait abruti les physiciens allemands. Ainsi, quand à la fin de 1938, Otto Hahn réussit à désintégrer pour la première fois un atome d'uranium, moyennant une décharge de 200 000 électrons-volts, et qu'il obtint d'un côté du baryum et de l'autre de l'argon, il ne comprit pas ce qu'il venait de réaliser. Il me le raconta lui-même en 1958. « C'était de l'alchimie, dit-il, Je ne pouvais pas y croire. » Quand il publia les résultats de ses travaux, il ajouta en conclusion : « Mais j'ai pu me tromper. » La physicienne juive Lise Meitner, exilée au Danemark, comprit, elle, la portée de l'expérience : c'était la première fission de l'atome. Elle alerta Niels Bohr, le père d'un des plus célèbres modèles de l'atome et le chef de l'Institut de physique théorique de Copenhague. Bohr partit pour l'Angleterre. Et de l'Angleterre, pour les États-Unis. En 1943, la bombe atomique fut mise en chantier. On peut encore trembler à l'idée que Hitler n'eût pas banni « la science juive »[58].

On serait tenté de conclure en jetant le nationalisme aux chiens. Force est pourtant de reconnaître que la Résistance française fut un mouvement nationaliste. Et que ce fut grâce à elle que la dignité de l'État et de la nation fut restaurée. Les idéologies n'y étaient pourtant pas en sommeil, puisqu'il y eut au moins deux grands mouvements qui l'animèrent et qui faillirent même faire qu'il y eut deux Résistances. Mais des gens de toutes classes sociales et de toutes confessions ou sans confession, ainsi que des juifs, y participèrent côte à côte. L'un de ces mouvements était un nationalisme identitaire, qui assujettissait la nation au respect du passé et de l'autorité ; l'autre, un nationalisme démocratique, héritier direct de la Révolution de 1789. Quelle différence entre ces deux nationalismes ? Ou, pour parler bref, entre Jean Moulin et Pierre Drieu La Rochelle ? L'éthique, d'abord. Et le refus du nationalisme identitaire — les deux étaient étroitement liés. L'éthique, en effet, disait qu'on n'est pas pleinement humain dans la servitude. Et aussi, qu'elle-même est alors un luxe inaccessible. Quelques milliers d'hommes décidèrent donc de mettre fin à cette servitude, fût-ce au prix de leur vie.

Bibliographie et notes critiques

1. Pratiquant un amalgame entre l'antisémitisme chrétien, qui est alors européen, et l'antisémitisme allemand, Goldhagen fait, en effet, remonter ce dernier au Moyen Âge, sans distinguer entre antisémitisme religieux et antisémitisme nationaliste, ni paraître s'aviser qu'il eût été hors de question dans la République de Weimar, qui précéda le IIIe Reich, de pousser l'antisémitisme jusqu'à l'ouverture de camps de concentration, sans parler des chambres à gaz.

2. *Histoire générale de Dieu* (Robert Laffont, 1997).

3. Épisode scandaleux, rappelé par Rosetta Loy dans *Madame Della Seta aussi est juive* (Rivages, 1998).

4. En 1963, la pièce de théâtre à succès de Rolf Hochhuth, *Le Vicaire*, révéla au monde le silence de Pie XII pendant la guerre et notamment pendant l'occupation de Rome par les Allemands, en 1943, et l'arrestation de nombreux juifs de la capitale par les nazis. Depuis lors, l'attitude de Pie XII a fait l'objet d'attaques souvent très violentes, renforcées par la réelle germanophilie de ce pape, notamment alors qu'il était nonce à Berlin.
Toutefois, sa mise au pilori est désormais trop systématique pour ne pas appeler quelques observations ; la première est que Pie XII a bien dénoncé, dans son message de Noël 1942 « la persécution de centaines de milliers de gens qui, sans avoir commis de crime, parfois simplement en raison de leur nationalité ou de leur race, sont marqués pour la mort ou l'extinction progressive ». On ne pouvait être plus clair.
Ensuite, la tâche de Pie XII était considérablement plus difficile que celle de son prédécesseur Pie XI. S'il avait de nouveau dénoncé, en 1943, les massacres de juifs — dont il était informé, alors que la majorité de la population allemande du temps ne l'était pas — il eût risqué de provoquer un soulèvement des chrétiens ; c'est-à-dire qu'il les eût envoyés à la mort, sans être pour autant assuré de sauver des juifs.
Enfin, ce pape a sauvé quelque 700 000 juifs de la mort en leur faisant délivrer de faux certificats de baptême, parfois en les déguisant de soutanes ou de robes de nonnes ou en les cachant dans des monastères, couvents et autres institutions religieuses. A-t-on oublié que Golda Meïr et les chefs des communautés juives de nombreux pays (Hongrie, Turquie, Italie, Roumanie, États-Unis) l'en ont solennellement remercié ?
J'ai regretté qu'il n'ait pas quitté Rome au début de la guerre ; je le regrette encore. Il n'eût pas été le premier pape à quitter la Ville éternelle et peut-être son action eût-elle été plus claire et plus efficace dans le camp allié. Sans doute fut-il germanophile ; ce n'est pas un crime. Sans doute commit-il d'autres bévues, par omission (v. note 21). Mais l'histoire appelle plus de prudence que n'en ont montré certains.

5. James Carroll, *The Silence* (The New Yorker, 7 avril 1997). James Carroll est catholique, ancien chapelain de l'université de Boston.

6. Cf. la remarquable étude d'André Lama, *Mussolini, Pie XI, Hitler et la*

question religieuse (Cahier du Cercle Ernest Renan, n° 204). Il faut rappeler que, jusqu'alors, le Vatican s'était refusé à considérer que Rome était la capitale de l'Italie...

7. Cité par Gérard Sylvain, *La question juive en Europe, 1933-1945* (J.C. Lattès, 1985).

8. Id.

9. A. Guetta cite le premier chiffre : 7 000 sur les 50 000 juifs qui constituaient le totalité de la population juive de l'Italie (*Italie*, in *Esquisse de l'histoire du peuple juif, Dictionnaire encyclopédique du judaïsme, op. cit.*). Gérard Silvain cite le second chiffre : 7 500 sur 58 000 juifs (*La question juive en Europe, 1933-1945, op. cit.*).

10. Susan Zuccotti, *The Holocaust, the French and the Jews* (Basic Books, HarperCollins, New York, 1993).

11. *Libres propos sur la guerre et sur la paix* (Flammarion, 1952).

12. Cité par A. Lama, *Mussolini, Pie XI, Hitler et la question religieuse, op. cit.*

13. Id. On peut se demander, dans la même optique, s'il n'était pas venu à l'esprit du rédacteur du *Bayerische Kurier* l'idée que les Anglais, eux, auraient donc été récompensés de leur apostasie.

14. Certes, il y eut, en Allemagne comme ailleurs, des ecclésiastiques dont l'aveuglement fut scandaleux. Dans une conférence qu'il donna en mars 1946 à Zurich, le pasteur Martin Niemöller, saisi d'une contrition soudaine et déconcertante, déclara : « Le christianisme en Allemagne porte une plus grande responsabilité que les nationaux-socialistes, les SS et la Gestapo. Nous aurions dû reconnaître le Seigneur Jésus dans le frère qui souffrait et qui était persécuté, en dépit du fait qu'il était communiste ou juif... » Déclaration qui, outre l'absurdité engendrée par l'outrance, semble disculper partiellement le nazisme pour inculper totalement le christianisme et fait bon marché de la situation : le catholicisme aussi était persécuté, et ce n'était certes pas lui qui, dans le cas spécifique de l'Allemagne, avait nourri le nationalisme meurtrier. Niemöller, qui avait été arrêté en 1937 pour sa résistance aux nazis, relâché, arrêté de nouveau (et qui était devenu un personnage médiatique dans la presse américaine), est cité par Goldhagen comme témoin à charge du christianisme ; or, il n'avait pas été le seul prêtre arrêté et l'opinion des centaines d'autres qui le furent n'est certes pas conforme à la sienne.

15. A. Lama, *Mussolini, Pie XI, Hitler et la question religieuse, op. cit.*

16. Selon un article de l'envoyé spécial de la revue protestante The Evangelical Visitor, cité par Robert W. Ross, *So it was true* (University of Minnesota Press, Minneapolis, 1980).

17. Norman G. Finkelstein et Ruth Bettina Birn, *A Nation on Trial The*

Goldhagen Thesis and Historical Truth (Henry Holt and Company, New York, 1998).

18. *Nazism, 1919-1945*, 4 vol., sous la direction de Jeremy Noakes (University of Exeter Press, Exeter, 1998).

19. Id.

20. « La déclaration du Vatican sur la Shoah », *Le Monde*, mercredi 18 mars 1998, Document de la Commission romaine pour les relations avec les juifs ; traduction non officielle par le secrétariat de l'épiscopat français pour les relations avec le judaïsme. *Le Monde* avançait que cette déclaration actait les promesses implicites de la lettre apostolique du pape Jean-Paul II en 1994, *Tertio millenio adveniente*, qui commençait dans ces termes : « Il convient qu'à la fin du deuxième millénaire du christianisme, l'Église devienne plus consciente de l'état pécheur de ses enfants en rappelant toutes les époques de l'histoire où ils se sont éloignés de l'esprit du Christ et de son Évangile, et au lieu de présenter au monde le témoignage d'une vie inspirée par les valeurs de la foi, ont fait preuve de modes de pensée et d'action qui constituaient de véritables formes de contre-témoignage et de scandale. »

Il apparaît plutôt qu'elle réalisait une promesse bien plus ancienne, remontant à 1987. Le pape lui-même annonça alors une déclaration sur la Shoah, quand l'État d'Israël s'était indigné de l'accueil qu'il avait réservé à Kurt Waldheim. Il avait donc fallu onze ans pour rédiger ce texte. On peut s'en étonner ; l'une des raisons connues du retard est l'attitude de la Conférence épiscopale polonaise en 1992, qui tenait Auschwitz pour une « spécificité polonaise » (Peter Hertel, *Pourquoi le Vatican bloque l'encyclique sur la Shoah ?* Golias, septembre-octobre 1997). Revendication pour le moins déconcertante : n'étaient-ce donc pas les nazis qui avaient fondé le camp d'Auschwitz ? Ou bien n'étaient-ce que des Polonais qui y avaient péri ? Sans doute y eut-il d'autres raisons ; on veut espérer qu'elles furent plus sérieuses et plus dignes.

Passons sur le fait que la lettre en question rejette le péché sur les « enfants » de l'Église, alors que c'était celle-ci même qui, comme on l'aura amplement vu dans les chapitres précédents de cet ouvrage, a inspiré une forme particulière de l'antisémitisme, l'antijudaïsme. L'essentiel est qu'enfin l'Église admet sa culpabilité dans la genèse de cette aberration.

Les termes de cette déclaration de repentir, bien tardive à vrai dire, n'ont guère fait l'unanimité. Le pape y rejette à juste titre, mais en termes incertains, la responsabilité de la Shoah sur le nationalisme allemand (« La Shoah était le fruit d'un régime moderne tout à fait néopaganiste »), ce qui fait qu'on ne voit guère l'objet du repentir. Incidemment, l'évocation du « paganisme », notion archaïque qui rappelle les motifs d'excommunication de l'Action française par Pie XI, est inexacte : le IIIe Reich n'a imposé aucun dieu païen, il a fait valoir la raison d'État et la nation, principes qui n'appartiennent en aucune manière à l'aire du paganisme. De plus, le paganisme, terme vague et question trop complexe pour être évoquée ici en détail, n'a rien à voir dans la genèse de l'antisémitisme moderne : le paganisme était ou pouvait être tolérant et animé d'un profond spiritualisme.

Le plus déconcertant dans cette mise en cause du paganisme est qu'elle paraît absoudre par omission les États non « païens » qui ont quand même activement participé à la persécution des juifs, dont la France. Même s'il comptait parmi ses alliés et inspirateurs un Charles Maurras, « païen » présumé, mais surtout théiste, le régime de Vichy semble, au contraire, avoir mis l'accent sur le catholicisme traditionnel.

Le fait simple que l'antijudaïsme catholique (et protestant) a fait le lit culturel de l'antisémitisme nationaliste n'est jamais spécifié de façon claire et nette. Le texte du Vatican se limite à dire qu'il regrette « profondément les défaillances de ces fils et filles de l'Église » qui n'élevèrent pas la voix en Allemagne et dans les pays occupés, contre les persécutions des juifs. Redoutables excuses, à mon sens : elles méconnaissent, en effet, les conditions dans lesquelles les catholiques en particulier vivaient dans ces territoires et semblent rejeter le poids de la Shoah sur l'ensemble des Allemands. Comment ne pas se demander, dans ce contexte, si les origines du pontife n'ont pas influencé la formulation du repentir ? L'antisémitisme polonais, qu'on a pu et peut encore constater jusque dans le clergé catholique polonais un demi-siècle après la fin de la guerre, et notamment à propos des croix d'Auschwitz, serait-il dû, lui aussi, au « paganisme » ?

Sans doute l'explication principale des faux-fuyants de cette déclaration embarrassée et maladroite est-elle que Jean-Paul II s'efforçait de préserver le dogme de l'infaillibilité pontificale. Ce dogme, en effet, a été fortement mis à mal par le silence de Pie XII et l'exploitation outrancière qui en a été faite (v. note 4). Mais il eût été plus efficace de publier une mise au point sur le comportement de Pie XII — qui eût été à l'honneur de ce dernier, d'ailleurs — plutôt que de rejeter l'antisémitisme sur « les enfants de l'Église ».

Rappelons en outre, à propos de Pie XII, que l'antisémitisme allemand pendant la Première Guerre mondiale était presque inexistant. Témoin le fait que le général Erich Ludendorff inaugura plusieurs synagogues et prononça des allocutions en yiddish, s'adressant aux auditeurs en ces termes : « Chers Juifs... » De tels faits ont pu occulter pour beaucoup d'observateurs, y compris le clergé catholique, la montée de l'antisémitisme après 1918.

21. Ainsi, en Autriche, le cardinal Innitzer, archevêque de Vienne, fit lire le 27 mars 1938, dans les églises du pays, une proclamation invitant les catholiques à se prononcer pour le Reich au plébiscite qui devait régulariser l'Anschluss. Donnant ainsi raison à Hitler, qui ne voulait pas que les prêtres se mêlent de politiquer, lui et ses séides se firent sévèrement tancer par Radio Vatican en ces termes : « Les évêques autrichiens, par leur déclaration, ont placé le fardeau de la lutte sur les laïcs. Ils se sont révélés lâches et indignes de continuer cette lutte pour Jésus-Christ. » Comme on le voit, Pie XI ne mâchait pas ses mots, ni ne les faisait mâcher.

Pie XII ne témoigna pas de la même sévérité à l'égard de Mgr Feltin, archevêque de Bordeaux et soutien éminent de l'Église au régime de Vichy pendant les années noires. Après publication d'un texte par l'Assemblée des cardinaux et archevêques de France, le 23 décembre 1941, applaudissant la Charte du travail de Vichy, le prélat fit diffuser par les services de l'Information de Vichy une lettre invitant ses ouailles « à ne pas refuser leur concours individuel, chacun à son plan providentiel, dans l'organisation professionnelle en cours ». La lettre pastorale en question déclarait que « l'Église n'a jamais considéré la liberté syndicale comme tellement essentielle que tout régime social qui en suspendrait l'exercice doive par le fait même être taxé d'abus de pouvoir ». Le même Feltin fit célébrer une messe pour le repos de l'âme du ministre de la Propagande de Vichy, Philippe Henriot, abattu par la Résistance. (Philippe Cohen-Grillet et Christian Terras, *Quand Mgr Feltin collaborait avec M. Papon*, Golias, septembre-octobre 1997.) Pour mémoire, en dépit du fait que le général de Gaulle l'avait fait inscrire sur la liste des « indésirables », Feltin termina tranquillement sa carrière comme archevêque de Paris.

Pie XII, en effet, n'a pas prolongé l'attitude énergique de son prédécesseur à l'égard des totalitarismes et de l'antisémitisme. Avant sa mort, en 1939, Pie XI avait préparé une encyclique, *Humani generis unitas*, qui eût définitivement dissipé tous les soupçons de tolérance ou de sympathie de l'Église à l'égard de ces aberrations. Pie XII la fit mettre sous le boisseau et elle ne devait être publiée que cinquante-six ans plus tard (cf. Georges Passelecq et Bernard Suchecky, *L'encyclique cachée de Pie XI*, La Découverte, 1995). Sans doute se souvenait-il avec anxiété du marché conclu entre Hitler et Pie XI en 1933 : le futur Führer avait alors déclaré au pontife qu'il n'était pas sûr de pouvoir contenir les forces du parti national-socialiste qui voulaient fermer les écoles catholiques et interdire les mouvements de jeunesse catholiques si le Vatican continuait à soutenir le parti catholique du Zentrum. Soucieux de protéger les catholiques allemands, Pie XI avait cédé. La situation s'étant aggravée, Pie XII préféra ne pas se voir renouveler la menace de Hitler (James Pool, *Hitler and His Secrets Partners*, Pocket Books, New York, 1997).

Il n'en demeure pas moins que l'image de ce pape est entachée d'une complaisance particulière à l'égard de l'Allemagne, dans laquelle il ne parvenait peut-être pas à distinguer l'Allemagne « éternelle » du phénomène nazi. Cette myopie fut sans doute la raison pour laquelle, en sa qualité de nonce apostolique à Munich, il convainquit le Vatican d'investir des millions de dollars dans l'économie du IIIe Reich. Fut-elle aussi la raison pour laquelle il aurait donné de l'argent à Hitler ? En effet, sa femme de chambre, une Allemande, Sœur Pascalina, a déclaré qu'elle se rappelle avoir assisté à une entrevue à Munich entre Hitler et l'archevêque Pacelli, au cours de laquelle ce dernier donna à Hitler une forte somme de fonds de l'Église (Paul I. Murphy, *La Popessa*, Warner Books, New York, 1983).

Tout aussi maladroite, et gênante pour ses défenseurs, serait sa complaisance à l'égard de l'opération de rapatriement de lingots d'or en provenance d'Allemagne, en 1947. L'opération est rapportée par un ancien colonel, non nommé, de l'U.S. Military Intelligence, et détaillée dans l'ouvrage de John Loftus et Mark Aarons, *The Secret War against the Jews* (St. Martin's Griffin, New York, 1994). Elle fut montée par les frères Dulles — John Foster, futur secrétaire d'État de l'administration Eisenhower (1952), et Allen, chef du bureau de l'OSS (Organization of Strategic Services, prédécesseur de la CIA) — à Berne, de 1942 à 1945. L'or aurait été remis à une banque du Vatican, puis « blanchi » et réexpédié aux États-Unis. Loftus et Aarons fournissent assez de noms et de détails pour que l'histoire paraisse plausible.

Bien d'autres États et d'autres banques se sont livrés à des opérations similaires après la Seconde Guerre mondiale, mais enfin, celle-ci fut pour le moins inopportune.

22. *Les Juifs en Allemagne, op. cit.*

23. Cette citation devrait faire justice de la conspiration de « semi-lecteurs » (comment les qualifier autrement ?) de Nietzsche, qui s'obstinent contre toute évidence à le représenter comme l'un des inspirateurs du nazisme, de l'antisémitisme et de toutes sortes d'autres aberrations. Sur le mode mineur, j'en donnerai l'exemple suivant : en 1998, *The Sunday Times* publia le récit des méfaits de jeunes voyous, et, pour les expliquer, allégua qu'ils avaient « trop lu Nietzsche ». Sur le majeur, il faut relever la phrase suivante de Jacques Derrida : « La seule politique se déclarant — se proclamant — nietzschéenne aura été une politique nazie, et cela est donc significatif et doit être examiné dans toutes ses conséquences (*Otobiographies : l'enseignement de Nietzsche et la politique du nom propre*). Peut-être l'explication en est-elle que les nazis aussi étaient des semi-lecteurs, confortés dans leur interprétation aberrante du phi-

losophe par les falsifications éhontées de sa sœur, la virago stupide et hitlérophile Elizabeth Foerster. Nietzsche a assez témoigné de son aversion pour l'antisémitisme — c'était même ce qu'il exécrait chez Wagner et l'une des raisons pour lesquelles il se brouilla avec lui — pour qu'on n'aille pas fabriquer pareilles contre-vérités.
Il est enfin singulier que bien des commentateurs s'obstinent à rapprocher Nietzsche du nazisme, mais témoignent d'une complaisance particulière à l'égard de Martin Heidegger, qui en fut un authentique allié, voire s'indignent quand on rappelle ce dernier fait. Le nihilisme de Nietzsche ne peut être identifié à celui de Heidegger, comme le démontre amplement l'ouvrage de Heidegger lui-même (*Nietzsche*, Gallimard, 1971) : le premier est un adieu à la métaphysique platonicienne et un appel à la transformation des valeurs, il implique le dépassement, alors que le nazisme, issu du nihilisme spécifiquement allemand, est « une forme radicalisée du militarisme allemand », comme l'écrivait dans un coup de fouet génial Leo Strauss dans *Le nihilisme allemand* (Commentaire no. 86, été 1999 — v. plus bas note 39).

24. *Histoire de l'armée allemande*, t. I (Albin Michel, 1936).

25. On peut juger de l'état d'ignorance et d'inconscience où la France, par exemple, se trouvait en ce qui concernait l'Allemagne, par la phrase suivante de Jacques Bainville : « La paix a conservé et resserré l'unité de l'État allemand. Voilà ce qu'elle a de doux. » (*Les conséquences politiques de la paix*, réédition Éditions de l'Arsenal, 1995). Bainville avait cependant vu juste — l'une des rares prévisions exactes de la droite française — quand il avait prévu que l'Allemagne pactiserait avec la Russie, pour régler son compte à la Pologne, ce qui fut bien le cas au traité de Rapallo.

26. La conférence de Boulogne, le 21 juin 1920, avait estimé ce montant à 269 milliards de marks-or, payables en 42 ans.

27. Les sanctions imposées à l'Allemagne furent écrasantes : l'Allemagne cédait la Prusse occidentale et Memel. Dantzig devenait ville libre, en plus des territoires adjugés à la Belgique et à la Pologne par « révision » des plébiscites, à Eupen-Malmédy, dans le Schleswig du nord, dans certaines régions de la Prusse orientale, de la Haute-Silésie... La Sarre devait être occupée pendant quinze ans par la Société des Nations. L'Allemagne renonçait à ses colonies : le Togo et le Cameroun en Afrique, les îles Bismarck dans le Pacifique. Sa marine de guerre et sa marine commerciale étaient quasiment confisquées, son grand état-major était dissous, tout son matériel de guerre devait être livré aux Alliés...

28. Rowohlt Verlag, Hambourg, 1955. C'est d'ailleurs la thèse qu'expose avec une imparable clarté Ian Kershaw dans *Hitler — 1889-1936 : Hubris* (W.W. Norton & Company, New York, 1998). Ce ne fut que grâce à la succession de la révolution de 1918, de la crise de 1923 et de la grande dépression des années 30 qu'une non-personne telle que Hitler parvint à s'imposer à l'Allemagne.

29. *Mein Kampf, op. cit.*

30. *Histoire de l'armée allemande, op. cit.*

31. Winston Churchill, *Great Contemporaries*, 1935. Cinq ans plus tard, le 20 août 1940, André Gide écrit dans son *Journal* : « Je ne puis me défendre d'avoir pour Hitler une admiration pleine d'angoisse, de crainte et de stupeur. » Moment d'égarement, certes, puisque Gide rallia la France libre, mais égarement quand même.

32. Le 14 mai 1929, le *Völkischer Beobachter*, journal de Munich acheté par les nationaux-socialistes et dirigé par Josef Goebbels, ressort l'infect bobard du meurtre rituel : « Des documents du Vatican confirment les meurtres rituels des juifs » (*Vatikanische Akten als Beweismaterial für die Jüdischen Ritualmorde*).

33. D'un point de vue général, la condamnation de la mutinerie, considérée en tant que révolte contre un corps constitué de l'État, ressortit, en effet, au concept de suprématie absolue et quasi religieuse de l'État. Mais cela revient à considérer aussi la Résistance comme une mutinerie, et si, comme l'ont fait certains, l'on estime que le régime de Vichy représentait bien l'État français, on aboutit à un conflit de principe qui me paraît avoir été négligé.

34. Robert W. Ross, *So It Was True*, op. cit. Le geste revêtait une gravité proportionnelle à l'importance de la Baptist World Alliance, qui, dans les années 50, réunissait 21 millions de membres dans le monde (*Baptists*, Encyclopaedia Britannica). La décision déclencha de vives critiques, mais la BWA maintint sa décision. Le correspondant du quotidien américain *The Watchman-Examiner*, John Bradbury, délégué pour couvrir la conférence, présenta un tableau idyllique de l'Allemagne, où il n'y avait pas de jazz, pas de littérature « sexuelle » ni de « films putrides de gangsters » (R. Ross, *So It Was True*).

35. Georges Araniossy, *La presse antisémite en URSS* (Albatros, Paris, 1978).

36. Cf. Béla Grunberger et Pierre Dessuant, *Narcissisme, christianisme et antisémitisme* (Hébraïca / Actes Sud, 1997). Je ne suis guère partisan des outrances d'interprétation de certains tenants de la psychanalyse en matière de politique : force est toutefois de constater que ce que nous savons des comportements de la plupart des chefs du IIIe Reich, de Hitler à Heydrich, Hess, Himmler et autres indique des pathologies mentales caractérisées.
On ne trouvera pas dans ces pages de référence aux « études hitlériennes » qui abondent depuis plusieurs années. Il me paraît, en effet, que nombre d'entre elles tendent à accorder une importance déplacée à l'accessoire. Il est peu plausible, par exemple, que ce soit le fait d'avoir été condisciple du célèbre philosophe d'origine juive Ludwig Wittgenstein, qui puisse expliquer l'antisémitisme de Hitler. Il y avait bien d'autres garçons dans la même classe, mais ils n'ont pas formé pour autant un *Bund* anti-Wittgenstein. La sexualité d'Hitler, sujet particulièrement répugnant, a suscité bien des hypothèses. Mais il est également peu plausible que la monorchidie éventuelle contribue à expliquer Hitler. Plus déterminante, en revanche, est sa toxicomanie.

37. « Vers la solution finale » (*L'Histoire*, octobre 1998). Philippe Burrin est professeur d'histoire des relations internationales à l'École des hautes études internationales de Genève.
La constitution de l'appareil policier que devint le parti national-socialiste

de 1933 à 1945 et la manière dont cet appareil fit régner la terreur sur tout un peuple sont un sujet qui dépasse trop largement le cadre de ces pages. On en trouvera toutefois la description complète dans les deux ouvrages de George S. Browder, *The Foundations of the Nazi Police State : The formation of SIPO and SD* (Oxford University Press, 1990), et *Hitler's Enforcers, The Gestapo and the SS Security Service in the Nazi Revolution* (Oxford University Press, 1997).

Il y apparaît que la police, héritée presque telle quelle de la République de Weimar et même, de l'Empire, se rallia aux nazis d'autant plus volontiers que ceux-ci lui laissaient le champ libre dans leurs exactions contre les communistes, qui étaient, il faut le rappeler, considérés généralement comme les ennemis de la nation depuis la révolution de 1918, en même temps qu'ils étaient les ennemis originaires du nazisme. La police, rapporte Browder, s'était sentie abandonnée par la République de Weimar dans la chasse aux communistes.

Contrairement à ce qu'écrit Goldhagen, cette police n'était pas animée d'un antisémitisme « de base », mais essentiellement d'un anticommunisme virulent. Examinant les dossiers d'engagement des recrues de la *Sicherheitsdienst* de 1932 à 1934, Browder relève que 3 % seulement d'entre elles exprimaient des sentiments antisémites : l'anticommunisme était pour eux bien plus important. Ce ne fut qu'après la promulgation des lois raciales de Nuremberg, en 1935, que cette force de police fut appelée à étendre ses exactions aux juifs.

De plus, les nazis s'étaient acquis la fidélité de la police en l'affranchissant de tout respect des droits civiques de ceux qu'elle persécutait, en autorisant les interrogatoires du troisième degré et en lui accordant des moyens matériels et des hommes en abondance.

38. Leo Strauss (1899-1976), né en Allemagne et Américain d'adoption (émigré en 1932, il fut naturalisé en 1944), est l'un des philosophes politiques les plus éminents de ce siècle. Auteur notamment de *On Tyranny* (1948, rééd. 1968) et de *Natural Right and History*, il constitue l'une des références essentielles de toute tentative d'interprétation des totalitarismes et surtout du nazisme.

39. *Le nihilisme allemand*, *op. cit.*, texte d'une conférence prononcée le 26 février 1941 à New York. C'est l'un des textes les plus brillants de Leo Strauss et l'analyse la plus claire de la distinction entre le nihilisme en général et le nihilisme allemand.

40. Le lecteur trouvera un ample matériau de réflexion sur la conjugaison de l'antisémitisme et du rejet de la modernité dans l'ouvrage de Fritz Stern, *Politique et désespoir — Les ressentiments contre la modernité dans l'Allemagne préhitlérienne* (Armand Colin, 1990). En ce qui concerne Heidegger, je n'entends pas ranimer ici un débat qui n'est pas l'objet de ces pages ; deux faits me paraissent indiscutables, son nihilisme et sa dénonciation amphigourique, mais non moins thématique de la technique comme « fin de la métaphysique ».

41. Philosophe industriel et, ironie de l'histoire, fondateur de l'Allgemeine Elektrizitäts Gesellschaft ou AEG, fondateur d'un parti Démocrate, Rathenau fut accusé par les réactionnaires pré-nazis de vouloir « vendre l'Allemagne aux Alliés ». Son assassinat eut des effets contraires à ceux qu'espéraient ses meurtriers : il entraîna l'effondrement du cabinet Wirth, dont il était ministre, puis l'occupation de la Ruhr par la France.

42. C'est la thèse de Hermann Rauschning (*La Révolution du Nihilisme*,

Gallimard, 1939), admise par Leo Strauss (*Le nihilisme allemand, op. cit.*) : l'absence de tout but prédéterminé chez les nazis. L'esprit de méthode appliqué à l'extermination masque souvent les changements successifs de stratégie, de l'avènement de Hitler au pouvoir en 1933 jusqu'aux décisions de massacres de 1941-1942.

43. G. S. Browder, *The Foundations of the Nazi Police State : The formation of SIPO and SD et Hitler's Enforcers, The Gestapo and the SS Security Service in the Nazi Revolution, op. cit.*

44. Trente copies numérotées du compte rendu de la conférence furent distribuées aux chefs nazis concernés. L'essentiel de ce que nous savons sur la conférence de Wannsee a été exposé dans l'ouvrage magistral de Raul Hilberg, *The Destruction of the European Jews*, (Quadrangle Books, Chicago, 1961), qui rapporte les informations livrées par Eichmann à son procès, lors de la séance du 26 juin 1961. Deux autres ouvrages clés sur la question, toujours d'actualité, me semblent être ceux de Gerald Reitlinger, *The Final Solution : The Attempt to Exterminate the Jews of Europe, 1939-1945* (Thomas Yoseloff, New York, 1968), et celui de Lucy Davidowicz, *The War against the Jews* (Holt, Rhinehart, Winston, New York).

45. Le détail de ces tractations est exposé dans l'ouvrage de Gerald Reitlinger, *The Final Solution : The Attempt to Exterminate the Jews of Europe, 1939-1945, op. cit.*

46. Robert W. Ross a décompté 616 références, directes et indirectes dans la presse protestante américaine entre 1939 et 1942. Cf. p. 130, *So It Was True, op. cit.*

47. Il est ainsi notoire que le Danemark a sauvé quelque 7 000 juifs, notamment en les faisant évacuer vers la Suède en octobre 1943. Il est apparu toutefois qu'il y a eu quelques failles dans la compassion danoise, et que, par exemple, 132 réfugiés dont 25 ou 30 juifs, ont été refoulés vers l'Allemagne à la même époque, apparemment par la faute de hauts-fonctionnaires favorables aux nazis. L'existence en leur sein de groupes de pression antisémites ne fait que rendre plus admirable le dévouement des Danois qui sauvèrent les juifs dans leur pays, puisqu'elle démontre que l'entreprise n'était dénuée ni de risques, ni d'adversaires (cf. Antoine Jacob, « L'image du Danemark "sauveur des juifs" égratignée », *Le Monde*, 23 janvier 1999).

48. Richard Breitman, *Official Secrets : What the Nazis Planned, What the British and Americans Knew* (Allen Lane, Londres, 1998). L'auteur rapporte que ce ne fut que par la surveillance des messages radio allemands, effectuée par le célèbre centre de contre-espionnage de Bletchley Park, que les Anglais apprirent que des bataillons de police allemands avaient été affectés à l'exécution de juifs sur le front oriental en 1941 et 1942. La mention d'atrocités allemandes par Churchill, dans un discours d'octobre 1941, déclencha chez Hitler une paranoïa de plus, la crainte d'être trahi par quelqu'un de son propre entourage.

49. Interné après la déclaration de guerre, puis libéré en 1943 pour raisons de santé, Mosley lança en 1948 le Union Movement, d'inspiration évidemment fasciste, qui centralisait 51 organisations d'extrême-droite (en réalité, des clubs du livre éditant des ouvrages antisémites et fascistes).

50. La carrière politique de Ramsay ressemble plus à un roman d'Evelyn Waugh qu'à un véritable épisode politique. Néanmoins, il se mêla d'espionnage, ce qui lui fut fatal. L'un des membres de son Right Club, Tyler Kent, travaillait au chiffre de l'ambassade des États-Unis ; en 1940, il intercepta des télégrammes secrets entre Churchill et Roosevelt et en confia les copies à Ramsay et à une certaine Anna Wolkoff, lesquels les transmirent à un « Mr. Macaroni » de l'ambassade d'Italie (Richard Griffiths, *Patriotism Perverted, Captain Ramsay, the Right Club and British Anti-semitism*, Constable, Londres, 1998).

51. James Pool, *Hitler and his Secret Partners*, op. cit.

52. Germanophobie qui n'interdit cependant pas à ses tenants de collaborer avec l'occupant nazi, comme on sait.

53. La date est le 2 septembre 1938, après l'Anschluss. L'article paraît sous ce titre : « Vienne sous la croix gammée. Les Juifs avaient voulu l'Anschluss. C'est à cause des Juifs que les Viennois l'ont accepté. » Ce qui était ajouter l'absurde à l'odieux. Cité par Pierre-Marie Dioudonnat, dans sa remarquable étude *Je Suis Partout 1930 — 1944 — Les maurrassiens devant la tentation fasciste* (La Table Ronde, 1973), où l'on constate que la pensée de droite fut alors un indescriptible magma de contre-vérités et de fanatisme, sans parler des idées infirmées par l'histoire.

Incidemment, il resterait à étudier dans quelle mesure les idées défendues par *Je Suis Partout* l'identifiaient réellement au fascisme, création mussolinienne qui nous paraît idéologiquement et culturellement différente. Et il serait à coup sûr plus fécond, pour tirer les leçons des errements de la droite française d'avant-guerre, d'opposer la pensée réactionnaire, si vivace dans le monde occidental, États-Unis compris, à la pensée démocratique. Comme l'a remarquablement exposé Albert O. Hirschman dans *The Rhetoric of Reaction : Perversity, Futility, Jeopardy* (Harvard University Press, Harvard, 1991 — trad. fr. *Deux siècles de rhétorique réactionnaire*, Fayard, 1991), celle-ci se distingue par les postulats paradoxaux selon lesquels la démocratie est un danger pour la liberté, et l'État-providence un danger pour la liberté et la démocratie ou les deux à la fois. C'est à l'intérieur de la rhétorique réactionnaire que le racisme en général s'inscrit le plus naturellement, ce qui situerait donc les juifs, sinon le judaïsme entier, dans un site philosophique qui me paraît jusqu'à ce jour mal exploré.

54. Id.

55. Id. On se prend à rêver avec horreur au régime qui, pour l'éminent historien, élu à l'Académie française en 1953, et auteur entre autres du *Siècle de Louis XV*, eût été idéal.

56. « Au lieu de voir en Reynaud et en Daladier deux hommes qui entraînent le pays à la défaite, l'un par l'imprudence, l'autre par l'abstention, on s'imagine que l'un veut la guerre et l'autre la paix », écrit à l'époque Alfred Fabre-Luce dans le chapitre *Paris 40* de son *Journal de la France, Mars 1939-Juillet 1940* (Imprimerie J.E.P., Paris, 1941).

57. Faut-il rappeler que Franklin D. Roosevelt, prisonnier d'un Congrès,

d'un Sénat et d'une opinion publique isolationnistes, ne dût qu'à l'attaque japonaise sur Pearl Harbor en 1942 de pouvoir déclarer la guerre aux puissances de l'Axe ?

Quelques éditorialistes, avant et après la guerre, soutinrent que les États-Unis n'eussent guère pu améliorer le sort des juifs en Allemagne avant leur engagement militaire aux côtés des Alliés, vu l'impossibilité d'intervenir dans les affaires intérieures d'un pays. Argumentation spécieuse, car les États-Unis eussent pu agir, par exemple, en faisant déplacer le site des Jeux olympiques de 1936, qui se tinrent à Berlin et offrirent à Hitler l'occasion d'une nouvelle vague de propagande héroïque.

Ils eussent évidemment pu, et c'est là le point crucial, entrer en guerre plus tôt, s'ils avaient mesuré l'ampleur de l'horreur nazie. Mais une grande part des responsables américains était non seulement isolationniste, mais encore pronazie. L'exemple le plus célèbre de pronazis américains était l'ambassadeur à Londres, Joseph Kennedy, père du président du même nom, qui soutint l'annexion des Sudètes par l'Allemagne en 1938. Des rumeurs circulaient à Londres selon lesquelles l'armée allemande préparait un coup d'État contre Hitler ; Kennedy s'opposa à ce que les États-Unis l'encourageassent, parce qu'il estimait que ce seraient les communistes qui prendraient alors le pouvoir (James Pool, *Hitler and His Secret Partners*, Pocket Books, New York, 1997). Prétexte sans fondement, l'armée allemande en 1938 étant profondément nationaliste, comme cela me fut confirmé en 1956 au cours de conversations privées avec le général Fritz von Bayerlein.

Bien pis, au cours d'une conversation à Londres avec l'ambassadeur d'Allemagne, Herbert von Dirksen, le même Joseph Kennedy déclara que l'Allemagne pouvait « se débarrasser » (*get rid of*) des juifs, si cela se faisait discrètement. Il ajouta que les États-Unis eux-mêmes étaient antisémites et cita comme preuve le fait que les juifs n'étaient pas admis dans le club de golf de Boston depuis cinquante ans (J. Pool, *Hitler and His Secret Partners*, op. cit.). Propos extrêmement graves puisqu'ils faisaient des États-Unis les complices objectifs de l'élimination des juifs en Allemagne.

Enfin, en 1939, Kennedy s'entendit avec James D. Mooney, directeur de la General Motors en Allemagne, pour organiser un prêt massif à l'Allemagne. Il devait rencontrer à Paris, à l'Hôtel Ritz, le Dr. Helmut Wohlstatt, représentant de Goering pour les affaires économiques. L'Intelligence Service alerta le Département d'État américain et Kennedy se vit refuser l'autorisation de se rendre à Paris. Ce fut donc Wohlstatt qui alla à Londres et au terme d'un entretien de deux heures avec Kennedy, ce dernier convint de prêter un milliard de dollars-or au IIIe Reich. Le prêt ne fut jamais consenti : le 3 septembre, la Grande-Bretagne déclarait la guerre à l'Allemagne — ce qui fit fondre en larmes Kennedy. Dès lors, celui-ci déploya tous ses efforts pour empêcher les États-Unis d'entrer en guerre (Id.).

L'influence de Charles Lindbergh ne se limita pas à des propos de salon : faisant équipe avec Kennedy, il pesa sur la décision anglaise de ne pas intervenir en Tchécoslovaquie par ses rapports selon lesquels la Luftwaffe pouvait détruire Paris et Londres sans riposte possible.

Mais Joseph P. Kennedy et Charles Lindbergh n'étaient pas les seules personnalités américaines favorables au IIIe Reich : les frères Dulles, déjà cités (v. note 21), et Nelson Rockefeller, patron de la Chase National Bank, qui contrôlait la compagnie pétrolière Standard of New Jersey et qui devint plus tard secrétaire d'État adjoint pour l'Amérique latine, puis vice-président des États-Unis, avaient eux aussi activement collaboré avec les nazis et continuèrent à le faire jusqu'en 1945. Cette année-là les frères Dulles aidèrent, en effet, à transférer les biens nazis hors d'Allemagne. Et pendant toute la Seconde Guerre mondiale, la Standard of New Jersey expédia du pétrole au IIIe Reich par le truchement de l'Espagne. Ce qui fit qu'en 1942 Harry Truman, qui n'était alors que sénateur, déclara que le comportement des Rockefeller ressortissait à la trahison. Cf. John Loftus et Mark Aarons, *The Secret War against the Jews*, *op. cit.*

58. L'histoire est, en fait, plus complexe. On effectuait la fission de l'atome depuis 1932, mais sans résultats qui permissent d'obtenir des dégagements d'énergie nécessaires à une réaction en chaîne. L'expérience de Hahn et Strassmann en indiquait pour la première fois la possibilité, vérifiant du même coup la formule célèbre d'Einstein, $E = mc^2$. Bohr, conscient de l'importance de la découverte, se rendit aux États-Unis en janvier 1939, où il discuta de l'expérience de Hahn et Strassmann avec Einstein, J.A. Wheeler et d'autres physiciens. Les calculs mathématiques montrèrent que la réaction produisait 2,5 neutrons par atome fissionné, permettant donc la réaction en chaîne. Le 2 décembre 1942, après que de nombreux problèmes théoriques et pratiques eurent été résolus, la première pile atomique du monde entra en fonctionnement à l'université de Chicago et produisit pour la première fois de l'énergie atomique en continu et en réaction contrôlée. Ce fut ensuite que le projet Manhattan fut mis en route.

On s'est souvent étonné que les physiciens allemands n'aient pas, parallèlement, suivi le même chemin intellectuel que Bohr. Mais l'affaire reste mal connue. En résumé, selon l'un des plus brillants d'entre eux, Werner Heisenberg, les physiciens auraient bien compris la portée de l'expérience de Hahn. Chargés alors d'un programme de recherches, ils auraient volontairement traîné les pieds afin de ne pas donner la bombe A à Hitler.

4.

En guise de mémorial

L'HISTOIRE GÉNÉRALE DE L'ANTISÉMITISME NE S'ARRÊTE CERTES PAS ICI. LA RÉFLEXION QU'ELLE ENGAGE CONDUIT À LA PHILOSOPHIE ET À LA POLITIQUE.

L'antisémitisme, j'espère l'avoir démontré, aura connu trois époques principales d'inégale longueur. La première, préchrétienne, fut causée essentiellement par l'irrédentisme d'une large fraction du peuple juif de la Méditerranée orientale et son refus légitime de subir le joug étranger, quel qu'il fût, religieux, culturel ou politique. Ce nationalisme fut porté au paroxysme par les entreprises suicidaires d'une résistance zélote, dont les juifs lettrés et aisés, tels que Flavius Josèphe, se désolidarisèrent. Entretenu ensuite par l'ostracisme hellénistique et romain, il faillit aboutir à la disparition de Jérusalem, ville symbolique, par deux fois détruite. On peut situer cette époque approximativement entre les conquêtes d'Alexandre et la proclamation du christianisme comme religion de l'Empire romain, soit trois siècles avant et après notre ère : six siècles.

La deuxième époque, la plus longue, commence avec le conflit entre l'Église chrétienne naissante et la religion dont elle était dérivée. Elle se poursuit par les luttes incessantes de l'Église contre les schismes et les hérésies, dans lesquelles elle incluait désormais le judaïsme, puis dans les convulsions entraînées par les menées politiques de l'Église en Europe. Elle chevauche d'environ un siècle la précédente et on peut donc la situer approximativement entre le début du IIe siècle et le milieu du XIXe siècle, époque à laquelle l'emprise de Rome sur les affaires temporelles du monde s'est définitivement affaiblie. Les nationalismes identitaires commencent alors à s'affirmer et à rejeter les juifs pour des motifs qui ne sont plus religieux, même s'ils invoquent encore épisodiquement la religion, mais apparemment culturels, dans l'acception germanique du mot *Kultur*, qui considère la culture non comme un bien universel, mais comme un patrimoine restreint et qui est donc antinomique de la culture.

La troisième, enclenchée avec l'essor des nationalismes, s'achève avec la Shoah et la défaite du IIIe Reich. Elle se déroule sur la toile de fond du conflit entre l'Occident capitaliste et l'URSS, dans lequel une grande partie de l'Occident commence par considérer, plus ou moins explicitement, le IIIe Reich comme un rempart contre le communisme. Toile à double fond en vérité, car le conflit se déroule également entre, d'une part, un nationalisme réactionnaire dont l'URSS est aussi bien imbue que le sont le fascisme et le nazisme, et d'autre part, l'idéal révolutionnaire qui s'est péniblement dégagé de la Révolution de 1789, c'est-à-dire celui de l'éthique démocratique. J'entends ici le nationalisme réactionnaire comme autoritarisme césarien, ennemi spécifique et inconciliable de la démocratie, ainsi que l'a si éloquemment démontré Hirchman [1]. Vaste question, tout juste ébauchée au chapitre précédent, qui en appelle à la philosophie et qui pourrait se résumer ainsi : le nationalisme est fondé sur une notion fermée de l'identité nationale, par définition xénophobe et donc raciste, alors que la démocratie est fondée sur l'éthique réellement chrétienne (peut-être le mot « christique » serait-il plus approprié) de l'ouverture à autrui, de l'*altérité*, pour reprendre le concept d'Emmanuel Levinas.

Ce qui n'empêche pas qu'on puisse être à la fois nationaliste et démocrate, comme le démontra la Résistance, épisode de l'histoire de France qui me paraît incomplètement exploré, du point de vue philosophique en tout cas, si l'on veut bien m'autoriser ce paradoxe. Car il est possible d'être attaché à une identité nationale, comme le furent les résistants, sans en refuser l'enrichissement constant, ni l'ouverture à autrui. Cette attitude exige un « état de crise » constant et une vigilance qui ne vont pas dans le sens des populismes que sont devenus tant de partis politiques dans le monde ; mais ce problème dépasse le cadre de ces pages. Reste que le conflit entre le nationalisme identitaire, matrice des césarismes désastreux, et le nationalisme démocratique n'est pas résolu. Les difficultés de constitution d'une Europe unie et les conflits successifs de l'ex-Yougoslavie, pour ne citer que deux exemples de cette fin de siècle, le démontrent amplement. Les nationalismes identitaires, tous réactionnaires, tous définis comme refus de la modernité, et tous racistes, donc virtuellement ou de fait antisémites, prolifèrent de nos jours.

Ces notions sont relativement neuves ; néanmoins, elles permettent de porter un diagnostic commun sur les trois grandes époques de l'antisémitisme : toutes trois furent causées par le nationalisme identitaire. Les Romains ne supportèrent pas qu'on refusât d'entrer dans l'identité romaine, et les chrétiens, héritiers de Rome à plus d'un égard, dans l'identité chrétienne. Les nationalistes du XIXe et du XXe siècle ne supportèrent pas qu'on n'entrât pas dans les identités nationales, — française, russe ou protestante — qu'ils identifiaient, mais accessoirement et superficiellement au christianisme (le nationalisme nazi, lui, ne supporta même pas le christianisme, qu'il estimait étranger à une imaginaire identité « aryenne »). Il me paraît nécessaire de le dire ici : en dépit de ses protestations de christianisme, le régime de Vichy ne pouvait pas être chrétien.

Incidemment, cette intolérance, ce refus de l'autre, me semblent condamner sans appel les deux dernières époques — la chrétienne comprise — comme ayant été intrinsèquement antichrétiennes. La plus profonde erreur du christianisme fut d'être identitaire et de maintenir sa devise : « Hors de l'Église, point de salut. »

Vingt-trois siècles d'antisémitisme s'expliqueraient donc par le refus jaloux des juifs de se soumettre aux jougs des cultures étrangères et de renoncer à leur judaïté pour les bénéfices de l'assimilation. Le cas est unique : c'est l'honneur des juifs. Il suffit de feuilleter un dictionnaire des religions pour s'aviser du nombre de celles qui ont disparu, absorbées dans les cultures des conquérants, du mithraïsme à la religion des Celtes. Ni le glaive ni le prêche, ni la menace, ni la promesse de récompenses aux fonts baptismaux n'ont eu raison de leur détermination. Réduits de quelque huit millions au Ier siècle à près d'un million et demi au Xe siècle, pourchassés, expulsés, battus, soumis à des lois infâmes et humiliantes, interdits de métiers innombrables, cantonnés dans des quartiers menacés ou bien interdits de séjour dans les villes, battus, forcés parfois au suicide collectif, la tête enfoncée de force dans les fonts baptismaux, mis au ban de l'humanité, accablés d'accusations démentes, comme d'empoisonner l'eau des puits ou de faire du pain avec le sang des enfants chrétiens, n'ayant jamais affaire qu'à des vainqueurs, accusés de cupidité par de plus cupides qu'eux, éblouis par l'éclat des armes ou l'or de leurs seigneurs, ils ont courbé le dos, pas la nuque.

Les juifs, eussent-ils cédé définitivement aux séductions de l'hellénisme ou bien à celles que les potentats chrétiens faisaient miroiter devant eux, à la condition de se convertir, la Shoah n'eût pas été. Mais ils refusèrent de renoncer à leur liberté de conscience.

Comment résistèrent-ils si longtemps ? Le Dieu sans représentation et sans nom qui flamba dans le buisson ardent, réduit à une voix, à jamais intérieure, leur permit de survivre à tous les avatars culturels. Ils le transportaient en eux, même après que l'Arche d'Alliance eut été perdue. Qu'importaient l'Arche et ses chérubins d'or, le Verbe résonnait en eux. Les chrétiens peuvent, au XXe siècle, légitimement douter que leur Dieu est bien ce vieillard atrabilaire et barbu, gendarme habitant des nuages, qu'on leur a représenté jusque si récemment. Ce doute-là ne menace pas les juifs.

Certains pourraient arguer que, dans les deux premières périodes, les juifs, eux aussi, faisaient du nationalisme identitaire. Ce serait détourner les mots de leurs sens : le nationalisme se fonde sur une idée territoriale. La diaspora démontre amplement que cette idée est absente du judaïsme. Dès la reconstruction par Hadrien, au IIe siècle, d'une ville païenne, Aelia Capitolina, sur les ruines de la cité de David, les juifs ont renoncé au nationalisme territorial. Ils n'en ressusciteront l'idée qu'au XIXe, avec le sionisme. Jusqu'à l'installation en Palestine, au XXᵉ siècle, les établissements juifs dans le monde furent totalement pacifiques. Il n'existe pas un seul exemple de tentative de sédition politique des juifs dans les pays où ils s'installaient, en Perse ou en Louisiane. Ils ne demandaient qu'à pouvoir s'installer et s'accommodaient même de ce qu'on ne leur consentît pas la nationalité du pays, comme à Alexandrie. Leur seule erreur fut sans doute de se croire assimilés au nationalisme allemand : là, par confiance naïve, si atrocement sanctionnée par la suite, ils se mêlèrent du destin d'une majorité à la fin hostile.

L'identité juive était fondée sur la religion. Le christianisme, puissance territoriale, leur en disputa le droit [2].

Ces choses-là ne sont pas claires pour tous, on ne le voit que trop. Elles mettent en cause, en effet, un concept qui semble « naturel », celui du nationalisme identitaire, qui recouvre aussi bien la culture, on l'a vu. Ainsi, longtemps après la guerre, une demi-vérité prévalut et bien des gens parmi les plus respectables crurent se disculper de leur responsabilité dans l'avènement du nazisme en rejetant la faute de la Shoah sur « le fou Hitler », ce fou qu'ils avaient pourtant laissé grandir, comme le Golem de la légende juive de Prague. Ils n'y étaient pour rien, alléguaient-ils. Puis s'opéra, en sens inverse, un amalgame détestable, auquel se prêtèrent quelques historiens égarés, car les diplômes n'immunisent pas contre l'erreur et les historiens, comme les policiers, se recrutent dans le civil. On identifia donc les nazis à l'Allemagne entière. L'antisémitisme passa de la sorte pour une création allemande, exclusivement allemande. Retour du nationalisme identitaire et de la xénophobie : biffez l'Allemagne de la carte, disaient en somme les tenants de cette falsification, et l'antisémitisme disparaît. Voire.

Pis, un quarteron de pseudo-historiens, pseudo-philosophes, pseudo-politiciens, s'attacha même à démontrer qu'Auschwitz, Buchenwald, Dachau, Theresienstadt, n'étaient rien d'autre que des camps d'internement. Le Zyklon B ? Il était trop dangereux pour qu'on pût s'en servir ! Six millions de morts ? Du délire. Tout juste quelques centaines ou milliers de gens, gitans, pédés et « dégénérés » divers, des rebuts de la société atteints de dysenterie ou de pneumonie, des syphilitiques en phase terminale.

Un « détail de l'histoire », éructa obstinément et publiquement celui qui représenta provisoirement un bon cinquième de l'électorat français, ignorant des masses de documents sur le sujet, comme de bien d'autres choses, d'ailleurs, et sans doute occupé à préparer l'avènement d'un régime antidémocratique qui préserverait ce qui restait des prétendues « valeurs chrétiennes », mais en réalité haineuses, d'une France de fantasme — la « vraie France de saint Louis et de Jeanne d'Arc ». Et des cimetières.

La France, je m'empresse de le préciser, n'est pas seule en cause : dans bien d'autres pays, et même aux États-Unis, prolifère la même mentalité, nationaliste et atteinte du même chancre contagieux de l'antisémitisme.

Moins d'une vingtaine d'années après la guerre, l'horreur de la Shoah, spectre gigantesque, désormais impossible à éviter et amplifié par les médias, les monuments commémoratifs, les repentirs publics des hommes politiques, déclencha une réaction de défense chez ceux que rongeaient un antisémitisme et un racisme secrets. Beaucoup plus primaire, elle se développa dans la jeunesse, et d'abord sous l'apparence d'une mode : trafic d'insignes nazis, déguisements révoltants ou simplement bêtes, crânes rasés, bottes et casquettes de SS, tatouages de brutes, bref toute l'exaltation primaire de pseudo-mâles au narcissisme tout aussi primaire. Dans les faubourgs de Los Angeles et même dans la paisible Scandinavie, motards et skinheads de tout poil, racaille qui se voulait « virile »[3] et se prenait pour la réincarnation des Vikings et des SS, déferla dans les rues, swastika au brassard, dans un vacarme de pots d'échappement et de clameurs imbéciles, réglant ses comptes « entre hommes » à coups de feu et beuglant sa haine du juif et de l'étranger. En France, ils jetaient fièrement des « bougnoules » à l'eau, excipant de leur qualité de membres d'un service d'ordre politique, ou déterraient des juifs. En Allemagne, car il n'y avait pas de raison que ce pays fût épargné, ces hordes, ne trouvant plus de juifs, s'en prirent aux immigrés, incendiant des foyers de Turcs ou d'autres.

Épiphénomènes sans importance ? Non. Car ce discours symbolique se structura. Aux États-Unis, ces nostalgiques d'une guerre qu'ils n'avaient pas connue formèrent d'innombrables milices privées, bâtirent des bunkers pour y tenir des sièges contre la police fédérale et s'armèrent jusqu'aux dents ; persuadés que les juifs préparent, par l'entremise de l'ONU et de ses troupes l'occupation des États-Unis, ils s'apprêtaient et s'apprêtent d'ailleurs encore, le fusil automatique en main, à défendre la « race » blanche et chrétienne [4]. Puis ils diffusèrent leurs insanités racistes sur Internet et dans des brochures diverses, forts de la liberté de parole que garantit le premier amendement de la Constitution. On en trouve aussi, évidemment, en Russie qui, en uniformes noirs et sous des bannières proto-nazies, jurent de rétablir la monarchie et l'honneur de la Russie « slave et chrétienne » dont, assure régulièrement Alexandre Soljenytsine à la télévision de Moscou, le déclin entraîna celui d'une « Russie éternelle ».

La communauté des chrétiens n'y échappa pas : le même fantasme antimoderniste et réactionnaire agita les séides de Mgr Lefèvre et les turlupins de Saint-Nicolas-du-Chardonnet, à Paris, variante contemporaine des convulsionnaires de la Saint-Médard. Croire que la réaction et l'antisémitisme sont morts à Auschwitz est une dangereuse illusion.

Le néo-nazi a donc beaucoup fleuri en Occident, ces dernières décennies. Le qualifier de nationaliste identitaire serait un hommage démesuré : c'est bien un nazi nourri de hamburgers au lieu de choucroute. Américain, français ou allemand, il rêve d'un IVe Reich. En attendant, il pose des bombes, s'inscrit dans des clubs de « frères » dont le plus grand plaisir est de tirer des coups de feu jusqu'à ce que ses tympans éclatent, et prépare secrètement son grand soir néo-nazi. Rendons-lui ici hommage : il aura publiquement démontré que le nazisme fut bien ce qu'il paraissait, et qui était tellement évident qu'on s'efforçait, par incrédulité, d'y distinguer de la nuance. C'est-à-dire l'émanation d'esprits dévoyés, nourris du culte de la force brutale et de lambeaux mal digérés du darwinisme social, souvent justiciables de l'internement psychiatrique.

Il n'est sans doute aucun phénomène qui ait suscité autant de délires et de mensonges fieffés que l'antisémitisme et particulièrement les camps de la mort. Preuve évidente du trouble, sans doute de la culpabilité, que cet épisode effroyable, unique dans l'histoire par ses proportions et le sang-froid avec lequel il fut exécuté, suscitait et continue de susciter dans les consciences. Preuve aussi de la difficulté de s'arracher à des notions qu'on avait quasiment tétées avec le lait maternel, le patriotisme d'exclusion et la nécessité de conserver la « race » pure, au défi de toutes les évidences de la biologie.

Pendant plusieurs mois de l'année 1998, la France fut tenue en transes par un procès qui ressemblait étrangement à une séance de spiritisme, je veux dire le procès Papon. On y invoquait le passé d'un demi-siècle antérieur, comme la magicienne d'Endor invoquait les mânes du prophète Samuel pour Saül épouvanté. La France entière recula, terrifiée comme la magicienne. Elle s'avisa péniblement, en effet, que c'était le procès des générations antérieures qu'elle dressait. Imaginez une séance de spiritisme où la chambre entière se met à tourner avec la table. Le procès fut clôturé sans réel verdict, comme si l'on espérait que l'inculpé rendrait son âme avant l'appel. Sans doute le procès d'un seul homme était-il plus symbolique qu'autre chose, mais sans doute aussi est-il difficile de faire comparaître devant des juges, et cinquante ans plus tard, la mentalité d'une nation. J'entends par là une notion du patriotisme nationaliste qui avait alors cours, mais qu'on répugnait à mettre en cause, bien qu'elle eût largement fait les preuves de sa toxicité. Reste à se demander si la France européenne continuera de chanter le verset fameux autant qu'effrayant de *La Marseillaise* : « Qu'un sang impur abreuve nos sillons. »

L'idée de « pureté » nationale me semble avoir démontré sa nature criminelle dans le nazisme, mais également au Kosovo.

La même année 1998, on assista à un conflit, certes feutré, mais non moins révélateur, entre le président de la République et le Premier ministre sur les mutins de 1917. Une certaine notion du patriotisme voulait peut-être que l'on continuât à vouer ces révoltés à l'indignité de l'oubli ; une autre qu'on rendît leur dignité aux victimes d'une notion aveugle de la patrie.

Or, ce conflit et le procès se rejoignaient beaucoup plus profondément que ne l'eussent voulu certains. Rares, à ma connaissance, furent les observateurs qui s'en avisèrent.

Se greffant sur la demi-vérité évoquée plus haut, un

supposé courant, un de ces sentiments qui appartiennent au domaine du non-dit, tellement plus vaste que celui du dit, voudraient, auraient voulu que la Shoah fût une affaire juive qui n'intéresserait plus les non-juifs, et le procès Papon, une de ces « grandes affaires » qu'on emballe dans des livres comme on met les affaires des défunts dans des boîtes et sur laquelle chacun peut se faire l'opinion qu'il veut. La logique féroce de l'histoire en a voulu autrement : toujours la même année 1998, des révélations fusèrent de toutes parts sur les spoliations, les détournements et les vols caractérisés de biens juifs pendant la guerre. Les autorités morales et bancaires n'en finirent alors pas de se disculper, à coups d'arguties amphigouriques croisant les crises de dépit, les trépignements et les incrédulités scandalisées des banques nationales et internationales, des divers offices de « gestion » des biens juifs et, entre autres, des directions des musées nationaux de France et de Navarre. Comment retenir un sourire sarcastique ? Il avait donc fallu des enquêtes serrées et des indiscrétions — souvent sévèrement sanctionnées par les voleurs — pour que plus d'un demi-siècle plus tard, les spoliateurs voulussent bien rendre ce qu'ils s'étaient approprié, se croyant assurés de l'impunité !

Complices objectifs des nazis qui avaient espéré vendre « leurs » juifs, dépassant ainsi l'ignominie des juifs inventée par leurs propres fantasmes, les bien-pensants avaient volé ceux qu'ils appelaient jadis des usuriers. Les vrais usuriers n'étaient pas ceux qu'on croyaient. Pis : les bien-pensants se révélaient être des dépouilleurs de cadavres. Impossible, alors, de garder les boîtes fermées. L'évidence était trop grande pour ces boîtes, pourtant soigneusement enfouies sous les sceaux des secrets d'État, dans les souterrains des banques et des cupidités collectives. Les linceuls hâtivement jetés sur une période où l'information circulait mal furent arrachés et révélèrent des comportements indignes. On apprit ainsi qu'une célèbre marque de lait pour enfants exigeait de ses cadres un « certificat d'aryanité » (ce qui témoigne de l'ignorance crasse de ses dirigeants, puisque l'« aryanité » est un mythe littéraire) et que le gouvernement helvétique avait demandé à Berlin d'apposer l'infamant tampon au grand J rouge, pour *Jude*, sur les passeports des juifs allemands, ce qui permettait de les refouler d'office [5].

Ces révélations menacèrent plus d'une fois de tourner au règlement de comptes. Elles comportaient heureusement une morale plus élevée : la Shoah, enrichie d'une histoire de voleurs, était aussi une affaire de conscience mondiale.

Comme je l'écrivais dans l'avant-propos de ce livre la Shoah est bien une leçon de ténèbres universelle.

Et elle n'est pas récupérable. Pendant que des nonnes catholiques attardées, les lèvres moussant de prières comme pendant la glorieuse période du Pax — le mouvement polonais catho-facho des années 60 — s'affairaient à planter des croix « chrétiennes » à Auschwitz [6], la vérité ne sortit pas d'un puits tranquille, mais des vapeurs des chambres à gaz et des bulles du savon fabriqué un demi-siècle auparavant avec la graisse des ghettos : les juifs faisaient partie du genre humain. Tuer du juif, c'était en réalité un suicide différé. Jésus n'avait pas dit autre chose, mais il apparut aussi que ceux qui avaient jadis cru pouvoir s'en réclamer impunément avaient été, eux, ministres, généraux, papes, cardinaux, pasteurs, bien-pensants, politiquement corrects et tout le reste, les vrais païens. Au xxe siècle, la fable de l'apprenti sorcier de Goethe se révéla dans sa pleine cruauté : ceux qui déchaînent les puissances de la haine finissent par en être les victimes. Les nazis furent les derniers consumés dans les flammes des bûchers qu'ils avaient allumés. Leurs complices devaient roussir plus tard dans les braises encore vives.

Cette leçon est la première du genre dans l'histoire. Elle prête une imminence terrible à l'avertissement du juif Jésus : « Ne faites pas à autrui ce que vous ne voudriez pas qu'on vous fît à vous-mêmes. » Dans la guerre 1939-1945, les chrétiens se trouvèrent donc persécutés, certes pas comme les juifs, sans doute pas dans les chambres à gaz, mais ils furent quand même des milliers à finir dans les camps, prêtres et fidèles, parce qu'ils étaient chrétiens et ne croyaient pas à ce paganisme d'histrions que voulait imposer le nazisme. Ils s'étaient crus, depuis des siècles, investis d'un droit historique, imprescriptible, celui de juger les autres en fonction de leur credo, et voilà qu'ils étaient eux-mêmes soumis à la loi du plus fort et qu'elle n'était pas chrétienne. Ils s'étaient aussi, depuis des siècles, arrogé une bonne conscience infaillible, au nom d'une Église qui s'était tardivement autoproclamée infaillible, mais qui traînait les pieds dans son *aggiornamento* — notamment quant à l'annulation de la notion de « peuple déicide » — et voilà qu'on dévoilait parmi les plus respectables d'entre eux, chrétiens ou protestants, des faces de charognards et de Judas.

Pis : il leur fallut ensuite supporter que cette Église, dont ils avaient espéré qu'elle leur permettrait de garder la face, n'en finît pas de se repentir de son inhumanité et même, des bûchers de l'Inquisition [7] ! Inquisition qui, on l'a vu plus haut dans ces pages, s'était assigné comme but principal de débusquer ceux des marranes qui étaient restés secrètement fidèles à la Torah.

On conçoit l'embarras des critiques du « relativisme culturel ». Comment ne pas être relativiste en présence de tels faits ? Et l'embarras des réactionnaires, leurs proches parents, pour lesquels rien ne change, et qui eussent volontiers continué à considérer les juifs comme le « peuple déicide ». Certaines haines, en effet, perdurent. Dans ce vieil Occident labouré par tant de cicatrices qu'elles composent sur sa face une nouvelle géographie de la cruauté et de la douleur, on a pu le mesurer jusqu'en cette fin de siècle : à la difficulté d'instaurer la paix entre catholiques et protestants en Irlande, aux horreurs du Kosovo, où les chrétiens continuent de porter aux musulmans voisins une aversion meurtrière, aux événements récents de l'ex-Yougoslavie, qui ont dressé les uns contre les autres des « ethnies » [8] — en fait, des populations pourtant plus proches l'une de l'autre que de n'importe quelle autre —, aux discours furieusement antisémites que tiennent certains personnages politiques de Russie cinquante ans seulement après la Shoah. Et aux discours et violences réactionnaires que rapporte jusqu'à nos jours la presse quotidienne [9].

Sans doute les haines religieuses en Occident semblent-elles près de s'apaiser. Ce qui change, toutefois, est que les chrétiens qui dominaient le monde voici quelque deux siècles ne représentent plus qu'un tiers des habitants de la planète [10]. Leurs empires coloniaux se sont évaporés depuis des décennies. Ils ne font plus peur. Le christianisme a changé, il est devenu bien moins agressif. Le judaïsme a aussi considérablement changé [11]. Mais ce sont maintenant des chrétiens qu'on persécute et massacre, aux Moluques, au Pakistan, en Inde, à Timor. Le discours identitaire brûle dans ce qu'on appelait jadis le tiers monde. Et, depuis la naissance de l'État d'Israël, il est devenu de plus en plus agressif dans le monde musulman [12]. Enfin, l'intolérance a refait surface, au cœur même de l'Europe.

À l'heure où j'achève ces pages, un brouhaha malsain s'élève à propos des vulgarités de langage d'un homme d'État malade et sur le point de quitter les antres présidentiels ; il est évoqué par la prétendue malfaisance du « lobby juif » en France [13]. Dans le contexte rapporté par un chroniqueur qui se trouvait là, c'est la vulgarité du propos qui frappe le plus. Il existe un lobby juif, en effet, et en tant que chrétien, j'estime que c'est bien le moins. Voudrait-on qu'un peuple qui a été victime de vingt-trois siècles de persécutions et de diffamation se dispensât de la solidarité et des réseaux qui lui permettent de se défendre ? Le pouvoir des juifs, allègue-t-on par ailleurs, n'est pas proportionnel à leur nombre. Le reproche est étrange : ce sont leurs propres persécuteurs qui le leur ont conféré au cours des siècles, en les contraignant à user de toutes leurs ressources intellectuelles pour survivre. Il existe, en effet, une culture juive qui est celle de la vigilance ou, mieux, de l'éveil. Les juifs en ont prouvé les vertus en science comme dans les arts. Einstein, Mahler, Menuhin, Pasternak, Celan, Gershwin ou Kubrick, pour ne citer que ceux-là, en ont également prouvé l'universalité.

Et Israël ? demandera-t-on. S'il faut condamner le nationalisme identitaire, comment considérer un État au sens moderne du mot, qui n'accorde automatiquement sa citoyenneté qu'à ceux qui appartiennent à une religion déterminée ?

C'est là que l'histoire peut cesser d'être un poison, comme disait Paul Valéry, pour offrir peut-être un baume.

L'idée d'un État juif a pris forme dans la seconde moitié du XIXe siècle, alors que le nationalisme déferlait avec force sur l'Europe, et qu'il avait déterminé le principe de l'autonomie hongroise en 1848, réalisé l'unification de l'Italie en 1861 et celle de l'Allemagne en 1871. Il était déjà évident qu'il excluait les juifs, émancipation ou pas. Ce fut en 1862 que, pour la première fois, Moses Hess, un socialiste allemand, connut quelque succès auprès des juifs en défendant, dans son livre *Rome et Jérusalem*, l'idée d'un État juif. Moses Hess n'est certes pas l'inventeur, ni même le précurseur du sionisme. Dès 1825, Mordecai Noah, administrateur du port de New York, avait acheté Grand Island, sur le Niagara, et avait invité les juifs du monde entier à y fonder un État juif, qu'il avait appelé Ararat. Plusieurs personnalités anglaises, telles que Lord Shaftesbury et l'extravagant Sir Lawrence Oliphant, avaient par la suite tenté de convaincre les juifs de créer un État juif en Palestine. Mais, paradoxalement, les juifs n'étaient guère enthousiasmés par ces idées ; ils étaient bien là où ils étaient ; pourquoi aller créer un État au milieu d'un fleuve torrentueux ou dans le lointain Orient ? De plus, ils avaient quelque raison de se méfier du projet, dont chacun voyait bien, à propos de l'implantation des juifs en Palestine, qu'il était surtout destiné à créer un verrou sous sujétion britannique sur la route des Indes.

Le premier à donner une véritable substance au sionisme fut le journaliste autrichien Theodor Herzl. Correspondant de presse à Paris au moment de l'affaire Dreyfus, écœuré par l'antisémitisme que cette affaire avait fait éclater, il publia en 1896 le pamphlet *Der Judenstaat*, description d'une solution aux persécutions sans fin des juifs, qui matérialisa l'aspiration à un refuge. L'année suivante, le premier congrès sioniste à Bâle devait enclencher l'histoire qu'on connaît et qui n'est pas l'objet de ces pages : la déclaration d'intention du secrétaire aux Affaires étrangères Arthur Balfour en 1917, puis l'approbation de l'immigration des juifs en Palestine par la Société des Nations en 1922. Et la création d'un État juif ressenti par le monde arabe, au cœur duquel il est enclavé, comme le bastion d'un colonialisme hostile à l'Islam.

Rétrospectivement, comment contester l'aspiration des juifs à une terre sur laquelle ils seraient enfin des êtres humains à part entière et des citoyens libres ? Dans l'optique de l'époque, qui, parmi les juifs, eût pu deviner que la création d'un État juif exposait le judaïsme aux mêmes erreurs que ses persécuteurs ? Plus de cinquante ans après sa proclamation, l'État d'Israël éprouve de manière aiguë les contradictions inhérentes à tout État-nation et désormais visibles de tous, et en premier lieu des Israéliens :

comment concilier l'universalité de la transcendance avec les exclusives [14] et l'esprit de conquête territoriale tissés dans le concept même de l'État-nation ? Comment concilier la laïcité fondamentale de l'État-nation avec le motif même de la fondation de cet État, qui était de créer un refuge pour le judaïsme ? Enfin, comment être juif, c'est-à-dire universel, et israélien, c'est-à-dire circonscrit dans des frontières ?

Il faudrait sans doute un nouveau Spinoza pour indiquer aux juifs israéliens « laïcs » et à leurs concitoyens intégristes la manière de sortir de dilemmes qui ne peuvent qu'aggraver l'antisémitisme dans une région du monde qui n'y est déjà que trop encline. On ne peut que leur rappeler ici que le nationalisme identitaire a été la cause de leurs souffrances infinies et qu'il est sans doute le poison le plus violent de l'histoire.

Tel est peut-être l'objet ultime de ces pages : rappeler que l'antisémitisme intéresse bien d'autres que les juifs et leurs persécuteurs. Il serait insupportable à toute conscience humaine que la Shoah demeurât un masque de Méduse énigmatique et inutile, destiné à la figer dans la fascination de l'horreur, sans recours, livré aux seuls démons de la tragédie.

La question qui se dessine alors, dans les fumées de cet incendie ininterrompu qu'est l'histoire des religions, et encore plus de l'antisémitisme, est celle-ci : peut-on changer l'être humain ? Peut-on lui enseigner à se défier de sa peur à l'égard de l'Autre et de son attachement primaire au sol ? Changer la civilisation était le rêve utopique de Charles Fourier au XIXe siècle, déjà. Rêve dangereux : c'est lui qui donna naissance à tous les totalitarismes, le communisme, le nazisme et les Khmers Rouges. Et c'était déjà lui qui avait jadis inspiré l'Inquisition, cette organisation qui prétendait pourchasser l'hérésie jusqu'au cœur des humains. Chaque fois qu'on a voulu changer pour purifier, on a asphyxié. Toutes les idéologies utopistes, en fin de compte, sont des chambres à gaz virtuelles.

Mais on peut représenter à chacun, même ceux qui ne se soucient pas d'histoire, ceux pour qui l'antisémitisme est un phénomène lointain et qui ne les touche pas, ceux pour qui la Shoah est un accident de l'histoire qui n'engage pas leur avenir, à tous ceux-là on peut représenter ceci : les persécutions antisémites ont toujours été le fait de régimes totalitaires, tyranniques, ceux où l'État-nation prétendait écraser l'individu au nom de l'intérêt de la tribu [15]. Une liaison perverse, organique, inéluctable, unit l'antisémitisme à la négation de la liberté et de la démocratie. Elle unit d'ailleurs tous les ostracismes à cette négation : tous les massacres de l'histoire depuis l'Inquisition — celui des cathares, des Arméniens, des Ibo, des Cambodgiens, des Kosovars, comme évidemment celui des juifs — ont été perpétrés par des régimes tyranniques.

Il n'est donc pas d'autorité innocente. Corollaire : l'antisémitisme est un thermomètre de l'allergie à la liberté.

À partir de cette base, il devient au moins possible d'orienter les consciences : il en existe plusieurs indications. L'une d'elles, en dépit de sa fragilité, me paraît significative : les pages qu'on vient de lire n'eussent pas pu être écrites au temps de Hitler, même en France, sans prendre des risques considérables. Une autre, bien plus importante, est l'intolérance — celle-là réconfortante — de la plus grande partie des opinions publiques à l'égard de tout fanatisme. Ainsi, Salman Rushdie n'est peut-être pas l'écrivain le plus lumineux de ce siècle, mais la *fetwa* des ayatollahs contre lui est réprouvée par l'opinion mondiale. Les moines tibétains n'ont certes pas été des hérauts de la démocratie, mais la répression du gouvernement chinois à leur égard est également condamnée par l'opinion mondiale. Et il n'est plus que des gens sans conscience, au sens presque neurologique de ce mot, pour supporter sans une profonde douleur les images de la Shoah.

Ce sont là des signes d'espoir. Enfin, il me semble.

Bibliographie et notes critiques

1. *The Rhetoric of Reaction : Perversity, Futility, Jeopardy*, op. cit.

2. Sans doute faut-il voir dans l'absence de nationalisme identitaire l'une des clefs de la tolérance à l'égard des juifs pendant les siècles de l'expansion islamique : aujourd'hui ici, demain là, les musulmans n'avaient pas un sens aigu des frontières. Ils partageaient le nomadisme avec les juifs, à cette différence près que le leur était militaire.

3. L'historien américain Georges L. Mosse, disparu en 1999, a longuement analysé l'étroite collusion entre la « virilité », concept entièrement fabriqué par les sociétés du XIXe siècle — et encore répandu par des curés intégristes qui emmènent des adolescents en mer au péril de leur vie — et un système de pensée réactionnaire qui conduit inéluctablement au totalitarisme antidémocratique.

4. On consultera avec profit l'étude richement documentée de Kenneth S. Stern, *A Force Upon the Plain — The American Militia Movement and the Politics of Hate* (Simon & Schuster, New York) sur l'alarmante collection de néo-nazis « patriotes », « chrétiens » et surtout racistes et antisémites forcenés, armés jusqu'aux dents, qui se préparent à défendre la nation américaine chrétienne contre les puissances du Mal (nègres, juifs et démocrates) dans un grand Armageddon. Ce fut l'un de leurs tordus qui, en 1999, ouvrit le feu sur des enfants d'une école juive.

Dans *The Vanishing American Jew* (Touchstone, New York, 1997), le célèbre avocat et journaliste américain Alan M. Dershowitz rapporte qu'il reçoit quelque cinquante appels téléphoniques et trente-cinq lettres antisémitiques par semaine...

5. Daniel Bourgeois, *Business helvétique et IIIe Reich* (éd. Page Deux, Lausanne, 1998).

6. Une querelle indigne autant que ridicule a éclaté en Pologne, à la fin de l'été 1998. Elle ne mérite d'être rapportée que dans la mesure où elle reflète l'incompréhension de la Shoah au XXe siècle dans certains milieux et perpétue une forme d'insensibilité à celle-ci. Un carmel voisin avait fait installer sur le site d'Auschwitz quelque 230 croix — 80 qui mesuraient quatre mètres de haut et près de 150 plus petites, en plus d'une autre de sept mètres de haut, dite « croix du pape », plantée en 1988 et ainsi nommée parce qu'elle avait servi, en 1979, lors du premier voyage de Jean-Paul II dans son pays, à Birkenau, un des camps d'Auschwitz. Sensible aux remontrances de juifs, offensés par cette forêt de croix, l'épiscopat polonais avait jugé que celle-ci prenait, en effet, « l'allure d'une provocation » et qu'elle violait « le climat de recueillement dû à cet endroit particulier », enfin qu'elle était « préjudiciable à la mémoire des victimes assassinées, à l'Église et à la nation, et qu'elle bless[ait]e douloureusement la sensibilité de nos frères juifs ». (Cf. Henri Tincq, « L'épiscopat polonais dénonce la "provocation" des croix d'Auschwitz », *Le Monde*, 27 août 1998.)

Propos raisonnables. Cependant, l'épiscopat recommandait le maintien de la grande croix, plantée dans une gravière où avaient été fusillés cent cinquante-deux patriotes polonais au début de la guerre. Or, ces patriotes n'avaient pas été fusillés pour leur foi, mais pour des raisons politiques, et la présence d'une croix commémorative, de surcroît un emblème utilisé par le chef des chrétiens, dans un lieu aussi chargé de signification qu'Auschwitz, était sans doute déplacée. Ainsi en jugeait, d'ailleurs, le gouvernement polonais. Auschwitz n'est pas un lieu chrétien, mais un mémorial qui doit demeurer immatériel et rappeler que les différences religieuses ont causé le massacre atroce d'êtres humains.

Le lendemain, 25 août 1998, le cardinal Josef Glemp, primat de Pologne et « porte-parole du courant le plus intransigeant de l'Église polonaise », regrettait que « la nation juive, qui avait jadis vécu prospère en Pologne et aurait pu progresser mieux que les autres, après avoir subi un massacre terrible, ne sache pas aujourd'hui trouver des paroles qui soient celles de la compréhension et du compromis ». C'est-à-dire, en bon français : « La leçon ne vous a donc pas suffi ? » Avec une casuistique singulièrement déplacée, Mgr Glemp estimait également qu'Auschwitz avait bien été créé en Pologne, mais en Pologne occupée. (AFP, « Le primat de Pologne envenime le débat sur les croix d'Auschwitz », Le Monde, 28 août 1998). Propos étranges : le massacre subi par les juifs devait donc les inciter au compromis ? Le fait qu'Auschwitz eût été créé en Pologne occupée enlevait-il aux victimes leur qualité de juifs ? Prétendait-on hisser un drapeau national sur l'horreur ? Et qu'eût donc été le compromis demandé ? Qu'on divisât par deux les 230 croix ? Ou bien qu'on réduisît de moitié la « croix du pape » ? Non sans bon sens, le grand rabbin de Pologne, Menachem Joskovitch, exigea la suppression de toutes les croix, arguant que « une ou mille croix, c'était la même chose ».

Un tel incident justifierait à lui seul les pages qu'on vient de lire. Il ressortit à l'antisémitisme le plus classique.

7. Repentir déclaré au cours des trois journées du Symposium international d'historiens et de théologiens consacré à l'Inquisition, les 29, 30 et 31 octobre 1998, à Rome. Cf. Henri Tincq, « L'Église se repent des bûchers de l'Inquisition », Le Monde, 30 octobre 1998. Repentir bien tardif, comme les autres, car cela faisait nombre de lunes que cette pré-Gestapo-pré-KGB chrétienne que fut l'Inquisition était unanimement rangée parmi les grandes ignominies de l'histoire.

8. Plusieurs conversations avec les ethnologues m'ont convaincu au fil des ans que le terme scientifique d'« ethnie », notion essentiellement culturelle et traditionnellement opposée à celle de « race », qui se définit par des caractéristiques anatomiques, est en fait le plus souvent détourné de son sens à des fins racistes.

9. Ainsi, le 25 janvier 1999, Le Monde rapportait les propos suivants de M. Jean-Yves Le Gallou, délégué général du FN-MN : « La bataille européenne [sera livrée] sur l'identité, c'est-à-dire le droit des Français et des autres peuples européens à rester eux-mêmes sans être envahis, sans être colonisés par une immigration incessante qui change la substance du peuple, [immigration qui est] la principale menace sur l'identité et sur la substance même de la France et de l'Europe. » Et M. Le Gallou de proposer une civilisation européenne fondée sur la notion de « civilisation » et sur une « culture enracinée », celle « des régions, des provinces et des terroirs » (Christiane Chombeau, « Bruno Mégret lance son Front national dans la campagne européenne »). Sur des pensers antiques, faisons des vers nouveaux. Confrontés à l'inéluctable réalité de l'Eu-

rope, les représentants du FN-MN et leurs sympathisants mettent en effet au goût du jour l'antique, ou plutôt archaïque, discours maurrassien. Pareils propos donnent toutefois envie de demander à l'orateur si, par exemple, du temps où l'Algérie composait trois « départements » français durement défendus par les partisans de l'« intégrité territoriale », elle était selon lui assimilée à un « terroir » ressortissant à l'identité française, ensemble avec le couscous et l'Aïd el-Kébir. Et comme le même orateur proposait de rétablir les frontières nationales « pour les étrangers à l'Union européenne », sans doute faute de « culture » et de « civilisation », il convient de se demander si la civilisation et la culture sont des privilèges exclusifs de l'Union européenne.

Le 6 juillet 1999, le même quotidien rapportait le suicide de l'auteur présumé d'une série de crimes racistes aux États-Unis, Benjamin Daniel Smith, vingt et un ans, membre de l'« Église mondiale du Créateur » (une de ces sectes que les mêmes États-Unis défendent avec âpreté contre l'« intolérance » européenne) avait, dans la même foulée, tué l'ancien entraîneur noir de l'équipe universitaire de basket-ball de Chicago, ouvert le feu sur un groupe de juifs orthodoxes, blessant six d'entre eux, tiré sur un couple d'origine asiatique ainsi que sur les fidèles d'une église coréenne, tuant l'un d'eux. Il me paraîtrait indécent de consigner une telle série de forfaits à la rubrique des faits divers : ils sont bien trop révélateurs du racisme ambiant. Et si nombreux qu'ils empliraient chaque année un gros volume.

10. En 1993, ils étaient 1 milliard 870 millions, sur 5 milliards 800 millions de Terriens. Les catholiques nominaux représentent un peu moins du quart du total, avec 1 milliard 300 millions d'âmes. Cf. *Britannica Book of the Year*, 1994.

11. Dans *The Vanishing American Jew, op. cit.*, Alan Dershowitz relève une déjudaïsation du juif américain de la fin du siècle : « Cette génération de juifs n'a jamais affronté le type de "victimisation" qui a caractérisé notre peuple dans le passé [...] Le monde juif a changé de manière tellement radicale depuis la fin de la Seconde Guerre mondiale [...] que nos enfants ne reconnaissent pas leurs grands-parents. »
C'est un constat similaire que porte Samuel C. Heilman dans *Portrait of the American Jew* (University of Washington Press, Washington, 1995) : « Les Juifs n'éprouvent pas de difficulté à construire des synagogues, mais à les remplir. » Hellman relève un signe de la déjudaïsation du juif américain dans le déclin constant, depuis les années 70, des contributions aux œuvres communautaires telles que les *yeshiva*. Néanmoins, écrit Heilman, et en dépit de leur proportion décroissante dans la population américaine, « les juifs américains ont constamment accru leur influence politique ».

12. Le sionisme, nationalisme identitaire juif, n'est évidemment qu'effleuré dans ces pages. Il ne ressortit pas, en effet, à l'histoire de l'antisémitisme. L'idée n'en est réellement parvenue à maturation que vers 1904, avec Theodor Herzl, donc sept ans après le premier congrès sioniste. Ses répercussions restèrent longtemps faibles : en 1930, par exemple, l'Organisation sioniste américaine ne comprenait que 8 000 membres ; leur incidence sur l'antisémitisme fut, à mon sens, également faible. Les réactions d'hostilité dans le monde arabe, après la formation de l'État d'Israël et sa déclaration en 1948 doivent être principalement considérées dans un contexte politique.

13. Trop d'encre a coulé sur cette « bavure » au sens littéral du mot pour qu'on en rajoute. À titre personnel, je n'ai pu m'empêcher, lisant le récit des réactions, souvent désordonnées ou « franchement hypocrites » (si l'on peut

ainsi dire) qui s'ensuivirent, d'évoquer la réception et les discours tenus à l'Élysée en 1992, car j'y assistais, lors de la remise des titres de docteur honoris causa à la chaire de philosophie de l'université de Tel Aviv à l'homme d'État en question. Cet honneur, passablement généreux, car je ne sache pas que le récipiendaire ait été un grand philosophe, n'était-il pas une initiative du lobby juif ?

14. Dans son essai, matériellement mince et intellectuellement considérable, *Quelques réflexions sur la philosophie de l'hitlérisme*, paru sous forme d'article dans *Esprit* en 1934 et réédité par Payot-Rivages en 1997, Emmanuel Levinas relevait un paradoxe « soufflant » soutenu par Martin Heidegger : c'est que l'enchaînement de l'université allemande à l'hitlérisme était le garant de la liberté de celle-ci. Cet article était, en effet, une riposte au déplorable *Discours du rectorat* du non moins déplorable Heidegger. Soixante-cinq ans plus tard, la lecture en demeure riche d'enseignement, non seulement sur le dévoiement intellectuel de Heidegger, mais sur le lien essentiel entre le nazisme et l'antisémitisme.

15. Ces exclusives se manifestèrent entre juifs, avant même la proclamation de l'État. Ainsi, Ruth Gay rappelle dans *The Jews of Germany* (*op. cit.*) la ségrégation et la dérision dont souffrirent dans les années 30 les immigrants allemands, qualifiés de *Yekkes*, c'est-à-dire de « jaunes d'œuf », en raison de la couleur de leurs cheveux. Par la suite, la situation s'inversa et ce furent ces juifs, ashkénazes, qui témoignèrent de la même condescendance à l'égard des sépharades.

Table des matières

Avant-propos 5

I. L'ANTISÉMITISME PRÉ-CHRÉTIEN

1. Des origines à l'Exode : l'invention du Dieu unique
   et immanent 19
2. D'Alexandre au malentendu : les premières haines du monde 35
3. L'enracinement de l'antisémitisme romain et les effets pervers
   de la Septuaginte 53
4. Le massacre d'août 38 à Alexandrie, premier pogrom de
   l'histoire 75
5. Les massacres de 66, 70, 115 et 132 89

II. L'ANTIJUDAÏSME ET L'ANTISÉMITISME CHRÉTIENS

1. L'affaire Saül 109
2. L'Église dérobée aux juifs 129
3. La grande confusion des premiers siècles 149
4. Les ténèbres du Moyen Âge, du IVe au XIVe siècle :
   France, Espagne, Allemagne 167
5. Les ténèbres du Moyen Âge du IVe au XIVe siècle : Italie,
   Angleterre, Europe de l'Est 193
6. La trêve islamique 213

7. L'exemple asiatique 235
8. L'Europe des ghettos 245
9. La liberté et les trois défis 269
10. Amérique, Amérique ! 291
11. La machine infernale et les promesses trahies du XIXe siècle 307

III. L'ANTISÉMITISME NATIONALISTE

1. L'explosion française de la Belle Époque 329
2. L'illusion allemande et la crise de l'Occident 351
3. 1933-1945 : l'erreur et l'horreur 371
4. En guise de mémorial 411

Photocomposition Nord Compo
Villeneuve d'Ascq
Impression réalisée sur CAMERON
par BRODARD ET TAUPIN
La Flèche
en septembre 1999

Imprimé en France
Dépôt légal : septembre 1999
N° d'édition : 99251 — N° d'impression : 1065W